Karl Friedrich Hermann

Lehrbuch der griechischen Antiquitäten

2. Band

Karl Friedrich Hermann

Lehrbuch der griechischen Antiquitäten
2. Band

ISBN/EAN: 9783743616547

Hergestellt in Europa, USA, Kanada, Australien, Japan

Cover: Foto ©Thomas Meinert / pixelio.de

Weitere Bücher finden Sie auf **www.hansebooks.com**

K. F. HERMANN'S

LEHRBUCH

DER

GRIECHISCHEN ANTIQUITÄTEN

UNTER MITWIRKUNG

von

Dr. H. DROYSEN in Berlin, Direktor Dr. A. MÜLLER in Flensburg,
Direktor TH. THALHEIM in Hirschberg i. Schl. und Prof. Dr. V. THUMSER in Wien

neu herausgegeben von

Professor Dr. H. BLÜMNER und Professor Dr. W. DITTENBERGER
in Zürich.   in Halle a. S.

IN VIER BÄNDEN.

ZWEITER BAND.
Erste Abteilung.

RECHTSALTERTÜMER
VIERTE VERMEHRTE UND VERBESSERTE AUFLAGE

von

TH. THALHEIM.

FREIBURG I. B. UND LEIPZIG 1895.
AKADEMISCHE VERLAGSBUCHHANDLUNG VON J. C. B. MOHR
(PAUL SIEBECK).

LEHRBUCH

der

Griechischen Rechtsaltertümer

von

Dr. KARL FRIEDRICH HERMANN,
WEILAND PROFESSOR IN GÖTTINGEN.

———

VIERTE VERMEHRTE UND VERBESSERTE AUFLAGE.

Nach der zweiten, von Karl Bernhard Stark besorgten Auflage
wiederholt neu bearbeitet und herausgegeben

von

TH. THALHEIM,
DIREKTOR DES KGL. GYMNASIUMS ZU HIRSCHBERG IN SCHLESIEN.

FREIBURG I. B. UND LEIPZIG 1895.
AKADEMISCHE VERLAGSBUCHHANDLUNG VON J. C. B. MOHR.
(PAUL SIEBECK).

Druck von H. Laupp jr. in Tübingen.

Dem

Gymnasium zu Oels

zur Feier seines dreihundertjährigen Bestehens und dem Andenken seines Direktors

Dr. E. W. Silber

gewidmet.

Aus dem Vorwort zur dritten Auflage.

Die Darstellung umfasst nur das Privatrecht, den vierten Haupt-
teil der Hermann'schen Privataltertümer, während das Staats-
recht nach wie vor den Staatsaltertümern, von denen es sich nicht
wohl trennen liess, verbleibt. Bezüglich der Grundsätze der Bearbeitung darf ich auf die Vorrede Blümners zu den Privataltert-
ümern verweisen. Von den neueren einschlägigen Abhandlungen
ist mir hoffentlich keine entgangen, und ich habe sie fast alle benutzen können. Wenn gelegentliche Beziehungen ferner liegender
Litteratur unbeachtet geblieben sind oder ältere Werke nicht wieder
eingesehen werden konnten, so hoffe ich wenigstens bei denen Ent-
schuldigung zu finden, die ohne grössere Bibliothek am Orte eine
ähnliche Arbeit gemacht haben. Die hiesigen Verhältnisse waren
in dieser Beziehung recht ungünstig. Neue Resultate wird man
nicht grade erwarten, doch bin ich hier und da der herrschenden
Ansicht entgegengetreten und habe bezüglich der Stellung der Frauen
ausserhalb Attikas zum ersten Male eine Zusammenstellung des
Materials versucht. Inschriftlichen Citaten sind in Klammern Ver-
weisungen auf Cauers Delectus (C¹ oder C²) und Dittenbergers
Sylloge inscr. graec. (S. I. Gr.) beigefügt.

Brieg, den 20. Mai 1884.

Vorwort zur vierten Auflage.

Unmittelbar nach Abschluss der früheren Auflage wurde unsere Kenntnis der griechischen Rechtsverhältnisse durch den Fund von Gortyna ausserordentlich bereichert, und diesem folgte des Aristoteles 'Αθηναίων πολιτεία und die Rede des Hypereides gegen Athenogenes und neue kleinere Inschriften von Gortyna. Aber eine Darstellung des griechischen Rechts, wie sie Mitteis, Reichsrecht und Volksrecht S. 61 f. verlangt, ist noch immer unmöglich; ich möchte auch glauben, dass die örtlichen Verschiedenheiten grösser waren, als dort angenommen wird, wie denn in Gortyna meiner Ansicht nach der Grundsatz agnatischen Erbrechts schon vor der grossen Urkunde durchbrochen war. Die Darstellung ist daher im wesentlichen statistisch, wo es anging, nach Stämmen geordnet, und zur Erleichterung der Übersicht ist bei den wichtigeren Inschriften eine Zeitangabe beigefügt; über das Alter der grossen gortynischen Inschrift schwankt das Urteil noch zwischen der Mitte des V. (Kirchhoff) und dem Anfang des VI. Jahrhunderts (Comparetti, Larfeld). Die Verhältnisse Ägyptens sind nur gestreift, dies Land, wo sich heimische, griechische und römische Rechtsanschauungen durchdringen, bedarf einer gesonderten Bearbeitung. Die in der vorhergehenden Auflage dem Hermann'schen Text gegenüber geübte Zurückhaltung beizubehalten, war wegen des vermehrten Stoffes unmöglich.

Herrn Prof. Dr. O. Hense sage ich auch an dieser Stelle meinen herzlichen Dank für seine freundliche Mitteilung der handschriftlichen Lesarten zu dem Bruchstück des Theophrastos.

Hirschberg, den 1. Oktober 1894.

Thalheim.

Inhaltsverzeichnis.

Rechtliche Zustände des häuslichen und gesellschaftlichen Lebens.

C. S i g o n i u s, De republica Atheniens. ll. IV. Bonon. 1564 insb. l. III. de judic. in Gronov. Thes. antiquitt. graecar. T. V. p. 1497 ff.

M e u r s i u s, Themis Attica. 1685. Solon. 1632, in Gronov. Thes. antiquitt. graecar. T. V. p. 1757 ff.

S a m. P e t i t i, Leges atticae. 1635. C. comment. Jac. Palmerii etc. Wesselingii in J. G. Heineccius Jurisprudentia Rom. et Attica. Lugd. Bat. 1738 --1741. T. III.

M. H. H u d t w a l c k e r, über die öffentlichen und Privatschiedsrichter — Diäteten — in Athen. Jena 1812.

M. H. E. M e i e r, Historiae iuris attici de bonis damnatorum et fiscalium debitorum libri duo. Berolini 1819. 8.

E d. P l a t n e r, Beiträge zur Kenntnis des attischen Rechtes. 1820. 8.

E d. P l a t n e r, Der Process und die Klagen bei den Attikern. Darmstadt 1824. 1825. 2 Bde.

M. H. E. M e i e r und G. F. S c h ö m a n n, Der attische Process. Halle 1824. Neu bearbeitet von J. H. L i p s i u s. Berlin 1883—87.

H e f f t e r, Die athenäische Gerichtsverfassung. Köln 1822.

A, B ö c k h, Die Staatshaushaltung der Athener. 2. Aufl. Berlin 1851.

G. F. S c h ö m a n n, Antiquitates juris publici Graecorum. Gryphiswaldiae 1838. § 15—21. 48—66.

G. F. S c h ö m a n n, Griechische Altertümer. 3. Aufl. I. Berlin 1871.

W. W a c h s m u t h, Hellenische Altertumskunde. 2. Aufl. II. 1846. Bd. V. § 99—109. S. 113—231.

K. Fr. H e r m a n n, Juris domestici et familiaris apud Platonem in Legibus cum vet. Graeciae inque primis Athenar. institutis comparatio. Marb. 1836. 4.

K. Fr. H e r m a n n, Ueber Gesetz, Gesetzgebung und gesetzgebende Gewalt in Griechenland. 1849. 4.

K. Fr. H e r m a n n, Grundsätze des Strafrechts im griech. Altertum. Göttingen 1855. 4.

K. Fr. H e r m a n n, Lehrbuch der griech. Antiquitäten. Teil I. 6. Aufl. bearb. von V. T h u m s e r. 1892. § 94—106.

A. H. G. P. v a n d e n E s, De iure familiarum apud Athenienses. Lugd. Bat. 1864.

Mayer, Die Rechte der Israeliten, Athener und Römer etc. Leipzig I. 1862.
II. Die Rechte der Athener, 1866. III. Das Strafrecht, 1876.

H. Perrot, Essais sur le Droit public et privé de la république Athénienne.
Le Droit public. Paris 1867. Chap. II. III: les sources du droit. L'organisation judiciaire.

J. B. Télfy, Corpus juris Attici. Graece et Latine. Pesth 1868.

Exupère Caillemer: Études sur les antiquités juridiques d'Athènes.
    I. Des institutions commerciales d'Ath. 1865.
    II. La lettre de change et contrats d'assurance. Mém. de l'ac. de Caen. 1866, 183—154 (auch Paris 1865).
    III. Sur le credit foncier. 1866.
    IV. Les papyrus grecs du Louvre et de la bibliothèque impériale. 1867.
    V. La restitution de la dot. Mém. de l'ac. de Caen. 1868, 107—146 (auch Paris 1867).
    VI. La propriété littéraire. 1868.
    VII. La prescription. Mém. de l'ac. de Caen. 1869 p. 312—340 (auch Paris 1869).
    VIII. Le contrat de louage. Recueil de l'ac. de Toulouse 1868 p. 261 ff. (auch Paris 1869).
    IX. Le contrat de prêt. Mém. de l'ac. de Caen. 1870 p. 166—202 (auch Paris 1870).
    X. Le contrat de société. Ebenda 1872 (auch Paris 1872).
    La liberté de conscience à Ath. Revue de léglisl. 1870/71 p. 341—354.
    Le contrat de vente. Ebenda 1870/71 p. 631—671, 1873 p. 5—41.
    Le droit de tester. Annuaire pour l'encouragement des ét. gr. IV (1870) p. 19—40.
    Le droit de succession légitime à Ath. Paris. Caen. 1879.
    Le contrat de dépôt, le mandat et la commission, le cautionnement iudicio sistendi causa. Mém. de l'ac. de Caen. 1876 p. 508—542.
    La naturalisation à Ath. Ebenda 1880 (auch Paris 1880).

B. Büchsenschütz, Besitz und Erwerb im griechischen Altertume. Halle 1869.

J.-J. Thonissen, Le droit pénal de la république Athénienne précédé d'une étude sur le droit criminel de la Grèce légendaire. Bruxelles 1875.

A. Philippi, Der Areopag und die Epheten. Berlin 1874.

Leop. Schmidt, Die Ethik der alten Griechen. 2 Bde, Berlin 1882.

Gust. Gilbert, Handbuch der griechischen Staatsaltertümer. Bd. I. Leipzig 1881, 2. Aufl. 1893. Bd. II 1885.

Bücheler und Zitelmann, Das Recht von Gortyn. Frankfurt a. Main 1885. Ergänzungsheft zum 40. Bande des Rheinischen Museums.

B. W. Leist, Gräco-italische Rechtsgeschichte. Jena 1884.

Dareste, Haussoullier, Reinach, Recueil des inscriptions juridiques grecques. Fasc. I Paris 1891, Fasc. II 1892.

Mitteis, Reichsrecht und Volksrecht in den östlichen Provinzen des römischen Kaiserreichs. Leipzig 1891.

Comparetti, Le leggi di Gortyna e le altre iscrizioni arcaiche cretesi in Monumenti antichi vol. III. Milano 1893.

§ 1. [Privataltertümer² § 56.]

Sitte und Gesetz. Das Recht der Fremden.

Je reicher und bewegter sich das griechische Leben selbst von
den ersten Zeiten seiner geschichtlichen Erscheinung an, geschweige
denn in der Blütezeit seiner Macht und Grösse entfaltete, desto
gebieterischer musste sich ihm zugleich das Bedürfnis eines bewussten und ausgeprägten Rechtszustandes aufdrängen, den es zwar
nicht so scharf wie der Römer der blossen Sitte und dem Herkommen entgegenstellte ¹), aber um so organischer und naturgemässer
aus dem letzteren heraus entwickelte ²). Wie es auch zwischen
Kunst und Handwerk noch keinen spezifischen Unterschied kannte,
eben deshalb aber sein Handwerk bis zur künstlerischen Höhe
steigerte, so spricht es auch die lebendigen Resultate der Sitte selbst
als Recht aus und legt ihnen sogar die Bedeutung von Gesetzen
bei, ohne sie darum ihres ungeschriebenen Charakters zu entledigen³),
oder wo sie ja zum Schutze gegen Willkür und Eigensucht des
Dammes der Schriftlichkeit bedürfen ⁴), über das Mass der gegebenen
Zustände hinaus zu gehen ⁵); und wenn sich auch eben daraus für

---

¹) Δίκη selbst ursprünglich nur Sitte, Weise, wie βασιλήων Odyss. IV, 691,
μνηστήρων XVIII, 275, γερόντων XXIV, 255, ja δμώων XIV, 59; vgl. Platner,
Notiones juris et justitiae ex Homeri et Hesiodi carminibus explicitae, Marb.
1819. 8., p. 76 ff. und Allihn, de idea justi, qualis fuerit apud Homerum
et Hesiodum, Halle 1847. 4., p. 6 ff. mit der Rec. von G. Hermann in N.
Jahrb. LII, S. 141 f. Als Vorzug des Bewohners von Hellas rühmt das δίκην
ἐπίστασθαι νόμοις τε χρῆσθαι μὴ πρὸς ἰσχύος χάριν Eurip. Med. 586.

²) Vgl. K. Fr. Hermann, über Gesetz, Gesetzgebung und gesetzgebende
Gewalt in Griechenland in Abhh. der Gött. Gesellsch. d. Wissensch. 1849,
Philol. Cl. IV, S. 21 fg. Leist, Gräco-it. Rechtsgesch. 533 f.

³) Vgl. Weisse, diversa naturae et rationis in civit. const. indoles, Lips.
1832. 8., p. 21 fg. und Dissen, kl. Schriften, Gött. 1839. 8., S. 161—170;
auch Puchta, Gewohnheitsrecht, Erlangen 1828. 8., und über das römische
Verhältnis zwischen *ius scriptum* und *non scriptum* insbes. Dirksen, verm.
Schriften, Berl. 1841. 8., S. 99 fg. Leist, a. a. O. 596 f.

⁴) Die ersten geschriebenen Gesetze waren die des Zaleucus im italischen
Lokri, Ephorus bei Strabo VI, p. 260.

⁵) Aeschin. I, 13 p. 39: ἐκ γὰρ τοῦ πράττεσθαί τινα ὧν οὐ προσῆκεν, ἐκ
τούτου τοὺς νόμους ἔθηκαν οἱ παλαιοί: Plut. Sol. 15. vgl. de Boor, att. Intestaterbrecht S. 32 und Schelling, de Solon. legib. p. 107: *veteres legis-
latores eorumque principem Solonem non, ut nuperrime quidam faciunt, ex ab-
stractis formulis leges tulisse, sed ex consideratione earum rerum, quas fieri veri*

die Folge manche Unzulänglichkeit der griechischen Rechtsbestim-
mungen ergab [1]), die mit der Dehnbarkeit der römischen Gesetzgebung keine Vergleichung aushielt [2]), so lässt sich ihnen gleich-
wohl im Einzelnen praktischer Scharfblick und Sinn für das Zweck-
dienliche nicht absprechen.   Nur die abstrakte Rechtsanschauung,
die den Römer wenigstens in jedem freien Menschen schon ein Rechts-
subjekt erblicken liess, blieb dem griechischen Staate im Grundsatze
fremd [3]); ihm beschränkt sich das Recht fortwährend auf die Mitglieder der nämlichen bürgerlichen Gemeinschaft, aus deren Sitten

---

simile esset et quae re vera evenissent. P e r r o t, droit public d'Athènes p. 188.
Daher die Stelle des attischen Richtereides, die öfter erwähnt wird: περὶ ὧν
ἂν νόμοι μὴ ὦσι γνώμῃ τῇ δικαιοτάτῃ κρινεῖν. D e m o s t h. XX, 118 p. 492.
P o l l. VIII, 122 vgl. Staatsalt.⁵ § 53.

[1]) P l u t. V. Solon. c. 18: λέγεται δὲ καὶ τοὺς νόμους ἀσαφέστερον γράψας
καὶ πολλὰς ἀναλήψεις ἔχοντας αὐξῆσαι τὴν τῶν δικαστηρίων ἰσχὺν κ. τ. λ. Vgl.
A r i s t. resp. Ath. 9; ähnlich die Gesetze des D i o k l e s in Syrakus, D i o d.
XIII, 35.   Dagegen wird an denen des C h a r o n d a s Klarheit gerühmt,
A r i s t. Pol. II, 9 p. 1274ᵇ.   Die Gründe für die mangelhafte Entwickelung
des griechischen Rechts gegenüber dem römischen hat P e r r o t a. a. O.
p. 180 ff. entwickelt.

[2]) C i c e r o Orat. I, 44, 197: *incredibile est enim, quam sit omne ius civile
praeter hoc nostrum inconditum ac paene ridiculum; de quo multa soleo in ser-
monibus quotidianis dicere, quum hominum nostrorum prudentiam ceteris omnibus
et maxime Graecis antepono.* Top. V, 28: *ut si quis ius civile dicat id esse,
quod in legibus, senatus consultis, r e b u s i u d i c a t i s, i u r i s p e r i t o r u m
a u c t o r i t a t e, e d i c t i s m a g i s t r a t u u m, more, aequitate consistat.* Die drei
hervorgehobenen Punkte waren für die Entwickelung des griechischen Rechts
von keiner Bedeutung.   Beispiele der Vermengung verschiedener Rechtsgeschäfte: Kauf und Pfandrecht, Darlehn und Bürgschaft (D e m o s t h.) XXXIII,
8 f. p. 894, Darlehn und Kauf XXXVII, 4 p. 968.

[3]) Denn wenn H e s i o d. ἔργ. κ. ἡ. 279 allerdings im Gegensatze der Tiere
schlechthin sagt: ἀνθρώποισι δ' ἔδωκε δίκην, ἢ πολλὸν ἀρίστη, so sind damit
doch nur die Grundlagen der bürgerlichen Gesellschaft zu verstehen, wie in
der weiteren Ausführung desselben Gedankens bei P l a t o Protag. p. 322ᵇ:
ἠδίκουν ἀλλήλους ἅτε οὐκ ἔχοντες τὴν πολιτικὴν τέχνην .. Ζεὺς οὖν δείσας .. Ἑρ-
μῆν πέμπει ἄγοντα εἰς ἀνθρώπους αἰδῶ τε καὶ δίκην, ἵν' εἶεν πόλεων κόσμοι τε καὶ
δεσμοί, φιλίας συναγωγοί: das φύσει κοινὸν δίκαιον καὶ ἄδικον aber, wie es z. B.
A r i s t o t. Rhet. I, 13, 2 p. 1373ᵇ dem ἴδιον ἑκάσταις ὡρισμένον πρὸς αὑτοὺς
entgegensetzt, beschränkt sich auf gewisse Forderungen des sittlichen Instinktes,
die darum nichts weniger als ein persönliches Rechtsverhältnis begründen;
vgl. D e m o s t h. XXIII, 85 p. 648: κατὰ τὸν κοινὸν ἁπάντων ἀνθρώπων νόμον,
ὃς κεῖται τὸν φεύγοντα δέχεσθαι.   Die νόμοι κοινοὶ τῆς Ἑλλάδος oder τὰ νόμιμα
τῶν Ἑλλήνων werden mehrfach erwähnt E u r i p. frgt. Antiop. 221, Suppl. 312,
T h u c. IV, 97, vgl. N ä g e l s b a c h, nachhom. Theologie, Abschnitt V, 2,
57 ff. und im allgemeinen L e o p. S c h m i d t, die Ethik der Griechen.

oder Bedürfnissen es hervorgegangen ist ¹); und selbst wo dieses
Bedürfnis zu einer Erweiterung jenes beschränkten Gesichtspunktes
hindrängt, bleibt dieselbe bei einzelnen Individuen oder Menschen-
klassen und bestimmten Rechten stehen, die wiederum ganz von der
positiven Gesetzgebung jedes besonderen Staates abhängen. An sich
ist der Fremde rechtlos ²), und der Schutz, den er nichts desto
weniger geniesst, beruht lediglich auf den religiösen Rücksichten
und Formen, unter welchen wir die Humanität sich zur Gastfreund-
schaft ausprägen und dadurch allerdings mittelbar die rechtliche
Sicherheit des Einheimischen auch seinem Gaste zu Gute kommen
sehen ³); aber um irgend ein Recht wirklich zu verfolgen, bedarf
der Fremde fortwährend der Vermittelung eines Einheimischen, die
selbst da, wo der Staat auswärtige Einwanderer förmlich aufgenommen und ihnen seinen Schutz zugesagt hat, nötig bleibt ⁴) und
nur hin und wieder durch ganz konkrete Bestimmungen beseitigt
wird. Von den Begünstigungen kaufmännischer Rechtshändel in
Athen war in dieser Beziehung bereits anderwärts ⁵) die Rede; davon abgesehen aber sind es immer nur verhältnismässig seltene
Fälle, wo ein Schutzverwandter für sich und seine Nachkommen
den Bürgern auch nur privatrechtlich gleichgestellt oder zu Gunsten

---

¹) Aristot. Politic. VII, 2, 8 pag. 1324ᵇ: καὶ ὅπερ αὐτοῖς ἕκαστοι οὔ φασιν
εἶναι δίκαιον οὐδὲ συμφέρον, τοῦτ' οὐκ αἰσχύνονται πρὸς τοὺς ἄλλους ἀσκοῦντες·
αὐτοὶ μὲν γάρ παρ' αὐτοῖς τὸ δικαίως ἄρχειν ζητοῦσι, πρὸς δὲ τοὺς ἄλλους οὐδὲν
μέλει τῶν δικαίων: vgl. Staatsalt. § 9.

²) Ἀτίμητος μετανάστης, Iliad. IX, 648. Ein Gesetz: τοὺς ξένους μὴ ἀδι-
κεῖσθαι, wie es Petit. leg. Att. p. 566 aus Xenoph. M. Socr. II, 1, 15 ab-
leitet, hat nirgends existiert, geschweige denn, dass es in jener Stelle läge,
in deren Verlaufe es vielmehr heisst: ἐν δὲ ταῖς ὁδοῖς, ἔνθα πλεῖστοι ἀδικοῦνται,
πολὺν χρόνον διατρίβων, εἰς ὁποίαν δ'ἂν πόλιν ἀφίκῃ, τῶν πολιτῶν πάντων ἥττων
ὤν, καὶ τοιοῦτος, οἵοις μάλιστα ἐπιτίθενται οἱ βουλόμενοι ἀδικεῖν, ὅμως διὰ τὸ ξένος
εἶναι οὐκ ἂν οἴει ἀδικηθῆναι; vgl. auch Fustel de Coulanges, la cité
antique.⁶ L. III ch. XII p. 226 ff.

³) Plat. Crit. p. 45 c: εἰσὶν ἐμοὶ ἐκεῖ ξένοι, οἳ .. ἀσφάλειάν σοι παρέξονται,
ὥστε σε μηδένα λυπεῖν τῶν κατὰ Θετταλίαν: vgl. Privatalt. § 52 S. 498 und mehr
im allg. bei Veder, Hist. philos. jur. ap. veteres·, L. B. 1832. 8., p. 22 fg.
und Laurent, Hist. du droit des gens, Gand 1850. 8., II, p. 35 fg.

⁴) Vgl. Staatsalt. § 75 mit Platner, Proc. u. Klagen I, S. 87 fg. und
Thumser, Wien. Stud. VII, 46 fg. Welsing, de inquilinorum et pere-
grinorum ap. Ath. iudiciis 10 fg. Natürlich waren die Gesetze des Schutz-
staates auch für die Metöken massgebend I. G. A. 322 (C² 230), 6, Isocr.
XIX, 12. Der Fremde bedurfte dieser Vermittelung selbst beim Opfer in den
Tempeln der Stadt, Dittenberger, S. I. Gr. 358; 323, 10; 376, 6.

⁵) Privataltert. § 44 S. 493.

eines Fremden die Unterscheidungen aufgehoben werden, die sonst
namentlich im Punkte der persönlichen Sicherheit, des Grundeigentums und der Ehegemeinschaft den Vorzug des Eingebornen aus-
machen [1]). Andrerseits aber verbot man in Athen den Schutzge-
nossen in Kriegszeiten die Auswanderung bei schwerer Strafe [2]), ja
man versuchte sogar wiederholt den Fremden den Kleinhandel auf
dem Markte zu untersagen, und als sich das nicht durchführen liess,
erhob man wenigstens von ihnen eine höhere Marktsteuer [3]). Ferner
zwang der entwickelte Verkehr bald verschiedene Staaten zum Abschluss von Rechtsverträgen, nach welchen Streitigkeiten zwischen
Bürgern der Vertragsstaaten am Orte des Rechtsgeschäfts auf Grund
besonderer Satzungen entschieden werden sollten [4]), deren Inhalt
naturgemäss sehr verschieden war. Sie finden sich für Athen sowohl
vor als nach dem peloponnesischen Kriege [5]), und später zur Zeit
des ätolischen Bundes, und in der Umgebung des delphischen Orakels
und auf den Inseln [6]).

---

[1]) Ἐπιγαμίαν, ἀσφάλειαν καὶ ἀσυλίαν καὶ πολέμου κα! εἰρήντς οὔσης, γῆς καὶ
οἰκίας ἔγκτησιν, ἐπινομίαν (Weiderecht auf fremdem Gebiet), ἐπεργασίαν (Recht
das Feld zu bestellen in fremder Gemeinde (Poll. VII, 142, 184; Xenoph.
Cyrop. III, 2, 23; vgl. Staatsalt. § 76 und mehr bei Meier, de proxenia
p. 17 fg., Schubert, de proxenia attica, 40 fg. sowie Büchsenschütz,
Besitz und Erwerb S. 41. Der Metöke dagegen darf kein Haus oder Grundstück besitzen und folgerecht auch keine liegenden Güter als Unterpfand annehmen, denn wer keine ἔγκτησις hat, hat auch kein Pfandrecht, Meier,
comment. epigr. p. 53. Demosth. XXXVI, 6 p. 946. Aristot. Oeconom.
II, 4, p. 1347ᵃ. Athen verzichtete in der neugebildeten Symmachie unter Ar-
chont Nausinikos 378 v. Chr. ausdrücklich auf das früher von Staat und Privaten voll ausgeübte Recht der ἔγκτησις bei den Bundesgenossen, C. I. A. II,
17 (S. I. Gr. 63) Z. 35; Diodor. XV, 29, dazu Büchsenschütz, Besitz
und Erwerb S. 68, doch dauerte diese Beschränkung nicht lange, Boeckh,
St. d. A. I, 559.

[2]) Hyp. Athenog. XVI, 4, XIV, 6: τὸν νόμον, ὃς κελεύει ἐνέ[ξιν] εἶ[ναι]
καὶ ἀπαγωγὴν τοῦ ἐξακήσαντος [ἐν] τῶι πολέμωι, ἐὰν π[ά]λιν ἔλθηι.

[3]) Demosth. LVII, 31 f. p. 1308: οὐχ ἔξεστι ξένῳ ἐν τῇ ἀγορᾷ ἐργά-
ζεσθαι von Solon, wiederholt von Aristophon um das Jahr des Eukleides.
Diese Bestimmungen sind jedenfalls ausschliessend gemeint, und wenn im
folgenden § 34 steht: τὰ τέλη ἐξετάσαντας τὰ ἐν τῇ ἀγορᾷ, εἰ ξενικὰ ἐτέλει, so
geht daraus hervor, dass sie wieder aufgehoben waren.

[4]) Dies sind die δίκαι ἀπὸ συμβόλων vgl. Harp. σύμβολα, (Demosth.)
VII, 9 fg.; Schoemann-L., att. Proc. 994; Platner, Process und Klagen
I, 105 fg.; Gilbert, Staatsalt. II, 380; Staatsalt. § 76.

[5]) Mit Mytilene Corp. Inscr. Att. IV, 96 (S. I. Gr. 27), Thuc. I, 77,
nachher mit Chios und Phaselis C. I. A. II, 11 (S. I. Gr. 57).

[6]) S. I. Gr. 181 zwischen Messene und Phigalia; Wesch. et Fouc. 213

§ 2. [§ 57.]
Familienrechtliche Beschränkungen.

So entschieden übrigens auch der Vorzug der Eingeborenen in rechtspersönlicher Hinsicht ausgeprägt war, so unterlag doch auch dieser mancherlei Beschränkungen, in welchen sich namentlich das Familienrecht vermöge seiner grösseren Ursprünglichkeit geltend macht. Während nämlich die Verschiedenheit der staatsbürgerlichen Berechtigung, worauf die einzelnen Staatsformen beruhten, wofern die herrschende Klasse nicht durch Missbrauch der Gewalt die individuelle Freiheit selbst gefährdete, auf das Privatrecht ohne wesentlichen Einfluss blieb [1]), so griff das Familienrecht um so tiefer ein durch die Bedingungen, die es selbst unabhängig von der Staatsgesetzgebung an eine rechtmässige Ehe stellte. Denn hinsichtlich der Halbbürtigen oder νόθοι währte die familienrechtliche Ungleichheit auch da fort, wo die Gesetzgebung nicht mit gleicher Strenge das Bürgertum beider Eltern zur Bedingung des Staatsbürgerrechts machte [2]). Und wenn die ältere Zeit denselben in Ermangelung ehelicher Kinder noch ein Erbrecht mit oder sogar vor den Seitenverwandten zuerteilte [3]), so waren sie in Athen vom Archontat des Eukleides ab vom Erbrechte gänzlich ausgeschlossen [4])

---

u. 53. (S. I. Gr. 462 u. 465) vgl. F o u c a r t, mém. sur l'affranchissement p. 20; zwischen Naxos und Arkesine, I n s c r. j u r. gr. 314 Z. 13, 28, 37.

[1]) E p h. bei S t r a b o X, p. 480: δοκεῖ δέ, φησίν, ὁ νομοθέτης μέγιστον ὑποθέσθαι ταῖς πόλεσιν ἀγαθὸν τὴν ἐλευθερίαν· μόνην γὰρ ταύτην ἴδια ποιεῖν τῶν κτησαμένων τὰ ἀγαθά, τὰ δ' ἐν δουλείᾳ τῶν ἀρχόντων ἀλλ' οὐχὶ τῶν ἀρχομένων εἶναι· τοῖς δ' ἔχουσι. ταύτην φυλακῆς δεῖν: diese Freiheit aber verträgt sich mit jeder gesetzlichen Staatsform, während das Gegenteil überall ungesetzlich ist, vgl. A r i s t. Polit. III, 7 p. 1279ᵃ, 17; φανερὸν τοίνυν, ὡς ὅσαι μὲν πολιτεῖαι τὸ κοινῇ συμφέρον σκοποῦσιν, αὗται μὲν ὀρθαὶ τυγγάνουσιν οὖσαι κατὰ τὸ ἁπλῶς δίκαιον· ὅσαι δὲ τὸ σφέτερον μόνον τῶν ἀρχόντων, ἡμαρτημέναι καὶ πᾶσαι παρεκβάσεις τῶν ὀρθῶν πολιτειῶν· δεσποτικαὶ γάρ, ἡ δὲ πόλις κοινωνία τῶν ἐλευθέρων ἐστί.

[2]) Vgl. O d y s s. XIV, 203, P l u t. V. Ages. c. 4, P a u s a n. II, 18, 5. Über die bürgerliche Berechtigung der νόθοι vgl. S t a a t s a l t e r t ü m e r § 78.

[3]) Ar. aves v. 1660: τὸν Σόλωνος νόμον· νόθῳ δὲ μὴ εἶναι ἀγχιστείαν παίδων ὄντων γνησίων· ἐὰν δὲ παῖδες μὴ ὦσι γνήσιοι, τοῖς ἐγγυτάτω γένους μετεῖναι τῶν χρημάτων. So gegen v. d. E s, de iure fam. p. 72 fg. und C a i l l e m e r, droit de succ. p. 25, der in Erklärung von μετεῖναι irrt. Dazu auch die lakonische Inschrift I. G. A. 68 (C², 10), welche zur Erhebung eines Depositums in Ermanglung ehelicher Söhne und Töchter die νόθοι vor den Seitenverwandten ermächtigt.

[4]) νόθῳ δὲ μηδὲ νόθῃ μὴ εἶναι ἀγχιστείαν μηδ' ἱερῶν μηδ' ὁσίων vgl. (D e-

und auf Legate mässiger Höhe beschränkt [1]). Selbst eine nachträgliche Legitimierung [2]), welche von der Zustimmung der Seitenverwandten abhängig war, verlieh kein Erbrecht, sondern erfolgte ἐπὶ
ῥητοῖς d. i. unter Festsetzung eines bestimmten Erbteils [3]). Wenn
ferner zur persönlichen Ausübung aller rechtlichen Zuständigkeiten
begreiflicherweise auch die bürgerliche Geburt nicht hinreichte, sondern es dazu noch einer weiteren Altersreife oder Mündigkeit bedurfte, so dehnte das griechische Recht diese natürliche Unfähig-
keit der Unmündigen [4]) über das ganze weibliche Geschlecht lebens-
länglich aus [5]). Weibern erlaubte das athenische Gesetz kein
Rechtsgeschäft, dessen Wert einen Medimnus Gerste überstieg, ohne
Vermittelung ihres κύριος gültig abzuschliessen [6]); und dieser κύριος

m o s t h.) XLIII, 51 p. 1067; I s a e u s VI, 47 p. 61. Vgl. D e m o s t h. LVII,
53 p. 1315; XXXVI, 32 p. 954; S u i d a s s. v. ἐπίκληρος.

[1]) Die Höhe der Legate νοθεία, die ihnen gegeben werden durften, war
beschränkt auf 1000 Drachmen nach H a r p. u. S u i d a s s. v. νοθεία (auf
500 nach Schol. zu Ar. aves 1656; S u i d a s s. ἐπίκληρος) v. d. E s, de iure
fam. p. 70 ff. B r a n d e s, Hall. Encykl. Sect. I, Bd. 83, S. 82.

[2]) Die Möglichkeit der nachträglichen Legitimierung des νόθος durch Ein-
führung in die väterliche Phratrie erscheint durch P h i l i p p i, Beitr. zur
Gesch. des att. Bürgerrechtes S. 89 ff. und B u e r m a n n, Studien auf dem
Gebiete des att. Rechts in N e u e J a h r b. f. P h i l. Suppl. IX, 620 ff. gegen
S c h o e m a n n, Griech. Alt. I⁵ S. 379 nicht beseitigt.

[3]) I s a e u s VI, 21 ff. p. 58. Schwieriger ist die Frage nach den sonstigen
privatrechtlichen Wirkungen des halbbürtigen Standes, doch durfte der νόθος
ohne Bürgerrecht gewiss auch keinen Grundbesitz erwerben, und höchstens
kann man annehmen, dass er darum nicht gerade Schutzgeld zu zahlen und
einen προστάτης zu wählen brauchte, so dass also die νόθοι eine eigentüm-
liche Klasse Minderberechtigter zwischen Bürgern und Metöken gebildet
hätten, worauf auch D e m o s t h. XXIII, 213 p. 691 führt: ἀλλ' εἰς τοὺς νόθους ἐκεῖ συντελεῖ, καθάπερ ποτὲ ἐνθάδε εἰς Κυνόσαργες οἱ νόθοι. Vgl. B u e r-
m a n n a. a. O. 627 fg. und P a t o n a. H i c k s, Inscr. of Kos n. 10ᵃ: τῶν τε
πολιτᾶν καὶ πολιτίδων καὶ νόθων καὶ παροίκων καὶ ξένων.

[4]) Vgl. Anm. 6. Auch die Bestimmung des Naupaktischen Koloniever-
trages (V. Jh. O⁴, 229 A. 18), der Lokrer solle eine ledige Erbschaft in N a u-
p a k t o s binnen drei Monaten selbst antreten, αἱ κ' ἀνὴρ ἦ ἐ παῖς, setzt gewiss stillschweigend Mitwirkung des Vormundes voraus.

[5]) Vgl. M e i e r - L., att. Proz. S. 563; H e f f t e r, ath. Gerichtsverf. S. 72 ff.
D. J. v a n S t e g e r e n, de conditione civili feminarum Atheniensium secun-
dum iuris Attici principia Zwoll. 1839; A l b. D e s j a r d i n s, de la condition
de la femme dans le droit civil des Athéniens, Paris 1865; v. d. E s, de iure
fam. p. 158; H. L e w y, de civili condicione mulierum graecarum, Breslau 1885.

[6]) I s a e u s X, 10 p. 80: ὁ γὰρ νόμος διαρρήδην κωλύει παιδὶ μὴ ἐξεῖναι συμβάλλειν μηδὲ γυναικὶ πέρα μεδίμνου κριθῶν. Schol. zu A r. Eccl. 1025: νόμος ἦν
ταῖς γυναιξὶ μὴ ἐξεῖναι ὑπὲρ μέδιμνόν τι συναλλάσσειν. H a r p. P h o t. S u i d a s

war dann für das weibliche Geschlecht nicht nur im ledigen Stande
der Vater oder sonstige nächste Blutsverwandte [1]) und im verheirate-
ten der Mann [2]), sondern selbst die Wittwe kehrte, wenn sie das
Haus des Gatten verliess, sofort wieder unter die Obhut ihrer
männlichen Angehörigen [3]) zurück, oder trat andernfalls in den

in ὅτι παιδὶ καὶ γυναικί. vgl. Privatalt. S. 75, 3. Gegenüber der Auffassung
der Isäusstelle, wie sie die Grammatiker bieten, spricht Caillemer, Revue
de législ. 1873 p. 6 den Kindern alle Rechtsfähigkeit ab, gestützt auf ihr
Fehlen bei dem Scholiasten. Und wenn dies auch Zufall ist, da es diesem
nur auf den Gegensatz zwischen Männern und Frauen ankam, so ist doch die
Fassung des Isäus dieser Erklärung nicht ungünstig, vgl. Lipsius, in Burs.
Jahresb. II. 1404. Schulthess, Vormundschaft S. 101.

[1]) Über den Unterschied von ἐπίτροπος als Vormund über Nichterwach-
sene und κύριος dem Geschlechtsvormund vgl. Schoemann ad Is. p. 331;
v. d. Es, de iure fam. p. 155; Caillemer, étude IV. les papyrus grecs
du Louvre etc. 1867, p. 19 f. Hafter, Erbtochter S. 31. Der κύριος der
Frau im ledigen Stande ergiebt sich aus dem Gesetz über die ἐγγύησις bei
(Demosth.) XLVI, 18 p. 1134: ἣν ἂν ἐγγυήσῃ ἐπὶ δικαίοις δάμαρτα εἶναι ἢ
πατὴρ ἢ ἀδελφὸς ὁμοπάτωρ ἢ πάππος ὁ πρὸς πατρός, ἐκ ταύτης εἶναι παῖδας γνη-
σίους· ἐὰν δὲ μηδεὶς ᾖ τούτων, ἐὰν μὲν ἐπίκληρός τις ᾖ, τὸν κύριον ἔχειν, ἐὰν δὲ
μὴ ᾖ, ὅτῳ ἂν ἐπιτρέψῃ, τοῦτον κύριον εἶναι, bestätigt durch (Demosth.) XLIV,
49 p. 1095 auch bezüglich der Reihenfolge der Verwandtschaftsgrade gegen
Plato leg. VI p. 774 e und Meier-L. att. Proz. S. 564. Der letzte Teil
des Gesetzes ist missverstanden von Heffter, ath. Gerichtsverf. S. 74, erklärt von Hermann, iur. dom. compar. p. 10: ist sie nicht Erbtochter, hat
z. B. ein verstorbener Bruder Söhne hinterlassen, so ist κύριος der von dem
letztverstorbenen κύριος ernannte ἐπίτροπος, vgl. Lysias bei Harp. s. v. ἐπι-
τροπήν, Aeschines I, 13 p. 39. Progr. Hirschberg 1894 S. 5 f. Mehrere
Brüder übten die Rechte des κύριος gemeinsam aus vgl. (Demosth) XL, 7
p. 1010, Isaeus II, 3 fg. Der Stiefvater als κύριος, den Hermann nach
Isaeus IX, 29 p. 77 annahm, ist mindestens zweifelhaft vgl. Schoemann
ad Is. p. 422, v. d. Es, de iure fam. 8. Ebensowenig scheinen Stiefbrüder
von derselben Mutter das Recht des κύριος besessen zu haben (über Isaeus
VII, 9 p. 64 vgl. att. Proz.² S. 505), so dass auch hierin obiges Gesetz gegen
über der platonischen Anordnung seine Bestätigung fände. Natürlich war
es Pflicht des κύριος, nach Kräften für eine angemessene Verheiratung seiner
Schutzbefohlenen zu sorgen. Isaeus VI, 14 p. 57: ὥστ' οὔτ' ἐπιτροπεύεσθαι
προσῆκε τὴν Καλλίππην ἔτι, τριακοντοῦτίν γε οὖσαν, οὔτε ἀνέκδοτον καὶ ἄπαιδα
εἶναι, ἀλλὰ πάνυ πάλαι συνοικεῖν ἢ ἐγγυηθεῖσαν κατὰ τὸν νόμον ἢ ἐπιδικασθεῖσαν.

[2]) Schol. Aristoph. Equ. 969: οὕτω γὰρ προκαλεῖσθαι εἰώθασιν ἐν τῷ
δικαστηρίῳ· ἢ δεῖνα καὶ ὁ κύριος, τουτέστιν ὁ ἀνήρ, und gegen die Zweifel v. Hruza,
Beitr. z. Familienrecht I, 69 vgl. Thalheim, Progr. Hirschberg 1894 S. 10 f.

[3]) (Demosth.) XL, 6 p. 1010. Isaeus III, 8 p. 88. vgl. Meier-L.,
att. Proz. S. 565, v. d. Es, de iure fam. 56 ff. Caillemer, étude V la
restitution de la dot 1867 p. 18 ff. Desgleichen die Geschiedene: (Demosth.)
LIX, 52 p. 1362: ἐὰν ἀποπέμπῃ τὴν γυναῖκα, ἀποδιδόναι τὴν προῖκα, ἐὰν δὲ μὴ ..
καὶ σίτου εἰς φθεῖον εἶναι δικάσασθαι ὑπὲρ τῆς γυναικὸς τῷ κυρίῳ.

Schutz der eigenen Söhne, die, sobald sie mündig waren, mit dem
mütterlichen Vermögen zugleich die Tutel der Mutter selbst übernahmen [1]). Im gerichtlichen Verfahren konnten die Frauen zwar
nicht als Zeugen auftreten, wohl aber zu eidlichen Aussagen aufgefordert werden und sich dazu erbieten, Aussagen, welche dann
vor Gericht verlesen wurden [2]). Und auch sonst fehlt es nicht an
Andeutungen, dass die Verhältnisse sich mit der Zeit mächtiger erwiesen als das Gesetz [3]). In anderen Staaten und besonders in späteren Zeiten scheint allerdings die Stellung der Frauen eine freiere
gewesen zu sein. In S p a r t a konnte die Frau Eigentum besitzen
und hatte, wie es scheint, Verfügung darüber [4]). In G o r t y n a
erbte die Tochter den halben Sohnesanteil, behielt in der Ehe Eigentum an dem Eingebrachten und hatte ein gewisses Verfügungsrecht über dasselbe [5]). Ähnlich ist es auf den d e l p h i s c h e n Frei-

---

[1]) (D e m o s t h.) XLII, 27 p. 1047: μήτηρ δὲ τούτου· ταύτῃ χρέως φησὶν
ὀφείλεσθαι Φαίνιππος τὴν προῖκα, ἧς οἱ νόμοι κύριον τοῦτον ποιοῦσι, und gegen
H r u z a, Beitr. I, 71 vgl. T h a l h e i m, Progr. Hirschberg 1894 S. 12. Bis
zur Mündigkeit der Söhne war κύριος der im Hause des Gatten verbliebenen
Witwe wohl der Vormund vgl. v. d. E s, de iure fam. p. 158. C a i l l e m e r,
étude IV p. 20. Für Erbtöchter nehmen M e i e r a. a. O. und S t e g e r e n p. 102
die Tutel der Söhne sogar bei Lebzeiten des Mannes an und haben dabei den
Buchstaben des H y p e r i d e s bei H a r p o c r. s. v. ἐπιδιετὲς ἡβῆσαι für sich:
καὶ ὁ νόμος ἀπέδωκε τὴν κομιδὴν τῶν καταλειφθέντων τῇ μητρί, ὃς κελεύει κυρίους
εἶναι τῆς ἐπικλήρου καὶ τῆς οὐσίας ἁπάσης τοὺς παῖδας, ἐπειδὰν ἐπιδιετὲς ἡβῶσιν.
Doch darf der Wortlaut des Gesetzes bei (D e m o s t h.) XLVI, 20 p. 1135: καὶ
ἐὰν ἐξ ἐπικλήρου τις γένηται· καὶ ἅμα ἡβήσῃ ἐπὶ δίετες, κρατεῖν τῶν χρημάτων, τὸν
δὲ σῖτον μετρεῖν τῇ μητρί für authentisch gelten, vgl. I s a e u s X, 12 p. 81,
H a f t e r, Erbtochter S. 76 und dieser dürfte nach I s a e u s VIII, 31 p. 72
und fr. 90 (S u i d a s s. τέως) dahin zu erklären sein, dass das Vermögen der
Erbtochter auch bei Lebzeiten des Mannes auf den Sohn überging, während
die Mutter in dem Schutze des Mannes verblieb.

[2]) D e m o s t h. XXIX, 26 p. 852, L y s. XXXII, 13. S c h o e m a n n-L.,
att. Proz. S. 900. G u g g e n h e i m, Folterung im att. Proz. S. 1.

[3]) Schon L y s. XXXII, 6 wird einer Frau eine grössere Summe anvertraut. D e m o s t h. XLI, 9 p. 1030 erscheint sie nach dem Tode des Gatten
als Verwalterin, vielleicht Nutzniesserin seines Vermögens, vgl. T h a l h e i m,
Progr. Schneidemühl 1892 S. 8 f. D e m o s t h. XXXVI, 14 p. 949 findet sich
ein Legat einer Frau, dessen Rechtsgültigkeit freilich bestritten wird, vgl.
unten § 10. C o r p. I n s c r. A t t. II, 1434 dagegen kann nichts beweisen.

[4]) A r i s t o t. Pol. II, 6, 11 p. 1270ᵃ, 24. P l u t. Agis 9, Ages. 20, Stellen,
nach denen die Frau nicht nur Eigentum, sondern auch Verfügung darüber
zu haben scheint, vgl. J a n n e t, les institutions soc. et le droit civil à Sparte
p. 111 fg. Siehe auch die lakonische Inschrift I. G. A. 68 (Cᴵ 10), nach welcher in Ermangelung von Söhnen die Töchter das Depositum erheben dürfen.

[5]) Erbrecht IV, 22, Eigentum in der Ehe V, 1; VI, 9 u. oft; Verfügung

lassungsurkunden des zweiten vorchristlichen Jahrhunderts, wo die
Frau selbständig Rechtsgeschäfte abschliesst [1]). In Böotien hat
die Frau in der Ehe eigenes Vermögen und nimmt Freilassungen
in Form der Weihe teils mit teils ohne Beistand vor [2]). In Tenos

IV, 26; XI, 44; sie stand im Schutze des Vaters oder Bruders VIII, 21, V, 3
oder überhaupt der Blutsverwandten (καθεσταί) II, 18; III, 50; VII, 44; VIII,
14, des Mannes II, 21. Sie ist eidesfähig vor Gericht III, 7; XI, 48, sogar
die Sklavin II, 15 (bezüglich an ihr verübter Notzucht).

[1]) Dies kann nicht mit Caillemer, Revue de legisl. 1873 p. 7 ff. dahin erklärt werden, dass der κύριος überall mitgewirkt habe und nur nicht
erwähnt sei. Auch genügt die Erklärung Foucarts, Mém. sur l'affranchissement des escl. p. 4 ff. nicht, welcher dies Recht aus der ursprünglich religiösen, dedikativen Natur dieser Rechtsgeschäfte erklärt und es auf die Schein-
verkäufe von Sklaven an eine Gottheit beschränkt. Denn dass die Frau in
diesen Urkunden eine andere Stellung hat als in Athen, erkennt Foucart
selbst an a. a. O. p. 7 A. Wescher et Foucart, Inscr. rec. à Delphes
no. 31, 92, 90, 341 beweisen, dass die Frau in der Ehe besonderes Eigentum und die Verfügung darüber behielt. Sie erteilt no. 67 die Zustimmung
(συνευδοκεῖ) zu einem Verkauf des Mannes. Selbst wo gelegentlich der Erwerb
eines Sklaven durch Kauf erwähnt wird, sind in no. 126, 130, 247 beide Gatten
als frühere Besitzer genannt. Die Tochter scheint neben dem Sohne Erbrecht
zu haben nach no. 82, 177, 218, 352. Trotzdem ist die Frau civilrechtlich dem
Mann nicht gleichgestellt. Jeder Verkauf bedarf nach diesen Urkunden eines
βεβαιωτήρ. Und dieser ist stets ein Mann, nie eine Frau. Der βεβαιωτήρ nun
giebt durch Übernahme seiner Verpflichtung selbstverständlich die Zustimmung zu dem Rechtsgeschäft, und Caillemer mag insofern Recht haben,
als in diesem βεβαιωτήρ sich vielfach der κύριος derjenigen Frau verbirgt,
welche den Verkauf abschliesst. So ist in no. 115 (vgl. no. 120), no. 233 (vgl.
no. 292) der βεβ. höchstwahrscheinlich der Mann, in no. 58 sicher und wahrscheinlich in no. 251 die Söhne der Verkäuferin. In no. 120 u. 236 ist ausdrücklich hinzugefügt, dass der βεβ. im Auftrage des Mannes handelt. Es
scheint demnach, dass die Einrichtung des βεβαιωτήρ, der jedem Dritten, nötigenfalls auch dem κύριος einer Frau gegenüber die Verantwortlichkeit für
das Rechtsgeschäft übernahm, der Frau eine freiere Bewegung im rechtlichen
Verkehr ermöglichte.

[2]) Das beweist die Anleihe der Orchomenier bei Nikarete, der Frau des
Dexippos aus Thespiae bei Foucart, Bull. de corr. hell. III, 460 und IV,
119 (C¹ 295 Corp. Inscr. Gr. Sept. I, 3172). Hier ist bei Abschluss der Verträge Z. 79 und Z. 126 der Beistand des Mannes erwähnt, nicht so bei den
ὑπερημερία: Z. 61 ff., welche mir vielmehr Fälligkeitsatteste als Löschungen
zu sein scheinen. (Vgl. zu ihrem Verständnis Berl. Phil. Wochschr. 1893, 267.)
Freilassungen ohne Beistand Larfeld S. I. B. 55ᵇ, Corp. Inscr. Gr. Sept.
I, 3314, 3345; als φίλοι sind die Beistände bezeichnet 3199, 3329, 3357,
3365, 3387. Dass sie nicht ad gravitatem manumissionis augendam adsunt
(Lewy a. a. O. p. 43), beweist schon der Umstand, dass bei Ehefrauen immer
nur der Mann genannt ist, vgl. auch den Wortlaut von 3199 (Lewy p. 44).

steht der Frau bei Rechtsgeschäften zwar stets der κύριος zur Seite,
doch hat sie Eigentum, behält es in der Ehe und erbt wahrscheinlich mit den Brüdern [1]). Auch von anderwärts werden einzelne
solche Züge berichtet [2]). Über den Zeitpunkt der Mündigkeit des
männlichen Geschlechts war die Gesetzgebung der einzelnen Staaten
verschieden [3]); in Athen trat die familienrechtliche Mündigkeit mit
der bürgerlichen zugleich ein [4]): sie war gesetzlich auf zwei Jahr

---

[1]) Vgl. Corp. Inscr. Graec. 2338 (Newton II, 377, III/II. Jahrh.). Für
den κύριος ist bezeichnend Z. 118, für das Eigentum Z. 22, für das Erbrecht
Z. 93; Z. 118 erteilt die Ehefrau ihre Zustimmung zu einem Verkaufe des
Gatten; Z. 28, 31, 103 kaufen und verkaufen unverheiratete Frauen bei Lebzeiten und im Beisein ihres Vaters Häuser und Grundstücke.

[2]) In Kerkyra war sie vielleicht zeugnisfähig Dittenberger, S.
I. Gr. 43; in Megara (III. Jahrh.) kauft und weiht eine Frau selbständig
ein Grundstück Corp. Inscr. Gr. Sept. I, 43; in Thera steht Epikteta (III/II.
Jahrh.) nach dem Tode ihres Gatten und ihrer beiden Söhne in der Gewalt
ihres Tochtermannes Corp. Inscr. Gr. 2448, IV Z. 2 (C² 148 D. 2). In
Amorgos hat auf zwei Inschriften bei Foucart, ass. rel. n. 45 und Syll.
I. Gr. 438 eine verheiratete Frau einen anderen κύριος als ihren Gatten, und
wenn dies auch mit Lewy a. a. p. 38 auf den früheren κύριος, der sie ver-
heiratet und ausgestattet hat und jetzt der Mitgift wegen dem Rechtsgeschäfte
zustimmt, zu deuten ist, so ist die Bezeichnung desselben als κύριος schlechtweg immerhin bemerkenswert. In Delos giebt sie im Jahre 279 ihre Zustimmung zur Verpfändung eines Grundstücks, verbürgt sich für eine Schuld
ihres Sohnes, die Erwähnung des κύριος bei Rechtsgeschäften fehlt bisweilen
Homolle, Bull. corr. hell. XIV (1890) 453. In lesbischen Grundbü-
chern vorrömischer Zeit sind auch Frauen als Besitzer eingetragen Mitth. d.
deutsch. Inst. IX, 89. In Erythrae (III. Jahrh.) konnte sie trotz des Vor-
handenseins von Söhnen Testamentserbin des Gatten sein, hatte aber dann
einen Sohn zum κύριος Syll. I. Gr. 370, 150, führte sogar Vormundschaft
ebd. Z. 122. In Mylasae weiht eine Frau eine Bildsäule nebst einem Gebäude
im Beistande ihres Mannes, Bull. corr. hell. V (1881) p. 39, hat aber das Recht
des Grundbesitzes Lebas-Waddington, As. Min. 416. Auch nach
Ägypten wurden die griechischen Einrichtungen übertragen und erhielten
sich daselbst bis in die Kaiserzeit. Dort wird dem Namen der Frau sogar einmal hinzugefügt μετὰ κυρίου οὐ παρόντος n. XVII in Notices et extraits de ma-
nuscrits de la Bibl. imp. t. XVIII, 2. Paris 1865. Bezeichnend ist auch Berl.
Papyr. n. 96 (III. Jahrh. nach Chr.) χωρὶς κυρίου χρηματίζουσα κατὰ τὰ Ῥωμαίων
ἔθη bei der Zustimmung zu einer Freilassung, vgl. Lumbroso, récherches
sur l'économie etc. p. 49 f. Dareste im Journ. des sav. 1883, 170 ff.

[3]) Dion. Hal. II, 26: οἱ μὲν γὰρ τὰς Ἑλληνικὰς καταστησάμενοι πολιτείας,
βραχύν τινα κομιδῇ χρόνον ἔταξαν ἄρχεσθαι τοὺς παῖδας ὑπὸ τῶν πατέρων, οἱ μὲν
ἕως τρίτον ἐκπληρώσωσιν ἀφ' ἥβης ἔτος· οἱ δὲ ὅσον ἂν χρόνον ἠίθεοι μένωσιν· οἱ
δὲ μέχρι τῆς εἰς τὰ ἀρχεῖα τὰ δημόσια ἐγγραφῆς, ὡς ἐκ τῆς Σόλωνος καὶ Πιττα-
κοῦ καὶ Χαρώνδου νομοθεσίας ἔμαθον.

[4]) Arist. resp. Ath. c. 42. A. Schäfer, Der Eintritt der Mündig-

nach dem Eintritte der Mannbarkeit bestimmt [1]) und wurde in der Zeit der Redner durch die Einschreibung in das ληξιαρχικὸν γραμματεῖον bekundet [2]), welche nach vollendetem achtzehnten Lebensjahre erfolgte [3]), während anderwärts das zwanzigste [4]) und vielleicht noch mehr verlangt ward. Das Gortynische Recht dagegen machte einen Unterschied zwischen dem Erwachsenen (ἡβίων) und dem Volljährigen (δρομεύς) und stufte danach auch die Befugnisse des Familienrechtes ab [5]). Der κύριος eines Unmündigen war selbstredend

keit nach attischem Recht, in Demosthenes und seine Zeit III, 2 S. 19 ff. Dittenberger, de ephebis Atticis. 1863. Lipsius in Neue Jahrb. f. Phil. 1378, 299 ff. Philippi, Rhein. Mus. XXXIV, 610 ff. Über die Gleichzeitigkeit der bürgerlichen Berechtigung insbesondere Schäfer a. a. O. S. 36. Daraus ergab sich auch das Recht, zur Ehe zu schreiten (Demosth.) XL, 12 p. 1011. Suidas s. τέως.

[1]) Vgl. S. 10 A. 1 und (Demosth.) XLVI, 24 p. 1136. Schol. zu Lucian. Ζεὺς τραγ. 26: ἐπειδάν ἀπιθιστὰς οἱ ὀρφανοὶ ἥβησαν ἐξῆν αὐτοῖς ἀπὸ τῶν νόμων εἰς τὸ ληξιαρχικὸν ἐγγραφέντας ἀναλαμβάνειν τὰ πατρῷα. Dieselbe Bestimmung galt auch anderwärts z. B. in Delphi nach Aeschines III, 122 p. 513.

[2]) Aeschines I, 18 p. 43: ἐνταῦθ᾿ ὁ νομοθέτης οὔπω διαλέγεται αὐτῷ τῷ σώματι τοῦ παιδός, ἀλλὰ τοῖς περὶ τὸν παῖδα, πατρὶ ἀδελφῷ ... καὶ ὅλως τοῖς κυρίοις· ἐπειδάν δ᾿ ἐγγραφῇ εἰς τὸ ληξιαρχικὸν γραμματεῖον ... οὐκέτι ἑτέρῳ διαλέγεται, ἀλλ᾿ ἤδη αὐτῷ. Ib. 103 p. 121: ἐπειδὴ δ᾿ ἐνεγράφη Τίμαρχος οὗτος εἰς τὸ ληξιαρχικὸν γραμματεῖον καὶ κύριος ἐγένετο τῆς οὐσίας. Harp. s. v. ληξ. γραμμ. und ἐπιδιετὲς ἡβ.

[3]) Arist. resp. Ath. c. 42: ἐγγράφονται δ᾿ εἰς τοὺς δημότας ὀκτωκαίδεκα ἔτη γεγονότες und κἄν τις δόξῃ νεώτερος ὀκτωκαίδεκ᾿ ἐτῶν εἶναι (ἡ βουλὴ) ζημιοῖ τοὺς δημότας entscheidet jetzt die Streitfrage für das vollendete 18. Lebensjahr und bestätigt die Überlieferung der Grammatiker Schol. Ar. Vesp. 578, Bekk, Anecd. p. 255, 15. Doch halten trotzdem Gilbert, Staatsalt. I, [2] 218 und Busolt, Staatsalt. [2] 218 an dem begonnenen 18. Jahre fest, welches Schäfer a. a. O. S. 35 u. 47 und Lipsius a. a. O. S. 308 auf Grund einer Berechnung über die Mündigkeitserklärung des Demosthenes (Demosth. XXVII, 4 u. 6) annahmen; Irrtümer des Didymos, der die Mündigkeit mit 16 Jahren eintreten liess (Harp. ἐπιδιετές) und des Harpokration, der die Einschreibung in das ληξ. γραμμ. ans Ende der Ephebenzeit verlegt (ebenda vgl. Poll. VIII, 105) beruhen auf Verwechslung des ἐπιδιετὲς ἡβῆσαι mit der zweijährigen Ephebenzeit.

[4]) So in Iasus nach Heracl. Pol. 40; ἐπεσκόπουν δὲ καὶ τοὺς ὀρφανοὺς ὅπως παιδεύωνται, καὶ τὰς οὐσίας αὐτοῖς ἀπεδίδοσαν εἴκοσι ἐτῶν γενομένοις. Fünf Jahre nach der Mannbarkeit in der lakonischen Inschrift: I. G. A. 68 (C[2] 10).

[5]) Das Alter des ἡβίων war jedenfalls gesetzlich bestimmt, voraussichtlich auf 16 Jahre vgl. Bekk, Anecd. 255, 15. Er ist zeugnisfähig behufs des Beweises IX, 46, ist ehemündig VII, 35, während Mädchen schon mit 12 Jahren heiraten durften XII, 32, ja er darf sogar adoptieren. Der δρομεὺς Teilnehmer am δρόμος d. i. der ἀγέλη (Suidas s. δρόμος, Hesych s. ἀπάγελος· ὁ μηδέπω συναγελαζόμενος παῖς ὁ μέχρι ἐτῶν ἑπτακαίδεκα· Κρῆτας) war wohl

der Vater [1]) oder nach dessen Tode der Vormund [2]), der, wofern
jener es nicht letztwillig anders bestimmt hatte [3]), der nächste Verwandte war [4]) und in Zweifelsfällen von Obrigkeitswegen ernannt
wurde [5]). Das angeblich solonische Verbot, dass der Vormund

---

18 Jahre alt, darf seine Zustimmung zu Verfügungen des Vaters über das
Muttergut geben VI, 36, muss bei Verlust seines Anrechts zur Ehe mit einer
Erbtochter schreiten VII, 41, darf als Solennitätszeuge auftreten I, 40, III, 22,
V, 53 vgl. Büch.-Zit., das Recht v. Gortyn S. 60.

[1]) Ueber die väterliche Gewalt und ihre Grenzen vgl. Privat alt. § 11 S. 75.

[2]) Demosth. XXXVI, 22 p. p. 951 u. XXXVIII, 6 p. 986, vgl. Meier-L.
att. Proz. 549 ff., Platner II, 278—290. J. N. Schmeisser (und A. Baumstark) de re tutelari Atheniensium. Freiburg 1829. v. d. Es, de iure fam.
148 ff. Schulthess, Vormundschaft nach att. Recht. Freib. 1886. Züch-
tigungsrecht des Vormundes Curt. Hist. Alex. VIII, 8, 3: hoc ... *ferunt
a tutoribus pupilli, a maritis uxores, servis quoque pueros huius aetatis verbe-
rare concedimus.*

[3]) Demosth. XXVII, 4 ff. p. 814 und das Testament des Aristoteles
bei Diog. Laërt. V, 12, woraus erhellt, dass auch mehrere Vormünder zugleich bestellt und denselben der Sicherheit halber Vermögensvorteile zuge-
wandt wurden. Der Ausdruck ist ἐπίτροπος ὑπὸ τοῦ πατρὸς καταλελειμμένος
Lysias fr. 45. 1 Bk. (75. 1 Sch.) vgl. fr. 26 Bk. (43 Sch.), Demosth.
XXXVI, 22 p. 951, XXXVIII, 10 p. 987, andere Beispiele Lysias XXXII, 5.
Demosth. XXXVI, 8 p. 946.

[4]) Als gesetzliche Bestimmung wird dies für Athen nur erwähnt im arg.
Isaeus or. X, p. 79: κατὰ νόμον ἐπίτροπος τὸν τοῦ ἀδελφοῦ παίδων γενόμενος.
Doch findet sich öfter das Amt des Vormunds augenscheinlich im Gegensatze
zur testamentarischen Einsetzung mit dem Verwandtschaftsgrad begründet:
Isaeus I, 9 p. 86: Δεινίας γὰρ ὁ τοῦ πατρὸς ἀδελφὸς ἐπετρόπευσεν ἡμᾶς θεῖος
ὢν ὀρφανοὺς ὄντας. V, 10 p. 52: οὕτως αὐτοὺς Διχαιογένης οὑτοσὶ ἐγγυτάτω ὢν
γένους ἐπετρόπευσεν, vgl. den Bruder bei Lysias X, 5 und für syrak usische
Verhältnisse Plat. epist. VII, p. 345 d: ὄντος μὲν ἀδελφιδοῦ, κατὰ νόμους
δ᾽ ἐπιτροπεύοντος, für Sparta Paus III. 5. 7: Ἀριστόδημος δὲ ἐπετρόπευεν αὐτοὺς γένους ἐγγύτατα ὤν. In einem Söldnervertrage bei Fränkel, Inschr.
v. Pergamon I. n. 13, 8 (um 260): ὑπὲρ ὀρφανικῶν· ὅπως ἂν οἱ ἄγχιστα γένους
λαμβάνωσιν ᾗ ᾧ ἂν ἀπολίπῃ. Vormund ist jedenfalls auch der κύριος des Ale-
xandros auf einer delphischen Freilassungsurkunde Bull. corr. hell. 1893,
386 n. 88, dem, weil er nächster Verwandter des Unmündigen ist, auch seine
Söhne zustimmen, welche bei der Verhandlung vermögensrechtlich beteiligt
sein können. In einer Inschrift von Mylasse (Carien) bei Lebas-Waddington III, 1 n. 415 wird der verreiste Vater eines Mädchens in seiner Eigen-
schaft als κύριος vertreten durch ἐπίτροποι und als solche sind der Bruder
und zwei väterliche Oheime aufgeführt.

[5]) Die Behörde ist in Athen der ἄρχων. In der Aufzählung seiner Klagen
heisst es Arist. resp. Ath. c. 56: εἰς ἐπι[τρ]οπῆς κατάστασιν, εἰς ἐπιτροπῆς
διαδικασίαν, εἰς [ἐμφανῶν κατάστα]σιν, ἐπιτρ[οπ]ον αὐτὸν ἐγγράψαι. Ist die Ergänzung richtig, so ist die Reihenfolge allerdings befremdlich; die Stelle

weder Stiefvater noch voraussichtlicher Erbe des Mündels sein sollte[1]),
findet sich nicht nur in letzterer Hinsicht nirgends bestätigt, sondern widerspricht auch in ersterer der häufigen Erscheinung, dass
ein Sterbender seine Frau geradezu einem Freunde vermacht, um
diesen dadurch zugleich zum Vormunde ihrer Kinder zu bestellen[2]).
Beglaubigter ist für Thurii die charondische Verordnung, nach der
das Vermögen einer Waise von den väterlichen Verwandten verwaltet,
die Erziehung dagegen von den mütterlichen wahrgenommen werden
sollte[3]); meistens blieben jedoch auch diese beiden Pflichten in
gleicher Hand, indem der Vormund aus dem hinterlassenen Vermögen für Unterhalt der Witwe und Kinder sorgte[4]). Er war an
etwaige testamentarische Vorschriften gebunden[5]), andernfalls konnte
er nach Belieben[6]) entweder selbst die Verwaltung übernehmen[7])

---

scheint jedoch dahin zu erklären, dass wer auf Grund von Testament oder
Verwandtschaft die Vormundschaft in Anspruch nahm, sich behufs gerichtlicher Bestätigung beim ἄρχων zu melden hatte vgl. Isaeus VI, 36 p. 60.
ἐπιγράψαντες σφᾶς αὐτοὺς ἐπιτρόπους. Vorzugstreitigkeiten zwischen Verwandten
und Testamentsvormündern wurden gerichtlich entschieden (εἰς ἐπιτρ. διαδ.),
endlich wenn niemand Anspruch erhob, so wurde beim Archon der Antrag
auf Bestellung eines Vormunds eingebracht (εἰς ἐπιτρ. κατάστασιν), anders
Lipsius, Ber. der sächs. Ges. 1891 S. 50 vgl. Schulthess a. a. O. S. 73.
In der Inschrift von Ephesus (Dittenberger, S. I. Gr. 344) erscheinen
Z. 56 nur ἐπίτροποι ὑπὸ πατρὸς καταλελειμμένοι ἢ ὑπὸ δήμου ᾐρημένοι. Plato
leg. XI p. 924 b lässt, wo keine letzwillige Verfügung des Vaters vorliegt, den
Kindern fünf Vormünder, zwei von väterlicher, zwei von mütterlicher Seite,
einen aus dem Freundeskreise des Verstorbenen durch die Behörde bestellen.
Eine Frau als Vormund in Erythrae Dittenberger, S. I. Gr. 370 Z. 122.

[1]) Diog. L. I, 56: τὸν ἐπίτροπον τῇ ὀρφανῶν μητρὶ μὴ συνοικεῖν, μηδ᾽ ἐπιτροπεύειν, εἰς ὃν ἡ οὐσία ἔρχεται τῶν ὀρφανῶν τελευτησάντων.

[2]) Demosth. XXVII, 5 p. 814; XXXVI, 8 p. 946; LVIII, 31 p. 1331, sowie Meier-L., att. Proz. S. 552, Platner II, S. 278, welcher jedoch irrt,
wenn er den Stiefvater zum gesetzlichen Vormund des Stiefsohns macht, vgl.
Schoemann ad Is. 361, Lysias XXXII, 8.

[3]) Diodor. XII, 15: τῶν μὲν ὀρφανικῶν χρημάτων ἐπιτροπεύειν τοὺς ἀγχιστεῖς
τοὺς ἀπὸ πατρός, τρέφεσθαι δὲ τοὺς ὀρφανοὺς παρὰ τοῖς συγγενέσι τοῖς ἀπὸ μητρός.

[4]) Harp. s. σῖτος, Bekk. Anecd. 238, 7; verliess die Witwe das Haus
des Gatten, so nahm der Vormund wohl meist die Mündel in sein Haus,
Lys. XXXII, 8 und das. Frohberger, Aeschin. I, 42 p. 67, jedenfalls
verfügte er über ihre Unterbringung, Plat. Prot. p. 320 a. Er erwies namens
der Mündel dem Verstorbenen die jährlichen Totenehren, Isaeus I, 10 p. 36.

[5]) Demosth. XLV, 37 p. 1112: ἐπιτροπεῦσαι κατὰ τὴν διαθήκην. XXVII,
40 p. 826, XXVIII, 5 p. 837.

[6]) Lys. XXXII, 23: κατὰ τοὺς νόμους οἳ κεῖνται περὶ τῶν ὀρφανῶν καὶ τοῖς
ἀδυνάτοις τῶν ἐπιτρόπων καὶ τοῖς δυναμένοις vgl. Demosth. XXVII, 58 p. 831.

[7]) Beispiele Lys. XXXII, 8 ff.; Isaeus IX, 28 p. 78; Demosth.

oder das gesamte Vermögen unter Mitwirkung der Behörde gegen Sicherstellung verpachten [1]). In der Verwaltung des Vermögens, welches übrigens auf ein Jahr über die Mündigkeit der Erben hinaus von den meisten staatlichen Lasten befreit war [2]) wurden die Vormünder mehr oder minder von den Gesetzen überwacht, die mitunter sogar eigene Obrigkeiten dafür einsetzten [3]), oder doch eine Verantworlichkeit des Vormundes feststellten [4]), die jedenfalls die

---

XXXVIII, 7 p. 986, die Vormundschaft des Demosthenes. Dem Vormund war Vorsicht geboten, es empfahl sich daher entweder Ankauf von Grundstücken (Dem. a. a. O.) oder doch Anlage in Hypotheken (Lys. fr. 91 Sch.). Doch scheinen auch Handelsspekulationen, selbst überseeische gesetzlich nicht verboten gewesen zu sein, wie v. d. Es, de iure fam. p. 176 gegen Boeckh, Staatsh. d. A. I, S. 189 mit Recht aus Lys. XXXII, 25 folgert.

[1]) Er trug unter Einreichung des Inventars (ἀπογραφή Isaeus XI, 34 p. 87, 43 p. 88) beim ἄρχων auf Verpachtung des Vermögens an (Isaeus VI, 36 p. 59: μισθοῦν ἐκέλευον τὸν ἄρχοντα τοὺς οἴκους ὡς ὀρφανῶν ὄντων, Arist. resp. Ath, c. 56), der in einem gerichtlichen Termin die Verpachtung vornahm, um über etwaige Einreden sofort entscheiden zu lassen (Isaeus VI, 37 p. 60). Über die Sicherstellung vgl. Harp. s. ἀποτιμηταί und die Stellen bei Meier, de bon. damn. p. 222. Übrigens konnte auch der Vormund selbst gegen hypothekarische Sicherung die Mündelgelder pachten, Isaeus a. a. O. Inschr. v. Ephesus Dittenberger S. I. Gr. 344, Z. 53. Diese Verpachtung, die auch an mehrere erfolgen konnte (Isaeus II, 9) war mitunter sehr vorteilhaft (Demosth. XXVII, 58 p. 831).

[2]) Unmündige waren befreit von allen Leiturgien (Lys. XXXII, 24. Demosth. XIV, 16 p. 182), aber der Vermögenssteuer εἰσφορά unterworfen.

[3]) Ob in Athen eine eigene Behörde (ὀρφανοφύλακες [Xen.] vect. 2, 7) bestand, ist mindestens zweifelhaft, da von ihrer Thätigkeit sich keine Spur findet. Aus den Glossen bei Schol. Soph. Ai. 513, Phot. Suid. s. ὀρφανισταί ist nichts zu entnehmen. Vielmehr hatte der Archon die Überwachung der Vormundschaften (Gesetz bei (Demosth.) XLIII, 75 p. 1076), die sich freilich nicht immer wirksam erwies, Demosth. XXX, 6 p. 865. Dagegen werden in Gortyn ὀρφανοδικασταί Waisenrichter erwähnt, XII, 21 u. 25, und auch in den συνορφανισταί von Ephesus (Syll. I. Gr. 344 Z. 29) wird man eine Behörde zu erblicken haben. Vgl. auch die νομοφύλακες bei Plat. leg. XI, 924 c. und im allg. Schulthess, a. a. O. S. 8.

4) In die unklaren Angaben der Grammatiker (Suidas s. φάσις vgl. Boeckh, Staatsh. I² 470 f., Schulthess a. a. O. S. 191) hat erst Arist. resp. Ath. 56 Licht gebracht. Danach standen während der Vormundschaft jedem Beliebigen gegen den Vormund die öffentlichen Klagen ὀρφανῶν κακώσεως (durch Eisangelie) und οἴκου ὀρφανικοῦ κακώσεως (durch Phasis) zu, von denen die erstere offenbar die Person der Mündel, die letztere ihr Vermögen schützen sollte. Diese umfasste auch augenscheinlich die bisher nach Poll. VIII, 31 angenommene Klage μισθώσεως οἴκου. Der volljährige Mündel dagegen lässt sich Rechnung legen (Frohberger zu Lysias XXXII, 25,

Haftung mit dem eigenen Vermögen in sich begriff [1]). Dass dagegen über den Mündigen jede väterliche Gewalt, die über die
Grenze der Pietät hinausging, wegfiel, ist schon anderwärts [2]) erwähnt und ebendaselbst des Rechts der Söhne gedacht, Väter, welche
Geistesschwäche an der Verwaltung ihres Vermögens hinderte, ent-
mündigen zu lassen [3]), wodurch dieselben unstreitig unter die Tutel
der Söhne selbst kamen; ein sonstiges Gesetz freilich, das den Vater
zur Teilung seines Vermögens mit dem erwachsenen Sohne gezwungen
hätte, hat wohl nie anders als im Kopfe rhetorischer Theoretiker existiert [4]); dagegen finden sich aus Argolis Spuren eines klagbaren
Rechtes der Eltern auf Altersversorgung durch ihre Kinder [5]).

§ 3. [§ 58.]
Erwerb und Verlust der Rechtspersönlichkeit.

Auf eine bemerkenswerte Weise tritt ausserdem die Selbständigkeit des Familienrechts auch in einigen Punkten hervor, die sich
auf den Verlust der Rechtspersönlichkeit beziehen. Dass diese, je

Schulthess a. a. O. S. 181) und darf binnen fünf Jahren (Dem. XXXVIII,
17 p. 989) die Privatklage ἐπιτροπῆς (Harp. s. καρποῦ δίκη) anstrengen.
Mehrere Vormünder hafteten nach Verhältnis (Demosth. XXVII, 29 p. 822).
Der ὀρφανῶν κακώσεως Verurteilte wurde der Vormundschaft enthoben, Isaeus
XI, 31 p. 87.

[1]) Demosth. XXX, 7 p. 866: ὥσπερ εἰ τὰ τῶν ἐπιτροπευόντων χρήματα
ἀποτίμημα τοῖς ἐπιτροπευομένοις καθεστάναι νομίζων, was nur allerdings nicht
als ein gesetzliches Pfandrecht aufgefasst werden darf: vgl. Platner, Prozess II, S. 288, Baumstark bei Schmeisser, de re tutelari Ath. p. 44 ff.
v. d. Es, de iure fam. p. 186.

[2]) Dionys. Hal. II, 26. Privataltert. § 11 S. 75 ff., wo auch über die
Verstossung (ἀποκήρυξις) gehandelt ist; über die letztere vgl. noch den Artikel
bei Pauly-Wissowa und Mitteis, Reichsrecht u. Volksrecht S. 212 f.

[3]) Zur δίκη παρανοίας vgl. Arist. resp. Ath. 56: ἐάν τις αἰτιᾶταί τινα
παρανοοῦντα τὸν οἶκον ἀπολλύναι. Meier, att. Proz.[2] S. 566. v. d. Es, de
iure fam. p. 146 ff. Télfy, Corp. iur. Att. n. 1339. Comment, p. 599 ff.
Privataltert. S. 80.

[4]) M. Seneca Controv. Exc. III, 3: *cum filio tricenario pater patrimonium
dividat!* In Gortyn jedoch muss (IV, 29) der Vater, wenn der Sohn gebüsst wird, demselben sein Erbteil oder doch einen Teil davon (die Bestimmung ist nicht klar) auszahlen, vgl. Büch.-Zit. S. 131.

[5]) Inschr. v. Mykene Ἐφημ. ἀρχ. 1892, 67: εἰ μὲ δαμιοργία εἶα, τὸς ἱαρο-
μνάμονας τὸς ἐς Περσᾶ τὸς γονεῦσι κριτᾶρας ἔμεν κα(τ)τὰ ϝεϝρεμένα. S. v. Wila-
mowitz, Aristoteles u. Athen II, 48 A. 26.

enger sie mit der staatsbürgerlichen Stellung zusammenhing, auch
auf staatsrechtlichem Wege erworben und verloren werden konnte,
versteht sich von selbst, und soll deshalb, was in den Staatsaltertümern sowohl über Erteilung des Bürgerrechts (§ 77) als über
Atimie (§ 84) gesagt ist, hier nicht wiederholt werden; auch erweist sich die für Athen bisweilen angenommene Ausnahme als un-
begründet, als habe der durch Volksbeschluss Eingebürgerte der ehelichen Gewalt über seine Frau und des Rechts letztwilliger Verfügung
über sein Vermögen entbehrt[1]). Schwieriger bleibt es zu entscheiden, ob jede Schmälerung eines Mannes in seinen staatsbürgerlichen
Rechten, wie sie der Begriff der sogenannten Atimie ausmacht[2]),
zugleich als ein Verlust der Rechtspersönlichkeit in häuslicher und
verkehrlicher Beziehung gelten müsse; wenn es sich aber auch thatsächlich von selbst verstand, dass derjenige, welchem das Betreten
des Marktes untersagt war[3]), weder als Kläger noch als Zeuge vor
Gericht erscheinen konnte[4]), oder dessen Atimie von Schulden an

---

[1]) (Demosth.) XLVI, 15 p. 1183: ὁ τοίνυν πατὴρ ἡμῶν ἐπεποίητο ὑπὸ τοῦ
δήμου πολίτης, ὥστε οὐδὲ κατὰ τοῦτο ἐξῆν αὐτῷ διαθέσθαι διαθήκην, ἄλλως τε
καὶ περὶ τῆς γυναικός, ἧς οὐδὲ κύριος ἐκ τῶν νόμων ἦν. Diesem Zeugnis hatte
Hermann vollen Glauben geschenkt. Wie jedoch schon Meier, de bon.
damn. p. 61 unter Zustimmung von Schömann ad Is. p. 200 und danach
v. d. Es, de iure fam. p. 83, Caillemer, le droit de tester p. 26 bemerkt
hatte, dass der Redner die Gesetzesworte ὅσοι μὴ ἐπεποίηντο, ὥστε μήτε ἀπειπεῖν μήτ' ἐπιδικάσασθαι, ὅτε Σόλων εἰσῄει τὴν ἀρχήν, τὰ ἑαυτοῦ διαθέσθαι εἶναι
(vgl. (Demosth.) XLIV, 67 ff. p. 1100) von den Adoptierten sophistisch auf
die Neubürger übertrage, so dient auch die hingeworfene Äusserung ἧς οὐδὲ
κύριος ἐκ τῶν νόμων ἦν nur dazu, um die folgenden ebenso unbegründeten Ausführungen vorzubereiten, dass die Mutter Apollodors eigentlich Erbtochter gewesen sei und deshalb in dem Schutze des volljährigen Sohnes sich befunden
habe. Die Stelle hat auch in letzterer Beziehung keine Beweiskraft, vgl.
Wachsmuth, hell. Altertumskunde II S. 168.

[2]) Bekk. Anecd. p. 198: ἄτιμος ὁ ἐστερημένος τῆς παρρησίας, ὥστε μήτε
βουλεύειν μήτε δικάζειν μήτε ἄρχειν μήτε πολιτεύεσθαι μήτε ἄλλο τι τῶν κοινῶν
κοινεῖν: vgl. ebenda p. 459 und mehr bei Meier. bon. damnat. p. 103, Schömann-L., att. Proz. S. 755, Schelling, de Solon. legib. p. 57 ff., van
Lelyveld, de infamia iure Attico, Amstel. 1835.

[3]) Vgl. Andoc. I, 76 p. 10: τοῖς δ' εἰς τὴν ἀγορὰν μὴ εἰσιέναι πρόσταξις
ἦν, und das allgemeine Verbot bei Aeschin. I, 21 p. 47 oder III, 176 p. 566:
μηδ' ἐντὸς τῶν τῆς ἀγορᾶς περιρραντηρίων πορευέσθω.

[4]) (Lysias) VI, 24 p. 122: εἴργεσθαι τῆς ἀγορᾶς καὶ τῶν ἱερῶν, ὥστε μηδ'
ἀδικούμενον ὑπὸ τῶν ἐχθρῶν δύνασθαι δίκην λαβεῖν: vgl. Demosth. XXII, 53
p. 609, XXI, 87 p. 542. Die ἄτιμοι wurden zum Zeugnis vor Gericht nicht
zugelassen (Demosth.) LIX, 26 ff. p. 1353, Demosth. XXI, 95 p. 545.
Dass sie als Beklagte nicht erscheinen durften, lässt sich aus Demosth.

den Staat herrührte, auch keine freie Verfügung über sein Vermögen
haben durfte [1]), so liegt doch auf der andern Seite auch kein Beweis
vor, dass eine gerichtlich ausgesprochene Atimie, die nicht ausdrücklich zugleich das Vermögen des Verurteilten umfasste [2]), diesem die
eigene Verwaltung desselben entzogen oder ihn zum Besitze bürgerlichen Grundeigentums unfähig gemacht, geschweige denn eine Ent-
mündigung zur Folge gehabt hätte. Auch der Ostracismus [3]) und
die Landflüchtigkeit wegen unabsichtlichen Totschlags [4]) änderten

XXI, 60 p. 534 nicht folgern, wo mit den Worten: διὰ γὰρ τὸ δεῖν αὐτὸν ἐπι-
λαβόμενον τῇ χειρὶ τοῦτο ποιῆσαι καὶ μὴ προσκαλέσασθαι πρὸς τὸν ἄρχοντα ἐξεῖναι
nur auf die Notwendigkeit der Apagoge gegenüber der Endeixis hingewiesen
ist, vgl. Meier-L., att. Proz. S. 283, welche Klagen gegen diejenigen ἄτιμοι
gerichtet waren, die sich die Rechte der ἐπίτιμοι anmassten.

[1]) Über das Verfahren gegen Staatsschuldner vgl. vor allem Boeckh,
Staatsh. d. A. I, 506 ff. v. Lelyveld, de infamia p. 194 ff. Meier, de
bon. damn. p. 137 ff., 205 ff. Name und Summe wurden von den Praktoren
auf der Burg im Tempel der Göttin verzeichnet (Demosth.) XXV, 70 p. 791,
LVIII, 19 p. 1327. Sie hatten Frist bis zur neunten Prytanie des Jahres
Andoc. I, 74 p. 10 und behielten bis dahin die Vermögensverwaltung (Demosth.) LIX, 7 p. 1347, wenn nicht als προστίμημα Gefängnisstrafe über sie
verhängt war, Demosth. XXIV, 41 p. 718. Das Weitere vgl. § 16. Die
Atimie aber begann mit dem Augenblick, wo die Schuld konstatiert war, was
von P. Trenkel Jb. f. Phil. 137, 473 fg. mit Unrecht bestritten wird. Sie
durften zwar vor Gericht erscheinen und sprechen nach (Demosth.) XLII,
32 p. 1049 (vgl. Thalheim, die Rede f. Polystratos 1876 S. 14 u. 37), aber
nicht klagen, (Demosth.) LIII, 14 fg. p. 1251, Isaeus X, 20 p. 82. Für
Delphi vgl. Dittenberger, S. I. Gr. 233 Z. 86: εἰ δὲ μὴ ἀποδιδοίησαν
οἱ ἐπιμεληταὶ ἐν τῷ γεγραμμένῳ χρόνῳ τὸ ἀργύριον, ἄτιμα ἀπογραφέντω. Für
Ephesus Lebas-Waddington, Asie min. 136a (S. I. Gr. 253) Z. 29 ff.
Reichte das Vermögen zur Bezahlung nicht hin, so dauerte Schuld und Atimie
fort und vererbte sich nach dem Tode des Schuldners auf dessen Kinder, die
bei seinen Lebzeiten ἐπίτιμοι geblieben waren, und selbst auf die Enkel (Demosth.) LVIII, 1 ff. p. 1322, 16 ff. p. 1326, Demosth. XXVIII, 1 p. 836.

[2]) Andoc. I, 74 p. 10: εἷς μὲν τρόπος οὗτος ἀτιμίας ἦν, ἕτερος δὲ ὧν μὲν
τὰ σώματα ἄτιμα ἦν, τὴν δ᾽ οὐσίαν εἶχον καὶ ἐκέκτηντο ... οὗτοι πάντες ἄτιμοι
ἦσαν τὰ σώματα, τὰ δὲ χρήματα εἶχον, was jedoch selbst wieder nur im Gegensatze der Konfiskation gesagt ist, vgl. Demosth. XX, 156 p. 504, XXI, 113
p. 551, XXIII, 62 p. 640, LIX, 52 p. 1363. Was Thuc. V, 34 von Sparta
erzählt, ist in der Stelle selbst als Ausnahmefall bezeichnet.

[3]) Lex. rhetor. Cantabr. p. 675: τοῦτον ἔδει τὰ δίκαια λαβόντα καὶ δόντα
ὑπὲρ τῶν ἰδίων συναλλαγμάτων ἐν δέκα ἡμέραις μεταστῆναι τῆς πόλεως ... καρπούμενον
τὰ ἑαυτοῦ: vgl. Plut. V. Aristid. c. 7 u. Schol. Aristoph. Vesp. 947.

[4]) Harpocr. p. 140, 27 Bk.: ὅτι οἱ ἁλόντες ἐπ᾽ ἀκουσίῳ φόνῳ ἐξουσίαν
εἶχον εἰς διοίκησιν τῶν ἰδίων, Δημοσθένης ἐν τῷ κατ᾽ Ἀριστοκράτους (§ 45) ὑποση-
μαίνει καὶ Θεόφραστος ἐν τῷ ιγ᾽ τῶν νόμων δηλοῖ, vgl. Philippi, Areop. u.
Eph. S. 114 und unten § 7.

hierin um so weniger, als sie ohnehin nur auf Zeit verhängt wurden;
und erst die lebenslängliche Verbannung, wie sie ohnehin stets mit
Vermögenseinziehung verbunden war [1]), liess den Betroffenen auch
in sonstiger Hinsicht als bürgerlich tot erscheinen, wenn gleich die
Humanität der athenischen Verfassung einen solchen Angehörigen
noch im Auslande gegen mutwillige Verletzungen von Seiten ihrer
Bürger in Schutz nahm [2]). Dagegen konnten familienrechtliche Vergehen die Atimie auch über Kreise erstrecken, welchen sie sonst
ferner lag, wie denn die Strafe der Ehebrecherin nicht bloss in
Athen [3]), sondern auch anderwärts als solche bezeichnet wird [4]); und
dasselbe gilt dann endlich auch von der entschiedensten Form des
Verlustes der Rechtspersönlichkeit, dem Verkaufe in Sklaverei, die in
Beziehung auf Eingeborene vornehmlich als Strafe entehrter Töchter
vorkommt [5]). Das athenische Recht [6]) kennt sie wenigstens,
nachdem Solon die persönliche Schuldknechtschaft aufgehoben hatte [7]),
nur noch gegen Metöken und Freigelassene [8]), die die Obliegen-

---

[1]) Meier, bon. damnat. p. 97 ff. und unten § 16.

[2]) Demosth. XXIII, 37 ff. p. 632. Dagegen setzte Mithridates einen
Preis auf den Kopf Chaeremons von Nysa, wenn lebendig 40 Talente, wenn
tot die Hälfte, Mitteil. d. d. Inst. Ath. 1891, 96 fg.

[3]) Aeschin. I, 183 p. 177: ἀτιμῶν τὴν τοιαύτην γυναῖκα καὶ τὸν βίον ἀβίω-
τον αὐτῇ παρασκευάζων, woran Lelyveld p. 270 keinen Anstoss hätte nehmen sollen. Vgl. (Demosth.) LIX, 86 p. 1374.

[4]) Heracl. Pol. 14. In Kyme in Kleinasien wurde die Ehebrecherin auf
einem Stein zur Schau gestellt und auf einem Esel sitzend durch die Stadt
geführt Plut. Quaest. gr. 2 p. 291e. Vgl. Limburg-Brouwer, Hist.
de la civilis. IV, p. 160, Meier-L., att. Proz. S. 408, Leop. Schmidt,
Ethik der alten Griechen II, 193 ff.

[5]) S. Privatalt. S. 78 A. 1. Über Verkauf von Kindern in die Sklaverei
Leop. Schmidt a. a. O. II, S. 206.

[6]) Meier, bon. damnat. p. 24 ff.

[7]) Arist. resp. Ath. c. 9. Plut. V. Solon. c. 15: vgl. Demosth.
XIX, 255 v. 23 p. 422 und mehr Staatsalt. § 66, Caillemer, Étud. IX,
p. 33 ff. Doch ein Fall der Schuldknechtschaft bleibt: der aus der Gefangen-
schaft in der Fremde losgekaufte Bürger wird, wenn er in der verabredeten
Frist das Loskaufgeld nicht zahlen kann, Sklave seines Befreiers (Demosth.)
LIII, 11 p. 1250: εἰ νόμοι κελεύουσι τοῦ λυσαμένου ἐκ τῶν πολεμίων εἶναι τὸν
λυθέντα, ἐὰν μὴ ἀποδῷ τὰ λύτρα, vgl. Caillemer, Étud. V p. 25. Ähnlich in Gortyna, wo es heisst VI, 49: ἐπὶ τῷ ἀλλυσαμένῳ ἦμεν, πρίν κ' ἀποδῷ
τὸ ἐπιβάλλον. Büch.-Zit. S. 166.

[8]) (Demosth.) XXV, 57 p. 787; vgl. Poll. VIII, 99 und Harpocr.
s. v. μετοίκιον: οἱ μέντοι μὴ τιθέντες τὸ μετοίκιον ἀπήγοντο πρὸς τοὺς πωλητὰς καὶ
εἰ ἑάλωσαν, ἐπιπράσκοντο. Danach wurde der Metöke, der zwar einen προστάτης hatte, aber das Schutzgeld von jährlich 12 Dr. nicht zahlte, durch

heiten ihres Standes versäumten [1]) oder gegen Fremde, die die Ehe
mit Bürgern [2]) eingegangen oder sich in das Bürgerrecht selbst ein-
geschlichen hatten [3]); in anderen Staaten scheint freilich auch
Dürftigkeit fortwährend den Verlust der persönlichen Freiheit her-
beigeführt zu haben [4]). Für Gortyna ist das jetzt ausdrücklich
bezeugt [5]) durch Bestimmungen, welche ergeben, dass man den

ἀπαγωγή vor die Poleten gebracht, vgl. M e i e r, de bon. damn. p. 38 ff., att.
Proz. [2] S. 388 ff. Gegen die Metöken aber, der keinen προστάτης annahm,
war die γραφή ἀποστασίου vor dem Polemarchen gerichtet, H a r p. s. v. ἀποστασίου. Die Strafe war nach S u i d a s s. v. πωλητής Gütereinziehung und
wahrscheinlich nach Analogie der folgenden Klassen (H e f f t e r, ath. Gerichtsverf. S. 166, P l a t n e r, II S. 75) Verkauf in die Sklaverei.

[1]) (D e m o s t h.) XXV, 65 p. 790: τήν μητέρα αὐτοῦ ὀφλοῦσαν ἀποστασίου
ἀπέδοσθε: vgl. B e k k e r, Anecd. Gr. p. 201, 5; 434, 24; H a r p o c r a t. s. v.
ἀποστασίου mit M e i e r, de bon. damn. p. 31 ff.; att. Proz. [2] S. 619 und Ähnliches auch ausser Athen bei D i o g. L. IV, 46: ὁ πατήρ μὲν ἦν ἀπελεύθερος ...
ἔπειτα παραταλωνησάμενός τι πανοίκιος ἐπράθη.

[2]) S. das Gesetz bei (D e m o s t h.) LIX, 17 p. 1350: ὃς οὐκ ἐᾷ τήν ξένην
τῷ ἀστῷ συνοικεῖν οὐδὲ τήν ἀστήν τῷ ξένῳ οὐδὲ παιδοποιεῖσθαι τέχνῃ οὐδὲ μηχανῇ
οὐδεμιᾷ ... κἂν ἁλῷ πεπράσθαι κελεύει. Der Wortlaut spricht nicht dafür, dass
dies Gesetz nur auf Unterschleif (P l a t n e r, Proz. II S. 70, B e c k. C h a-
r i k l e s III, 287) sich bezogen habe. Die Bestimmung des Gesetzes § 16:
καὶ ὁ συνοικῶν τῇ ξένῃ τῇ ἁλούσῃ ὀφειλέτω χιλίας δραχμάς, wenn echt, würde
das Gegenteil beweisen. Natürlich gehören zu den ξένοι nicht diejenigen,
welche Epigamie mit den Athenern hatten, vgl. v. d. E s, de iure fam. p. 23 fg.
Und überhaupt kann das Gesetz erst in den Zeiten nach Eukleides Geltung
gehabt haben, vgl. P h i l i p p i, Gesch. d. att. Bürgerr. S. 62 ff. u. Staatsalt.
§ 78.

[3]) D e m o s t h. Epist. III, 29 p. 1481: γραφήν ξενίας φεύγοντα καὶ μικροῦ
πραθέντα: vgl. P l u t. V. Pericl. c. 37 mit d. Ausl. Die Klage stand jedem
Athener zu und wurde bei den Thesmotheten angebracht, vgl. Staatsalt. § 81.
M e i e r, de bon. damn. p. 94 ff., att. Proz. [2] 439 ff.

[4]) L y s i a s XII, 98: οἱ δ' ἐπὶ ξένης μικρῶν ἂν ἕνεκα συμβολαίων ἐδούλευον
ἐρημίᾳ τῶν ἐπικουρησόντων, ganz ähnlich I s o c r a t. XIV, 48 p. 305 e: πολλοὺς μὲν
μικρῶν ἕνεκα συμβολαίων δουλεύοντας, wozu Hecker die auffallende Bemerkung
gemacht hat: apud Graecos debitores, qui solvendo non erant, creditoribus ad-
dictos fuisse nemodum inaudivit! Im Gegenteil wird Solons Massregel gegenüber dem von ihm geschilderten Zustand (Frgt. 4, 23 ff. Lyr. gr. ed. B e r g k):
τῶν δὲ πενιχρῶν ἱκνοῦνται πολλοὶ γαῖαν ἐς ἀλλοδαπήν πραθέντες δεσμοῖσί τ' ἀεικε-
λίοισι δεθέντας καὶ κακὰ δουλοσύνης στυγνὰ φέρουσι βίᾳ als eine Ausnahme betrachtet, und auf sonstige Fortdauer der Schuldknechtschaft deuten auch
E u s t a t h. ad Odyss. XIV, 68 p. 1751, 2 u. Etymol. Gud. p. 193: ἐξελεύθερον
μὲν εἶπον τὸν διὰ χρέος ὑπὸ τῷ δανειστῇ γενόμενον δούλου δίκην εἶτα ἀπολυθέντα.
vgl. D i o d o r. I, 79 u. S a l m a s. de modo usur. p. 803 fg., sowie N e v e M o l l,
de peregrinis p. 18. B ü c h s e n s c h ü t z, Besitz und Erwerb S. 115.

[5]) A Col. V u. VI Mus. It. II, 597 f. = Mon. Ant. III. 243 f. n. 152.

Schuldner als dem Gläubiger verpfändet ansah[1]) und dass der Schuldner für die Dauer des Pfandverhältnisses zwar die Rechtsfähigkeit einbüsste[2]), aber vermögensfähig blieb[3]). In Halikarnass findet sich sogar der Verkauf in die Sklaverei ärmeren Bürgern als Strafe für Vertragsbruch angedroht an Stelle von Vermögenseinziehung und Verbannung[4]).

§ 4. [§ 59.]
Die Freiheit als Rechtsgegenstand.

Zunächst war, wie sich von selbst versteht, die Freiheit eine notwendige Vorbedingung der Rechtspersönlichkeit, dergestalt, dass ein Sklave nicht befähigt war, Rechtsgeschäfte abzuschliessen[5]), vor Gericht sein Recht zu suchen[6]) oder Zeugnis abzulegen[7]), und wenn auch in Athen Klagen gegen Sklaven unter ihrem Namen eingebracht wurden[8]), so musste der Herr natürlich für den durch sie verursachten Schaden aufkommen[9]). Ebenso werden in Gortyna

[1]) Vgl. die Ausdrücke κατακείμενος vom Schuldner, καταθέμενος vom Gläubiger.

[2]) Der Gläubiger muss für ihn klagen VI, 12: αἰ δέ κ' ὁ καταθέμενος μὴ λῆι μωλῆν, ἦ κ' ἀποθᾶι τὸ ὀφήλωμα αὐτὸς μωλήτω.

[3]) VI, 8: ὅτι κ' ἐσπράξεται τὰνν ἡμίναν ἔχεν τὸν κατακείμενον, τὰν δὲ τὸν καταθέμενον.

[4]) Vgl. Dittenberger S. I. Gr. 5 (C² 491) Z. 39 (V. Jahrh.)

[5]) Demosth. LIII, 21 p. 1253, und so lässt sich auch Hyp. Athenog. III f. erklären.

[6]) Plato Gorg. p. 483 b: ἀνδραπόδου ... ὅστις ἀδικούμενος καὶ προπηλακιζόμενος μὴ οἷός τ' ἐστιν αὐτὸς αὑτῷ βοηθεῖν μηδ' ἄλλῳ οὗ ἂν κήδηται; der Sklave ist ἀπρόσωπος und bedarf deshalb zur Klage des συνήγορος Greg. Corinth. in Rhet. ed. Walz VII p. 1283, natürlich seines δεσπότης (Demosth.) LIII, 20 p. 1258. Die bezüglichen Verhältnisse der öffentlichen Sklaven sind nicht genauer bekannt Schömann-L., att. Proz. S. 751 ff. Goell Charikles III S. 36, Goldstaub, de ἀδείας notione S. 61 fg.

[7]) Die auf Ant. V, 48 und Plat. leg. XI p. 937 b gestützte Ansicht von Schömann, att. Proz. S. 667 und Hermann, de vest. p. 68, dass Sklaven in Mordprozessen Zeugnis ablegen durften, wird von Guggenheim, die Folterung im att. Proz. S. 10 ff. mit Recht auf ihre Fähigkeit zur Angabe (μήνυσις) beschränkt.

[8]) Z. B. wegen Schadenersatzes Demosth. XXXVII, 51 p. 981: ἴδει ... λαχόντα ἐκείνῳ (gegen den Sklaven) τὴν δίκην τὸν κύριον διώκειν ἐμέ.

[9]) Demosth. LV, 31 p. 1280: καὶ νῦν αὐτὸς ἐργμην μου καταδεδιήτηται τοιαύτην ἑτέραν δίκην, Κάλλαρον ἐπιγραφάμενος τῶν ἐμῶν δούλων, wonach die Busse des Verurteilten von seinem Herren bezahlt wurde. So ist auch die Stelle der Mysterieninschrift von Andania bei Lebas-Foucart Pélop.

die Sklaven bei allen Rechtsgeschäften durch ihren Herrn vertreten [1]) und Klagen wegen eines durch den Sklaven verursachten Schadens werden direkt gegen den Herrn gerichtet [2]). Daraus ist aber nicht umgekehrt zu schliessen, dass es genügt habe, als freier Mann einem Staate anzugehören, um auch nur in privatrechtlicher Hinsicht volle Rechtsfähigkeit zu besitzen; und namentlich zeigt sich darin eine wesentliche Verschiedenheit des griechischen Rechtes von dem römischen, dass letzteres den freigelassenen Sklaven sofort zum Bürgerrechte zuliess [3]), während derselbe nach attischem und auch sonstigem griechischen Rechte zunächst blosser Schutzverwandter blieb [4]), vielfach sogar noch hinter diesem zurückstand [5]). Nur in S p a r t a

---

826 a (S. I. Gr. 388, C² 47) Z. 77 ff. dahin zu erklären, dass die daselbst den Sklaven angedrohten Geldstrafen von ihren Herren getragen werden sollten, vgl. D i t t e n b e r g e r, S. I. Gr. 401 Z. 5. Dass aber Rechtshändel gegen Sklaven nur vor Diäteten stattfanden, ist aus H a r p. 141, 6 Bk: ὅτι πρὸς τὴν φυλὴν τοῦ κεκτημένου αἱ πρὸς τοὺς δούλους λαγχάνονται δίκαι nicht zu schliessen (vgl. S c h ö m a n n, att. Proz. S. 767); die Stelle ist vielmehr auf die Vierzigmänner zu deuten nach A r i s t. resp. Ath. c. 53, der c. 59 als zur Vorstandschaft der Thesmotheten gehörig anführt: καὶ ἐὰν δοῦλος κακῶς ἀγορεύῃ τὸν ἐλεύθερον.

[1]) An den Herren ergeht die Aufforderung zur Lösung des ehebrecherischen Sklaven II, 32; der Herr leistet den Eid, dass der bei der Sklavin ergriffene Ehebrecher nicht belistet wurde II, 43, der Herr erklärt sich über Anerkennung des in der Scheidung geborenen Sklavenkindes III, 54.

[2]) VII, 10. Doch haben hier die Sklaven, wenigstens die Häusler οἰκεῖς, Eigentum, können daher für Strafgelder selbst aufkommen.

[3]) Diesen Unterschied hebt schon König Philippos im J. 214 in einem Briefe an die Larisäer hervor L o l l i n g, Mitteil. d. d. Inst. VII, 61 f. Z. 22.

[4]) H a r p o c r. a. v. μετοίκιον: ὅτι δὲ καὶ οἱ δοῦλοι ἀφεθέντες ὑπὸ τῶν δεσποτῶν ἐτέλουν τὸ μετοίκιον, ἄλλοι τε τῶν κωμικῶν δεδηλώκασι καὶ Ἀριστομένης· Μένανδρος δ' ... πρὸς ταῖς δώδεκα δραχμαῖς καὶ τριώβολόν φησι τούτους τελεῖν; vgl. B o e c k h, Staatsh. d. A. I, S. 447 und für die übrigen Staaten D i o C h r y s. XV, 17 p. 451 R. X e n. H e l l. VII, 3. 8. A t h. VI, 267 b. B ü c h s e n s c h ü t z, Besitz und Erwerb S. 180. Übrigens bemerken die Urkunden vielfach selbst, der Freigelassene werde ἰσοτελὴς καὶ ἔντιμος D i t t e n b e r g e r S. I. Gr. 441 oder ἐξέστω δὲ προστάμεν ὑπὲρ αὐτοὺς τὸν θέλοντα Φωκέων, ebenda 445 (C² 224) oder die Freilassung erfolge ξενικᾷ λύσει d. i. der Freigelassene trete in den Stand der ξένοι. C a u e r ², 248. B u r s i a n, Berichte d. bayr. Akad. phil. hist. Cl. 1876, II, 18. R o e h l, Burs. Jahresb. XXXII, 127 und so bis in die römische Zeit C. C u r t i u s, ebenda XV, 63.

[5]) C o r p. I n s c r. G r a e c. 2360 (S. I. Gr. 848), 10: καὶ τοὺς μετοίκους καὶ τοὺς ἀπελευθέρους aus Keos, L e b a s - W a d d i n g t o n, As. min. 136ᵃ (S. I. Gr. 258), 44: τοὺς ἰσοτελεῖς καὶ παροίκους καὶ ἱεροὺς καὶ ἐξελευθέρους καὶ ξένους aus Ephesos (I. Jahrh.) vgl. F r ä n k e l, Inschr. v. Pergamon I n. 249, 12 ff.

begegnet uns für diese Menschenklasse eine Reihe von Abstufungen[1]),
da man nicht allein, wie es auch anderwärts vorkommen konnte,
persönliche Verdienste um den Staat im Kriegsdienste[2]) oder An-
zeige eines schweren Verbrechens[3]) mit einem Teile der bürgerlichen
Rechte belohnte[4]), sondern wenigstens Sklavenkinder durch Teil-
nahme an der Staatserziehung zur Freiheit und selbst zu völliger
Gleichheit mit den übrigen Bürgern berief[5]); wo aber nicht wie
dort das ganze Bürgertum auf die Erziehung gegründet war, ist
wenigstens in der späteren Zeit nicht einmal durch Anerkennung

---

[1]) A t h. VI p. 271 f.: πολλάκις ἠλευθέρωσαν Λακεδαιμόνιοι δούλους, καὶ οὓς
μὲν ἀφέτας ἐκάλεσαν, οὓς δὲ ἀδεσπότους, οὓς δὲ ἐρυκτῆρας, δεσποσιοναύτας δ᾽ ἄλλους,
οὓς εἰς τοὺς στόλους κατέτασσον, ἄλλους δὲ νεοδαμώδεις. ἑτέρους ὄντας τῶν εἱλώ-
των: s. Staatsalt. § 47, M ü l l e r , Dor. II, S. 45. St. J o h n , Hell. III, pag.
55 ff., B ü c h s e n s c h ü t z , Besitz und Erwerb S. 170 ff.

[2]) In A t h e n gab man nach P a u s. VII, 15, 7: πρὸ τοῦ ἔργου τοῦ ἐν
Μαραθῶνι den mitkämpfenden Sklaven die Freiheit, was durch P a u s. I, 32, 3
eher bestätigt als widerlegt wird, vgl. A t h. VI, 267 b, zumal es an jener
Stelle als sehr bekannte Thatsache behandelt wird. Nach der Arginusen-
schlacht erhielten die beteiligten Sklaven sogar Plattaerrecht A r. ran. 693,
702: ναυμαχήσαντας μίαν καὶ Πλαταιᾶς εὐθὺς εἶναι κἀντὶ δούλων δεσπότας, vgl.
de N e v e M o l l , de peregr. p. 44 und B o e c k h , Staatsh. d. A. I S. 366.
Dasselbe wurde für die Sklaven beschlossen nach der Schlacht von Chäronea
D i o C h r y s. XV, 21 p. 453 R. In T h e b e n kämpften bei der Belagerung
durch Alexander befreite Sklaven mit, D i o d o r. XVII, 11, 2. In R h o d o s
beschloss man im Jahre 304 die Sklaven , die sich im Kampfe auszeichnen
würden, ihren Herren abzukaufen und mit Freiheit und Bürgerrecht zu be-
schenken, D i o d o r. XX, 84, 3. In K o r i n t h hatte man bei der Belagerung durch Mummius einen Teil der Sklaven freigelassen P a u s. VII, 16, 8.
In E p h e s u s endlich versprach man bei der Kriegserklärung an Mithridat
(86 v. Chr.) den Sklaven die Freilassung, L e b a s - W a d d i n g t o n , Asie
min. n. 136 a (S. I. Gr. 253) Z. 49.

[3]) L y s. V, 5; VII, 16. P l a t o , leg. XI, p. 914a, und aus K o r e s o s
auf Keos C o r p. I n s c r. Att. II, 546 Z. 19 f.

[4]) T h u c. IV. 26; V, 34. X e n. H e l l. VI, 5, 28; vgl. M a n s o Sparta
I, 1 S. 234.

[5]) Vgl. D r a c h m a n n in N o r d. T i d s c r. f. P h i l. VII, 246 f. und
W o c h e n s c h r. f. k l. P h i l o l. 1891 S. 597. Μόθωνες, μόθακας vernae (E t.
M a g n. s. μόθων), wahrscheinlich meist Söhne von Spartiaten mit heloti-
schen Müttern (X e n. Hell. V, 3, 9), welche an der spartanischen Erziehung
teilgenommen hatten (Phylarchos bei A t h. VI, 271e), erhielten die Freiheit
(ob ipso jure?), unter Umständen, die uns nicht bekannt sind, auch volles
Bürgerrecht. So übereinstimmend mit S c h ö m a n n , op. ac. I, 127 ff. und
Gr. Alt. I⁸ 211; B ü c h s e n s c h ü t z , Besitz und Erwerb S. 170; G i l b e r t ,
Griech. Staatsalt. I, 36 gegenüber H e r m a n n , der Ant. Lac. p. 132 ff. allen
μόθακες das Bürgerrecht zugeschrieben hatte.

eines mit einer Sklavin erzeugten Kindes [1]), geschweige denn durch
Freilassung eines Erwachsenen mehr als der mittelbare Rechtsschutz
erzielt worden [2]). Es erfolgte aber die Freilassung [3]), obwohl wir
über eine bestimmte, etwa vom Staate geforderte Form wenig erfahren [4]), jedenfalls durch Bekanntmachung vor Zeugen [5]), an öffent-

---

[1]) Aristot. Politic. III, 3, 5 p. 1278 a: τὸν αὐτὸν δὲ τρόπον ἔχει καὶ τά
παρὶ τοὺς νόθους παρὰ πολλοῖς· οὐ μὴν ἀλλ' ἐπεὶ δι' ἔνδειαν τῶν γνησίων πολιτῶν
ποιοῦνται πολίτας τοὺς τοιούτους . . . εὐποροῦντες δὴ ὄχλου κατὰ μικρὸν παραι-
ροῦνται τοὺς ἐκ δούλου πρῶτον ἢ δούλης, εἶτα τοὺς ἀπὸ γυναικῶν, τέλος δὲ μόνον
τοὺς ἐξ ἀμφοῖν ἀστῶν πολίτας ποιοῦσιν, vgl. Plato, leg. XI p. 930 d. Dass
freilich auch später noch nicht bloss Concubinat, sondern förmliche Verschwä-
gerung, selbst Freier mit männlichen Sklaven möglich war, zeigen die Beispiele bei Demosth. XXXVI, 29 p. 958, doch beschränken sich diese immer
auf die niederen Kreise von Freigelassenen u. dgl. Die Häufigkeit solcher
νόθοι später zeigt Dio Chrysost. Or. XV p. 446 R: ἢ οὐ πολλαὶ ἀσταὶ
γυναῖκες δι' ἐρημίαν τε καὶ ἀπορίαν, αἱ μὲν ἐκ ξένων ἐκύησαν, αἱ δὲ ἐκ δούλων,
τινὲς μὲν ἀγνοοῦσαι τοῦτο, τινὲς δὲ καὶ ἐπιστάμεναι; καὶ οὐδεὶς δοῦλός ἐστιν
ἀλλὰ μόνον οὐκ 'Αθηναῖος τῶν οὕτω γεννηθέντων. Eigentümlich ist auch die
Bestimmung von Gortyn VII, 1, wonach für den Stand der Kinder aus der
Ehe eines Sklaven mit einer Freien die Frage massgebend ist, welcher von
beiden in den Hausstand des anderen eingetreten ist, vgl. Büch.-Zit. S. 65.

[2]) Ein Beschluss von Gortyn Mus. It. II, 224 = Mon. Ant. III, n. 148
(V. Jahrh.) scheint diesen Schutz auf einen bestimmten Wohnort einzu-
schränken: [ὰς] τῶν ἀπελευ[θέρων ἐξῆμεν ὅτιμι κ]α λῇι καταϝοικιδέθαι Λατώσιον
ἐπὶ τᾶι Ϝίσϝαι [καὶ τ]ᾶι ὁμοίαι.

[3]) Der Freigelassene heisst ἀπελεύθερος oder ἐξελεύθερος mit dem öfter
missachteten Unterschiede, dass letzteres den in Knechtschaft geratenen und
wieder erlösten oder auch den Sohn des ἀπελεύθερος, also den nicht im Skla-
venstand geborenen bezeichnet Ath. III, p. 115 b. Harp. ed. Oxon. praef.
p. VII: ἀπελεύθερος· ὁ δοῦλος ὤν, εἶτα ἀπολυθεὶς τῆς δουλείας, ὡς καὶ παρ' Αἰ-
σχίνῃ· ἐξελεύθερος δὲ ὁ διά τινα αἰτίαν δοῦλος γεγονώς, εἶτα ἀπολυθείς· ἔστι δ'
ὅτε καὶ οὐ διαφέρουσι und ähnlich Eustath. ad Od. XIV. 68 p. 1751, 2:
ἐξελεύθερον μὲν εἶπον τὸν διὰ χρέος ὑπὸ τῷ δανειστῇ γενόμενον δούλου δίκην, εἶτα
ἀπολυθέντα· ἀπελεύθερον δὲ τὸν ἐν τῇ κοινῇ συνηθείᾳ. Hesych. s. ἐξελεύθεροι· οἱ
τῶν ἐλευθερουμένων υἱοί. Bekk. Anecd. p. 95, 12: ἐξελεύθερον ἀντὶ τοῦ ἀπελεύθερον. Vgl. Drachmann, de manumissione servorum apud Graecos,
qualem ex inscriptionibus cognoscimus in Nord. Tidskr. VIII, 1—74.

[4]) Eine solche gab es in Athen nicht, ebenso wenig in allen Staaten
ionischen Stamms, aus denen daher auch keine Urkunden vorliegen. Wohl
aber deutet darauf die auf den Freilassungsurkunden von Chaeronea Corp.
Inscr. Gr. Sept. I, 3301—3406 (C² 316—20 aus dem II. Jahrh.) ständige
Formel: τὰν ἀνάθεσιν ποιόμενος διὰ τῶ σουνεδρίω (einmal 3349 διὰ τᾶς βωλᾶς)
κὰτ τὸν νόμον. Daselbst ist auch 3303 (C² 317) eine Gebühr erwähnt: κἠ
κατάβαλε τῷ ταμίῃ [ἐ]πὶ τῶν ἱαρῶν τὸ γινόμενον δραχμὰς Ϝίκατι παραχρε[τ]μα,
vgl. 3354, 3406 und die Inschr. von Elatea. Bull. corr. hell. XI, 838.

[5]) Vielfach auch unter ausdrücklicher Zustimmung der nächsten Ange-

lichen Orten, speziell Altären [1]), in manchen Staaten unter Zahlung einer bestimmten Abgabe an den Staat mit Aufnahme in öffentliche Listen der Freigelassenen [2]), häufig auch durch testamentarische Verfügung [3]). Und um den Freigelassenen unter den Schutz der Religion zu stellen, kleidete sich die Freilassung mitunter in die Form der Weihe an einen Gott [4]) oder nahm die Gestalt des Verkaufs an eine Gottheit an [5]). Indessen wurde durch die Freilassung das Dienst-

hörigen, für die d e l p h i s c h e n Urkunden vgl. in § 9, von den Urkunden von C h a e r o n e a s. Corp. Inscr. Gr. Sept. I, 8301, 09, 12, 25, 66, 86. Mitunter wurde diese Zustimmung sogar durch einen besonderen Akt nachgeholt, ebd. 3372: ἔγγραφον ἀποτίθενται εὐαρεστοῦντες τὴν ἀνιέρωσιν [ἣν] πεποίηται Φιλόξενος κτλ.

[1]) Vor Gericht: I s a e u s fr. 15 Sch. (Bk. III p. 148): ἄγοντος αὐτὸν Διονυσίου ἐξειλόμην εἰς ἐλευθερίαν εἰδὼς ἀφειμένον ἐν τῷ δικαστηρίῳ ὑπὸ Ἐπιγένους, im Theater: A e s c h i n. III, 41 p. 432, was jedoch bald gesetzlich verboten wurde § 44, an Altären: Corp. Inscr. Gr. Sept. I, 1779 ἀφίειτι . . . ἐλεύθερον ἐναντία τῶ Ἀσκλαπίω κὴ τῶ Ἀπόλλωνος, S u i d a s s. v. Κράτης 3: ἀρθεὶς ἐπὶ τοῦ βωμοῦ εἶπαν· ἐλεύθεροί Κράτητα Θηβαῖον Κράτης.

[2]) Verzeichnisse C u r t i u s, Anecd. Delph. p. 18 ff. R h a n g a b é, Ant. hell. II n. 946—52, in Mantinea L e b a s - F o u c a r t, Pél. 352 k—o (B. I. Gr. 444) in Kalymna I n s c r. b r i t. M u s. II, 306, B u l l. corr. h e l l. VIII, 43; sie werden in einem Heiligtum geführt durch den ἐπιμελητὴς τῶν ἀπελευθερικῶν χρημάτων in Hypata, L o l l i n g, Mitt. des deutsch. Inst. IV S. 219. Ueber thessalische Verzeichnisse späterer Zeit mit der Abgabe von 15 Stateren vgl. C u r t i u s in Burs. Jahresb. XV, 68, L o l l i n g s. a. O. VII, 226 ff.; VIII, 129 ff., M o n c e a u x, Bull. corr. hell. VII, 52. F o u c a r t, ebd. XI, 364 vgl. B ü c h s e n s c h ü t z, Besitz u. Erwerb S. 173, W a l l o n, hist. de l'esclavage I[2], 336 ff.

[3]) Letztwillige Freilassung in den Philosophentestamenten bei D i o g. L a ë r t. III, 30; V, 1, 15; 2, 55; 4, 72; X, 21. W e s c h e r e t F o u c a r t, inscr. recueill. à Delphes n. 419 (S. I. Gr. 448) und 436; Corp. Inscr. Gr. Sept. I, 1780 (C[2] 340).

[4]) Urkunden, in denen Sklaven freigelassen werden in der Form der Weihung an einen Gott, sind vorhanden aus d. IV. Jahrh. von Tänaron, R ö h l, I. G. A. 86, 83, 84, 88 (C[2] 21, 19, 23, 22), von Olympia ebd. 552, sonst aus Böotien und Phokis (II. Jahrh.) z. B. aus den Sarapistempeln zu Orchomenos, Chäronea und Koronea in Böotien, Corp. Inscr. Gr. Sept. I, 3198—204, 3301—3406, 2872 (C[2] 300, 316 fg.), aus dem der Athene Polias in Daulis und aus dem des Asklepios in Stiris, D i t t e n b e r g e r, S. L Gr. 445 (C[2] 224) vgl. N e w t o n, die griech. Inschr. übers. v. I m e l m a n n S. 60, F o u c a r t in Daremberg et Saglio dict. des Antiqu. s. v. Apeleutheroi, G i l b e r t, Griech. Alt. II, 290. In einer Inschrift von Stiris heisst es: ἀφίητι . . . καὶ παρακατατ[ίθηται] Bull. de corr. hell. V p. 448, der Freigelassene erscheint also als Depositum.

[5]) Vgl. Gottesd. Alt. und U l r i c h s in R i t s c h l ' s Rh. Museum II, S. 552: „die Sklaven kauften sich wohl meist aus ihren eigenen Ersparnissen

verhältnis dem Herren gegenüber keineswegs immer gelöst [1]), vielmehr konnten allerlei Verbindlichkeiten bestehen bleiben, die der
Herr durchaus nach seinem Belieben festsetzte [2]), beschränkt, wie
es scheint, nur darin, dass er sich durch die Freilassung des Rechtes
anderweiten Verkaufs und der Körperverletzung begab [3]). So wird

---

frei, da sie aber selbst keine bürgerlichen Rechte genossen, so übertrugen sie
es einem Gotte den Vertrag abzuschliessen". Diese Art der Freilassung war
besonders üblich im zweiten vorchristlichen Jahrhundert im nördlichen Griechenland in der weiteren Umgebung des delphischen Heiligtums vgl R. Weil,
Mitt. d. deutsch. Inst. IV, 25 fg. und es sind an 600 solcher Urkunden auf
uns gekommen. Curtius, Anecdota Delphica. 1843. n. 2—87—39, C. Wescher et P. Foucart, Inscriptions recueillis à Delphes. Paris 1863. n. 19
—450. Haussoullier, bull. de corr. hell. V p. 408—434. Couve u.
Bourguet ebd. XVII p. 343 fg., Joubin ebd. p. 451. Über das Ganze
Curtius in Gött. Nachr. 1864 = Gesamm. Abh. II, 393 fg. Foucart
de l'affranchissement des esclaves par forme de vente à une divinité in
Comptes rendus des séances de l'acad. des inscriptt. 1863, p. 129—153, aus-
führlicher Foucart, Mémoire sur l'affranchissement etc. Paris 1867.
Büchsenschütz, Besitz und Erwerb S. 175 ff. Newton a. a. O.
S. 61 ff. Drachmann, a. a. O. 83 fg.

[1]) Daher Chrysipp. bei Ath. VI p. 267 b: τοὺς ἀπελευθέρους μὲν δούλους ἔτι εἶναι, οἰκέτας δὲ τοὺς μὴ τῆς κτήσεως ἀφειμένους, und dies nicht allein,
wie Hermann annahm, bei der Freilassung durch Schenkung (κατὰ δόσιν
Hesych. II S. 667), sondern auch bei denen, die sich losgekauft hatten παρὰ
τῶν κυρίων ἀπαλλαγέντες. Demosth. XXXVI, 28 p. 958, was durch die delphischen Inschriften zur Genüge bewiesen wird, und ebenso auch bei der
Freilassung in Form der Weihe, Corp. Inscr. Gr. Sept. I, 3376, 3303,
3348 u. oft. Ausdrücke für völlige Freiheit: ἐλεύθροι ὄντας κυριεύοντας αὐτοὶ
αὐτῶν καὶ ποιέοντας ὅκα θέλωντι τὸν πάντα βίον Wescher et Foucart
a. a. O. n. 145 oder κυριεύων αὐτὸς αὐτοῦ ἐλεύθερος ὢν καὶ ἀνέφαπτος πάντα
χρόνον. n. 376, 384, 407, ferner ἠλευθέρωσεν . . . μηδενὶ μηδὲν προσήκοντα
Lebas-Foucart, Pél. n. 352 k—o, Corp. Inscr. Gr. Sept. I, 3326, 29, 32
u. oft, oder τραπέσθαι ὅπᾳ κα θέλῃ Carapanos, Dodone et ses ruines p. 57
n. 10. πανελευθερία, Corp. Inscr. Gr. Sept. I, 1780 (C³ 340).

[2]) Solche Verbindlichkeiten der verschiedensten Art finden sich in einem
Drittel der delphischen Inschriften vgl. Foucart, comptes rend. 1863 pag.
148 ff. Büchsenschütz, Besitz und Erwerb p. 177 ff. z. B. Sicherung
des Erbrechts, ganz oder bedingungsweise, Verbot von Schenkungen, Beschränkung des Wohnsitzes (auch die Pflicht den Freilasser zu begleiten
ἐάν τε ἐν ἑτέρᾳ πόλει κρίνῃ κατοικεῖν Bull. corr. hell. XVII n. 27), Verpflichtung zur Bestattung und zu Totenehren.

[3]) Über die Grenzen des Herrenrechts Foucart a. a. O. p. 148. Mém.
p. 36 ff. Bezeichnend ist Bull. corr. hell. XVII, 386 fg. n. 103: εἰ δὲ μὴ
παραμείναιεν ἢ μὴ πειθαρχέοισαν, ἐξουσίαν ἐχέτωσαν Φίλων καὶ Εὐάμερις ἐπιτει-
μέοντες τὸν μὴ πειθαρχέοντα καὶ μαστειγοῦντες καὶ διδόντες καὶ ἐγμισθοῦντες τὴν
ἐργασίαν τοῦ μὴ παραμένοντος χωρὶς πράσιος vgl. auch n. 67. Mitunter werden

bestimmt, dass der Freigelassene eine Reihe von Jahren oder bis
zum Tode des Herrn in dessen Hause verbleibt, ihn nährt, pflegt,
überhaupt ihm dient, und wenn die Freilassung nicht etwa nur even-
tuell auf den Fall ferneren Wohlverhaltens erfolgt war [1]), durfte
der Freigelassene nicht ohne Einwilligung des Herrn heiraten [2]);
wenn er ohne Kinder starb, so fiel sein Vermögen an denselben zurück [3]), und selbst seine Kinder, auch wenn sie erst nach der Frei-

---

solche Verpflichtungen durch einen späteren Vertrag aufgehoben vgl. Wescher-
Foucart n. 85, 86, 254, Bull. corr. hell. XVII n. 85, 87, 89, und dieser Vertrag ist nochmals als Verkauf an den Gott bezeichnet bei Haussoullier
n. 42, Bull. de corr. hell. V p. 428. So ist vielleicht auch das ἀνατίθησι τὸν
ἴδιον ἀπελεύθερον zu erklären Corp. Inscr. Gr. Sept. I, 8318, 3360.

[1]) Wie z. B. in dem Testamente des Theophrast bei Diog. L. V, 55:
Μάνην δὲ καὶ Καλλίαν παραμείναντας ἔτη τέτταρα ἐν τῷ κήπῳ καὶ συνεργασαμένους
καὶ ἀναμαρτήτους γενομένους ἀφίημι ἐλευθέρους: vgl. § 73: δύο ἔτη παραμείναντα
ἀφεῖσθαι, und mehr bei Boeckh Corp. Inscr. n. 1608 und Meier in Allg.
Lit.-Zeit. 1843 Dec. S. 616 fg. Foucart. a. a. O. p. 147 ff.

[2]) So freilich zunächst nur Plato Leg. XI p. 915a, der aber gewiss
nur das Bestehende ausspricht: θεραπεία δὲ φαίτω τρὶς τοῦ μηνὸς τὸν ἀπελευ-
θερωθέντα πρὸς τὴν τοῦ ἀπελευθερώσαντος ἑστίαν, ἀπαγγελλόμενον ὅ τι χρὴ δρᾶν
τῶν δικαίων καὶ ἅμα δυνατῶν, καὶ περὶ γάμου ποεῖν ὅ τι περ ἂν ξυνδοκῇ τῷ γε-
νομένῳ δεσπότῃ κ. τ. λ. War die Freilassung auf dem Totenbette geschehen,
wie bei Demosth. XXIX, 26 p. 852, so ging dieses Verhältnis selbstredend
auf die Erben über.

[3]) Anaxim. Rhetor. (ad Alex.) I, 16 p. 8 Sp.: καθάπερ ὁ νομοθέτης
κληρονόμους πεποίηκε τοὺς ἐγγυτάτω γένους ὄντας τοῖς ἄπαισιν ἀποθνήσκουσιν, οὕτω
καὶ τῶν τοῦ ἀπελευθέρου χρημάτων ἐμὲ νῦν προσήκει κύριον γενέσθαι · τῶν γὰρ
ἀπελευθερωσάντων αὐτόν τετελευτηκότων ἐγγυτάτω γένους αὐτός ὢν καὶ τῶν ἀπε-
λευθέρων δίκαιος ἂν εἴην ἄρχειν: vgl. Isaeus IV, 9 p. 47, Diog. Laërt.
V, 2, 54 und Bunsen, de iure hered. p. 51. Caillemer, droit de
succ. p. 135 ff., sowie Büchsenschütz a. a. O. S. 180, der umgekehrt
aber auch die Erbeinsetzung des Freigelassenen aus Inscr. Delph. n. 134 und
485 (dazu Bull. corr. hell. XVII n. 95 u. 97), Diog. Laërt. IV, 46 als vor-
kommend erweist. Diese delphischen Inschr. scheinen über die Erbschaft des
Freigelassenen keine gesetzliche Bestimmung zu kennen. Das Erbrecht wird
ausdrücklich dem Herren vorbehalten, und zwar ganz in n. 152, 53 (S. I. Gr.
465) u. 94 Bull. corr. hell. XVII n. 59, für den Fall der Kinderlosigkeit des
Sklaven in n. 213 (S. I. Gr. 462) 226, 425 (S. I. Gr. 467) Bull. corr. hell. XVII.
n. 38. Sogar Schenkungen unter Lebenden werden untersagt in n. 53, 94,
213, 226 Bull. corr. hell. XVII n. 38 (hier daneben auch Adoption). Andrerseits aber n. 25: κύριος δὲ ἔστω Νικάνωρ (der Freigelassene) ὧν κέκτηται τῶν
τε σωμάτων καὶ τῶν ὑπαρχόντων πάντων, vgl. Foucart, Mém. p. 24. Wie
sehr auch der Freigelassene darnach strebte, als Verwandter des Freilassers
zu erscheinen, weist Polybius nach (XII, 6a): οὐ γὰρ μόνον τὰς εὐνοίας
ἀλλὰ καὶ τὰς ξενίας καὶ τὰς συγγενείας τῶν δεσποτῶν οἱ δουλεύσαντες, ὅταν εὐτυ-
χήσωσι παραδόξως καὶ χρόνος ἐπιγένηται, πειρῶνται προσποιεῖσθαι καὶ συνανα-

lassung geboren wurden, waren noch nicht notwendig frei [1]). In Athen dauerte das Verhältnis zum Herrn schon dadurch fort, dass der Freigelassene verpflichtet war, seinen früheren Herrn zum προστάτης zu nehmen [2]). So war er nicht viel günstiger als solche Sklaven gestellt, die auf eigene Hand lebten und nur eine bestimmte Abgabe an ihren Herrn entrichteten [3]), zumal wenn dessen Stelle ein Tempel einnahm [4]). Denn was ein solcher Sklave über jene Abgabe hinaus verdiente, gehörte ihm [5]), und so behielt er fortwäh-

---

νεοῦσθαι τῶν κατὰ φύσιν ἀναγκαίων μᾶλλον, αὐτῷ τούτῳ σπουδάζοντες τὴν προγεγενημένην περὶ αὐτοὺς ἐλάττωσαν καὶ τὴν ἀδοξίαν ἐξαλείφειν, τῷ βούλεσθαι τῶν δεσποτῶν ἀπόγονοι μᾶλλον ἐπιφαίνειν ἥπερ ἀπελεύθεροι.

[1]) Corp. Inscr. 1608 (= Graec. Sept. I, 8822): τὰ δὲ γεννηθέντα ἐξ αὐτῶν ἐν τῷ τῆς παραμονῆς χρόνῳ ἔστωσαν δοῦλα Δεξίππης (der Freilasserin), dagegen 3376 (C² 316) εἰ δέ κα γεννάσει Σουρίνα ἔτι ζώσας Παρθένας, ἔστω τὸ γενόμενον ἐλεύθερον, so auch Bull. corr. hell. XVII n. 58. Ganz eigentümlich ebd. n. 80. εἰ δέ τι γένοιτο ἐγ Διοκλέας τέκνον ἐν τῶι τᾶς παραμονᾶς χρόνωι, εἰ κα μὲν θέληι ἀποπνεῖξαι Διόκλεα ἐξουσίαν ἐχέτω, εἰ δὲ θέλοι τρέφειν ἔστω τὸ τρεφόμενον ἐλεύθερον· εἰ κα μὴ αὐτὸ θέληι, πωλῆσαι δὲ τὸ γενηθὲν μὴ ἐχέτω ἐξουσίαν Διόκλεα μηδὲ ἄλλος μηδείς.

[2]) Harp. ἀποστασίου δίκη τίς ἐστι κατὰ τῶν ἀπελευθερωθέντων δεδομένη τοῖς ἀπελευθερώσασιν, ἐὰν ἀφιστῶνταί τε ἀπ' αὐτῶν ἢ ἕτερον ἐπιγράφωνται προστάτην καὶ ἃ κελεύουσιν οἱ νόμοι μὴ ποιῶσιν, wo das ἀφιστῶνται auf ähnliche Verpflichtungen deutet, wie wir sie aus den delph. Inschriften kennen. Die ἀποφυγόντες τὸν δεῖνα, welche gegen das Ende des IV. Jahrhunderts φιάλα ἐξελευθερικαὶ von 100 Drachmen Gewicht der Göttin weihen C. I. A. II, 768—776, waren lange zweifelhaft Curtius, inscr. att. nuper repertae p. 19. Wallon, Mém. de l'acad. des inscr. et b. l. XIX; 2, 1853 p. 268 ff. Koehler, Mitt. d. d. Inst. III, 172 ff. H. Schenkl, Z. f. öst. Gymn. XXXII, 167 ff. Jetzt bestätigt die Überschrift von C. I. A. II, 776 die Erklärung Schenkls dass dieselben ἀποστασίου freigesprochen und von den Verpflichtungen gegen ihre Herren gelöst sind. Der Freilasser als προστάτης auch Bull. corr. hell. XVII n. 59.

[3]) Vgl. Privatalt. S. 91, 3. Die Bezeichnung ist ἀνδράποδον μισθοφοροῦν (Xen.) resp. Ath. I. 17; Isaeus VIII, 35 p. 72, während τοὺς χωρὶς οἰκοῦντας Demosth. IV, 36 p. 50 vielmehr den Teil der Freigelassenen bezeichnet, die auch aus dem Dienst des Hauses entlassen waren, vgl. Büchsenschütz N. Jb. f. Phil. 95 S. 20 und Besitz und Erwerb S. 195 und Lexikographen unter τοὺς χωρὶς οἰκοῦντας, denen gegenüber Bekk. Anecd. p. 316 keinen Wert beanspruchen darf.

[4]) Über die ἱερόδουλοι, ἱεροί vgl. Gottesd. Alt. In der ephes. Inschr. bei Lebas-Waddington Asie min. n. 186a (S. I. Gr. 253) stehen bei Aufzählung von Nichtbürgern die ἱεροί vor den ἐξελεύθεροι Z. 48: τοὺς ἰσοτελεῖς καὶ παροίκους καὶ ἱεροὺς καὶ ἐξελευθέρους καὶ ξένους.

[5]) In Gortyna haben die Häusler οἰκεῖς Eigentum an Vieh IV, 86, selbst die Häuslerin bringt Eigentum in die Ehe und behält es in der Schei-

rend die Möglichkeit, sich auf dem Wege des Vertrags von seinem
Herrn loszukaufen [1]), so dunkel es auch bleibt, ob und wie ein Herr
zur Erfüllung eines solchen Vertrages habe angehalten werden können [2]), da der Sklave selbst, auch wo er in irgend ein gemeinrecht-
liches Verhältnis trat, an seinem Herrn allein seinen natürlichen
Vertreter hatte [3]), ein Band, das er eigenmächtig nur dadurch lösen
konnte, dass er den Schutz eines Tempels aufsuchte [4]). Auch der

dung III, 42; doch wenn der Sklave von einer freien Mutter stammt, so be-
erbt er diese keinesfalls VII, 7. Für A t h e n (III. Jahrh.) zeigt T e r. Phorm.
I, 1, 36 fg. Eigentum bei Sklaven, bei H y p e r, Athenog. hat der Sklave
Midas, der ein Salbengeschäft betreibt, eine Menge Schulden und ἔρανοι aufgenommen (col. III, 24, IV, 14, 22, IX, 19, X, 6) und legt seinem Herren monatlich Rechenschaft (IX, 6), und die ganze Sitte des Verkaufs an eine Gottheit (S. 26) setzt Eigentum der Sklaven voraus. Und so finden wir C o r p.
I n s c r. G r. S e p t. I, 3376 in C h a e r o n e a (II. Jahrh.) einen Sklaven,
der durch Vermittlung eines Bürgers sogar ein Haus an sich gebracht hat.

[1]) R o s s, Inscr. ined. I p. 4 n. 9 aus Mantinea: ἠλευθέρωσαν Διδύμην τὴν
ἰδίαν δούλην δοῦσαν τὴν ὑπὲρ ἑαυτῆς τιμήν: vgl. D i o C h r. XIV, 440 R: οἱ δὲ
τινες τὴν αὑτῶν τιμὴν καταβεβλήκασι τοῖς δεσπόταις καὶ οὐ ἐγκου δοῦλοί εἰσιν
οὗτοι αὑτῶν vgl. XV, 453 R und mehr Staatsalt. § 74, was aber nicht wohl
ohne Weiteres mit P e t i t und M e i e r, att. Prozess S. 405 auf einfache
Wiedererstattung des Ankaufspreises bezogen werden darf; s. C u r t i u s,
Anecd. Delph. p. 11, dessen Ansicht: *ut cum hero iam antea pactus fuerit
servus*, durch P l a u t. Pseud. I, 2, 89 direkt bestätigt und durch (D e m o s t h.)
LIX, 30 p. 1354, wo der Herr die Sklavin selbst los sein will, wenigstens
nicht widerlegt wird. Konnte ja doch das schuldige Lösegeld auch nachträglich erlassen werden, D i o g. L. V, 72.

[2]) In dem erwähnten Fall der Neära geschieht der Loskauf in der Art,
dass den Vertrag mit dem Herren für den Sklaven ein Dritter abschliesst,
der dabei eine ähnliche Rolle spielt, wie der Gott in den delphischen Urkunden.
Auf einen Loskauf gegen den Willen des Herrn weist P l u t. de superst. 4
p. 166 d: ἔστι καὶ δούλοις νόμος ἐλευθερίας ἀπογνοῖσι (wenn sie sich durchaus die
Freiheit nicht verschaffen konnten) πρᾶσιν αἰτεῖσθαι. In mehreren der delphischen Inschriften wird ein förmliches Schiedsgericht ernannt, welches Streitigkeiten zwischen dem Herren und dem Freigelassenen definitiv entscheidet.
vgl. F o u c a r t, Mém. p. 39 ff. n. 167, 193 (S. I. Gr. 453, 460).

[3]) Vgl. S. 22.

[4]) Für A t h e n vgl. M e i e r - L. att. Proz. 625. Teles bei S t o b. V. 67
und Eupolis bei P o l l. VII, 13 deuten darauf, dass der Sklave im Tempel
Gelegenheit fand, sich dem Herrn gegenüber zu rechtfertigen. A r i s t o -
p h a n e s, ebd. zeigt, dass die Sklaven längere Zeit im Tempel verweilen,
den Verkauf abwarten konnten. Auch in G o r t y n a durfte der Sklave den
Tempelschutz längere Zeit in Anspruch nehmen I, 39, vgl. A. Col IV Mus.
It. II, 597 = Mon. Ant. III n. 152. In der Mysterieninschrift von A n d a n i a
(I. Jahrh.) scheint der Priester zu entscheiden, in wie weit ein Sklave das
Asylrecht mit Grund in Anspruch genommen habe, L e b a s - F o u c. Pélop.

Staat liess wohl in Zeiten der materiellen Bedrängnis oder des Mangels
an Bürgern einen Massenloskauf der Sklaven gegen eine bestimmte
Taxe eintreten [1]). Wo es sich aber um die Rechtsbeständigkeit eines
Sklavenstandes selbst handelte, konnte auch die Freiheit als solche
Gegenstand rechtlichen Schutzes werden mit der Massgabe jedoch,
dass die umstrittene Person zu ihrem Schutze der Hilfe eines Dritten
bedurfte [2]). Während sodann in A t h e n diese Person bis zur Entscheidung des Streites für frei galt und jedem Dritten das Recht
zustand, unter seiner persönlichen Verantwortung [3]) die Freiheit derselben gegen Eingriffe zu schützen [4]) oder den zu belangen, der sich

---

326 a (S. L Gr. 388, C² 47) Z. 85 fg. Für Ä g y p t e n wird eine Beloh-
nung auch dem versprochen, der einen flüchtigen Sklaven in einem Tempel
nachweist P a p. X. du Louvre II. Jahrh. Der Herr musste also die Möglichkeit haben, ihn auch von dort wiederzuerhalten.

[1]) A r i s t o t. de Sam. republ. bei Phot. s. v. Σαμίων. οἱ γὰρ Σάμιοι κατα-
πονηθέντας ὑπὸ τῶν τυράννων σπάνει τῶν πολιτευομένων ἐπέγραψαν τοῖς δούλοις ἐκ
πάντα στατήρων τὴν ἰσοπολιτείαν. In Sparta bringt Cleomenes III 500 Talente
ein, indem er die Heloten, die fünf attische Minen erlegen, für frei erklärte.
P l u t. V. C l e o m. 23.

[2]) Für A t h e n vgl. Lys. XXIII, 9, für G o r t y n I, 14, B ü c h.-Z i t.
S. 79, für D e l p h i W e s c h e r et F o u c a r t n. 45: εἰ δέ τίς κα ἐφάπ-
τηται Διοδώρας ἐπὶ καταδουλισμῷ, βέβαιον παρεχόντω τὰν ὠνὰν τῷ θεῷ ὅ τε ἀποδόμενος Ἀνδρομένης καὶ ὁ βεβαιωτὴρ Ἄθαμβος· εἰ δὲ μὴ παρέχοιεν βέβαιον τὰν
ὠνὰν τῷ θεῷ, πράκτιμοι ἐόντων κατὰ τὸν νόμον τᾶς πόλιος, F o u c a r t, Mém.
p. 14 u. 18. Dort wird jedoch mitunter ausdrücklich dem Freigelassenen das
Recht zugesprochen, seine Freiheit selbst zu schützen n. 81, εἰ δέ τις ἐφάπτοιτο
Μάνεος ἐπὶ καταδουλισμῷ, κύριος ἔστω Μάνης αὐσαυτὸν συλέων ὡς ἐλεύθερος ὤν
vgl. n. 36, 62 u. a.

[3]) P l a t. Leg. XI p. 914 e: ἐὰν δέ τις ἀφαιρῆταί τινα εἰς ἐλευθερίαν ὡς
δοῦλον ἀγόμενον, μεθιέτω μὲν ὁ ἄγων, ὁ δ' ἀφαιρούμενος ἐγγυητὰς τρεῖς ἀξιόχρεως
καταστήσας οὕτως ἀφαιρείσθω ... ἐὰν δὲ παρὰ ταῦτά τις ἀφαιρῆται, τῶν βιαίων
ἔνοχος ἔστω, dessen Anordnungen im wesentlichen und namentlich auch darin
mit den a t t i s c h e n Verhältnissen übereinstimmen, dass, wie auch in Rom
(vgl. H o f f m a n n, Beiträge zur Geschichte des griech. und röm. Rechts
S. 26) die fragliche Person bis nach ausgemachter Sache für frei galt. Ferner
war es Gesetz τὸ ἥμισυ τοῦ τιμήματος ὀφείλειν τῷ δημοσίῳ, ὃς ἂν δόξῃ μὴ δικαίως
εἰς τὴν ἐλευθερίαν ἀφελέσθαι (D e m o s t h.) LVIII, 21 p. 1328. Trotzdem
konnte ein solcher Rechtsstreit durch Vergleich enden A e s c h i n. I, 63 p. 85.
(D e m o s t h.) LIX, 45 p. 1360. Prozess und Geldstrafe drohte auch in
D e l p h i dem, der zu Unrecht die Freiheit eines Sklaven behauptete, W e -
s c h e r et F o u c a r t, n. 34, ebenso in Ägypten, F o u c a r t, Mém.
p. 12 u. 18, vgl. auch L e b a s - F o u c a r t, Pélop. n. 326 a (S. I. Gr. 388,
C² 47) Z. 84 und M i t t e i s, Reichsrecht u. Volksrecht S. 396 fg.

[4]) Ἀφαιρεῖσθαι oder ἐξαιρεῖσθαι εἰς ἐλευθερίαν (gleichbedeutend vgl. F u h r,
Lysias ausgew. Reden, Berl. 1880, II p. 124) oder ὡς ἐλεύθερον ὄντα I s o c r.

solche Eingriffe erlaubt hatte ¹), so war in Gortyn vor Entscheidung der Rechtsfrage jegliche Eigenmächtigkeit unter Androhung
von Geldstrafe untersagt ²), die umstrittene Person sollte bis dahin
in ihrem bisherigen Verhältnis als Sklave oder Freier bleiben ³), und
das Gesetz nahm die Freiheit noch insofern besonders in seinen
Schutz, als bei widersprechenden Zeugenaussagen der Richter gehalten war für sie zu entscheiden⁴). Dass ausserdem ein Freigeborner,
der in Sklaverei geraten war, wenn er aus der Kriegsgefangenschaft
oder sonst in seine Heimat zurückkehrte, wieder in den Genuss seiner
vollen Rechte eintrat ⁵), bedarf kaum der Bemerkung; und auch für
den Loskauf von Kriegsgefangenen scheinen bestimmte Grundsätze
bestanden zu haben ⁶); konnte dagegen der Losgekaufte seinem Be-
freier das Lösegeld nicht ersetzen, so blieb er diesem persönlich dafür verhaftet ⁷). Übrigens werden die Freilassungen in macedo-

---

XVII, 14 p. 361b, auch συλεῖν ὡς ἐλεύθερον oder ἐπ' ἐλευθερίᾳ (vgl. Meier,
allg. L. Z. 1843 Dez. S. 622) gegenüber dem ἄγων (Demosth.) LIX, 40
p. 1358, Isaeus fr. 15 Sch. (III p. 143 Bk.) oder ἄγων εἰς δουλείαν Aeschin.
I, 62 p. 85. Isaeus fr. 16 Sch., welcher durch Bürgschaft sich das Erscheinen der fraglichen Person vor dem Richter sichert κατεγγυᾷ τὸν ἀγόμενον
πρὸς τῷ πολεμάρχῳ (Demosth.) LIX, 40 p. 1358 oder πρὸς τὸν πολέμαρχον
Isocr. XVII, 14 p. 361b. Der ἀφαιρούμενος διεγγυᾶται Isocr. a. a. O.
Von der streitigen Person heisst es διηγγυήθη (Demosth.) LIX, 41 oder
ἐξηγγυήθη Lysias XXIII, 10. 11. Nun erfolgt die Klage des ἄγων gegen
den ἀφαιρούμενος (Demosth.) LIX, 45 p. 1360. vgl. Platner II S. 237,
Meier-L, att. Proz. S. 657 ff.

¹) Je nach der Schwere des Falls mit δίκη βιαίων, γραφὴ ὕβρεως oder
ἀνδραποδισμοῦ vgl. Plato leg. XII. p. 955a.

²) I, 1: Ὅς κ' ἐλεύθερον ἢ δῶλον μέλληι ἀνπιμολῆν, πρὸ δίκας μὴ ἄγεν Büch.-
Zit. S. 80 f. Die Selbsthilfe gegen den Sklaven, der sich entzogen hat, ist
also nur dann verboten, wenn ein Rechtsstreit in Aussicht steht, d. i. wenn
der Sklave Jemanden gefunden hat, der entweder seine Freiheit behauptet
oder ihn als sein Eigentum in Anspruch nimmt.

³) I, 3: καταδικαξάτω τῷ ἐλευθέρῳ δέκα στατῆρανς, τῷ δώλῳ πέντε ὅτι ἄγει:
bei dem, der thatsächlich als Freier lebt u. s. w., denn über die wirkliche
Freiheit wird erst später I, 14 f. entschieden. Vgl. auch den Nachtrag XI, 24.

⁴) I, 14.

⁵) (Demosth.) LIII, 6 ff. p. 1248, LVII, 18 ff. p. 1304 und Haussoullier, inscr. de Delphes n. 92. Bull. corr. hell. VI, 1882, 460 ff. Dio Chr.
XV, 26 p. 455 R: ὅταν γάρ ποτε δυνηθῶσιν ἐκεῖνοι πάλιν ἀποφυγεῖν, οὐδὲν κωλύει
ἐλευθέρους εἶναι αὐτοὺς ὡς ἀδίκως δουλεύοντας: vgl. p. 451 R und den δορύξενος
Privatalt. S. 82, 5.

⁶) S. Privatalt. S. 87, 2 und Boeckh, Staatsh. d. A. I S. 100.

⁷) (Demosth.) LIII, 11 p. 1250: τοῦ λυσαμένου ἐκ τῶν πολεμίων εἶναι τὸν
λυθέντα, ἐὰν μὴ ἀποδιδῷ τὰ λύτρα s. S. 20 A. 7.

nischer und römischer Zeit in den kleinen griechischen Städten, besonders in der Nähe und unter dem Schutze der Heiligtümer des Apollo und des Asklepios eine so häufige, ja massenhaft vorkommende Erscheinung, dass durch dieselbe ein wichtiger, sich erneuernder Zuwachs der bürgerlichen Bevölkerung erfolgt sein muss [1]).

---

§ 5. [§ 60.]
Beschränkung der Einzelfreiheit durch das Ganze.

Dass übrigens auch des Bürgers eigene Freiheit keine ziellose sein konnte, versteht sich von selbst, und je mehr die Ausübung seiner Rechte durch seine Staatsangehörigkeit bedingt war, desto weniger stand der Staat an, dieselbe nicht bloss in denjenigen Stücken, wo es zu der gemeinschaftlichen Freiheit aller nötig war, sondern auch im ausschliesslichen Interesse des Gemeinwesens oder einer bestimmten Regierungspolitik weit über die Grenze hinaus zu beschränken, die mit der freien Bewegung des Individuums vereinbar scheinen könnte. Dem Staate gegenüber bestand die Freiheit des griechischen Mannes eigentlich nur in dem Bewusstsein, von keiner Gewalt abhängiger zu sein, als jeder seiner Mitbürger es gleich ihm war von der Macht des Gesetzes [2]); dieses Gesetz aber schützt nur den Einzelnen gegen den Einzelnen, ohne ihm dem Ganzen gegenüber andere und grössere Rechte zu verleihen [3]), als eben aus seiner

---

[1]) H e u z e y, le mont Olympe et l'Acarnanie p. 36: *c'est un fait curieux pour l'histoire que la profusion de ces inscriptions: elle atteste le grand mouvement d'affranchissement des esclaves, par lequel la société antique épuisée cherchait à se renouveler. Sous l'empire surtout, les affranchissements étaient devenus la grande affaire dans la vie des petites villes au fond des provinces. Les pierres manquaient pour recueillir les actes précieux, qui assuraient les droits des nouvelles familles: on les écrivait sur le socle des statues; on effaçait d'anciens décrets, nous verrons bientôt qu'on ne respectait même pas les pierres de tombeaux.* Vgl. dazu die Inschriften aus Pythion am Olymp. ebendas. p. 465 fg. H e u z e y e t D a u m e t, Miss. archéol. de Macéd. 1876 n. 214 ff.; D u c h e s n e e t B a y e t, mém. sur une mission au mont Athos. 1876. n. 159 ff. C a r a p a n o s, Dodone et ses ruines. 1878 p. 50 ff. L e b a s - F o u c a r t, Pélop. n. 352 k ff. und die Anführungen oben S. 27 A.

[2]) S. (D e m o s t h.) XXV, § 16—27 p. 775 und mehr Staatsalt.[5] § 51, mit H e r m a n n, Abh. d. Gött. Gesellsch. d. Wiss. IV S. 30. F u s t e l de C o u l a n g e s, la cité antique[5] L. III, 18 p. 265 ff.

[3]) War doch in Athen selbst der Bürger nicht g e s e t z l i c h vor der Folterung geschützt C i c. part. orat. 34, 118. Nur ein ψήφισμα (ἐπὶ Σχαμαν-

Zugehörigkeit zu diesem Ganzen hervorgehen [1]); und wenn auch die Verwandelung dieser Rechte selbst in eine Zwangspflicht nur als ein krankhaftes Symptom betrachtet werden kann [2]), so finden wir doch gerade in solchen Gesetzgebungen, deren Güte sprichwörtlich geworden ist, Bevormundungen des Einzelnen, die diesen nur als unselbständiges Glied des Ganzen erscheinen lassen. Von Lakedämon, dessen ganze Erziehung auf die Verwirklichung dieses Grundsatzes berechnet war [3]), soll hier gar keine Rede sein; wenn aber Zaleukos und Charondas Strafen für schlechten Umgang androhen [4]), zweite Ehen mit bürgerlichen Nachteilen belegen [5]), ja auf den Genuss ungemischten Weines ohne ärztliche Erlaubnis Todesstrafe setzen [6]), wenn in Korinth üppiges Essen eine Untersuchung der Mittel zu

---

ὁρίου **Andoc.** I, 43 p. 6, **Anaxim.** Rhet. 16) verbot die Folterung von Bürgern, dies aber konnte jederzeit durch einen Volksbeschluss gebrochen werden und schützte nur vor Willkür der Behörden, vgl. **Schömann-L.**, att. Proz. S. 896, welchen mit Unrecht bekämpft **Guggenheim**, die Folterung im att. Proz. S. 18 ff. Im übrigen ist kein Beispiel der Folterung eines Bürgers überliefert.

[1]) Charondas gewährte den Bürgersöhnen freien Unterricht, führte aber daneben auch gesetzlichen Schulzwang ein, **Diod.** XII, 12; andere frühere Gesetzgeber sollen den Kranken unentgeltliche ärztliche Hilfe gesichert haben, ebd. 13.

[2]) Sie gehört zu den Kunstgriffen oligarchischer Staatsverfassungen, vor welchen **Aristot.** Polit. V, 7, 2 p. 1308a warnt: μὴ πιστεύειν τοῖς σοφίσματος χάριν πρὸς τὸ πλῆθος συγκειμένοις· ἐξελέγχεται γὰρ ὑπὸ τῶν ἔργων: vgl. IV, 10, 6 p. 1297 a: τὸ ἐξεῖναι πᾶσιν ἐκκλησιάζειν, ζημίαν δ᾽ ἐπικεῖσθαι τοῖς εὐπόροις, ἐὰν μὴ ἐκκλησιάζωσιν ... καὶ περὶ τὰ δικαστήρια τοῖς μὲν εὐπόροις εἶναι ζημίαν, ἂν μὴ δικάζωσι, τοῖς δ᾽ ἀπόροις ἄδειαν, ἢ τοῖς μὲν μεγάλην, τοῖς δὲ μικράν, ὥσπερ ἐν τοῖς Χαρώνδου νόμοις ... τὸν αὐτὸν δὲ τρόπον καὶ περὶ τοῦ ὅπλα κεκτῆσθαι καὶ τοῦ γυμνάζεσθαι νομοθετοῦσι κτλ.

[3]) **Plut.** V. Lycurg. c. 25: τὸ δ᾽ ὅλον εἴθιζε τοὺς πολίτας μὴ βούλεσθαι μηδ᾽ ἐπίστασθαι κατ᾽ ἰδίαν ζῆν, ἀλλ᾽ ὥσπερ τὰς μελίττας τῷ κοινῷ συμφυεῖς ὄντας ἀεὶ καὶ μετ᾽ ἀλλήλων εἰλουμένους περὶ τὸν ἄρχοντα, μικροῦ δεῖν ἐξεστῶτας ἑαυτῶν ὑπ᾽ ἐνθουσιασμοῦ καὶ φιλοτιμίας, ὅλους εἶναι τῆς πατρίδος κτλ.

[4]) **Diodor.** XII, 12, 4: ταύτην οὖν τὴν διαφθορὰν ἀναστεῖλαι βουλόμενος ὁ νομοθέτης ἀπηγόρευσε τῇ τῶν πονηρῶν φιλίᾳ τε καὶ συνηθείᾳ χρήσασθαι, καὶ δίκας ἐποίησε κακομιλίας. καὶ προστίμοις μεγάλοις ἐπέγραψε τοὺς ἁμαρτάνειν μέλλοντας.

[5]) Daselbst § 1: τοῖς μητρυιὰν ἐπαγομένοις κατὰ τῶν ἰδίων τέκνων ἔθηκε πρόστιμον τὸ μὴ γίνεσθαι συμβούλους τούτους τῇ πατρίδι κτλ.

[6]) **Ath.** X, p. 429 a: παρὰ δὲ Λοκροῖς τοῖς Ἐπιζεφυρίοις εἴ τις ἄκρατον ἔπιε μὴ προστάξαντος ἰατροῦ θεραπείας ἕνεκα, θάνατος ἦν ἡ ζημία, Ζαλεύκου τὸν νόμον θέντος: vgl. **Aelian.** V. Hist. II, 37, der es freilich auf Kranke beschränkt: εἴ τις ... νοσῶν ἔπιεν οἶνον ἄκρατον μὴ προστάξαντος τοῦ θεραπεύοντος, εἰ καὶ περιεσώθη, θάνατος ἡ ζημία ἦν αὐτῷ: aber dann wäre die Bevormundung fast noch grösser.

solchen Ausgaben veranlasst, ja selbst zur härtesten Strafe führt [1]),
so rechtfertigt sich das nur durch jene enge Verknüpfung des Bürgers mit dem Staate, der sich durch jede Verwahrlosung jenes in
seiner eigenen Existenz gefährdet sieht; und eben dahin gehört es,
wenn Solon nicht nur auf den Mangel eines bürgerlichen Erwerbs-
zweiges Strafe gesetzt [2]), sondern auch jedem Bürger in öffentlichen
Zwistigkeiten die Parteinahme befohlen hatte [3]). Selbst auf die
einzelnen Vollstrecker der Gesetze dehnt sich dieses Recht aus, und
wenn auch die polizeilichen Einwirkungen im Altertume seltener als
in dem heutigen Staate sind [4]), so treten sie dagegen, wo sie vor-

---

[1]) Diphilos im Ἔμπορος bei Athen. VI p. 227 f.: νόμιμον τοῦτ' ἐστὶ
βέλτιστ' ἐνθαδὶ Κορινθίοισιν, ἄν τιν' ὀψωνοῦντ' ἀεὶ Λαμπρῶς ὁρῶμεν, τοῦτον ἀνακρί-
νειν πόθεν Ζῇ καὶ τί ποιῶν· κἂν μὲν οὐσίαν ἔχῃ 'Ης αἱ πρόσοδοι λύουσι τἀναλώ-
ματα, 'Εᾶν ἀπολαύειν τοῦτον ἤδη τὸν βίον· 'Εὰν δ' ὑπὲρ τὴν οὐσίαν δαπανῶν τύχῃ
'Απεῖπον αὐτῷ τοῦτο μὴ ποιεῖν ἔτι· Ὃς ἂν δὲ μὴ πίθητ' ἐπέβαλον ζημίαν, 'Εὰν δὲ
μηδ' ὁτιοῦν ἔχων ζῇ πολυτελῶς, Τῷ δημίῳ παρέδωκαν αὐτόν. Sophilos schlägt
vor, auch für Athen zwei bis drei ὀψονόμοι von der Bule wählen zu lassen,
Athen. VI p. 228b.

[2]) Plut. V. Solon. c. 22: τὴν ἐξ 'Αρείου πάγου βουλὴν ἔταξεν ἐπισκοπεῖν,
ὅθεν ἕκαστος ἔχει τὰ ἐπιτήδεια, καὶ τοὺς ἀργοὺς κολάζειν: welches Gesetz Herodot II, 177, und Diodor. I, 77. 5 fälschlich aus Ägypten entlehnt sein
lassen; konkrete Beispiele bei Ath. IV, 168a und Diog. L. VII, 5, 168;
Plut. V. Lyc. 24; über den leitenden Gesichtspunkt aber Dionys. Hal.
XX, 2: 'Αθηναῖοι μὲν δόξης ἔτυχον, ὅτι τοὺς ῥαθύμους καὶ ἀργοὺς καὶ μηδὲν ἐπι-
τηδεύοντας τῶν χρησίμων ὡς ἀδικοῦντας τὸ κοινὸν ἐζημίουν, mit der charakteristischen Vergleichung: Λακεδαιμόνιοι δέ, ὅτι τοῖς πρεσβυτάτοις ἐπέτρεπον τοὺς ἀκοσμοῦντας τῶν πολιτῶν ἐν ὅτῳ δή, τινι τῶν δημοσίων τόπῳ ταῖς βακτηρίαις παίειν.
Übrigens erzählen die Quellen von einem drakontischen Gesetz, das die ἀργία
mit Todesstrafe belegte: vgl. Lysias fr. 10 Sch.; Plut. V. Sol. 17; Poll.
VIII, 42, auch Lysias bei Diog. Laërt. I, 2, 55, während Theophrast
bei Plut. V. Sol. 31 den νόμος ἀργίας erst dem Peisistratos zuschrieb. Erwähnt wird er noch Demosth. LVII, 32 p. 1308 vgl. Meier, de bon.
damn. p. 130, att. Proz.² S. 364 ff. Philippi, Areopag. u. Eph. S. 162 ff.
Arbeitscheu, ῥαθουργία, strafte auch Seriphos mit Verbannung Plut.
Exil. c. 7 p. 602a.

[3]) Arist. Resp. Ath. 8: ὃς ἂν στασιαζούσης τῆς πόλεως μὴ θῆται τά ὅπλα
μηδὲ μεθ' ἑτέρων ἄτιμον εἶναι, vgl. Plut. V. Solon c. 20, Sen. num. vind,
c. 4 p. 550c und Gell II, 12 mit Lelyveld, de infamia p. 172, Meiers
Hallischer Festrede 1839. 4. und Schömann, gr. Altert. I³ S. 588.

[4]) Vgl. Isocr. VII, 42 p. 148b ff. mit Wachsmuth I, S. 451 und
Boeckh, Staatsh. d. A. I S. 290 ff., Meier-L., att. Proz. S. 100 ff., andrerseits aber über die Notwendigkeit der Polizeibehörden Arist. Pol. VI, 5, 2
p. 1321b, 12.

kommen, beim Marktverkehre [1]), öffentlichen Spielen [2]) u. dgl. mit
einer grossen Machtbefugnis auf, die weder Personen noch Sachen
schont [3]), und deren einzige Schranke die Verantwortlichkeit bleibt,
die den Beamten am Schlusse seiner Verwaltung erwartet. Sonst
ist allerdings Athen derjenige Staat, der für Anerkennung reinen
Menschenwertes und ungehemmter Entwickelung aller Kräfte mehr

---

[1]) Plat. Leg. VIII. p. 849 a: τοῖς δὲ δὴ ἀγορανόμοις τὰ περὶ ἀγορὰν
που δεῖ ἕκαστα μέλειν· ἡ δ' ἐπιμέλεια μετὰ τὴν τῶν ἱερῶν ἐπίσκεψιν τῶν κατ' ἀγορὰν ... τὸ δεύτερον ἂν εἴη σωφροσύνης τε καὶ ὕβρεως ἐπισκόπους ὄντας κολάζειν
τὸν δεόμενον κολάσεως. Daher führen sie ἱμάντας, Aristoph. Acharn. 724;
vgl. Arist. Resp. Ath. 51, Poll. X, 177, Staatsalt. § 110, Büchsenschütz,
Besitz und Erwerb S. 534 ff., Häderli, Astynomen und Agoranomen Jb.
f. Phil. Suppl. XV, 47 f., Revue étud. gr. VI (1893), 8 aus Kyzikos: συν-
επισχύειν τοῖς ἀγορανόμοις, ὅπως ἐν ταῖς αὐταῖς πᾶσα ἡ ἀγορὰ πάντων μένη(ι) ται-
μαῖς καὶ μηδὲ εἷς τῶν πιπρασκόντων τι κατὰ μηδένα τρόπον πλείονος ἐπιβάλληται
πιπράσκειν τῆς ἐνεστώσης τειμῆς· τὸν δὲ κακουργοῦντα .... ἀπάρατον εἶναι, ζημιοῦσθαι τε .... ἐὰν μὲν πολείτης ᾖ(ι) ἀποξενοῦσθαι, ἐ[ὰν δὲ ξέ]νος ἢ μέτοικος καὶ
τῆς πόλεως εἴργεσθαι, τό τε ἐργαστήριον αὐτοῦ σαν[ιθίοις] προσηλοῦσθαι ... ἔχον
καὶ τὴν τῆς ζημίας ἐπιγραφήν, Lebas-Foucart, Pélop. 326 a (S. I. Gr. 388,
C² 47) Z. 100 ff, Corp. Inscr. Gr. 2483 (C² 156), 2484 (S. I. Gr. 338) mit
den analogen Befugnissen italischer Ädilen bei Plaut. Rud. II, 3, 43: si
quae improbae sunt merces, iactat omnes, und Pers. sat. 1, 130 oder Iuvenal.
X, 101: de mensura ius dicere, vasa minora frangere. Die ἀγορανόμοι weihen
auch nach ihrer Amtsführung den Göttern Masse vgl. Dittenberger, C.
I. A. III, 98 und S. I. Gr. 342.

[2]) Herod. VIII, 59: ἐν τοῖσι ἀγῶσι οἱ προεξανιστάμενοι ῥαπίζονται: vgl.
Sintenis ad Plut. V. Themist. p. 77 und mehr bei Krause, Olympia
S. 142 und Gottesd. Altert. § 50, auch Diog. L. VI, 5. 90: ἐν Θήβαις ὑπὸ
τοῦ γυμνασιάρχου μαστιγωθεὶς ... καὶ ἑλκόμενος τοῦ ποδός κτλ. Plato Leg.
III p. 700 c: τοῖς μὲν γεγονόσι περὶ παίδευσιν δεδογμένον ἀκούειν ἦν αὐτοῖς μετὰ
σιγῆς διὰ τέλους, παισὶ δὲ καὶ παιδαγωγοῖς καὶ τῷ πλείστῳ ὄχλῳ ῥάβδου κοσμούσης
ἡ νουθέτησις ἐγίγνετο. Lebas-Foucart, Pélop. 326 a (S. I. Gr. 388, C² 47)
Z. 39 ff.

[3]) So auch die Prytanen in der Volksversammlung, Aristoph, Acharn.
54, Thesmoph. 930, namentlich mittelst der scythischen Polizeisoldaten, Staatsalt. § 89, ferner die ἀστυνόμοι Arist. Resp. Ath. 50, Harp. s. v. Diog.
Laërt. VI, 5, 90, σιτοφύλακας und μετρονόμοι, die γυναικονόμοι, Ath. VI, 46
p. 245 b, Privataltert. S. 71, 1 und 239, 2, Lebas-Foucart, Pélop. 326 a,
Z. 26; C. I. G. 3562 (S. I. Gr. 470), und von ausserordentlichen Massregeln
das Beispiel des Androtion bei Demosth. XXII, 50 ff. p. 608 ff. oder XXIV,
162 ff. p. 751. So gab es bestimmte Taxen für gewisse Dienstleistungen bei
Festen und Opfern, welche nicht überschritten werden sollten, Hyperid.
pro Euxenippo Col. XIX, 14: Διογνίστης μὲν καὶ Ἀντίδωρος ὁ μέτοικος εἰσαγγέλ-
λονται ὡς πλέονος μισθοῦντες τὰς αὐλητρίδας ἢ ὁ νόμος κελεύει, Lebas-F. a.
a. O. Z. 107 ff.

als irgend einer in Griechenland gethan hat[1]), und selbst seine Ausfuhrverbote[2]) und sonstigen Zwangsmassregeln, die er insbesondere dem Getreidehandel auflegte[3]), hatten nur die Versorgung seiner Einwohnerschaft und die Verhütung des Wuchers mit den notwendigsten Lebensbedürfnissen im Auge[4]). In anderen Staaten aber mussten ähnliche und grössere Beschränkungen zugleich fiskalischen Zwecken dienen, wie wenn z. B. Byzanz in Geldverlegenheit die Verwechselung des Geldes an eine einzige Bank verpachtet, und die Umgehung dieser mit Beschlagnahme bestraft[5]), oder Ephesos den Goldschmuck der Frauen in Zeiten der Not verbietet, ja für öffentliche Zwecke in Anspruch nimmt[6]).

---

[1]) T h u c. VII. 69, 2: τῆς ἐν αὐτῇ ἀναπιτάκτου πᾶσιν ἐς τὴν δίαιταν ἐξουσίας.

[2]) S. Privatalt. S. 424, 2 und hier insbes. P l u t. V. Solon. c. 24: τῶν δὲ γινομένων διάθεσιν πρὸς ξένους ἐλαίου μόνον ἔδωκεν, ἄλλα δ᾽ ἐξάγειν ἐκώλυσε, mit der Erklärung des Wortes συκοφάντης bei A t h e n. III. 6 p. 74 e: ῞Ιστρος δ᾽ ἐν τοῖς ᾽Αττικοῖς οὐκ ἐξάγεσθαί φησι τῆς ᾽Αττικῆς τὰς ἀπ᾽ αὐτῶν γινομένας ἰσχάδας, ἵνα μόνοι ἀπολαύοιεν οἱ κατοικοῦντες κ. τ. λ. Vgl. dazu B o e c k h, Staatsh. d. A. I, 73 ff., B ü c h s e n s c h ü t z, Besitz u. Erwerb S. 549 ff. C a i l l e m e r, Étude I p. 11.

[3]) Die Ausfuhr von Getreide war gänzlich verboten, Bewohner Attikas durften Getreide nur nach Athen frachten (D e m o s t h.) XXXV, 50 p. 941, fremde Getreideschiffe, die den Piräus anliefen, mussten zwei Drittel ihrer Ladung in Athen belassen, H a r p. s. v. ἐπιμελητής ἐμπορίου, B e k k. A n e c d. 255, 22. vgl. Privatalt. S. 433, 3, B o e c k h I, 116 ff. B ü c h s e n s c h ü t z, S. 546. M e i e r - L., att. Proz. S. 297. C a i l l e m e r, Étude I, p. 9 ff. G. P e r r o t, le commerce des céréales en Attique. Revue historique IV, 1877 p. 18 ff., welcher unter Berufung auf X e n. Oec. 20. 27 und die Unsicherheit der alten Schiffahrt behauptet, dass jenes Verbot an die Bewohner Attikas toter Buchstabe geblieben sei.

[4]) L y s i a s XXII, 6: ἡμεῖς γὰρ ὑμῖν παρεσχόμεθα τὸν νόμον, ὃς ἀπαγορεύει μηδένα τῶν ἐν τῇ πόλει πλείω σῖτον πεντήκοντα φορμῶν συνωνεῖσθαι: vgl. T a y- l o r. lect. Lysiac. p. 321 ff und B o e c k h, Staatsh. d. A. I S. 115 ff., B ü c h- s e n s c h ü t z S. 535.

[5]) A r i s t o t. Oeconom. II, 4 p. 1346 b, 24: τῶν τε νομισμάτων τὴν καταλλα- γὴν ἀπέδοντο μιᾷ τραπέζῃ, ἑτέρῳ δὲ οὐκ ἦν οὐδενὶ οὔτ᾽ ἀποδόσθαι ἑτέρῳ οὔτε πρί- ασθαι παρ᾽ ἑτέρου· εἰ δὲ μή, στέρησις ἦν, vgl. B o e c k h. Staatsh. d. A. I S. 776 ff. Andrerseits Freigabe des Geldverkehrs durch die Bewohner von Olbia D i t- t e n b e r g e r, S. I. Gr. 354.

[6]) A r i s t o t. Oecon. II, 20 p. 1349 a, 9: ᾽Εφέσιοι δεηθέντες χρημάτων νό- μον ἔθεντο μὴ φορεῖν χρυσὸν τὰς γυναῖκας, ὅσον δὲ νῦν ἔχουσι δανεῖσαι τῇ πόλει und über Monopole im allgemeinen B o e c k h I, 74 ff.

---

§ 6. (§ 61.)

Missbrauch der Freiheit.

Nur andern Einzelnen gegenüber hat gerade die athenische Gesetzgebung aufs Sorgfältigste jedem Missbrauche eigener Kraft oder
Selbstsucht gewehrt; und wenn es auch daran, so weit es das Ganze
seinen Bürgern schuldig war, in keinem andern Staate ganz gefehlt
haben mag [1]), so hat doch das solonische Recht dabei zugleich noch
die weitere Rücksicht ins Auge gefasst, dass ein solcher Missbrauch
schon an und für sich entsittlichend wirke und daher selbst da zu
bestrafen sei, wo nach der Strenge des Begriffs kein fremdes Recht
dadurch verletzt war. Nicht allein gegen Freie ohne Unterschied,
sondern sogar gegen Sklaven, insofern es nicht die eigenen waren,
war jede thätliche Beleidigung verboten [2]), nicht etwa bloss aus
Vorsicht, weil Sklaven und Freie niederen Standes in ihrer äusseren
Erscheinung wenig verschieden waren [3]), sondern geradezu um den
Bürger nicht zu verwöhnen [4]); und der einzige Unterschied, der
zwischen beiden eintrat, bestand darin, dass eine Geldstrafe, bei
gleichem Vergehen gegen Freie, noch durch Gefängnis bis zur Be-

---

[1]) Freilich ist von derartiger Gesetzgebung aus andern Staaten sehr wenig
bekannt; eine schwache Spur von Schutz gegen Verbalinjurien giebt S t o b.
Serm. XLIV, 21 aus Zaleukos: μηδεὶς δὲ λεγέτω κακῶς, μήτε κοινῇ τὴν πόλιν,
μήτε ἰδίᾳ τὸν πολίτην, ἀλλ' οἱ τῶν νόμων φύλακες ἐπιμελείσθωσαν τῶν πλημμελούν-
των πρῶτον μὲν νουθετοῦντες, ἐὰν δὲ μὴ πείθωνται ζημιοῦντες. Hierher gehört
auch die Bestimmung des Pittakos in Mitylene: ἐάν τις ὁτιοῦν μεθύων ἁμάρτῃ
διπλασίαν ἢ τῷ νήφοντι τὴν ζημίαν εἶναι. P l u t. sept. sap. conv. p. 155 fg.
A r i s t. Pol. II, 9, 9 p. 1274b, D i o g. L a ë r t. I, 76.

[2]) A t h. VI, 92 p. 267 a: Ἀθηναῖοι δὲ καὶ τῆς τῶν δούλων προνοοῦντες τύχης
ἐνομοθέτησαν καὶ ὑπὲρ δούλων γραφὰς ὕβρεως εἶναι· Ὑπερείδης γοῦν ὁ ῥήτωρ ἐν
τῷ κατὰ Μαντιθέου αἰκίας φησίν· ἔθεσαν οὐ μόνον ὑπὲρ τῶν ἐλευθέρων, ἀλλὰ καὶ
ἐάν τις εἰς δούλου σῶμα ὑβρίσῃ, γραφὰς εἶναι κατὰ τοῦ ὑβρίσαντος· τὰ ὅμοια εἴρηκε
καὶ Λυκοῦργος ἐν τῷ κατὰ Λυκόφρονος πρώτῳ καὶ Δημοσθένης ἐν τῷ κατὰ Μειδίου:
vgl. D e m o s t h. XXI, 48 p. 530, L y s i a s I, 32.

[3]) (X e n o p h.) Resp. Ath. I, 10: οὗ δ' ἕνεκά ἐστι τοῦτο ἐπιχώριον, ἐγὼ φράσω·
εἰ νόμος ἦν τὸν δοῦλον ὑπὸ τοῦ ἐλευθέρου τύπτεσθαι ἢ τὸν μέτοικον ἢ τὸν ἀπελεύθερον, πολλάκις ἂν οἰηθεὶς εἶναι τὸν Ἀθηναῖον δοῦλον ἐπάταξεν ἄν· ἐσθῆταί τε
γὰρ οὐδὲν βέλτιον ὁ δῆμος αὐτόθι ἢ οἱ δοῦλοι καὶ οἱ μέτοικοι καὶ τὰ εἴδη οὐδὲν
βελτίους εἰσίν: vgl. D i o d o r. I, 77, 6.

[4]) A e s c h i n. I, 17 p. 43: οὐ γὰρ ὑπὲρ τῶν οἰκετῶν ἐσπούδασεν ὁ νομοθέτης,
ἀλλὰ βουλόμενος ὑμᾶς ἐθίσαι πολὺ ἀπέχειν τῆς τῶν ἐλευθέρων ὕβρεως προσέγραψε
μηδ' εἰς τοὺς δούλους ὑβρίζειν: vgl. D e m o s t h. XXI, 46 p. 529: οὐ γὰρ ὅστις
ὁ πάσχων ᾤετο δεῖν σκοπεῖν, ἀλλὰ τὸ πρᾶγμα ὁποῖόν τι τὸ γιγνόμενον, ἐπειδὴ δὲ
εὗρεν οὐκ ἐπιτήδειον, μήτε πρὸς δοῦλον μήθ' ὅλως ἐξεῖναι πράττειν ἐπέτρεψεν.

zahlung geschärft wurde [1]), wogegen es ganz unzulässig ist, jene gesetzliche Bestimmung lediglich auf die ὕβρις δι' αἰσχρουργίας oder Angriffe auf die Keuschheit eines Sklaven zu beschränken [2]). Jedenfalls ist ὕβρις im weitesten Sinne des Wortes jeder Übergriff über die eigene Rechtssphäre durch Verletzung fremder Persönlichkeit [3]);

---

[1]) D e m o s t h. XXI, 47 p. 529: ἐὰν δὲ ἀργυρίου τιμηθῇ τῆς ὕβρεως, δεδέσθω, ἐὰν γε ἐλεύθερον ὑβρίσῃ, μέχρι ἂν ἐκτίσῃ. Die Echtheit dieses Gesetzes, auf welche auch die folgende Darstellung grossenteils gegründet ist, gegen W e s t e r - m a n n, de litis instr. etc. p. 22 ff. verteidigt von H e r m a n n, Symb. ad doctr. iur. Att. de iniuriarum actionibus, 1847 p. 18 ff., ist von A. R. M ü c k e, de iniuriarum actione ex iure att. gravissima. Gott. 1872 p. 5 ff. wieder mit unzureichenden Gründen angefochten worden, vgl. Z i n k, adn. ad Demosth. or. in Cononem, Erl. 1883 p. 12. Dagegen ist das Gesetz bei A e s c h i n. I, 16 p. 42 unecht, vgl. H e r m a n n a. a. O. p. 20. Auf vordedachter Tötung eines Sklaven stand wahrscheinlich auch dieselbe Strafe, wie auf der des Freien, nicht bloss nach den „alten Gesetzgebern“ bei L y k. Leocr. 65, sondern auch später vgl. A n t. V, 48 und dieselbe Anschauung vertritt P l a t o, Leg. IX p. 872 c, während Stellen wie Ant. VI, 4 und P l a t o, Leg. IX p. 865 d, die nur von unvorsätzlicher Tötung gelten, nicht mit B ü c h s e n s c h ü t z, Besitz u. Erwerb S. 151 und G ö l l, Charikles III S. 40 verallgemeinert werden dürfen. Über das S c h o l. z. A e s c h. II, 87, aus dem man das Gegenteil schliessen wollte, vgl. P h i l i p p i, Areop. u. Eph. S. 53 und zur Sache überhaupt S. 121 ff. und H e r r l i c h, die Verbrechen gegen das Leben nach attischem Recht 1883 S. 19 ff. Das von L i p s i u s, att. Proz. S. 379 A. 520 (Staatsalt.⁵ 358) dagegen auf D e m o s t h. XXIII, 89 p. 650 gegründete Argument ist wirkungslos, weil die dortige Formel auch B ü r g e r r e c h t s dekreten angehängt wird (C. I. A. II, 115) und sich auf a u s w ä r t s ansässige Wohlthäter Athens beschränkt, wie die Beziehung auf Charidemos in der Aristokratea und das Beispiel des Molosserkönigs Arrybas beweist. Andernfalls erschiene sie auch voraussichtlich häufiger auf den Ehrendekreten. Vgl. L e o p. S c h m i d t, Ethik d. a. Griechen II S. 217.

[2]) Wie M e i e r, att. Proz. S. 321 ff. wollte, ebenso A. R. M ü c k e a. a. O. p. 10 ff. Dagegen H e r m a n n, Staatsalt.⁵ § 114 n. 7, Symb. de iniur. act. p. 22 ff., G ö l l, Charikles III S. 29 ff., T h o n i s s e n, droit pénal de la répubI. Ath. p. 266 ff., L i p s i u s, Phil. Anz. VII, 245: „Von dem hierfür Beigebrachten hat nur die Stelle c. Nicostrat. § 16 Beweiskraft, aber selbst aus ihr ist nicht zu schliessen, dass im Falle der Prügelung eines Sklaven die Klage auf ὕβρις gesetzlich ausgeschlossen, sondern nur, dass sie nicht üblich gewesen sei, und dies kann um so weniger befremden, als wir durch D e m o s t h. LIV, 1 p. 1256 und I s o c r. XX wissen, wie schwer selbst ein geschlagener Bürger sich zur Anstrengung jener Klage entschloss. Vgl. L i p s i u s, att. Proz. S. 392 ff.

[3]) Daher die Gegensätze von ὕβρις und εὐνομίη, O d y s s. XVII, 487, δίκη, H e s i o d. ἔργ. κ. ἡ. 213, σωφροσύνη, X e n o p h. Cyrop. VIII, 4, 14, daher ἀθεότης καὶ ὕβρις καὶ ἀδικία verbunden P l a t o Polit. p. 309 a, vgl. W a c h s - m u t h I S. 343 und L e h r s in Abb. d. deutschen Gesellschaft zu Königs-

und umfasst in dieser Hinsicht selbst wörtliche Beleidigungen [1]), wenn gleich im Sinne des Gesetzes darunter nur thätliche Angriffe zu verstehen sind, die sich dann meistens entweder als πληγαί oder als αἰσχρουργία darstellen [2]); und diese behandelte das griechische, namentlich das attische Recht mit um so unnachsichtlicherer Strenge[3]), als durch die Selbstüberhebung des Einzelnen zugleich auch sein Verhältnis zum Ganzen gestört erschien [4]). Was wörtliche Excesse betrifft, so müssen hier freilich blosse Schmähungen (λοιδορία), die nur zu polizeilicher Ahndung Ursache gaben, von wirklichen Beleidigungen (κακηγορία), die Gegenstand gerichtlicher Klage werden konnten, geschieden [5]) und letztere auf bestimmte Vorwürfe in be-

berg IV S. 163 ff., sowie Nägelsbach, nachhom. Theol. Abschn. 6, 2 S. 321 ff. und Leop. Schmidt, Ethik der alten Griechen I, 253 ff.; insbes. aber Aristot. Rhetor. II, 2, 5 p. 1378 b, 23: καὶ ὁ ὑβρίζων δ' ὀλιγωρεῖ· ἔστι γὰρ ὕβρις τὸ βλάπτειν καὶ λυπεῖν, ἐφ' οἷς αἰσχύνη ἐστὶ τῷ πάσχοντι, μὴ ἵνα τι γένηται αὐτῷ ἄλλο ἢ ὅτι ἐγένετο, ἀλλ' ὅπως ἡσθῇ· οἱ γὰρ ἀντιποιοῦντες οὐχ ὑβρίζουσιν ἀλλὰ τιμωροῦνται· αἴτιον δὲ τῆς ἡδονῆς τοῖς ὑβρίζουσιν, ὅτι οἴονται κακῶς δρῶντες αὐτοὺς ὑπερέχειν μᾶλλον, διὸ οἱ νέοι καὶ οἱ πλούσιοι ὑβρισταί· ὑπερέχειν γὰρ οἴονται ὑβρίζοντες· ὕβρεως δὲ ἀτιμία, ὁ δ' ἀτιμάζων ὀλιγωρεῖ· τὸ γὰρ μηδενὸς ἄξιον οὐδεμίαν ἔχει τιμὴν οὔτ' ἀγαθοῦ οὔτε κακοῦ.

[1]) Argum. Demosth. XXI p. 513: λέγεται γὰρ ὕβρις ἡ δι' αἰσχρουργίας καὶ ἡ διὰ λόγων, λέγεται πάλιν ὕβρις καὶ ἡ διὰ πληγῶν: vgl. Bekk. Anecd. p. 355, 24: ὕβρις δὲ καὶ ἄνευ πληγῶν μετὰ προπηλακισμοῦ καὶ ἐπιβουλῆς (oder ἀπηρείας, wie Etymol. M. p. 774?).

[2]) Das Gesetz (vgl. oben S. 39 A. 1) machte diese Scheidung nicht, wie gegen Westermann, de litis instr. etc. p. 24 und Hermann, de iniur. act. p. 24 A. R. Mücke, a. a. O. p. 8 ff. wollte. Aristot. Polit. V, 9, 17 p. 1315 a, 14 beweist gerade das Gegenteil, vgl. Lipsius, att. Proz. S. 394.

[3]) Demosth. XXI, 47 p. 529: τιμάτω περὶ αὐτοῦ παραχρῆμα, ὅτου ἂν δοκῇ ἄξιος εἶναι παθεῖν ἢ ἀποτῖσαι. Über die Schärfung der Geldstrafe durch Gefängnis vgl. oben S. 38.

[4]) Aeschin. I, 17 p. 43: ὅλως δὲ ἐν τῇ δημοκρατίᾳ τὸν εἰς ὁτιοῦν ὑβριστήν, τοῦτον οὐκ ἐπιτήδειον εἶναι ἡγήσατο, συμπολιτεύεσθαι: vgl. Soph. Oed. Tyr. 875: ὕβρις φυτεύει τύραννον, und Schol. Demosth. Mid. § 1: διὸ δὴ καὶ εἶπεν, ὅτι πάντας ὑβρίζει, τὸ τῶν τυράννων ἴδιον αὐτοῦ κατηγορῶν. Ὑβριστοδίκαι, der Name einer Komödie des Eupolis, wird von den Grammatikern Hesych. Phot. erklärt als οἱ μὴ θέλοντες εἰσάγειν τὰς δίκας und ist schliesslich bei Poll. VIII, 126 in eine Aufzählung der Behörden geraten, vgl. v. Stojentin, de I. Pollucis auctoritate p. 78.

[5]) Vgl. Salmasius Observ. ad ius Att. p. 262 ff., Meier, att. Proz.' S. 629, Hermann, de iniur. action. p. 5 ff., Frohberger, Lysias Bd. II S. 55, Thonissen, droit pénal p. 279 ff., Siegfried, de multa, quae ἐπιβολή dicitur. Berol. 1876, p. 38 ff., Szanto, Wien. Stud. XIII, 159 f. Die von Thonissen a. a. O. p. 282 behauptete grundsätzliche Verschiedenheit der späteren Gesetzgebung über Injurien von der solonischen ist nicht erwiesen.

stimmten Ausdrücken [1]) als ἀνδροφόνος, πατραλοίας, μητραλοίας, ἀπο-
βεβλητκέναι: τὴν ἀσπίδα, beschränkt werden, hinsichtlich deren dann
dem Beklagten auch die Einrede der Wahrheit offen stand [2]); wenn
aber jene nur, wo sie öffentliches Ärgernis gegeben oder amtliches
Ansehen verletzt hatten, mit einer geringen Geldstrafe belegt wurden [3]), so stand auf diesen, wenn sie einen Beamten getroffen hatten,
Atimie [4]), sonst eine Entschädigung von fünfhundert Drachmen [5]),
die, wenn die Ehre eines Toten dabei beteiligt war, sogar verdoppelt
oder wenigstens durch eine ähnliche Busse an den Staat verschärft
werden konnte [6]). Auch bei Realinjurien traf den, welcher sich an

---

[1]) Ἀπόῤῥητα, vgl. Lysias X, 2 und Isocr. XX, 3 p. 396 a: ὥστε καὶ περὶ
τῆς κακηγορίας νόμον ἔθεσαν, ὃς κελεύει τοὺς λέγοντάς τι τῶν ἀποῤῥήτων πεντακοσίας δραχμὰς ὀφείλειν, mit Taylor, lect. Lysiac. p. 340.

[2]) Demosth. XXIII, 50 p. 635: ἂν τις κακῶς ἀγορεύῃ, τὰ ψευθῆ προσ-
έθηκεν (ὁ νόμος) ὡς, εἴ γε τἀληθῆ, προσῆκον: vgl. Lys. X, 30, Dio Chr. XV,
8 p. 447 R: κακηγορίας δίδωσιν ὁ νόμος γράψασθαι τοῦτον, ὃς ἂν βλασφημῇ τινα
οὐκ ἔχων ἀποδεῖξαι περὶ ὧν λέγει σαφὲς οὐδέν. Wenn aber das Gesetz nach
Demosth. LVII, 30 p. 1307 besagte: ἔνοχον εἶναι τῇ κακηγορίᾳ τὸν τὴν ἐργασίαν τὴν ἐν ἀγορᾷ ἢ τῶν πολιτῶν ἢ τῶν πολιτίδων ὀνειδίζοντά τινι, so beruht dies
Verbot auf einem anderen Grundsatze und schloss offenbar die Einrede der
Wahrheit aus.

[3]) Plut. V. Solon c. 21: ζῶντα δὲ κακῶς λέγειν ἐκώλυσε πρὸς ἱεροῖς καὶ
δικαστηρίοις καὶ ἀρχείοις καὶ θεωρίας οὔσης ἀγώνων, ἢ τρεῖς δραχμὰς τῷ ἰδιώτῃ,
δύο δ᾽ ἄλλας ἀποτίνειν εἰς τὸ δημόσιον ἔταξε: vgl. Lysias IX, 6: ἀπαγγεί-
λαντός τινος ὡς ἐγὼ λοιδοροίμι, τοῦ νόμου ἀπαγορεύοντος, ἐάν τις ἀρχὴν ἐν συνεδρίῳ
λοιδορῇ, παρὰ τὸν νόμον ζημιῶσαι ἠξίωσαν. Und wenn auch Siegfried a. a. O.
p. 89 ff. zuzugeben ist, dass der Beamte vor der λοιδορία wahrscheinlich durch
keine andre gesetzliche Bestimmung geschützt war als durch das allgemeine
Verbot derselben an bestimmten Orten, so hatte er doch gewiss andrerseits
das Recht, von seiner Befugnis zu Geldstrafen auch zur Wahrung seiner Au-
torität Gebrauch zu machen.

[4]) Demosth. XXI, 32 p. 524: ἂν μὲν τοίνυν ἰδιώτην ὄντα τινὰ αὐτῶν ὑβρίσῃ
τις ἢ κακῶς εἴπῃ, γραφὴν ὕβρεως καὶ δίκην κακηγορίας ἰδίαν φεύξεται, ἐὰν δὲ
θεσμοθέτην, ἄτιμος ἔσται καθάπαξ . . . καὶ οὐ μόνον περὶ τούτων οὕτω ταῦτ᾽ ἔχει,
ἀλλὰ καὶ περὶ πάντων, οἷς ἂν ἡ πόλις τινὰ δόσιαν ἢ στεφανηφορίαν ἢ τινα τιμὴν δῷ.
Aristot. Problem. XXIX, 14 p. 952 b, 28: ἐὰν μέν τις ἄρχοντα κακῶς εἴπῃ,
μεγάλα τὰ ἐπιτίμα, ἐὰν δέ τις ἰδιώτην, οὐθέν.

[5]) Wem diese Strafe von 500 Dr. zufiel, ist nirgends gesagt. Hermann
nahm mit Meier, att. Proz. S. 482 an, dass sie dem Beleidigten gezahlt
wurde, während Frohberger a. a. O. S. 56 meint, sie sei wie die 5 Dr.
der λοιδορία zwischen Fiskus und Privatmann geteilt worden.

[6]) Plut. V. Solon. c. 21: ἐπαινεῖται δὲ τοῦ Σόλωνος καὶ ὁ κωλύων νόμος τὸν
τεθνηκότα κακῶς ἀγορεύειν: vgl. Demosth. XX, 104 p. 488; XL, 49 p. 1022
und Lex. rhetor. Cantabr. p. 671: ἐάν τις κακῶς εἴπῃ τινὰ τῶν κατοιχομέ-
νων, κἂν ὑπὸ τῶν ἐκείνου παίδων ἀκούσῃ κακῶς, πεντακοσίας καταδικασθεὶς ὤφλε

einem Beamten vergriff, schlechthin Atimie [1]), und wenn es auch in
sonstigen Fällen von dem Beleidigten abhing, ob er im Privatwege
mittelst der δίκη αἰκίας auf Schmerzensgeld klagen [2]) oder durch die
γραφὴ ὕβρεως auf öffentliche Bestrafung des Beleidigers dringen
wollte [3]), so kam doch die letztere Befugnis auch jedem Dritten
zu [4]), und die Strafe konnte nach dem Antrage des Klägers durch
richterliches Ermessen bis zum Tode gesteigert werden [5]).   Nur bei
Verletzungen weiblicher Ehre fiel es dem Altertume auf [6]), dass
offene Gewalt d. h. Entführung und Vergewaltigung mit einer Geldbusse abkommen sollte, während Verführung, wenigstens wo sie zugleich das Heiligtum des Hauses verletzte, den Thäter der unmittelbaren Rache des Beteiligten preisgab.   Doch trifft der Wortlaut des

τῷ δημοσίῳ, τριάκοντα δὲ τῷ ἰδιώτῃ· Ὑπερείδης δὲ ἐν τῷ κατὰ Δωροθέου χιλίας
μὲν ζημιοῦσθαι (ἐάν) τοὺς κατοιχομένους φησί, πεντακοσίας δ' (ἐάν) τοὺς ζῶντας.

[1]) D e m o s t h. XXI, 33 p. 524: καὶ πάλιν γε τὸν ἄρχοντα, ταὐτὸ τοῦτο, ἐὰν
μέν ἐστεφανωμένον πατάξῃς ἢ κακῶς εἴπῃς, ἄτιμος.

[2]) H a r p o c r. s. v.; αἰκίας εἶδος δίκης ἐστὶν ἰδιωτικῆς ἐπὶ πληγαῖς λαγχα-
νομένης, ἧς ... ὁ μὲν κατήγορος τίμημα ἐπιγράφεται, ὁπόσου δοκεῖ ἄξιον εἶναι τὸ
ἀδίκημα, οἱ δὲ δικασταί, ἐπικρίνουσι: vgl. S a l m a s. Obs. p. 224 f. und M e i e r-L.,
Proz. S. 646 f.   Bei H e r o n d a s II, 40 f. finden sich Anführungen aus dem
νόμος αἰκίας des Charondas (Kos), welche jedoch spöttisch verdreht sind.

[3]) D e m o s t h. XXI, 28 p. 523: ὅτι καὶ δίκας ἰδίας δίδωσιν ὁ νόμος ἐμοὶ καὶ
γραφὴν ὕβρεως ... εἰ δ' ἐγὼ τὴν ἐπὶ τῶν ἰδίων εἰκῶν πλεονεξίαν ἀφεὶς τῇ πόλει
παραχωρῶ τῆς τιμωρίας ... χάριν οὐ βλάβην δήπου τοῦτ' ἂν εἰκότως ἐνέγκοι μοι παρ'
ὑμῶν: vgl. D e m o s t h. LIV, 1 p. 1256 und P o l l. VIII, 42: τῆς μὲν ὕβρεως τὸ τίμημα οὐκ ἦν τοῦ παθόντος, ἀλλὰ δημόσιον. In diesem Falle teilte aber der Privat-
kläger die Gefahren des öffentlichen Anklägers: Gesetz bei D e m o s t h. XXI, 47
p. 529: ὅσοι δ' ἂν γράφωνται γραφάς ἰδίας κατὰ τὸν νόμον, ἐάν τις μὴ ἐπεξέλθῃ ἢ ἐπε-
ξιὼν μὴ μεταλάβῃ τὸ πέμπτον μέρος τῶν ψήφων, ἀποτισάτω χιλίας δραχμὰς τῷ δημοσίῳ.

[4]) P l u t. V. Solon. c. 18: ἔτι μέντοι μᾶλλον οἰόμενος δεῖν ἀπαρκεῖν τῇ τῶν
πολλῶν ἀσθενείᾳ παντὶ λαβεῖν δίκην ὑπὲρ τοῦ κακῶς πεπονθότος ἔδωκε· καὶ γὰρ
πληγέντος ἑτέρου καὶ βλαβέντος καὶ βιασθέντος ἐξῆν τῷ δυναμένῳ καὶ βουλομένῳ
γράφεσθαι τὸν ἀδικοῦντα καὶ διώκειν: vgl. I s o c r. XX, 2 p. 396: περὶ δὲ τῆς
ὕβρεως, ὡς κοινοῦ τοῦ πράγματος ὄντος, ἔξεστι τῷ βουλομένῳ τῶν πολιτῶν γραφα-
μένῳ πρὸς τοὺς θεσμοθέτας εἰσελθεῖν εἰς ὑμᾶς.

[5]) L y s i a s bei Etymol. M. p. 774, fr. 44 Sch.: καίτοι τίς οὐκ οἶδεν ὑμῶν,
ὅτι ἡ μὲν αἰκία χρημάτων ἐστὶ μόνον τιμῆσαι, τοὺς δὲ ὑβρίζειν δόξαντας ἔξεστιν ὑμῖν
θανάτῳ ζημιοῦν, vgl. D e m o s t h. XXI, 49 p. 530; LIV, 23 p. 1264.

[6]) P l u t. V. Solon. c. 23: ὅλως δὲ πλείστην ἔχειν ἀτοπίαν οἱ περὶ τῶν γυναικῶν νόμοι τῷ Σόλωνι δοκοῦσι· μοιχὸν μὲν γὰρ ἀνελεῖν τῷ λαβόντι ἔδωκεν, ἐὰν
δ' ἁρπάσῃ τις ἐλευθέραν γυναῖκα καὶ βιάσηται, ζημίαν ἑκατὸν δραχμὰς ἔταξε, κἂν
προαγωγεύῃ, δραχμὰς εἴκοσι, πλὴν ὅσαι πεφασμένως πωλοῦνται, λέγων δὴ τὰς ἑταί-
ρας κ. τ. λ. (vgl. F r o h b e r g e r zu L y s. X, 19 gegen Privatalt. S. 255, 4)
und die Begründung des Gesetzes bei Lys. I, 33; dazu auch die spartanische
Sitte des Raubes der Braut Privataltert. S. 272, 8 mit D i o n. H a l. II, 30.

Gesetzes [1]) ganz ebenso die Vergewaltigung, und es ist wahrscheinlich, dass auch im letzteren Falle gegen den bei der That Betroffenen [2]) die Rache bis auf den Tod erlaubt gewesen sei, wie andrerseits gegen den μοιχός bei gerichtlicher Behandlung der Angelegen-
heit das Tötungsrecht erlosch [3]). Ausserdem erlaubte das Gesetz
auch, für jene als ὕβρις durch öffentliche Klage eine schwerere Bestrafung zu erwirken [4]), und die Geldbusse des Vergewaltigers, die
ohnehin auch für ähnliche Angriffe auf das männliche Geschlecht
vorkommt [5]), bezog sich auch hier wohl auf den Privatweg der δίκη
βιαίων, wo sie dann selbst nur den allgemeinen Rechtsgrundsatz bestätigt, der jede Gewalt, auch gegen fremdes Eigentum, zugleich
als öffentliches Vergehen bestrafte [6]). Das Recht von Gortyna

---

[1]) Demosth. XXIII, 53 p. 637: Ἐάν τις ἀποκτείνῃ ... ἢ ἐπὶ δάμαρτι ἢ
ἐπὶ μητρὶ ἢ ἐπὶ ἀδελφῇ ἢ ἐπὶ θυγατρί, ἢ ἐπὶ παλλακῇ, ἣν ἂν ἐπ' ἐλευθέροις παισὶν
ἔχῃ, τούτων ἕνεκα μὴ φεύγειν κτείναντα, im wesentlichen durch § 55 und Lys.
I, 30 bestätigt.

[2]) Vgl. Luk. Eunuch. 10, Plat. Leg. IX p. 874c, Hermann, de iniur.
act. p. 28, Francken, Comment. Lysiacae 1865 p. 28.

[3]) (Demosth.) LIX, 66 p. 1367 gegen Thonissen, droit pénal
p. 315, während Lysias XIII, 66: καὶ ἐλήφθη μοιχός· καὶ τούτου θάνατός
ἐστιν ἡ ζημία mit Meier, att. Proz. S. 330 auf die augenblickliche Privat-
rache zu beziehen ist, was auch durch Hyp. Lyk. 16 nicht widerlegt erscheint
(gegen Frohberger Lysias II, S. 106). Die dortige ungeheure Strafe
kommt wohl auf Rechnung des ungehörigen (vgl. a. a. O. 10) Eisangelieverf-
fahrens. Vgl. auch Herrlich, Verbrechen gegen das Leben, S. 18 ff.,
O. Hirt, Comm. Lys. cap. II. Berol. 1881 p. 34 ff. Es galt übrigens nicht
in Athen allein Xen. Hier. 3, 3 und Genaueres bei Leop. Schmidt, Ethik
d. alten Griechen II, 193.

[4]) Gesetz bei Demosth. XXI, 47 p. 529: ἐάν τις ὑβρίσῃ εἴς τινα, ἢ παῖδα
ἢ γυναῖκα ἢ ἄνδρα κτλ.

[5]) Lysias de caede Eratosth. § 32: ὅτι κελεύει, ἐάν τις ἄνθρωπον ἐλεύθερον ἢ παῖδα αἰσχύνῃ βίᾳ, διπλῆν τὴν βλάβην ὀφείλειν, ἐάν δὲ γυναῖκα, ἐφ' αἶσπερ
ἀποκτείνειν ἔξεστιν, ἐν τοῖς αὐτοῖς ἐνέχεσθαι. Zur Erklärung der Stelle und über
ihr Verhältnis zu der S. 42 A. 6 citierten Plutarchstelle vgl. Hermann,
de iniur. act. p. 25 ff. und Frohberger Lysias II S. 127 u. 181. Doch
scheint auch dieser Versuch, beide Stellen zu vereinen, misslungen und die
Annahme einer Änderung der Gesetzgebung mit van Stegeren, de cond.
civili fem. Ath. p. 141;. Francken, Comm. Lys. p. 29; Thonissen,
droit pénal. p. 322 ff. das natürlichste. So auch Lipsius, att. Proz. S. 222,
O. Hirt, a. a. O. p. 37.

[6]) Demosth. XXI, 42 p. 528: καὶ θεωρεῖθ' ὅσῳ μείζονος ὀργῆς καὶ ζημίας
ἀξιοῦσι τοὺς ἑκουσίως καὶ δι' ὕβριν πλημμελοῦντας ... ἂν μὲν ἑκὼν βλάψῃ, διπλοῦν,
ἂν δ' ἄκων, ἁπλοῦν τὸ βλάβος καλεύουσιν ἐκτίνειν ... ἂν δὲ μικροῦ πάνυ τιμήματος
ἄξιόν τις λάβῃ, βίᾳ δὲ τοῦτο ἀφέληται, τὸ ἴσον τῷ δημοσίῳ προστιμᾶν ... ὅτι πάνθ'
ὅσα τις βιαζόμενος πράττει, κοινὰ ἀδικήματα καὶ κατὰ τῶν ἔξω τοῦ πράγματος ὄντων

bedrohte die Vergewaltigung [1]) an beiden Geschlechtern mit Geldstrafen, welche bei einer freien Person 100 Stateren betrugen und
je nach der Rechtsstellung des leidenden Teiles niedriger wurden [2]).
Auch der Versuch [3]) einer Freien gegenüber war strafbar. Genau
die gleichen Strafen trafen den im Hause [4]) ihres Pflegers bei der
That gefassten Verführer [5]) eines Weibes mit der Verschärfung,
dass dieser in der Gewalt ihres κύριος verblieb, und wenn die gesetzliche Strafe nicht binnen fünf Tagen von seinen Verwandten [6])
erlegt wurde, demselben auf Gnade und Ungnade anheimgegeben
war. Den Einwand der Belistung hatte der Pfleger im Verein mit
Eideshelfern durch besonders feierliche Eide abzuwehren [7]). Ob den
μοιχός, wie anderwärts berichtet wird, daneben [8]) noch Verlust der
bürgerlichen Ehre traf, muss dahingestellt bleiben; dasselbe wird
aus Lepreon (Elis) erzählt [9]), während Zaleukos den Ehebrecher
gar mit Verlust des Augenlichtes bedroht haben soll [10]).

ἡγεῖτο ὁ νομοθέτης: vgl. H e r a l d. Anim. p. 334—356 und M e i e r, Proz.
S. 476 f., 544 f. Allerdings macht der S c h o l. P l a t. Respubl. V p. 465 oder
das L e x. R h e t o r. Cantabr. p. 665 wieder zwischen βιαίων und βίας δίκη
einen Unterschied, bemerkt aber dabei zugleich, dass derselbe für das prak-
tische Recht ganz irrelevant sei.

[1]) B ü c h. u. Z i t. 100 f.

[2]) II, 2 f. War der Thäter ein Sklave, so wurde die Strafe verdoppelt.

[3]) So sind doch wohl trotz Z i t. S. 107 die Worte II, 16: αἰ κα τὰν ἐλευθέραν ἐπιφέρηται οἰφεν ἀκεύοντος καθεστᾶ zu verstehen: „wenn er sich daran
macht die Freie zu missbrauchen dem Pfleger zu Leide“. Die Strafe aber
ist abhängig von dem Vorhandensein eines Zeugen. Diese letzte Bestimmung
allein genügt zur Verwerfung der Deutung auf Verführung.

[4]) Wurde er mit einer Freien anderswo betroffen, so betrug die Strafe
nur 50 Stateren, die sonstigen Folgen blieben die gleichen, II, 24.

[5]) μοιχίων nicht in dem engeren Sinne des Ehebrechers, wie mir gegen
Z i t e l m a n n S. 101² Z. 21 zu beweisen scheint: ἐν πατρὸς ἢ ἐν ἀδελφῷ ἢ ἐν
τῷ ἀνδρός. Wäre hier nur an die verheiratete Frau gedacht, so müsste notwendig der Mann zuerst genannt sein.

[6]) An diese musste vor Zeugen eine bezügliche Aufforderung ergehen, II, 28.

[7]) II, 36. Und dass auch in Athen mit dem Gesetze Missbrauch getrieben
wurde, beweist (D e m o s t h.) LIX, 65 f. p. 1367, wogegen die Klage ἀδίκως
εἱρχθῆναι ὡς μοιχόν gerichtet war.

[8]) So Z i t e l m a n n S. 44 nach A e l i a n V.H. XII, 12: μοιχὸς ἐν Γορ-
τύνῃ ἁλοὺς ἐπὶ τὰς ἀρχὰς ἤγετο, εἶτα ἐλεγχθεὶς ἐστεφανοῦτο ἐρίῳ. Der Schluss-
satz καὶ ἐπιπράσκετο δημοσίᾳ καὶ ἀτιμότατος ἦν καὶ οὐδενὸς οἱ μετῆν τῶν κοινῶν
ist jedenfalls sehr verdächtig, denn der Verkauf machte das Weitere überflüssig, passt auch nicht recht zu der öffentlichen Beschimpfung.

[9]) H e r a k l. Pont. 14.

[10]) A e l i a n. V.H. XIII, 24.

§ 7. [§ 62.]
Vergehen gegen Personen und Eigentum.

Von diesen Vergehen, die als Missbrauch der Freiheit und Mangel an Herrschaft über sich selbst betrachtet wurden, schied übrigens das griechische Recht aufs schärfste diejenigen, welche aus gemeiner Habsucht und Verworfenheit entsprungen unter dem Namen κακουργία zusammengefasst [1]) und demgemäss nicht nur mit den härtesten Kapitalstrafen bedroht, sondern auch, wenn der Verbrecher geständig war. ohne langes richterliches Verfahren der vollziehenden Behörde zu behandeln überlassen wurden [2]). Charakteristisch ist für sie im Gegensatze zu der offenen Gewalt der ὕβρις die Heimlichkeit, mit der sie grösstenteils ihr Werk im Dunkel der Nacht oder sonst im Verborgenen betreiben [3]), eben dadurch aber ihr Unrecht gleichsam selbst eingestehen, und folglich nur ans Licht gezogen zu werden brauchen, um sofort Gegenstand der Strafe zu werden, die in der Regel bereits gesetzlich bestimmt war [4]). Namentlich gehört dahin der Diebstahl in allen seinen Formen, der um seiner unlauteren Quelle willen nach Umständen selbst härter als offene Gewalt bestraft werden zu müssen schien [5]); und wenn

---

[1]) A r i s t o t. Politic. IV, 9, 4 p. 1295 b: γίγνονται γὰρ οἱ μὲν ὑβρισταὶ καὶ μεγαλοπόνηροι μᾶλλον, οἱ δὲ κακοῦργοι καὶ μικροπόνηροι λίαν· τῶν δ᾽ ἀδικημάτων τὰ μὲν γίγνεται δι᾽ ὕβριν, τὰ δὲ διὰ κακουργίαν: vgl. R h e t o r. II, 16 p. 1391 a, 18: καὶ ἀδικήματα ἀδικοῦσιν οὐ κακουργικά, ἀλλὰ τὰ μὲν ὑβριστικά, τὰ δὲ ἀκρατευτικά, οἷον εἰς αἰκίαν καὶ μοιχίαν: auch P l a t. Respubl. IV p. 422 a, VIII p. 552 d, mit H e r a l d. Anim. p. 261 f. und L e l y v e l d, de infamia p. 64 sowie T é l f y, C. I. A. n. 1147—1156 mit Komment. p. 569 ff.

[2]) Vgl. unten S. 48 A. 1 und die athenischen Elfmänner bei A r i s t. resp. Ath. 52: ἐπιμελησομένους τῶν ἐν τῷ δεσμωτηρίῳ καὶ τοὺς ἀπαγομένους κλέπτας καὶ τοὺς ἀνδραποδιστὰς καὶ τοὺς λωποδύτας, ἂν μὲν [ὁμολογ]ῶσι, θανάτῳ ζημιώσοντας, ἂν δ᾽ ἀμφισβητῶσιν, εἰσάξοντας εἰς τὸ δικαστήριον, κἂν μὲν ἀποφύγωσιν, ἀφήσοντας, εἰ δὲ μή, τότε θανατώσοντας mit M e i e r, bon. damnat. p. 42 oder att. Proz.² S. 83 f., 274 f., 451 f. und was sonst Staatsalt. § 97 u. 99 hierher Gehöriges angeführt ist, sowie P e r r o t, Droit public. p. 273 ff., T é l f y, C. I. A. n. 596—598, 625—626, 1062.

[3]) Daher (D e m o s t h.) LVIII, 65 p. 1343: καὶ τοὺς μὲν ἄλλους, ὅσοι κακουργοῦντες βλάπτουσί τι τοὺς ἐντυγχάνοντας, τοὺς μὲν τῶν οἴκοι φυλακὴν καταστήσαντας σώζειν ἔστι, τοὺς δ᾽ ἔνδον μένοντας τῆς νυκτὸς μηδὲν παθεῖν κ. τ. λ.

[4]) D e m o s t h. XXIV, 113 p. 736: τῷ δ᾽ ἁλόντι ὧν αἱ ἀπαγωγαί εἰσιν, οὐκ ἐγγυητὰς καταστήσαντι ἔκτισιν εἶναι τῶν κλεμμάτων, ἀλλὰ θάνατον τὴν ζημίαν: vgl. X e n o p h. M. Socr. I, 2, 62 und für Lacedaemon T h u c. I, 134: ἐς τὸν Καιάδαν, οὗπερ τοὺς κακούργους, ἐμβάλλειν.

[5]) A r i s t o t. Probl. XXIX, 16 p. 953 a, 3: διὰ τί ἐπὶ μὲν κλοπῇ θάνατος

gleich auch hier in den meisten Fällen dem Beteiligten die Wahl
zwischen dem Privatwege und öffentlicher Verfolgung freigelassen
war [1]), so blieben doch noch zahlreiche Besonderheiten übrig, die
vorzugsweise die öffentliche Ahndung herauszufordern schienen [2]);
Einbruch [3]), Plünderung von Tempeln [4]) und Gräbern [5]), Entwen-

ἢ ζημία, ἐπὶ δὲ ὕβρει, μείζονι οὔσῃ ἀδικίᾳ, τίμησις τί χρὴ παθεῖν ἢ ἀποτῖσαι; ἢ
διότι τὸ μὲν ὑβρίζειν ἀνθρώπινόν ἐστι πάθος καὶ πάντες πλέον ἢ ἔλαττον αὐτοῦ μετ-
έχουσι, τὸ δὲ κλέπτειν οὐ τῶν ἀναγκαίων; καὶ ὅτι ὁ κλέπτειν ἐπιχειρῶν καὶ ὑβρίζειν ἂν προέλοιτο: vgl. X e n o p h. Oecon. 14, 5.

[1]) D e m o s t h. XXII, 26 p. 601: ἐὰν πολλὰς ὁδοὺς ἐφ᾽ διὰ τῶν νόμων ἐπὶ
τοὺς ἠδικηκότας· οἷον τῆς κλοπῆς· ἔρρωσαι καὶ σαυτῷ πιστεύεις; ἄπαγε, ἐν χιλίαις
δ᾽ ὁ κίνδυνος· ἀσθενέστερος εἶ; τοῖς ἄρχουσιν ἐφηγοῦ, τοῦτο ποιήσουσιν ἐκεῖνοι·
φοβεῖ καὶ τοῦτο; γράφου· καταμέμφῃ σαυτὸν καὶ πένης ὢν οὐκ ἂν ἔχοις χιλίας ἐκ-
τῖσαι; δικάζου κλοπῆς πρὸς διαιτητὴν καὶ οὐ κινδυνεύσεις.

[2]) P l a t. Respubl. I p. 344 b: καὶ γὰρ ἱερόσυλοι καὶ ἀνδραποδισταὶ καὶ τοιχωρύχοι καὶ ἀποστερηταὶ καὶ κλέπται οἱ κατὰ μέρη ἀδικοῦντες τῶν τοιούτων κακουρ-
γημάτων καλοῦνται: vgl. IX p. 575 b, X e n. Mem. Socr. I, 2, 62, Apol. 25,
P o l l. VI, 150 und P l a t n e r, Process II S. 167 f. Übrigens zählte nach
der wahrscheinlichen Vermutung von L i p s i u s, att. Proz. S. 86 der νόμος
τῶν κακούργων die Kategorien der κλέπται, λωποδύται, ἀνδραποδισταί, τοιχωρύχοι
und βαλλαντιοτόμοι namentlich auf und wurde allmählich verallgemeinert, vgl.
A n t. V, 9 f. L y s. X, 10. C o r p. I n s c r. A t t. II, 476 Z. 60 vgl. M e u s s,
de ἀπογραφῆς actione apud Ath. Vrat. 1884 p. 4 f., wo auch die Stellen zu
den folgenden Verbrechen gesammelt sind.

[3]) Τοιχωρυχεῖν, A r i s t o p h. Plut. 165, A t h. VI, 12 p. 228 a u. s. w.

[4]) Ἱεροσυλεῖν, Gottesd. Alt. § 10, freilich ein weiter und schwankender
Begriff, S y r i a n. ad Hermog. T. IV p. 497 Walz: οἷον ὁ φεύγων ἱεροσυλίας
γραφὴν ἐρεῖ, ὡς ἱερόσυλός ἐστιν ὁ φιάλας ἐξ ἱερῶν ἀφαιρούμενος, ὁ στεφάνους, ὁ
θυμιατήρια, καὶ ὅσα τοιαῦτα εἰδικῶς ὀνομάζων, ὁ δὲ διώκων ἐρεῖ, ὡς ἱερόσυλός
ἐστιν ὁ λάθρα παριὼν εἰς ἱερά, ὁ γνώμῃ κακούργῳ χραίνων τὸν νεών, ὁ λαμβάνων
ἐξ ἱερῶν ἅπερ οὐκ ἀπέθετο, ὁ τῆς πίστεως τὸ θεῖον ἀποστερῶν. Der ἱερόσυλος gehörte ursprünglich nicht zu den κακοῦργοι A n t. V, 10, sondern wurde in
einem besonderen Gesetz mit dem προδότης zusammengestellt X e n. Hell. I,
7, 22, später jedoch wurde er allgemein zu den κακοῦργοι gerechnet: P l a t o,
Leg. IX p. 845 d, Resp. VIII p. 552 d, Argum. (D e m o s t h.) Aristog. I p. 767,
X e n. Apol. 25. Mem. I, 2, 62. Auf Mord und Diebstahl im Tempel wird
auch eine Inschrift von M a n t i n e a (V. Jahrb.) gedeutet von H o m o l l e,
Bull. corr. hell. 1892, 580 f.

[5]) Τυμβωρυχεῖν, s. S e x t. E m p. adv. Math. VII, 45 p. 379, C h a r i t.
A p h r o d. I, 9. Der Friede der Gräber war durch Solon gesetzlich geschützt
C i c. de leg. II, 26, 64. Aus später Zeit wird eine Klage τυμβωρυχίας in-
schriftlich bezeugt aus I a s o s C o r p. I n s c r. G r. 2688, S m y r n a ib. 3266,
M i l e t L e b a s - W a d d. A s. min. 220, K y z i k o s C o r p. I n s c r. G r. 3692
u. a. Schon im III. Jahrb. finden sich in L y k i e n Inschriften, welche die
Störung des Grabfriedens mit Geldbussen bedrohen, von denen der Ankläger
in der Regel die Hälfte bekommen soll. Die ältesten sind C o r p. I n s c r.

dung aus Bädern und sonstigen öffentlichen Orten [1]), Falschmünze-
rei [2]), Menschenraub, selbst gegen Sklaven [3]), Wegelagerung [4]) und
nächtlicher Überfall auf der Strasse [5]), Taschendieberei [6]) und ähn-

Gr. 4259, 4300 v S. 1134, 4303 e S. 1193, 4293. Aus später Zeit sind solche
Inschriften sehr häufig im westlichen Kleinasien, auch in Thrakien vgl. Hirsch-
feld, über griech. Grabinschriften in Königsb. Studien 1887 S. 83 f. Treu-
ber, Beitr. z. Gesch. der Lykier II. Progr. Tübingen 1888. Merkel, über
die sogenannten Sepulkralmulten in Gött. Festgaben f. Jhering 1892.

[1]) Aristot. Problem. XXIX, 14 p. 952 a, 17: διὰ τί ποτε, ἐὰν μέν τις ἐκ
βαλανείου κλέψῃ ἢ ἐκ παλαίστρας ἢ ἐξ ἀγορᾶς ἢ τῶν τοιούτων τινός, θανάτῳ ζη-
μιοῦται, ἐὰν δέ τις ἐξ οἰκίας, διπλοῦν τῆς ἀξίας τοῦ κλέμματος ἀποτίνει; vgl. Demosth. XXIV, 114 p. 736: καὶ εἴ τίς γ' ἐκ Λυκείου ἢ ἐξ Ἀκαδημίας ἢ ἐκ
Κυνοσάργους ἱμάτιον ἢ ληκύθιον ἢ ἄλλο τι φαυλότατον ἢ τῶν σκευῶν τι τῶν ἐκ
τῶν γυμνασίων ὑφέλοιτο ἢ ἐκ τῶν λιμένων ὑπὲρ δέκα δραχμάς, καὶ τούτοις θάνατον
ἐνομοθέτησαν εἶναι τὴν ζημίαν mit der Note von Taylor und Diog. L. VI,
52: ἰδὼν μειρακύλλιον ἱματιοκλέπτειν ἐν τῷ βαλανείῳ: auch Plaut. Rud. II, 3,
52 und Poll. X, 177.

[2]) für Athen Demosth. XX, 167 p. 508; für andere Staaten XXIV,
212 p. 765 und Urkunde aus Dyme (Achaia) bei Sallet, numism. Zeitschr.
IX, 235, Gilbert, Staatsalt. II, 356. Dahin gehört auch Fälschung der
attischen Normalmasse Corp. Inscr. Att. II, 476 Z. 56 f. (I. Jahrh.).

[3]) Schol. Ar. Plut. 521: ἀνδραποδιστὴς οὐ μόνον ὁ τοὺς ἐλευθέρους δι'
ἀπάτης ἀπάγων εἰς δουλείαν, ἀλλὰ καὶ ὁ τοὺς δούλους ἀπὸ τῶν δεσποτῶν ἀποσπῶν
εἰς ἑαυτὸν ἐπὶ τῷ ἀπαγαγεῖν ἀλλαχοῦ καὶ διαπωλῆσαι, Bekk. Anecd. p. 219,
vgl. Lykurg. bei Harpocr. s. v. ἀνδραποδιστής: θαυμάζω δ' ἐγὼ εἰ τοὺς ἀνδραποδιστὰς τῶν οἰκετῶν ἡμᾶς ἀποστεροῦντας μόνον θανάτῳ ζημιοῦμεν, und im allg.
Isocr. XV, 90 p. 63 a, Demosth. IV, 47 p. 53, Hyper. Athenog. col. V,
23, Ar. Plut. 518 ff., Meier-Lips., att. Proz. S. 275.

[4]) Λῃστεία, mit dem vorhergehenden verbunden bei Plat. Leg. VII,
p. 823 e: μηδ' αὖ ἄγρας ἀνθρώπων κατὰ θάλατταν λῃστείας τε ἱμερος ἐπελθὼν
ὑμῖν θηρευτὰς ὠμοὺς καὶ ἀνόμους ἀποτελοῖ: vgl. VIII p. 831 e und über See-
räuber insbes. Lucian. Navig. c. 14: ἄπαγε πρὸς τὸν στρατηγὸν ὥς τινα πει-
ρατὴν ἢ καταποντιστήν, Corp. Inscr. Att. II, 141 mit den Ergänzungen
von Nikitsky Mitth. d. deutsch. Inst. X (1885) S. 57. Corp. Inscr.
Gr. 2263 c (S. I. Gr. 193). Seeraub der Ätoler im Ägeischen Meer im III. Jahrh.
Martha, Bull. corr. hell. IX (1885) p. 498 und im allg. Büchsenschütz,
Besitz und Erwerb S. 519 ff., Stein, über Piraterie im Altertume Pr. Cöthen
1891 S. 24 f.

[5]) Demosth. LIV, 37 p. 1268: τοίχους τοίνυν διορύττοντες καὶ παίοντες
τοὺς ἀπαντῶντας, insbes. um Mäntel zu rauben, λωποδυτεῖν, Aristoph. Av.
496, Thesmoph. 817, vgl. Ath. VI, 12 p. 228 a: ἢ λωποδυτεῖν τὰς νύκτας ἢ τοιχωρυχεῖν, auch Alexis bei Ath. l. c.: τῆς νυκτὸς οὗτος τοὺς ἀπαντῶντας ποιεῖ
γυμνοὺς ἅπαντας und Plat. Leg. IX p. 874 c mit d. Erkl. zu Hesych. II
p. 515, wo es freilich mehr auf die obigen Bäderdiebe (s. o. A. 1) bezogen
ist; über die Strafe aber Lysias XIII, 68: Φαινιππίδης ἐνθάδε λωποδύτην ἀπ-
ήγαγε, καὶ ὑμεῖς κρίναντες αὐτὸν ἐν τῷ δικαστηρίῳ καὶ καταγνόντες αὐτοῦ θάνατον
ἀποτυμπανίσαι παρέδοτε.

liche Angriffe auf Personen und Eigentum, die ihrer Natur nach gemeiniglich auf frischer That [1]) entdeckt und der gesetzlichen Strafe unterzogen zu werden pflegten. Auch betrügerische Gaukelei scheint zu dieser Klasse von Vergehen gerechnet worden zu sein [2]); während dagegen Giftmischerei [3]) und Brandstiftung [4]) wieder unter eine dritte fallen [5]), deren Grund zunächst in Hass oder Zorn gesucht worden zu sein scheint, und die deshalb insbesondere auch alle Arten von Mord oder Totschlag [6]) und Verwundungen in tödlicher Ab-

---

[*]) Βαλαντιοτομεῖν, S e x t. E m p. adv. Math. II, 12; vgl. A r i s t o p h. Ran. 772; P l a t. G o r g. p. 508 e, mit A s t, p. 388 und mehr bei L o b e c k ad Phrynich. p. 226 u. 657.

[1]) A e s c h i n. I, 91 p. 113: οἱ μὲν ἐπ᾽ αὐτοφώρῳ ἁλόντες, ἐάν μὲν ὁμολογῶσι παραχρῆμα θανάτῳ ζημιοῦνται: vgl. D e m o s t h. XLIV, 81 p. 1126 und XXIV, 65 p. 721: τῶν περὶ τἄλλα κακούργων τοὺς ὁμολογοῦντας ἄνευ κρίσεως κολάζειν οἱ νόμοι κελεύουσιν.

[2]) P l a t. Meno p. 80 b: εἰ γὰρ ξένος ἐν ἄλλῃ πόλει τοιαῦτα ποιοῖς, τάχ᾽ ἂν ὡς γόης ἀπαχθείης: vgl. A e s c h i n. III, 207 p. 597 und Gottesd. Alt. § 42, M e i e r, att. Proz. S. 233, L i p s i u s S. 87. Dieselbe konnte freilich nach Umständen auch als Religionsverbrechen behandelt werden, wie die Quacksalberei der Theoris bei (D e m o s t h.) XXV, 79 p. 793; vgl. H a r p o c r. s. v. Θεωρίς und L o b e c k Agl. p. 665 f.

[3]) Φαρμακεία, allerdings doppelsinnig, P l a t. Leg. XI, p. 932 e: διτταὶ γὰρ δὴ φαρμακεῖαι κατὰ τὸ τῶν ἀνθρώπων οὖσαι γένος ἐπίσχουσι τὴν διάρρησιν· ἢν μὲν γὰρ τὰ νῦν διερρήθην εἴπομεν, σώμασι σώματα κακουργοῦσά ἐστι κατὰ φύσιν, ἄλλη δὲ ἢ μαγγανείαις τέ τισι καὶ ἐπῳδαῖς καὶ καταδέσεσι πείθει κ. τ. λ., aber ebendeshalb hier nicht mit Fällen der vorigen Note zu verwechseln; Gesetz bei D e m o s t h. XXIII, 22 p. 627: καὶ φαρμάκων, ἐάν τις ἀποκτείνῃ δούς. Bedingungen sind: tödlicher Erfolg, eigenhändige Ausführung (sonst lag nur βούλευσις vor, wie in dem Fall A n t i p h o n gegen die Stiefmutter vgl. P h ilippi, Ar. u. Epheten S. 51, anders P a s s o w, de crimine βουλεύσεως p. 82), tödliche Absicht πρόνοια, wie denn A r i s t o t. Magn. Mor. I, 16 p. 1188, 31 von einer Frau berichtet, die wegen mangelnder πρόνοια vom Areopag freigesprochen sei. Von dem Nachweis des ursächlichen Zusammenhanges findet sich keine Spur, vgl. H e r r l i c h, die Verbrechen gegen das Leben nach attischem Recht, 1883 S. 9, siehe auch L i p s i u s, att. Proz. S. 382.

[4]) Πυρκαϊά. Sie verdankt ihre Stelle unter den φονικά D e m o s t h. XXIII, 22 p. 627 doch wohl mehr dem Umstande, dass sie immer Menschenleben gefährdet, als einer baupolizeilichen Befugnis des Areopags, wie H e f f t e r, ath. Gerichtsverf. S. 180, P h i l i p p i, Ar. u. Eph. S. 161 wollen.

[5]) Wenigstens verbindet diese das attische Gesetz in der Gerichtsbarkeit des Areopags, D e m o s t h. XXIII, 24 p. 628: γέγραπται γὰρ ἐν τῷ νόμῳ, τὴν βουλὴν δικάζειν φόνου καὶ τραύματος ἐκ προνοίας καὶ πυρκαϊᾶς καὶ φαρμάκων, ἐάν τις ἀποκτείνῃ δούς. A r i s t. resp. Ath. 57.

[6]) Über die Begriffe vgl. H e r r l i c h a. a. O. S. 7 ff. Übrigens wurde in Griechenland die Tötung im Affekt nicht als vorsätzliche betrachtet.

sicht [1]) begriff [2]). Nur wurden diese nach attischer und gewiss auch sonstiger griechischer Vorstellung zugleich aus dem religiösen Gesichtspunkte einer Verunreinigung betrachtet, von welcher das Land zu befreien gottesdienstliche Pflicht sei [3]). Wenn ihre Behandlung daher auf der einen Seite mit grossen Förmlichkeiten und Vorsichtsmassregeln verknüpft war, um auch den Schuldigen nicht ohne volle Überzeugung zu verurteilen [4]), so fielen derselben andrerseits auch nicht bloss unvorsätzliche Thäter, die wenigstens auf eine Zeit lang das Land meiden mussten [5]), sondern selbst unzurechnungsfähige und

---

Aristot. Eth. Nic. V, 10 p. 1135 b: διὸ καλῶς τὰ ἐκ θυμοῦ οὐκ ἐκ προνοίας κρίνεται, und so wohl auch in Athen, da die Analogie der Verbalinjurie keine Beweiskraft hat, vgl. Herrlich a. a. O. S. 12.

[1]) Dies ist der Begriff des τραύματος ἐκ προνοίας vgl. Lys. III, 41, Meier, att. Prozess[2] S. 386, Philippi a. a. O. S. 28, Herrlich a. a. O. S. 11 ff.; anderweite Verwundungen fielen unter den Begriff der αἰκία, oder auch der ὕβρις. Strafe: Verbannung und Einziehung des Vermögens. Lys. III, 38.

[2]) Daher die Dreiteilung des Hippodamos bei Aristot. Polit. II, 5 p. 1267 b, 37: ᾤετο δ' εἴδη καὶ τῶν νόμων εἶναι τρία μόνον· περὶ ὧν γὰρ αἱ δίκαι γίνονται τρία ταῦτ' εἶναι τὸν ἀριθμόν, ὕβριν, βλάβην, θάνατον: vgl. Antiph. V, 9: πρῶτον μὲν γὰρ κακοῦργος ἐνδεδειγμένους φόνου δίκην φεύγω, ὃ οὐδεὶς πώποτ' ἔπαθε τῶν ἐν τῇ γῇ ταύτῃ κτλ.

[3]) Vgl. Staatsalt. § 64, 65 und Hermann, de vestigiis inst. vet. per Plat. Legg. indagandis, Marb. 1836. 4. p. 49 f. nebst den neueren Erkl. des Demosth. adv. Aristocr. § 22 f., namentlich d. Spec. inaug. v. J. D. de Riemer, L. B. 1833. 8. p. 18 f. und die Ausgabe von E. W. Weber, Jena 1845. 8., Philippi a. a. O. S. 109 ff., Herrlich a. a. O. S. 15. Strafe der vorsätzlichen Tötung war Vermögenseinziehung und Tod. Doch durfte sich der Angeklagte nach seiner ersten Verteidigungsrede in die Verbannung begeben, Demosth. XXIII, 69 p. 643. In dieser aber blieb er dann für immer und war vom Marktverkehr an der Grenze, den Spielen und den Opfern der Amphiktyonen ausgeschlossen, Demosth. XXIII, 38 p. 632.

[4]) In Sparta richtete die Gerusia τὰς τοῦ θανάτου δίκας πλείοσιν ἡμέραις, ὅτι περὶ θανάτου τοῖς διαμαρτάνουσιν οὐκ ἔστι μεταβουλεύσασθαι, Plut. Apophth. Lac. p. 217 b; und Ähnliches liesse sich nach Plat. Apol. Socr. p. 37 a vielleicht auch noch von andern Orten voraussetzen; ob freilich von dem athenischen Areopage, wie nach Schömann, Ant. iur. publ. p. 292 auch Philippi a. a. O. S. 95 annimmt, ist höchst zweifelhaft, nicht sowohl wegen der Stelle der Apol., die nur allgemein von Todesstrafe, nicht von γραφαὶ φονικαί spricht, als um des geringen Anhalts, den die erwähnte Annahme in ihrer Quelle Poll. VIII, 117 selbst findet. Andrerseits wird dem Areopag gerade Unfehlbarkeit nachgerühmt, Demosth. XXIII, 66 p. 642 und oft, vgl. Bergmann ad Isocr. Areop. § 37, Boeckh, Berl. Index 1826/27 p. 8.

[5]) Schol. Eurip. Hippol. 35: ἔθος γὰρ τοῖς ἐφ' αἵματι φεύγουσιν ἐνιαυτὸν ποιεῖν ἐκτὸς τῆς πατρίδος, Tzetzes ad Lycophr. 1039: νόμος ἦν τὸν ἐργασάμενον φόνον φεύγειν ὅλον ἐνιαυτόν, μὴ ψαύοντα τῆς πατρίδος, Hesych. I p. 437:

leblose Gegenstände, durch welche der Tod eines Menschen veranlasst worden war, anheim [1]). Straffrei war dagegen absichtliche Tötung in der Notwehr und gegen nächtliche Diebe, worüber unten § 17 zu handeln sein wird, ferner gegen den auf der That ergriffenen Ehebrecher [2]), gegen den Hochverräter [3]), gegen den vermeintlichen Feind im Kriege, desgleichen unabsichtliche Tötung in Kampfspielen[4]) und durch falsche Behandlung des Arztes [5]).   Straffrei war in alter Zeit auch die Tötung des bannbrüchigen Totschlägers [6]), das Gesetz

---

ἀπενιαυτισμὸς ἢ εἰς ἐνιαυτὸν φυγή, τοῖς φόνου δράσχιν. Nach diesen Grammatikerstellen hat man, zumal P l a t o Leg. XI, 865 e dem ἄκων ἀποκτείνας einjährige Verbannung auferlegt, auch für Athen angenommen, dass bei φόνος ἀκούσιος dem Verurteilten, falls es nicht gelang, die Anverwandten des Getöteten früher zu versöhnen (Demosth.) XXIV, 72 ff. p. 643), nach einem Jahre die Rückkehr erlaubt gewesen sei (die Stellen bei P h i l i p p i a. a. O. S. 116, dazu T h o n i s s e n, droit pénal p. 250). Vorsichtiger hatten sich M ü l l e r zu A e s c h. Eum. S. 128 und H e r m a n n, disp. de vestigiis etc. p. 51 geäussert, jetzt gründet P h i l i p p i S. 115 g. in sorgfältiger Untersuchung seine Zweifel auf A n t i p h. III, β, 10, ist aber gleichfalls weit entfernt, der Demosthenesstelle mit H e f f t e r, ath. Gerichtsverf. S. 449 ff. uneingeschränkte Geltung derart zuzusprechen, dass die Rückkehr für alle Zeit von der Einwilligung der Verwandten abhängig war, vgl. L i p s i u s, att. Proz. S. 380. Das Vermögen des Verurteilten aber blieb unangetastet: D e m o s t h. XXIII, 45 p. 634.

[1]) Ἀφύχων δίκαι A r i s t. resp. Ath. 57, P o l l. VIII, 90, 120; D e m o s t h. XXIII, 76 p. 645: τέταρτον τοίνυν ἄλλο πρὸς τούτοις τὸ ἐπὶ Πρυτανείῳ· τοῦτο δ᾽ ἐστὶν, ἐὰν λίθος ἢ ξύλον ἢ σίδηρος ἤ τι τοιοῦτον ἐμπεσὸν πατάξῃ, καὶ τὸν μὲν βαλόντα ἀγνοῇ τις. αὐτὸ δ᾽ εἰδῇ καὶ ἔχῃ τὸ τὸν φόνον εἰργασμένον, τούτοις ἐνταῦθα λαγχάνεται. Daraus H a r p. s. v. ἐπὶ Πρυτανείῳ. Der Gegenstand wurde ausser Landes geschafft, vgl. A e s c h i n. III, 244 p. 636, P a u s. I, 28, 11. Ähnliches von Thasos: P a u s. VI, 11, 2 p. 478; D i o C h r y s. XXXI p. 618 R 340 M und bei P l a t o, Leg. IX p. 873 e vgl. P h i l i p p i a. a. O. S. 16 ff., T h o n i s s e n, droit pénal p. 256.

[2]) Vgl. S. 43 A. 1.

[3]) A n d. I, 96 p. 48 im Psephisma des Demophantos: ἐάν τις δημοκρατίαν καταλύῃ τὴν Ἀθήνησιν . . . πολέμιος ἔστω Ἀθηναίων καὶ νηποινεὶ τεθνάτω, L y k. Leocr. 125.

[4]) Gesetz bei D e m o s t h. XXIII, 53 p. 637: ἐάν τις ἀποκτείνῃ ἐν ἄθλοις ἄκων ἢ ἐν ὁδῷ καθελὼν ἢ ἐν πολέμῳ ἀγνοήσας . . . τούτων ἕνεκα μὴ φεύγειν κτείναντα vgl. A r i s t. resp. Ath. 57. Die Worte ἢ ἐν ὁδῷ καθελών, mit deren Erklärung schon H a r p. s. ἢ ἐν ὁδῷ, καθελών, ὁδός sich abmüht, können wohl nur bedeuten „oder indem er ihn (unabsichtlich) auf einem Wege herabreisst", was bei den Gebirgspfaden Griechenlands öfter vorgekommen sein mag. Einem interpolierten Zusatz (P h i l i p p i S. 350) sehen die Worte jedenfalls nicht ähnlich.

[5]) A n t. IV γ 5: ὁ μὲν ἰατρὸς οὐ φονεὺς αὐτοῦ ἐστιν — ὁ γὰρ νόμος ἀπολύει αὐτόν.

[6]) D e m o s t h. XXIII, 29 p. 630, P h i l i p p i S. 133.

wurde jedoch dahin abgeändert, dass es nur jedermann zustehen sollte, denselben dem Richter und damit dem Tode zu überliefern [1]). Der Selbstmord hingegen konnte aus dem doppelten Gesichtspunkte der Verunreinigung und Eigenmacht nicht ungeahndet bleiben [2]), wogegen die Beispiele einzelner Staaten, welche dem gerechtfertigten Lebensüberdrusse eine freiwillige Abkürzung seiner Tage gestatteten[3]), nichts beweisen: anderwärts wurde derselbe vielmehr wie in Athen [4]) mit Abhauen der rechten Hand, oder doch mit dem Verluste der gebräuchlichen Totenehren bestraft [5]). Gleichwie endlich bei den vorhergehenden Klassen von Verbrechen auch die Hehlerei dem

[1]) Vgl. Philippi S. 342 und die Auslegung bei Demosth. a. a. O. § 31 und 35; es wäre doch auch in sich widersprechend, das λυμαίνεσθαι zu verbieten und die Tötung zu gestatten.

[2]) Aristot. Eth. Nic. V, 15 p. 1138 a, 9: ὁ δὲ δι' ὀργὴν ἑαυτὸν σφάττων ἑκὼν τοῦτο ἐρᾷ παρὰ τὸν ὀρθὸν λόγον, ὃ οὐκ ἐᾷ ὁ νόμος ... διὸ καὶ ἡ πόλις ζημιοῖ καί τις ἀτιμία πρόσεστι τῷ ἑαυτὸν διαφθείραντι, ὡς τὴν πόλιν ἀδικοῦντι: vgl. Hermanns Beurteilung der beiden Abhh. von M. M. v. Baumhauer, περὶ εὐλόγου ἐξαγωγῆς, Utrecht 1842, und de morte voluntaria, das. 1843. 8., in G. G. A. 1843 S. 1367 f., 1844 S. 1769 f. und Lasaulx in Abh. d. Bayr. Akad. 1847, Philol. Kl. V, S. 125 und Lipsius, att. Proc. S. 331.

[3]) Vgl. die massaliotische Sitte bei Val. Max. II, 6, 7: *venenum cicuta temperatum in ea civitate publice custoditur, quod datur ei, qui causas Sexcentis — id enim Senatus eius nomen est - exhibuit, propter quas mors sit illi expetenda*; und Ähnliches das. und Strabo X, 5, 6 p. 486 und Aelian. V. H. III, 37 aus Keos, worüber mehr bei Bröndsted, Reisen I, S. 97 und Welcker, kl. Schr. II, S. 502. Dass aber auch in Athen ein ähnliches Recht bestanden habe, durfte Meursius Themis Att. I, 19 aus den Deklamationen des Libanius T. IV, p. 137 ff. nicht schliessen; vgl. Wessel. ad Petiti L. Att. p. 627 und Lelyveld, de infamia p. 193.

[4]) Aeschin. III, 244 p. 636: ἐάν τις ἑαυτὸν διαχρήσηται, τὴν χεῖρα τὴν τοῦτο πράξασαν χωρὶς τοῦ σώματος θάπτομεν, vgl. Joseph. B. Judaic. III, 8, 5 und Thonissen, droit pén. p. 254 und bezüglich der Erhängten vgl. Plut. V. Them. 22, wo die Worte οἵ ... τὰ ἱμάτια καὶ τοὺς βρόχους τῶν ἀπαγχομένων καὶ καθαιρεθέντων ἐκφέρουσιν voraussichtlich auf Selbstmörder zu deuten sind.

[5]) So in Theben, Zenob. Proverb. VI, 17: φασὶ δὲ ὅτι ἐν Θήβαις οἱ ἑαυτοὺς ἀναιροῦντες οὐδεμιᾶς τιμῆς μετεῖχον: in Cypern Dio Chr. LXIV, 3 p. 592 R: τὸν αὐτὸν ἀποκτείναντα ἄταφον ῥίπτεσθαι; vgl. auch Artemid. Onirocr. I, 4: τούτους γὰρ μόνους ἐν νεκρῶν δείπνοις οὐ καλοῦσιν οἱ προσήκοντες, und Philostr. Heroic. 12 p. 721: ὡς οὐχ ὅσιοι πυρὶ θάπτεσθαι οἱ ἑαυτοὺς ἀποκτείναντες, mit Welcker ep. Cyklus II, S. 238; im allg. aber Plat. Leg. IX p. 873 c, wo als berechtigte Ausnahmen Anordnung des Staates, oder ein schweres Missgeschick oder eine unerträgliche Schmach anerkannt werden; andernfalls soll der Selbstmörder für sich allein, an ödem Ort ohne Grabstein und Inschrift bestattet werden, vgl. Becker-Göll, Charikles III, 164 ff.

4 *

Schicksale der Mitschuld nicht entging [1]), so unterlag bei der zuletzt erwähnten auch die intellektuelle Urheberschaft, βούλευσις [2]), der gleichen Strafe mit der That selbst [3]). Das Wesentliche an diesem neuerdings viel behandelten [4]) Begriffe ist die Anstiftung, die sich zur Ausführung fremder Hilfe bedient [5]); gleichgiltig aber ist der Erfolg, insofern, wenn der beabsichtigte Tod nicht eintrat, der Fall dem τραῦμα ἐx προνοίας entsprach [6]). Aber selbst die Absicht ist nicht wesentlich [7]), indem jemand einen anderen zu einer Handlung veranlassen konnte, welche unabsichtlich den Tod eines Dritten zur Folge hatte [8]). Schliesslich ist zu bemerken, dass der nämliche Aus-

---

[1]) Μοιρόλογχοι καὶ τὸ μαιρολογχεῖν ἐλέγετο ἐπὶ τῶν μετεχόντων κακουργήματος, Poll. VIII, 136: vgl. Lysias XXIX, 11: οἱ μὲν τὰ τῶν ἰδιωτῶν ἀπολλύμενα τοῖς κλέπταις συνειδότες τοῖς αὐτοῖς ἐνέχοιντο, Pseudophocylid. 135: φωρῶν μὴ δέξῃ κλοπίμην ἄδίκων παραθήκην· ἀμφότεροι κλῶπες καὶ ὁ δεξάμενος καὶ ὁ κλέφας Schol. Ar. Nub. 499, (Demosth.) LIX, 45 p. 1360 und Plat. Leg. XII p. 955 b.

[2]) Der Begriff ist erst neuerdings nach Forchhammer, de Areopago p. 30 und Sauppe, or. Att. II p. 235 von Philippi a. a. O. S. 29 ff. dargelegt. Die Existenz einer besonderen γραφὴ βουλεύσεως ist gegen mehrfach geäusserte Zweifel (Passow S. 38 f., Heikel S. 6 f.) jetzt gesichert durch Arist. resp. Ath. 57 vgl. Plato, Leg. IX p. 872 a. Der βούλευσις machte sich wahrscheinlich auch der schuldig, der ein ungerechtes Todesurteil erwirkte, Ant. V, 59 und 92: Demosth. XXIII, 51 p. 686 mit Schömann, ant. iur. publ. p. 290 n. 7.

[3]) Andoc. I, 94 p. 12: καὶ οὗτος ὁ νόμος καὶ πρότερον ἦν καὶ ὡς καλῶς ἔχων καὶ νῦν ἐστι καὶ χρῆσθε αὐτῷ· τὸν βουλεύσαντα ἐν τῷ αὐτῷ ἐνέχεσθαι καὶ τὸν τῇ χειρὶ ἐργασάμενον: vgl. Antiph. IV, β, 5, Plat. Leg. IX, p. 872 a und mehr bei Meier-L., att. Proz. S. 384 ff. und Schömann, Antiq. iur. publ. p. 290.

[4]) Zink, adn. ad Demosth. or. in Cononem, Erl. 1883 p. 3 f. Passow, de crimine βουλεύσεως, Gott. 1886, Heikel, über die βούλευσις in Mordprozessen in Act. soc. Fennicae XVI, 1 f., Kohm, die βούλευσις im att. Proz. Olmütz 1890, Thalheim, zu den griechischen Rechtsaltertümern, Schneidemühl 1892, 1 f. vgl. Staatsalt.⁵ S. 360 f.

[5]) Der Gegensatz des βουλεύσας ist der χειρὶ ἐργασάμενος And. a. a. O., Ant. VI, 16, αὐτόχειρ Plat. a. a. O., Xen. Hell. VI, 4, 35, (Demosth.) LIX, 10 p. 1348.

[6]) Harp. s. βουλεύσεως. Danach war die Strafe verschieden, je nach der Art der βούλευσις vgl. Philippi S. 118 f.

[7]) Dies beweist der Fall bei Antiphon (VI) für den Choreuten, richtiger Choregen, in dessen Hause dem Knaben Diodotos zur Verbesserung seiner Stimme ein todbringender Trank gereicht worden war, ein Fall, der trotz zugestandener Unabsichtlichkeit (§ 19) als βούλευσις behandelt wird. Diese Art entsprach dem φόνος ἀκούσιος.

[8]) Die Auffassungen von Passow, Heikel und Kohm und ebenso Keil, Jahrb. f. Philol. 135 S. 89 schieben der βούλευσις den Begriff der Ab-

druck βούλευσις auch in weiterer Bedeutung und namentlich für widerrechtliche Beeinträchtigung in Konfiskationssachen vorkommt [1]).

§ 8. [§ 63.]

Vom Eigentumsrechte.

So streng aber auch der griechische Staat die Vergehen gegen Personen und Eigentum zu ahnden schien, so galt doch auch diese Fürsorge viel mehr der öffentlichen Sicherheit und Selbsterhaltung des Ganzen [2]), als den persönlichen Interessen des Einzelnen, die er selbst bei Mordklagen ausschliesslich den Angehörigen zu vertreten überliess [3]), geschweige bei Eigentumsverletzungen, sobald diese nicht zugleich die öffentliche Sicherheit gefährdeten [4]); und wenn

sicht im Sinne von ἐπιβούλευσις unter, wonach dann der Gegensatz zu dem χειρὶ ἔργ. verschieden gedeutet wird: insidiose machinari — cruenta caedes (P a s s o w), Anschlag — Tötung mit eigner Hand (H e i k e l), hinterlistige Tötung — (offner Mord? K o h m). Demselben Irrtum ist auch T h u m s e r, Staatsalt. S. 361 verfallen bei Erklärung von A n t. VI, 16: διωμόσαντο δὲ οὗτοι μὲν ἀποκτεῖναί με Διόδοτον βουλεύσαντα τὸν θάνατον. Die Worte heissen vielmehr: „dass ich den Tod des D. durch meine Anweisungen veranlasst habe" (vgl. B l a s s, att. Ber. I², 195) und sind mit Fleiss so gefasst, dass man auch absichtliche Tötung verstehen konnte.

[1]) Harpocr. s. v. βουλεύσεως· ἐγκλήματος ὄνομα ἐπὶ δυοῖν ταττόμενον πραγμάτων· τὸ μὲν γάρ ἐστιν, ὅταν ἐξ ἐπιβουλῆς τίς τινι κατασκευάσῃ θάνατον, ἐάν τε ἀποθάνῃ ὁ ἐπιβουλευθεὶς ἐάν τε μή· τὸ δ' ἕτερον, ὅταν ἐγγεγραμμένος ὡς ὀφείλων τῷ δημοσίῳ αὐτὸς δικάσηταί τινι ὡς οὐ δικαίως αὐτὸν ἐγγεγραφότι: vgl. (Demosth.) XXV, 71 p. 791 mit M e i e r' S. 415, P l a t n e r II S. 118, Boeckh. Urk. d. Seewesens S. 538 f., T é l f y, C. I. A. n. 1060. Comm. p. 553. Die Definition bei H a r p. ist eigentlich vielmehr die der nahe verwandten γραφὴ ψευδεγγραφῆς, während βουλεύσεως gegen den geklagt wurde, der den Schuldner trotz erfolgter Zahlung nicht aus der Liste strich, vgl. C. I. A. II, 811 Col. c. Z. 150, L i p s i u s, att. Proz. S. 418. Leipz. Studien VI, 321 ff.

[2]) Er straft kleinere Vergehen, um grössere zu verhüten, νομίζουσι τὸν ἐν τοῖς μικροῖς συνεθιζόμενον ἀδικεῖν τοῦτον τά μεγάλα τῶν ἀδικημάτων εὐχερέστερον προσδέξεσθαι, D i n a r c h. I, 55 p. 97; vgl. Demosth. LIV, 18 p. 1262. Und wenn im kleinasiatischen Kyme die Nachbarn den Verlust des Gestohlenen ersetzen müssen, so ist damit die Solidarität des grösseren Ganzen für das Eigentum des Einzelnen ausgesprochen H e r a c l. Pol. 11.

[3]) Vgl. Staatsalt. § 64. Doch ist diese Beschränkung vielmehr als Recht und Pflicht der Blutrache, welche gesetzlich festgestellt wird, aufzufassen, vgl. P h i l i p p i, Areop. und Epheten S. 68 ff. L e o p. S c h m i d t, Ethik der alten Griechen II, 127 ff.

[4]) Vgl. S. 47 A. 1.

auch die Achtung des Mein und Dein nirgends mehr so gering war
wie in Sparta, dessen Jugend den Diebstahl innerhalb gewisser
Grenzen förmlich als Kriegsübung lernte [1]), so darf doch die staats-
polizeiliche Härte, mit welcher Drakon denselben bis in seine ge-
ringfügigsten Äusserungen verfolgte [2]), ebensowenig als Ausdruck
der griechischen Rechtsansicht betrachtet werden. Dieser entsprach
wohl eher das solonische Gesetz [3]), welches leichtere Vergehen gegen
das Eigentum mit doppeltem, höchstens durch kurze Haft im Blocke
geschärftem Ersatze büsste [4]). Schwerer Diebstahl dagegen — und

---

[1]) Xenoph. Anab. IV, 6, 14: ὑμᾶς ἀκούω τοὺς Λακεδαιμονίους ὅσοι ἐστὲ
τῶν ὁμοίων, εὐθὺς ἐκ παίδων κλέπτειν μελετᾶν, καὶ οὐκ αἰσχρὸν εἶναι, ἀλλὰ ἀναγκαῖον
κλέπτειν, ὅσα μὴ κωλύει νόμος: vgl. Respubl. Lac. 2, 6, Heracl. Pol. 2: ἰθί-
ζουσι δὲ αὐτοὺς καὶ κλέπτειν, καὶ τὸν ἁλόντα κολάζουσι πληγαῖς, ἵν' ἐκ τούτου πονεῖν καὶ ἀγρυπνεῖν δύνανται ἐν τοῖς πολέμοις. Isocr. XII, 211 p. 277 a: ἐκεῖνοι
γὰρ καθ' ἑκάστην τὴν ἡμέραν εὐθὺς ἐξ εὐνῆς ἐκπέμπουσι τοὺς παῖδας, μεθ' ὧν ἂν
ἕκαστοι βουληθῶσι, λόγῳ μὲν ἐπὶ θήραν, ἔργῳ δὲ ἐπὶ κλοπείαν τῶν ἐν τοῖς ἀγροῖς
κατακούντων· ἐν ᾧ συμβαίνει τοὺς μὲν ληφθέντας ἀργύριον ἀποτίνειν καὶ πληγὰς
λαμβάνειν, τοὺς δὲ πλεῖστα κακουργήσαντας καὶ λαθεῖν δυνηθέντας ἔν τε τοῖς παισὶν
εὐδοκιμεῖν μᾶλλον τῶν ἄλλων, ἐπειδὰν δ' εἰς ἄνδρας συντελῶσιν — ἐγγὺς εἶναι τῶν
μεγίστων ἀρχῶν und zugleich spricht der Lobredner Spartas aus l. c. 259
p. 287 a: ἐν τῇ Σπαρτιατῶν οὐδεὶς ἂν ἐπιδείξειεν — οὐδ' ἁρπαγὰς χρημάτων. Dazu
Müller, Dor. II S. 210 f.

[2]) Plut. V. Solon. c. 17: μία γὰρ ὀλίγου δεῖν ἅπασιν ὥριστο τοῖς ἁμαρτά-
νουσι ζημία θάνατος, ὥστε καὶ ... τοὺς λάχανα κλέψαντας ἢ ὀπώραν ὁμοίως κολά-
ζεσθαι τοῖς ἱεροσύλοις καὶ ἀνδροφόνοις: vgl Aristot. Polit. II, 9, 9 p. 1274 b,
15 und Hermann, de Dracone legumlatore Attico, Gott. 1849. 4.

[3]) Daraus ist erhalten bei Demosth. XXIV, 105 p. 733: ὅτι ἄν τις ἀπο-
λέσῃ, ἐὰν μὲν αὐτὸ λάβῃ, τὴν διπλασίαν καταδικάζειν, ἐὰν δὲ μή, τὴν διπλασίαν πρὸς
τοῖς ἐπαιτίοις· δεδέσθαι δ' ἐν τῇ ποδοκάκκῃ τὸν πόδα πένθ' ἡμέρας καὶ νύκτας
ἴσας, ἐὰν προστιμήσῃ ἡ ἡλιαία (vgl. Lys. X, 16)· προστιμᾶσθαι δὲ τὸν βουλόμενον,
ὅταν περὶ τοῦ τιμήματος ᾖ. „Was immer er eingebüsst hat, wenn er es wieder
erhalten, so soll man (den Dieb) zur Strafe des Doppelten verurteilen, wenn
nicht, zur Strafe des Doppelten neben dem Ersatz des Klageobjekts." vgl.
Lipsius, att. Proz. S. 458. Die Handschriften haben an zweiter Stelle
fälschlich τὴν δεκαπλασίαν. Ebenso ist in der Mysterieninschrift von Andania
bei Dittenberger, S. I. Gr. 388, 76 für Diebstahl Strafe des Doppelten
angedroht.

[4]) Gell. XI, 18: Solo suo lege in fures non ut Draco antea mortis, sed
dupli poena vindicandum existimavit; vgl. Arist. Probl. XXIX, 14 p. 952 und
Demosth. XXIV, 114 p. 736: εἰ δέ τις ἰδίαν δίκην κλοπῆς ἁλοίη, ὑπάρχειν
μὲν αὐτῷ διπλάσιον ἀποτῖσαι τὸ τιμηθέν, προστιμῆσαι δ' ἐξεῖναι τῷ δικαστηρίῳ πρὸς
τῷ ἀργυρίῳ δεσμὸν τῷ κλέπτῃ πένθ' ἡμέρας καὶ νύκτας, ὅπως ὁρῷεν ἅπαντες αὐτὸν
δεδεμένον, welche Schärfung inzwischen als rein fakultativ die Natur der Klage
selbst nicht ändert, geschweige denn mit Meier, de bon. damn. p. 106, att.
Proz. S. 485, Platner, II S. 174, Lelyveld p. 77 u. A. auf eine infa-

als solcher galt der, dessen Gegenstand über fünfzig Drachmen betrug, ferner der bei Nacht oder in einem Gymnasion verübte, endlich wenn in den Häfen über zehn Drachmen an Wert entwendet war [1]) — wurde hart, unter Umständen mit dem Tode, bestraft. Gegen Betrug [2]), Täuschung und ähnliche Beeinträchtigungen im Privatverkehre scheint, soweit sie nicht unter den Bereich der Marktpolizei fielen [3]), der bürgerliche Rechtsweg für ausreichend gehalten worden zu sein [4]): ja der nämlichen Gesetzgebung, die jede Benutzung eines gefundenen Gegenstandes als Eigenmacht verpönte [5]), genügte die freiwillige Einhändigung von Seiten des Eigentümers, um selbst Veruntreuungen anvertrauten Privatguts keiner Ahndung

---

mierende Wirkung der ἰδία δίκη κλοπῆς schliessen lässt; denn dann hätte der Redner gleich nachher § 115 nicht ἐν αἰσχύνῃ, sondern ἐν ἀτιμίᾳ ἤδη ζῆν τὸν ἄλλον βίον gesagt; und das Zeugnis des Andoc. I, 74. p. 10: ὁπόσοι κλοπῆς ἢ ὁώρων ὀφλοιεν, τούτους ἔδει καὶ αὐτοὺς καὶ τοὺς ἐκ τούτων ἀτίμους εἶναι, kann demzufolge nur auf die γραφὴ κλοπῆς gehen, vgl. Lipsius, att. Proz. S. 454 A. 750.

[1]) Demosth. XXIV, 113 p. 735. Gegen diese Fälle war Schriftklage und im Betretungsfalle das Verfahren der Apagoge und Ephegesis gerichtet, welches Haft und nach der Verurteilung Todesstrafe nach sich zog. Daher die Deklamationen bei Isocr. XX, 6 p. 396 d und Lyk. Leocr. 65. Die γραφὴ κλοπῆς war schätzbar: Demosth. XXIV, 103 p. 732. Meier, de bon. 106, att. Proz.² S. 453, Thonissen, droit pén. p. 300 ff.

[2]) Dio Chr. XXXI, 34 p. 583 R: ἐὰν μὲν οἰκέτην τις ἀλλότριον ἢ σκεῦος ἀποδῶται ψευσάμενος ὡς ἑαυτοῦ, σφόδρα ἕκαστος ἀγανακτεῖ τῶν ἠπατημένων καὶ θαυμάζοιμ' ἄν, εἰ μὴ θανάτῳ ἐζημιοῦτο τοῦτον ὑμεῖς vertritt den Rhodiern gegenüber andere Anschauungen.

[3]) Κατὰ τὴν ἀγορὰν ἀψευδεῖν, Demosth. XX, 9 p. 459, Hyper. Athenog. VI, 18, Diog. Laërt. I, 104, vgl. Harpocr. p. 107, 18 Bk. und Platner, Prozess II S. 340, vgl. oben S. 36 A. 1.

[4]) Vgl. Wachsmuth II S. 231, womit auch schon die Bemerkung bei Plat. Leg. XI p. 916 d übereinstimmt: κιβδηλείαν δὲ χρὴ πάντα ἄνδρα διανοηθῆναι καὶ ψεῦδος καὶ ἀπάτην ὡς ἕν τι γένος ὄν, τοῦτο ᾧ τὴν φήμην ἐπιφέρειν εἰώθασιν οἱ πολλοὶ κακῶς λέγοντες, ὡς ἐν καιρῷ γιγνόμενον ἑκάστοτε τὸ τοιοῦτον πολλάκις ἂν ὀρθῶς ἔχοι.

[5]) Ἃ μὴ ἔθου, μὴ ἀνέλῃ· εἰ δὲ μή, θάνατος ἡ ζημία, Diog. L. I, 57; vgl. Plat. Leg. XI p. 913 c und Aelian. V. Hist. III, 46. Auch die sprichwörtlich gewordene βολίτου δίκη (Schol. Aristoph. Equ. 658. Paroemiogr. gr. I p. 388) dürfte hierher gehören, vgl. Hermann, de Dracone p. 6; und selbst die Bestrafung von Gartendiebstahl führt Plato Leg. VIII p. 844 e auf den Grundsatz μὴ κινεῖν ὅτι μὴ κατέθετο zurück. Was dagegen Festus p. 302 Müll. zur Erklärung von sycophantes vom Feigendiebstahl sagt: lege sanctum, qui id fecisset, capite esset ei, oder Alciphr. III, 40: μέμφομαι τῷ Σόλωνι καὶ τῷ Δράκοντι, οἳ τοὺς μὲν κλέπτοντας σταφυλὰς θανάτῳ ζημιοῦν ἐδικαίωσαν, verdient schwerlich Glauben.

von Staatswegen zu unterziehen [1]), und sogar Unterschlagungen von
Staats- und Tempelgeldern wurden, von besonders schweren Fällen
abgesehen [2]), nur mit der Strafe des Zehnfachen gebüsst [3]). Nur
das unbewegliche Eigentum war ein unmittelbarer Gegenstand der
öffentlichen Aufmerksamkeit [4]), indem der Staat öffentliche Aufzeichnungen über den Grundbesitz der Bürger vornahm teils zum Behufe
der Bestimmung der politischen Rechte oder der Leistungen an den
Staat, wie in Athen seit Solon und besonders seit Nausinikos 377

---

[1]) Vgl. D e m o s t h. XXI, 44 p. 528: ἂν μὲν ἑκὼν παρ' ἑκόντος τις λάβῃ
τάλαντον ἓν ἢ δύο ἢ δέκα καὶ ταῦτ' ἀποστερήσῃ, οὐδὲν αὐτῷ πρὸς τὴν πόλιν ἐστί,
welches Zeugnis M e i e r S. 514, P l a t n e r II, S. 364, L e l y v e l d p. 186
übersehen haben, wenn sie mit M e u r s i u s Them. Att. II, 23 aus M i c h a e l
E p h. ad Arist. Eth. V p. 77 b ein Gesetz entlehnen: τὸν μὴ ἀποδιδόντα τὴν
παρακαταθήκην ἄτιμον εἶναι. Dass A r i s t o t e l e s selbst davon nichts wusste,
zeigt Probl. XXIX, 2 p. 950, 28, wo derselbe die Frage: διὰ τί παρακαταθήκην
δεινότερον ἀποστερεῖν ἢ δάνειον, lediglich aus dem moralischen Gesichtspunkte
erörtert; und weit entfernt, aus dem römischen Rechte einen Rückschluss auf
das griechische zu machen, werden wir die von L e l y v e l d angeführte Bestimmung des ersteren gerade nur als die Quelle des Scholiasten betrachten
dürfen. Vgl. jetzt L i p s i u s, att. Proz. 702.

[2]) Diese konnten durch Eisangelie an den Rat und das Volk gebracht werden A n t. VI, 12, 21, 35 und hier konnte auf Tod erkannt werden, L y s.
XXIX, 2 und XXX, 25.

[3]) A r i s t. Resp. Ath. 54, D e m o s t h. XXIV, 112 p. 735, 127 p. 740,
L i p s i u s, att. Proz. S. 455. In D e l p h i wurde die ἱερῶν χρημάτων φωρά
mit achtfacher Strafe gebüsst, D i t t e n b e r g e r, S. I. Gr. 233, 21 (II. Jahrh.).

[4]) Die ἀγρονόμοι und ὑλωροί bei A r i s t o t. Pol. VI, 5, 4 p. 1821 b, 27
sind bisher nirgends nachgewiesen. In A t h e n existierte keine besondere
Polizeibehörde für das flache Land; vgl. die Vielheit von Behörden, denen in
einer Inschrift von Eleusis aus d. J. 352 in B u l l. c o r r. h e l l. XIII, 434 die
ἱερὰ ὀργάς an der Grenze von Megara unterstellt wird: τ[ὴν βουλὴν τὴν] ἐ[ξ
Ἀ]ρείου [πάγ]ου καὶ τὸν στρατηγὸν τὸν ἐπὶ τῆ[ν φυλ]ακὴ[ν τῆς χ]ώρας κεχειροτονη-
μένον καὶ τοὺς περιπολά[ρχ]ους καὶ το[ὺς δημ]άρ[χ]ους καὶ τὴν βουλὴν τὴν ἀεὶ βου-
λεύου[σαν]. Wohl empfand man den Mangel einer polizeilichen Beaufsichti-
gung der Grundstücke, wie denn C. I. A. II, 564 (S. I. Gr. 295 von Koehler
zwischen 338 und 285 gesetzt) Antisthenes von der Phyle Erechtheis wegen
eines Antrags belobt wird, dass οἱ ἐπιμεληται[ ]ὶ οἱ ἀεὶ καθιστάμενοι κατ' ἐνιαυτὸν
βαδίζοντες ἐπὶ τὰ κτήμ[ ]ατα εἰς τοῦ ἐνιαυτοῦ ἐπισκοπῶνται τά τε χωρία εἰ γεωρ-
γεῖτ[ ]αι κατὰ τὰς συνθήκας καὶ τοὺς ὅρους εἰ ἐφεστήκασιν κατὰ τ [ ]ὰ αὐτά.

[5]) Vgl. B o e c k h, Staatsh. d. A. I, 662 ff., G i l b e r t, Gr. Staatsalt. I, 346,
die ἀπογραφαί bei P l a t o, Leg. V p. 745 d und VIII p. 850 d. C. I. A. II,
1055: ἐάν τις εἰσφορὰ ὑπὲρ τοῦ χωρίου γίγνηται εἰς τὴν πόλιν, 1059: ἐάν δέ τις
εἰσφορὰ γίγνηται ἀπὸ τῶν χωρίων τοῦ τιμήματος, vgl. auch 1058. Die Grund-
kataster wurden in Attika von den Demarchen geführt: H a r p. u. S u i d a s
s. v. δήμαρχος · οὗτοι δὲ τὰς ἀπογραφὰς ἐποιοῦντο τῶν προσόντων ἑκάστῳ δήμῳ

v. Chr. [1]), an einzelnen Orten auch zur Sicherung der darauf ruhenden privaten Verpflichtungen als Hypothekenbücher [2]), oder endlich
wenigstens die Eigentumsveränderungen an Grundstücken in besondere Verzeichnisse eintragen liess [3]). Freilich äusserte sich diese
Staatsaufsicht vielfach auf Kosten der persönlichen Verfügung des
Eigentümers, indem gesetzlich die Veräusserung des ererbten Grundbesitzes ganz [4]) oder teilweise (Sparta) [5]) untersagt oder nur im
äussersten Notfalle gestattet wurde [6]); und diesem gegenüber stand

χωρίων, wo doch auch die abweichende Erklärung von B a k e, schol. hyp. IV
p. 131 und L i p s i u s, att. Proz. S. 305 A. 308 eine Art Kataster voraussetzt.
So K y p s e l o s τὰ ὄντα Κορινθίοις πάντα ... ἐκέλευσεν αὐτοὺς ἀπογράφασθαι, ἀπο
γραφαμένων δὲ τούτων τὸ δέκατον μέρος παρ' ἑκάστου ἔλαβε A r i s t o t. Oecon. II
p. 1346 a, 32. So liessen die Athener in Potidaea zum Behufe einer Kriegssteuer ἀπογράφασθαι ἅπασι συνέταξαν τὰς οὐσίας μὴ ἀθρόας εἰς τὸν αὐτοῦ δῆμον
ἕκαστον, ἀλλὰ κατὰ κτῆμα ἐν ᾧ τόπῳ ἕκαστον εἴη A r i s t o t. Oecon. Π p. 1347 a, 18.
    [2]) Als Hypothekenbücher sind sie gefasst bei T h e o p h r a s t π. συμβο
λαίων in S t o b. Floril. XLIV, 22: παρ' οἷς γὰρ ἀναγραφὴ τῶν κτημάτων ἐστὶ καὶ
τῶν συμβολαίων, ἐξ ἐκείνων ἔστι μαθεῖν, εἰ ἐλεύθερα καὶ ἀνέπαφα καὶ τὰ αὐτοῦ
πωλεῖ δικαίως· εὐθὺς γὰρ καὶ μετεγγράψει ἡ ἀρχὴ τὸν ἐωνημένον. Vgl. dazu
B o e c k h, Staatsh. I S. 665 f. und B ü c h s e n s c h ü t z, Besitz und Erwerb
S. 67. Auch die διαγραφή gehört hierher, eine Art Karte H a r p o c r. s. v.: ἡ
διατύπωσις τῶν πιπρασκομένων μετάλλων δηλοῦσα διὰ γραμμάτων, ἀπὸ ποίας ἀρχῆς
μέχρι πόσου πέρατος πιπράσκεται.
    [3]) Vgl. unten § 11. Die μνήμονες der Lygdamisinschrift von Halikarnass
(I. G. A. 500, S. 1. Gr. 5, V. Jahrh.) beaufsichtigen den Grundbesitz, wenn
auch ihre Geschäfte genauer nicht zu bestimmen sind.
    [4]) A r i s t o t. Pol. VI, 2, 5 p. 1319 a, 10: ἦν δὲ τό γε ἀρχαῖον ἐν πολλαῖς
πόλεσι νενομοθετημένον μηδὲ πωλεῖν ἐξεῖναι τοὺς πρώτους κλήρους· und ebenda
Π, 3, 7 p. 1265 b, 12: Φείδων μὲν οὖν ὁ Κορίνθιος, ὢν νομοθέτης τῶν ἀρχαιοτάτων,
τοὺς οἴκους ἴσους ᾠήθη δεῖν διαμένειν καὶ τὸ πλῆθος τῶν πολιτῶν, καὶ εἰ τὸ πρῶ
τον τοὺς κλήρους ἀνίσους εἶχον πάντες κατὰ μέγεθος: vgl. M ü l l e r, Dorier II,
S. 200 und W e i s s e n b o r n, Hellen. S. 39. Auch des Philolaos Gesetz bei
A r i s t. Pol. II, 9, 7 p. 1274 b, welches in Theben die Adoption einführte,
ὅπως ὁ ἀριθμὸς σῴζηται τῶν κλήρων, setzt die gleiche Bestimmung voraus.
    [5]) Vgl. H e r a c l. Pol. 2 (M ü l l e r, fr. hist. II p. 211): πωλεῖν δὲ γῆν
Λακεδαιμονίοις αἰσχρὸν νενόμισται· τῆς δ' ἀρχαίας μοίρας οὐδὲ ἔξεστιν. P l u t. Inst.
Lac. 22 p. 238 e und A r i s t o t. Pol. II, 6, 10 p. 1270 a, 19. Daraus folgt
aber nicht notwendig die Unteilbarkeit des Familienbesitzes oder der Lose:
J a n n e t, les institutions sociales et le droit civil à Sparte p. 79, L i p s i u s
in Burs. Jahresber. II S. 1342, F u s t e l d e C o u l a n g e s, la propriété à
Sparte Paris 1880, W. D u n c k e r, über die Hufen der Spartiaten. Monatsber.
der Berl. Akad. 1881, S. 148 f. Vgl. auch S. I. Gr. 178, 18: τῶν δὲ λαβόντων ἐν
Ὀρ[χο]μεν[ῶι γᾶς] κλᾶρ[ο]ν ἢ οἰκίαν ἀφ' οὗ Ἀχαιοὶ ἐγένοντο μὴ ἐξέστω μηθενὶ
ἀπαλλοτριῶ[σαι ἐντὸς ἐτ]έων εἴ[κ]οσι nach D i t t e n b e r g e r s Ergänzung.
    [6]) A r i s t o t. Pol. II, 4, 4 p. 1266 b, 18: ὁμοίως δὲ καὶ τὴν οὐσίαν πωλεῖν
οἱ νόμοι κωλύουσιν, ὥσπερ ἐν Λοκροῖς νόμος ἐστὶ μὴ πωλεῖν ἐὰν μὴ φανερὰν ἀτυ

dann in anderen Staaten das Verbot der Vergrösserung desselben über ein bestimmtes Mass, dergleichen selbst Solon in Athen erlassen haben soll [1]); wenn gleich die spätere Entwickelung dieses wie jenes in Vergessenheit brachte [2]). Dagegen galt fortwährend als Fundament des ganzen bürgerlichen Lebens die Heiligkeit der Grenzen, die schon vor aller bürgerlichen Gesetzgebung durch ihre gottesdienstliche Beziehung, um nicht zu sagen Vergötterung, dem Eigentume eine höhere Weihe erteilt hatten [3]) und mit derselben Sorgfalt wie Tempelgut von profanem [4]), auch den Besitz der Einzelnen unter sich [5]) und vom Staatsgute [6]) schieden. Wie Privat-

χίαν ζεύξη συμβεβηκυίαν· ἔτι δὲ τοὺς παλαιοὺς κλήρους διασώζειν· τοῦτο δὲ λυθὲν καὶ περὶ Δευκάδα δημοτικὴν ἐποίησε λίαν τὴν πολιτείαν αὐτῶν. Vgl. Gilbert, griech. Staatsalt. II, 40.

[1]) Aristot. Pol. II, 4, 4 p. 1266 b, 14: διότι μὲν οὖν ἔχει τινὰ δύναμιν εἰς τὴν πολιτικὴν κοινωνίαν ἡ τῆς οὐσίας ὁμαλότης, καὶ τῶν πάλαι τινὲς φαίνονται διεγνωκότες, οἷον καὶ Σόλων ἐνομοθέτησεν, καὶ παρ' ἄλλοις ἐστὶ νόμος, ὃς κωλύει κτᾶσθαι γῆν ὅσην ἂν βούληταί τις; und VI, 2, 5 p. 1319 a, 6: τῶν τε νόμων τινὲς τῶν παρὰ τοῖς πολλοῖς κειμένων τὸ ἀρχαῖον χρήσιμοι πάντες, ἢ τὸ ὅλως μὴ ἐξεῖναι κεκτῆσθαι πλείω γῆν μέτρου τινὸς ἢ ἀπό τινος τόπου πρὸς τὸ ἄστυ καὶ τὴν πόλιν, für Thurii V, 6, 6 p. 1307 a, 30.

[2]) Für Attika vgl. Dem. XXIII, 208 p. 689: γῆν δ' ἔνιοι πλείω πάντων ὑμῶν τῶν ἐν τῷ δικαστηρίῳ συνεώνηνται vgl. (XIII), 30 p. 175, auch in Kreta hörte die Beschränkung des Landerwerbs, wenn sie je bestand, zeitig auf, da Polyb. VI, 46, 1 hierin geradezu einen Unterschied von der spartanischen Verfassung erblickt. Wenn andrerseits Stark in der zweiten Auflage nach Müller, Dorier II S. 200 annahm, Phaleas habe in Theben eine erneute Ausgleichung des Grundvermögens vorgenommen, so findet sich das richtige Urteil über diesen Mann bei Boeckh, Staatsh. d. A. I S. 65. Er hatte ein theoretisches Buch über die beste Staatsverfassung geschrieben, welches Arist. Pol. p. 1266 a—1267 b wegen seines Mangels an praktischem Blicke bekämpft.

[3]) θεοὶ ὅριοι, Aelian. Epist. rust. 15 p. 648; vgl. Poll. IX, 8 und den νόμος Διὸς ὁρίου bei Plat. Leg. VIII, p. 842 e: μὴ κινείτω γῆς ὅρια μηδεὶς μήτε οἰκείου πολίτου γείτονος μήτε ὁμοτέρμονος ... βουλέσθω δὲ πᾶς πέτρον ἐπιχειρῆσαι κινεῖν τὸν μέγιστον ἄλλον μᾶλλον ἢ σμικρὸν λίθον ὁρίζοντα φιλίαν τε καὶ ἔχθραν ἔνορκον παρὰ θεῶν κτλ. mit Hermann, de terminis eorumque religione apud Graecos, Gott. 1846. 4.

[4]) Vgl. Mazocchi in Tab. aen. Heracl. Neap. 1754 fol. p. 145 f. und mehr Hermann a. a. O. p. 8 f., auch Keil, Inscr. Boeot. syll. Lips. 1847. 4. p. 40 f. und im allgem. C. Bötticher, Tektonik der Hellenen, Potsdam 1849. 4. S. 17 f. Beispiele: C. I. A. I, 504 ὅρος Διός; 526 ὅρος Ἀρτέμιδος τεμένους Ἀμαρυσίας, auch ohne den Namen 498 ὅρος τοῦ τεμένους; I. G. A. 406 (C² 523) aus Paros: ὅρος τοῦ ἱεροῦ. vgl. C. I. A. II, 1062 ff., I. G. A. 345, 346 (C² 86 87), Corp. Inscr. Graec. 1909 (C² 88), Corp. Inscr. Gr. Sept. I, 1785 (C² 339).

[5]) C. I. A. I, 507 ὅρος Ξανθίου, II, 1068 ὅρος χωρίου Πρωτάρχου, auch bloss ὅρος I, 508 ff. II, 1068 oder mit beigefügtem Buchstaben I, 514 ff.: ὅρος κ.

verträge selbst die Höhe der Grenzsteine bestimmten [1]), so wahrte der Staat [2]) die öffentlichen Wege und Plätze [3]) mit solcher Strenge, dass er mitunter bis auf hervorspringende Häuserteile Anspruch erhob [4]), sicherte auch die Flussläufe gegen ungebührliche Ableitung ihres Wassers [5]); und sowohl zwischen Einzelländereien als an den Marken grösserer Gebiete scheint, um Irruungen zu vermeiden, bisweilen eine Strecke Feldes ganz dem Anbaue entzogen worden zu

---

[6]) S. I. Gr. 809 (C[2] 168): ἀπὸ τ̄δ τείχε[ος] δαμόσιον τὸ χωρίον πάντε πόδ[α]ς. vgl. ebenda 808 (C[2] 524), 310, 311 und als Beispiel für Staatengrenzen Lebas-Foucart, Pélop. (S. I. Gr. 307) ὅρος· Λακεδαί μονι πρὸς' Μεσσήνην.

[1]) Vgl. C. I. A. II, 1055 Z. 28: καὶ ὅρους ἐπὶ τῷ χωρίῳ μὴ ἔλαττον ἢ τρίπεδας ἐκατέρωθεν δύο, und im allgem. schon Iliad. XXI, 405, dann Theophr. Char. 18: καὶ τοὺς ὅρους ἐπισκοπεῖσθαι ὁστ̄μέραι, εἰ δαμένουσιν οἱ αὐτοί: obgleich namentlich Privatgrundstücke auch noch andere als durch Steine abgegrenzt wurden: s. Hermann, de terminis p. 35. Berichte über das Aufstellen von Grenzsteinen geben Corp. Inscr. Gr. 5774 (C[2] 40) Z. 54 ff., 2905 (C[2] 179 b) Z. 22 ff., vgl. I. G. A. 381 (C[2] 496) Z. 1 ff. u. Corp. Inscr. Gr. 5594 (C[1] 77).

[2]) Die ὁροφύλακες in Chios bei Roehl, I. G. A. 381 (C[2] 496 V. Jahrh.) haben die Grenzsteine zu schützen und unter eigener Verantwortung die Strafe für ihre Verletzung (100 Stateren und daneben Atimie) einzutreiben. Die ὁρισταί dagegen in Herakleia C. I. G. III, 5774 (C[2] 40 IV. Jahrh.), welche Tempelgrundstücke abgrenzen, heiliges Land unbefugten Nutzniessern im Rechtswege entziehen, sind ad hoc gewählt. Ebensowenig sind die ὁρισταί οἱ πεντήκοντα bei Hyp. Euxen. XXIX, 19 vgl. Bekk. An. I, 287 eine ständige Behörde, vgl. Blass, att. Ber. III, 2 S. 54. Sie könnten wohl auch der Zeit nach identisch sein mit den ὁρισταί des J. 418 C. I. A. IV, 2, 53 a. Ausserdem finden sich ὁρισταί in Chios, Bull corr. hell. III, 244 und Mylasae, Lebas-Wadd. As. min. 423/4.

[3]) Ὅρος ὁδοῦ C. I. A. I, 527; ebenda 501 ὅρος Πυκνός, Athenaion VI, 374 n. 8: [ὅ]ρος [κ]ρήνης; C. I. A. I, 519 ἐμπορί[ου] καὶ ὁδοῦ ὅρος; 520, 521 πορθμείων ὅρμου ὅρος, vgl. II, 1075, Curtius, Wegebau S. 85 und Télfy, C. I. A. n. 1462—65. Comment. p. 628. Die Aufsicht führen die Astynomen nach Arist. resp. Ath. 50, Plat. leg. VI p. 779 c, vgl. (Xen.) resp. Ath. 3, 4. Für die Sorge des Staates um Offenhaltung der Wege zeugen auch das ephes. Gesetz, S. I. Gr. 344 Z. 13; Corp. Inscr. Gr. 5774 (C[2] 40) Z. 182; 5594 (C[1] 77) A. Z. 62 ἕρπει wie Bull. de corr. hell. III, 437 ὅρος· μὴ τοιχοδομεῖν ἐντὸς τῶν ὅρων ἰδιώτην.

[4]) Vgl. Aristot. Oeconom. II, 5 p. 1347 a. 4 und Polyaen. Strateg. III, 9, 30, der fast dasselbe, was jener von Hippias, von Iphikrates erzählt: ἐν ἀπορίᾳ χρημάτων ἔπεισεν 'Αθηναίους τὰ ὑπερέχοντα τῶν οἰκοδομημάτων ἐς τὰς δημοσίους ὁδοὺς ἀποκόπτειν ἢ πιπράσκειν, ὥστε οἱ δεσπόται τῶν οἰκίων πολλὰ εἰσήνεγκαν χρήματα ὑπὲρ τοῦ μὴ περικοπῆναι καὶ σαφρὰ γενέσθαι τὰ οἰκοδομήματα.

[5]) In Gortyna Mus. it. II, 635 C Col. 2 = Mon. Ant. III n. 154: τὰν δὲ ῥοὰν λείπεν ὅττον κατάκει [ἆ] ἐπ' ἀγοράι δέπυρα ἢ πλίον, μεῖον δὲ μή.

sein [1]). Dass die Wohnung des Bürgers ein Heiligtum sei, das kein unberechtigter Fuss betreten dürfe [2]), erkannte Sparta wie Athen an [3]); ausserdem aber war in den solonischen Gesetzen aufs genaueste bestimmt, wie weit ein Nachbar mit Anpflanzungen oder Bauten von der Grenze des andern entfernt bleiben sollte, um diesen nicht zu beeinträchtigen [4]); und nur in der einzigen Hinsicht legten sie auch dem Eigentume wieder eine Art von Servitut auf, als sie dem, welcher auf seinem Grunde vergebens zehn Klafter tief nach Wasser gesucht hatte, den Nachbarbrunnen täglich zweimal für eine bestimmte Menge Wasser zu benutzen erlaubten [5]).

---

[1]) Ὀργὰς γῆ, Paus. III, 4, 2; μεθόριον Hesych. II p. 558: vgl. Gottesd. Alt. § 20 und dazu ἐπίξυνος ἀροόρη Iliad. XII, 422, ἄντομος Tab. Heracl. Corp. Inscr. Gr. 5774 (C² 40) Z. 12 ff., vielleicht auch ἀμμορίη Heges. de Halon. 40 p. 86; s. Hermann, de Term. p. 16, auch S. 56 A. 4.

[2]) Dionys. Hal. Arch. XX, 2: τῶν δὲ κατ' οἰκίαν γενομένων οὔτε πρόνοιαν οὔτε φυλακὴν ἐποιοῦντο, τὴν αὔλειον θύραν ἑκάστου ὅρον εἶναι τῆς ἐλευθερίας τοῦ βίου νομίζοντες. Ross, Inscript. fasc. II. Was Xenoph. Resp. Lac. 6, 4 von ländlichen Vorratshäusern sagt: τοὺς δὲ δεομένους ἀνοίξαντας τὰ σήμαντρα, λαβόντας ὅσων ἂν δέωνται σημηναμένους καταλιπεῖν, thut dem keinen Abtrag.

[3]) (Demosth.) XLVII, 60 p. 1157: εἰς μὲν τὴν οἰκίαν οὐκ εἰσῆλθεν· οὐ γὰρ ἡγεῖτο δίκαιον εἶναι μὴ παρόντος γε τοῦ κυρίου: vgl. XXII, 52 p. 609 und Schömann-L., att. Prozess S. 784.

[4]) Ἐάν τις αἱμασιὰν παρ' ἀλλοτρίῳ χωρίῳ ὀρύγῃ, τὸν ὅρον μὴ παραβαίνειν· ἐὰν τειχίον, πόδα ἀπολείπειν, ἐὰν δὲ τάφρον ἢ βόθρον ὀρύττῃ, ὅσον τὸ βάθος ᾖ, τοσοῦτον ἀπολείπειν· ἐάν δὲ φρέαρ, ὀργυιάν· ἐλαίαν δὲ καὶ συκῆν ἐννέα πόδας ἀπὸ τοῦ ἀλλοτρίου φυτεύειν, τὰ δὲ ἄλλα δένδρα πέντε πόδας: Gaius in l. ult. Dig. X, 1 de fin. regundis, wozu aus den Basiliken noch der Schluss bei Otto, Thes. iur. civ. III p. 1514: εἰ δέ τις ἐν ἀγρῷ βούλοιτο κτίσαι, τόξου βολὴν ἀπὸ τοῦ ἀγρογείτονος ἀπεχέτω: vgl. Plut. V. Solon. c. 23 mit der weitern Angabe: καὶ μελισσῶν σμῆνος καθιστάμενον ἀπέχειν τῶν ὑφ' ἑτέρου πρότερον ἱδρυμένων πόδας τριακοσίους und Plat. Leg. VIII p. 843e mit Platner, Prozess II S. 373, Rosen, Fragm. Gaiani de iure confinium interpretatio, Lemgo 1831. 8., p. 25 f., Rudorff, in Zeitschr. f. geschichtliche Rechtswiss. X S. 385 f., und was von älteren Erklärern in Fabric. Bibl. et Harles II p. 53 citiert ist. Vgl. Büchsenschütz, Besitz und Erwerb S. 67.

[5]) Plut. V. Solon. c. 23: ὅπου μέν ἐστι δημόσιον φρέαρ ἐντὸς ἱππικοῦ, χρῆσθαι τούτῳ· τὸ δ' ἱππικὸν διάστημα τεττάρων ἦν σταδίων· ὅπου δὲ πλεῖον ἀπεῖχε, ζητεῖν ὕδωρ ἴδιον· ἐὰν δὲ ὀρύξαντες ὀργυιῶν δέκα βάθος παρ' ἑαυτοῖς μὴ εὕρωσι, τότε λαμβάνειν παρὰ τοῦ γείτονος ἐξάχουν ὑδρίαν δὶς ἑκάστης ἡμέρας πληροῦντας: vgl. Plat. Leg. VIII p. 844 und Herald. Observ. c. 41 p. 127 f. Eine Zusatzbestimmung von Gortyna C. Col. 2, Mus. it. II, 635 = Mon. Ant. III n. 154 scheint die Benutzung von Flusswasser zur Flurenberieselung zu regeln: τῷ

§ 9. [§ 64.]
Vom Erbrechte.

Am ursprünglichsten stehen übrigens auch alle Eigentumsver-
hältnisse, zumal was unbeweglichen Besitz betrifft, auf dem Boden
des Familienrechts, das in dieser Hinsicht nicht bloss die gleich-
zeitig lebenden Mitglieder eines Hauses durch die gemeinschaftliche
Nutzniessung verbindet [1]), sondern auch die aufeinanderfolgenden
Geschlechter desselben durch das Band einer selbstverständlichen
Erbfolge der ehelichen Söhne verknüpft [2]), wozu es dann nur für
Seitenverwandte noch gesetzgeberischer Ergänzung bedurfte [3]). Zwar

---

ποταμῷ αἰ κα κατὰ τὸ μέττον τὰν ροὰν θιθῆι, ρῆν [κ]ατὰ τὸ Fὸν αὐτῶ θιθεμένωι
ἄπατον ἤμην. „Vom Flusse wenn man über die Mitte (seines Ackers) die
Strömung leitet, so soll es dem, der sie über sein Eigentum leitet, strafos
sein." Daran schliesst sich die S. 60 A. 1 angeführte Beschränkung.

[1]) Daher die Hausgenossen ὁμόκαποι oder ὁμοσίπυοι, d. h. ὁμοτράπεζοι, Hesych. II p. 755, vgl. Privatalt. § 9 S. 63. Über diese Gemeinschaft enthält
das Gesetz von Gortyna VI, 2 f. und IX, 40 im einzelnen Vorschriften,
welche das Vermögen des Vaters, der Kinder, der Frau vor Übergriffen der
anderen Hausgenossen schützen sollen, vgl. Zitelmann S. 129 f.

[2]) Philo de vita Mosis c. 3: ὁ νόμος φύσεως ἐστι κληρονομεῖσθαι τοὺς
γονεῖς ὑπὸ τῶν παίδων: vgl. Isocr. I, 2 p. 2b, Plat. Respubl. 1, p. 331 d.
und im allg. Mitteis, Reichsrecht und Volksrecht S. 63 f. Ob die Söhne
verschiedenen Ehen entstammen ist gleichgiltig: Demosth. XXXVI, 32
p. 954. Ein Zeichen der κακεξία der Böoter unter Opheltas im III. Jahrhundert v. Chr. findet Polybius XX, 6, 5 neben dem Stillstand der Rechts-
pflege in dem Aufhören aller Sorge für geordnete Erbschaft: οἱ μὲν γάρ
ἄτεκνοι τὰς οὐσίας οὐ τοῖς κατὰ γένος ἐπιγενομένοις τελευτῶντες ἀπέλιπον, ὅπερ
ἦν ἔθος παρ' αὐτοῖς πρότερον, ἀλλ' εἰς εὐωχίας καὶ μέθας διετίθεντο καὶ κοινὰς
τοῖς φίλοις ἐποίουν· πολλοὶ δὲ καὶ τῶν ἐχόντων γενεὰς ἀπεμέριζον τοῖς συσσιτίοις
τὸ πλεῖον μέρος τῆς οὐσίας. Spuren von Mutterrecht auf der Insel Kos werden auf die karische Bevölkerung zurückgeführt von Toepfer, Mitth. d.
Inst. Ath. 1891, 406.

[3]) Hierüber haben für Athen gehandelt insbes. C. C. Bunsen, de iure
hereditario Atheniensium, Gott. 1813. 4., E. Gans, das Erbrecht in weltge-
schichtlicher Entwickelung, Berlin 1824. 8., B. I S. 290 ff., C. de Boor,
über das attische Intestaterbrecht . . . als Prolegomena zu der Rede gegen
Makartatus. Hamb. 1838. 8., womit die Beurteilungen von Platner in Heidelb.,
Jahrb. 1814, N. 74, 75 und Richters krit. Jahrb. der Rechtswiss. 1840, H. 3,
Schömann in Allg. Lit. Zeitg. 1840 E. Bl. S. 524 f., und Hermann in
Zeitschr. f. d. Altert. 1840, N. 2—5 zu verbinden sind. Auch van Stegeren, de condit. civ. feminarum p. 104 f. u. Schelling, de Solonis le-
gibus p. 103 f. mit der Rec. v. Franke in Jen. Lit. Zeit. 1844 S. 738 f.

war auch bei mehreren Söhnen die Frage über den Anteil eines
jeden möglich [1]), und da es nicht scheint, als ob die Erstgeburt
weitere Vorzüge als die eines Ersten unter seines Gleichen verliehen
habe [2]), so konnte hier nicht nur [3]), sondern musste sogar vielfach

---

handeln darüber. Neuere Abhandlungen von Seifert, de iure bereditario
Athen. Gryphisw. 1842 und E. Schneider, de iure hereditario Atheniensium. Monach. 1852. 8., Dem. Maurocordato, Essai historique sur les
divers ordres de succession ab intestat. Paris 1847. 8. p. 22—32, Naber in
Mnemosyne 1851. I p. 375 ff. und Giraud, sur le droit de succession chez
les Athéniens 1842 in Revue de législ. XVI p. 97 f., sowie H. Brandes in
Hallesche Encyklop. Sect. I Bd. 83 S. 81 f., Guil. Grasshoff, symbolae
ad doctrinam iuris attici de hereditatibus. I de successione ab intestato. diss.
Lips. Berol. 1877, Caillemer, le droit de succession à Athènes. Paris,
Caen. 1879, vgl. Lipsius in Bursians Jahresber. XV, 346 f., F. Robiou,
questions de droit attique. Paris 1880 p. 22 ff.

[1]) Dass die Erbteilung selbst wenigstens in Attika erst eine solonische
Bestimmung sei, ist von Hüllmann, griech. Denkwürdigk. S. 21 ohne alle
Beglaubigung behauptet und auch von Droysen in Schmidts Zeitschr. f.
Geschichte VIII S. 298 durch die Beziehung auf Hesych. I p. 1302 um
nichts wahrscheinlicher gemacht. Denn dass alle nachgeborenen Söhne ausserhalb des Geschlechts, ἔξω τριακάδος gewesen wären, ist um so weniger anzunehmen, als gerade die echten und vollberechtigten Geschlechtsgenossen
Milchbrüder, ὁμογάλακτες, heissen, s. Staatsalt. § 58; jene μὴ μεταλαμβάνοντες
παῖδες ἢ ἀγχιστεῖς κλήρου, τελευτήσαντός τινος, müssen also vielmehr Halbbür-
tige oder ähnliche Ausnahmen gewesen sein, s. oben § 2 S. 7.

[2]) Iliad XV, 204: οἶσθ᾽ ὡς πρεσβυτέροισιν Ἐρινύες αἰὲν ἔπονται. Daher
hatte der Erstgeborene nach Wachsmuths richtiger Bemerkung II S. 178
„eine Art Recht der Auswahl bei Erbteilungen", konnte auch ein Praelegat
πρεσβεῖα, erhalten, Demosth. XXXVI, 11 p. 947 und 84 p. 955. Wenn
Caillemer, droit de tester p. 80 und droit de succession p. 80 diese beiden von Wachsmuth bezeichneten Punkte in Zweifel zieht, so ist zwar
zuzugeben, dass bei Demosth. a. a. O. Apollodor seine πρεσβεῖα nur kraft
des Testaments erhält, welches auch einen jüngeren Sohn hätte bevorzugen
können, doch spricht die Bezeichnung πρεσβεῖα selbst für die Üblichkeit des
von Pasion beobachteten Verfahrens, wie andrerseits auch kein Beweis für
die Anwendung des Loses gegenüber der Wahl daselbst beigebracht ist.
Das Gesetz stellt den Grundsatz auf: ἅπαντας τοὺς γνησίους ἰσομοίρους εἶναι τῶν
πατρώων Isaeus VI, 25 p. 58.

[3]) Wie bei Aeschin. I. 102 p. 121: ἦσαν οὗτοι τρεῖς ἀδελφοί . . . τούτων
πρῶτος ἐτελεύτησεν Εὐπόλεμος, ἀνεμήτου τῆς οὐσίας οὔσης, δεύτερος δ᾽ Ἀρίζηλος
ὁ Τιμάρχου πατήρ· ὅτε δ᾽ ἔζη, πᾶσαν τὴν οὐσίαν διεχείριζε διὰ τὴν ἀσθένειαν καὶ
τὴν συμφορὰν τὴν περὶ τὰ ὄμματα τοῦ Ἀριγνώτου . . . καί τι καὶ εἰς τροφὴν συν-
ταξάμενος ἰδίου τῷ Ἀριγνώτῳ, wo das Gebrechen des Arignotos auch später
die Teilung unterbleiben lässt. (Demosth.) XLIV, 10 u. 18 p. 1083 ff.,
wo es von dem einen unverheirateten Bruder heisst: Ἀρχιάδης οὐκ ἔφη προ-
αιρεῖσθαι γαμεῖν, ἀλλὰ καὶ τὴν οὐσίαν ἀνέμητον διὰ ταῦτα συγχωρήσας εἶναι φησι

Gesamteigentum eintreten [1]); als Regel darf jedoch schon von den ältesten Zeiten an gleiche Teilung angenommen werden [2]) und dieselbe galt dann auch für gleichberechtigte Seitenverwandte, wo nur die Berechtigung selbst gesetzlich dergestalt abgestuft war, dass diejenigen, welche das nähere Stammhaupt mit dem Erblasser gemein hatten, den entfernteren, bei gleicher Nähe des Grades aber die männlichen und männlicherseits Verwandten den weiblichen und weiblicherseits Verwandten vorgingen. Das attische Gesetz, welches übrigens schon dem Altertum als dunkel auffiel [3]), lautete [4]): Ὅστις

καθ' αὐτὸν ἐν τῇ Σαλαμῖνι zeigt, dass zum Gemeinbesitz Einverständnis der Erben erforderlich war. Auf Gesamteigentum sind wahrscheinlich auch Lys. XVIII, 21 und XVII, 4 zu erklären, vgl. Thalheim, die Rede für Polystratos (Lys XX) Breslau 1876. S. 18 u. 20. Harpocr. s. v. κοινωνικῶν: κοινωνικοὺς ἂν λέγοι τάχα μὲν τοὺς ἀνέμητον οὐσίαν ἔχοντας ἀδελφούς, ὧν ὁ μὲν πατὴρ ἐδύνατο λειτουργεῖν, οἱ δὲ κληρονόμοι τῶν ἐκείνου καθ' ἕνα τριηραρχεῖν οὐκ ἐξήρχουν.

[1]) So namentlich bei Sparta, vgl. Polyb. XII, 6 b, 8: παρὰ μὲν γὰρ τοῖς Λακεδαιμονίοις καὶ πάτριον ἦν καὶ σύνηθες τρεῖς ἄνδρας ἔχειν τὴν γυναῖκα καὶ τέτταρας, ποτὲ δὲ καὶ πλείους, ἀδελφοὺς ὄντας, καὶ τέκνα τούτων εἶναι κοινά: gerade daraus aber geht hervor, dass auch dort nicht mit Manso Sparta I S. 121, Müller, Dor. II S. 193, Lachmann, spartan. Staatsverf. S. 172 f. an Majorate gedacht werden kann, vgl. Hermann, Antiqu. Lac. p. 178 f., Jannet, les institutions sociales et le droit civil à Sparte p. 88, wo unter Zustimmung von Lipsius in Burs. Jahresber. II, 1842 ein gesetzlicher Hinderungsgrund gegen die Erbteilung geleugnet wird; als Grund der Sitte wird vielmehr das Bestreben angegeben durch Beschränkung der Nachkommenschaft die Familienmitglieder vor Verarmung und Verlust des Bürgerrechts zu schützen.

[2]) Schon Odyss. XIV, 209: τοὶ δὲ ζωὴν ἐδάσαντο παῖδες ὑπέρθυμοι καὶ ἐπὶ κλήρους ἐβάλοντο: vgl. Corp. Inscr. Gr. II p. 475, Aristot. Politic. V, 3, 2 p. 1303 b, 33. Beispiele der Teilung sind Lys. XVI, 10; Isaeus VII, 5 p. 68; (Demosth.) XL, 14 p. 1012. Die Teilung wurde mitunter nur teilweise vollzogen: Lys. XXXII, 4: ἀδελφοὶ ἦσαν . . . καὶ τὴν μὲν ἀφανῆ οὐσίαν ἐνείμαντο, τῆς δὲ φανερᾶς ἐκοινώνουν, Demosth. XXXVI, 9 p. 947, konnte aber andrerseits auf dem Prozesswege erzwungen werden εἰς ἐξητῶν αἵρεσιν Aristot. Resp. Ath. 56: ἐάν τις μὴ θέλῃ κοινὰ τὰ ὄντα νέμεσθαι. Zuweilen fand eine Auseinandersetzung unter Brüdern schon bei Lebzeiten des Vaters statt: (Demosth.) XLVII, 34 p. 1149, vgl. XLIII, 19 p. 1055; Lys. XIX, 37. Die Vorschriften von Gortyna V, 28 f. begünstigen gleichfalls die Teilung.

[3]) Arist. Resp. 9: διὰ τὸ μὴ γεγράφθαι τοὺς νόμους ἁπλῶς μηδὲ σαφῶς, ἀλλ' ὥσπερ ὁ περὶ κλήρων καὶ ἐπικλήρων, ἀνάγκη πολλὰς ἀμφισβητήσεις γένεσθαι.

[4]) Die Echtheit des (Demosth.) XLIII, 51 p. 1067 erhaltenen Gesetzes ist bestritten von K. Seeliger, Rhein. Mus. XXXI, 176 ff., Philol. XLIII, 418 f., erwiesen von H. Buermann, Rh. Mus. XXXII, 353 ff.

(ἂν) μὴ διαθέμενος ἀποθάνῃ, ἐὰν μὲν παῖδας καταλείπῃ θηλείας, σὺν ταύτῃσιν, ἐὰν δὲ μή, τούςδε κυρίους εἶναι τῶν χρημάτων ¹)· ἐὰν [δὲ] ἀδελφοὶ ὦσιν ὁμοπάτορες ²)· καὶ ἐὰν παῖδες ἐξ ἀδελφῶν γνήσιοι, τὴν τοῦ πατρὸς μοῖραν ³) λαγχάνειν· ἐὰν δέ μὴ ἀδελφοὶ ὦσιν ἢ ἀδελφῶν παῖδες, (ἀδελφὰς καὶ παῖδας) ἐξ αὐτῶν⁴) κατὰ ταῦτα λαγχάνειν· κρατεῖν δὲ τοὺς ἄρρενας καὶ τοὺς ἐκ τῶν ἀρρένων ⁵), ἐὰν ἐκ τῶν αὐτῶν ὦσι καὶ ἐὰν γένει ἀπωτέρω ⁶)· ἐὰν δὲ μὴ ὦσι πρὸς πατρὸς μέχρι ἀνεψιῶν παί-

---

¹) Der einleitende Satz gilt für dunkel und verstümmelt Buermann a. a. O. 381, Caillemer a. a. O. 14, doch gegen die Ergänzung des ersteren θηλείας, (τοὺς ἐγγυτάτω γένους) συν(οικεῖν) ταύτῃσιν ist er durch den sehr ähnlichen Wortlaut des Testamentgesetzes bei Isaeus III, 68 p. 44 geschützt, und die Kürze ist verzeihlich, wenn über Erbtöchter ein besonderes Gesetz vorhanden war, vgl. S. 66 A. 2.

²) ὁμοπάτορες] erg. κυρίους εἶναι; darum ist δὲ hinter ἐάν, das Reiske in μέν verwandelte, zu streichen. Buermann S. 359 will ἐάν μὲν ἀδελφοί ὦσιν ὁμοπάτορες, (κρατεῖν), καί.

³) πατρὸς μοῖραν] den Anteil ihres Vaters vgl. Seeliger S. 177, Caillemer a. a. O. p. 67 ff. Im übrigen vgl. S. 67 A. 3.

⁴) ἀδελφὰς καὶ παῖδας ἐξ αὐτῶν] ergänzt von Meier, de Andoc. V p. 47, erwiesen von Buermann 354 ff., wo auch die andern Ergänzungsvorschläge einzusehen, aus Isaeus VII, 21 ff. Vielleicht hatte ἀδελφάς den Zusatz ὁμοπατρίας nach Isaeus XI. 2 p. 83.

⁵) ἀρρένων] nämlich τῶν θηλειῶν καὶ τῶν ἐκ τῶν θηλειῶν.

⁶) ἐὰν ἐκ τῶν κτλ.] der Sinn der Worte ist streitig. Isaeus VII, 20 p. 65 erklärt sie durch die Umschreibung: κρατεῖν ... ἀρρένων, οἳ ἂν ἐκ τῶν αὐτῶν ὦσι, κἂν γένει ἀπωτέρω τυγχάνωσιν ὄντες in dem Sinn: wenn sie mit den Weibern und deren Nachkommen ein gemeinsames Stammhaupt haben, auch wenn sie dem Grade nach entfernter sind. So verstand Schoemann Allg. L. Z. a. a. O. S. 524 die Isäusstelle und das Gesetz, und diese Erklärung vertreten Lipsius in Burs. Jahresb. XV, 848 Grashoff p. 64. und Mitteis, Reichsrecht und Volksrecht S. 323. Dagegen hat Buermann S. 366 ff. den Redner der bewussten Gesetzesverdrehung bezichtigt und behauptet, dass der Grundsatz vom Vorzug der Männer vor den Weibern eine Anwendung auf verschiedene Generationen in ein und derselben Klasse (z. B. Vaterbrudertochtersohn vor Vaterbrudertochter) nicht vertrage. Auch Caillemer a. a. O. 108 lässt den Vorzug der Männer in der Klasse der Vettern genau so zur Anwendung bringen, wie in der Klasse der Geschwister und Geschwisterkinder. Mit Recht, wenn auch die Erklärungsversuche beider Gelehrten unhaltbar sind; der Buermanns S. 372 ist sprachwidrig vgl. Lipsius in Burs. Jahresber. XV, 848, Caillemer überträgt S. 93 eine ganz unverbürgte Lesart der Isäusstelle in das Gesetz, τούτων für τῶν αὐτῶν. Und doch lässt sich die Stelle in Übereinstimmung mit ihrer Auffassung erklären: „wenn sie von denselben Eltern stammen (wie der Erblasser), und wenn sie dem Geschlecht nach ferner stehen", das erste Glied bezeichnet die Klasse der Geschwister und deren Nachkommen vgl. Isaeus VII, 11 p. 64, das zweite proklamiert die Wirkung des Grund-

δων, τοὺς πρὸς μητρὸς τοῦ ἀνδρὸς κατὰ ταὐτὰ κυρίους εἶναι· ἐὰν δὲ μηδετέρωθεν ᾖ ἐντὸς τούτων, τὸν πρὸς πατρὸς ἐγγυτάτω κύριον εἶναι [1]). Diesen Vorschriften entsprechen auch die des Gesetzes von Gortyna [2]), nur dass hier nach den Kindern und Enkeln der Brüder und Schwestern die Seitenverwandten ohne nähere Unterscheidung [3]) und in Ermangelung dieser sogar die Häuslerschaft [4]) des Erbloses zur Erbfolge berufen werden. Auch zeigt sich hier der Grundsatz agnatischer Erbfolge insofern durchbrochen, als den Töchtern auch neben den Söhnen von Alters her [5]) ein beschränktes Erbrecht [6]) zustand. Gemeinhin [7]) aber konnten weibliche Familienglieder nur auf Unterhalt

satzes für alle anderen Verwandtenklassen, selbst über die ἀγχιστεία hinaus. Gegen diese Erklärung hat Lipsius att. Proz.[2] 586 nur eingewandt, es müsse im ersten Gliede statt ἐάν stehen κἂν oder ἐάν τε. Nun die Änderungen wären eine so leicht wie die andere. Eine andere Erklärung bei Wachholtz, de litis instrumentis in Demosth. quae fertur oratione in Macart. Kiel 1878, S. 28 findet in dem zweiten Satzglied Dinge, die nicht darin stehen: wenn sie (Männer und Weiber) von denselben und wenn sie von verschiedenen, dem Erblasser in gleichem Grade verwandten Vorfahren stammen.

[1]) Vgl. S. 68 A. 2—4.

[2]) V, 9 f. Über die Ähnlichkeit der Bestimmungen des sog. Syrisch-römischen Rechtsbuchs vgl. Mitteis, Reichsrecht und Volksrecht 313 f.

[3]) V, 22: αἰ δέ κα μή τις ἦι τούτων, οἷς κ' ἐπιβάλληι, ὁπῶ κ' ἦι, τὰ χρήματα, τούτως ἀναιλῆσθαι.

[4]) V, 25: αἰ δὲ μή εἶεν ἐπιβάλλοντες, τᾶς Ϝοικίας οἴτινές κ' ἴωντι ὁ κλᾶρος, τούτους ἔχεν τὰ χρήματα. Diese Fassung schliesst doch wohl die Erklärung von Schaube, Hermes XXI, 222 aus, dass das Bürgergut, das Erblos selbst, in letzter Linie erbt.

[5]) Dass diese Vorschrift nicht Neuerung des Gesetzes ist (Zitelmann S. 141) geht aus V, 4 hervor, vgl. Kirchner, Rhein. Mus. XLIII, 146.

[6]) IV, 31 f. Sie erben nicht mit an dem Stadthause, an dessen Inventar und an dem Vieh und erhalten von dem übrigen Vermögen den halben Sohnesanteil, werden übrigens durch eine früher bestellte Mitgift auch dieses Anspruchs verlustig.

[7]) Spuren andrer Abweichungen von diesem Grundsatze sind folgende: Auf den delphischen Freilassungsurkunden geben sehr oft die Erben ihre Zustimmung zu dem Verkauf der Sklaven an eine Gottheit, und dabei ist häufig genug die Tochter neben dem Sohne erwähnt. Wescher et Foucart n. 82, 177, 218, 352, 21, 83, 426, 448, Bull. corr. hell. XVII p. 343 f. n. 104 und dies deutet auf Erbrecht. Vielleicht hatte sogar die Ehefrau Erbrecht am Nachlass des Mannes, denn wo sie als Zustimmende neben ihren Kindern erscheint, ist sie stets an erster Stelle genannt, n. 177, 218, 352, Bull. corr. hell. XVII n. 35. Darauf deutet wohl auch die grosse Zahl der Fälle, wo die Frau, voraussichtlich als Witwe, unter Zustimmung des Sohnes verkauft, vgl. n. 43, 44, 70, 76, 87 usw. Auch in Tenos erbte die Tochter wahrscheinlich mit den Brüdern C. I. G. 2338 (III/II. Jahrh. Newton

und Ausstattung aus dem Hausvermögen [1]) Anspruch machen, und
selbst wo sie in Ermangelung gleichberechtigter Männer als Erbin-
nen eintreten, dienen sie eigentlich nur das Erbe für den Nächst-
berechtigten zu vermitteln, insofern dieser sie zu heiraten berechtigt
unter Umständen sogar verpflichtet war [2]) und damit ihr Vermögen

---

II, 377) Z. 93. In Erythrae konnte die Ehefrau durch Testament neben
Söhnen Haupterbin sein, Dittenberger, Syll. I. Gr. 370 Z. 150 (III. Jahrh.).

[1]) Ἐπίπροικος δὲ ἡ ἐπὶ μέρει τινὶ τοῦ κλήρου, ὥστε προῖκα ἔχειν, ἀδελφῶν
αὐτῇ ὄντων, Harpocr. s. v. ἐπίδικος, Bekk. Anecd. p. 256. vgl. Privatalt.
S. 264 ff. und unten § 10, auch van Stegeren p. 134. Nur in diesem
Sinne können auch Geschwister beiderlei Geschlechts zusammen κληρονόμοι
heissen, wie Isocr. XIX, 9 p. 386 b.

[2]) Sie hiessen ἐπίκληρος, ἐπικληρῖτις. πατροῦχος (Herodot VI, 57, Poll.
III, 33, Ruhnken ad Tim. p. 209), πατρῳῶχος in Gortyna, ἐπιπάματις (Hesych. I p. 1374). Für Sparta vgl. Jannet, les instit. sociales et le droit
civil à Sparte p. 90 ff. Die ausführlichen Vorschriften über Erbtöchter in
Gortyna VII, 15—IX, 24 beweisen, wie man daselbst gleichfalls bestrebt
war, das Vermögen der Familie zu erhalten. Zur Heirat berechtigt waren
zunächst die Vatersbrüder, dann deren Söhne, vgl. Zitelmann 149 f.
Auch Charondas gab Gesetze über die Erbtöchter, vgl. Diodor. XII,
18, 3. Dürftig ist die Nachricht über Androdamas von Rhegion bei
Aristot. Pol. II, 9, 9 p. 1274 b, 23, eigentümlich aber der Fall bei Heracl.
Pol. 32, wo ein Mädchen von Staatswegen ἐπίκληρος wird. Für Athen vgl.
Gans S. 339: „diesen liegt durchaus nicht der Begriff zu Grunde, dass sie
selbst als Erbende auftreten, sondern dass sie mit dem Vermögen von den
Collateralen ererbt werden" vgl. Demosth. LVII, 41 p. 1311: ἐπικλήρου κλη-
ρονομήσας εὐπόρου. Dass ein eigenes Gesetz die Ansprüche auf Erbtöchter
regelte, ist an sich wahrscheinlich und scheint aus (Demosth.) XLVI, 19
p. 1135 hervorzugehen. Das nächste Anrecht hatte nach den Quellen, wie es
scheint, der Bruder des Erblassers (Isaeus X, 5 p. 80), danach des Bruders
Söhne (Isaeus III, 72 f. p. 45), die Söhne der Schwester, sodann die Vatersbrüder des Erblassers (ebenda) und deren Descendenz, vgl. Plato Leg. p. 924 e,
v. d. Es, de iure familiarum p. 19, Caillemer a. a. O. p. 37 ff. und im
allg. Hafter, die Erbtochter nach attischem Recht, Zürich 1887. Der Zu-
spruch der Erbtochter geschah in einem amtlichen Verfahren, welches dem
des Erbschaftsantritts (vgl. unten § 11) konform ist, (Demosth.) XLVI,
22 p. 1135. vgl. Meier, att. Proz.[1] S. 614, Caillemer S. 40. Thalheim, Progr. Hirschberg 1894 S. 13 f. Eine bereits eingegangene Ehe der
Erbtochter bob die Ansprüche der Seitenverwandten nicht auf, Isaeus III.
64 p. 44. Demgemäss wird Isaeus X, 18 f. p. 81 der Ehemann einer Erbtochter gezwungen, auf die Erbansprüche seiner Frau zu verzichten, weil die
Verwandten mit ihrem Rechte drohen, die Ehe zu trennen und die Erbtochter
für sich zu beanspruchen, vgl. Caillemer, Étud. V S. 31. Gegen solche
Ansprüche konnte der Erblasser seine Tochter zwar durch ein Testament
schützen: Isaeus III, 68 p. .44 Da dieses jedoch vor Anfechtung nie sicher
war, so bezeichnet Plato Leg. XI p. 924 d unter den drei Punkten, auf

wenigstens für die aus dieser Ehe hervorgehenden Kinder erwarb [1]);
sonst gelten auch hier die nämlichen Grundsätze der Teilung [2]), und
zwar fortwährend nach Stämmen, nicht nach Köpfen, wie sich denn
überall nicht nachweisen lässt, dass das griechische Erbrecht der einfachen Repräsentation eines Verstorbenen durch seine Nachkommen
irgend eine Grenze gesetzt hätte [3]). Nur in Beziehung auf solche
Seitenverwandte, die mit dem Erblasser teils durch dessen Vater,
teils durch dessen Mutter zusammenhingen, enthielt das attische Gesetz die ausdrückliche Beschränkung, dass der Vorzug der ersteren

---

welche bei der Verheiratung der Erbtöchter zu sehen ist, als ersten die Nähe
der Verwandtschaft: πρός τε τὴν τοῦ γένους ἀγχιστείαν καὶ τὴν τοῦ κλήρου σω-
τηρίαν, τὸ δὲ τρίτον ὅπερ ἂν πατὴρ διασκέψαιτο ἐξ ἁπάντων τῶν πολιτῶν βλέπων
εἰς ἤθη τε καὶ τρόπους τὸν ἐπιτήδειον αὐτῷ μὲν υἱόν, νυμφίον δ᾽ εἶναι τῇ θυγατρί.
Auf eine vermögende Erbtochter durfte der Berechtigte verzichten, er eröffnete
dadurch die Ansprüche entfernterer Verwandten (I s a e u s III, 74 p. 45 und
X, 5 p. 80), während bei der unvermögenden (θῆσσα) das Gesetz den nächsten
Verwandten verpflichtete, sie zu heiraten oder doch auszustatten: das Gesetz
bei (D e m o s t h.) XLIII, 54 p. 1067 und dazu C a i l l e m e r, droit de succ.
S. 55, der an der Echtheit zweifelt, W a c h h o l t z a. a. O. p. 29 ff., L i p s i u s
in Burs. Jahresb. XV, 349, B a r i l l e a u, nouv. rev. hist. de droit VII (1883)
p. 159 ff., S t a a t s a l t. § 80. Schutz der Phylengenossen für eine Erbtochter C. I. A. II, 564 (S. I. Gr. 295) Z. 20.

[1]) Vgl. oben S. 10 A. 1.
[2]) S u i d a s s. v. καλοῦνται δὲ ἐπίκληροι κἂν δύο ὦσι, κἂν πλείους vgl.
A n d o c. I, 117 ff. p. 15, I s a e u s VIII, 40 p. 78, VI, 47 p. 61 und dem gegenüber den Fall einer einzigen Erbtochter, ἐπίκληρος ἐπὶ παντὶ τῷ οἴκῳ, bei dems.
X, 4 p. 80. Auch in G o r t y n a galten mehrere Töchter nebeneinander als
Erbtöchter vgl. VII. 24. Wenn aber S c h e l l i n g p. 108 die Erbtöchter
selbst wieder mit den nächsten Seitenverwandten zur Hälfte teilen lässt, so
ist das ein Missverständnis der obigen Worte (S. 64 A. 1) σὺν ταύτησι, die vielmehr eben die Heirat der Töchter zur Bedingung der Erbschaft für die Seitenverwandten machen.
[3]) Für die Descendenten hat dieses gegen B u n s e n schon G a n s S. 351 f.
aus I s a e u s VIII, 34 p. 72 bewiesen: πάντες γὰρ ὑμεῖς τῶν πατρῴων, τῶν παπ-
πῴων, τῶν ἔτι περαιτέρω κληρονομεῖτε ἐκ γένους παρειληφότες τὴν ἀγχιστείαν ἀνεπίδικον, aber auch für die Seitenverwandten spricht das Gesetz in den Worten:
καὶ ἐὰν παῖδες ἐξ ἀδελφῶν γνήσιοι, τὴν τοῦ πατρὸς μοῖραν λαγχάνειν. den Grundsatz des Repräsentationsrechts aus, welchen auf einzelne Klassen oder Glieder
zu beschränken in dem Worte παῖδες kein Grund liegt: s. H e r m a n n, Zeitschr.
für die Alt. 1840 S. 37 ff., S c h n e i d e r, de iur. her. p. 6, G r a s h o f f p. 19
C a i l l e m e r p. 10, 33, 83 und gegen die Beschränkung des Repräsentationsrechts auf die Nachkommen von Söhnen bei B u n s e n p. 10 und d e B o o r
p. 29 ff. für die Teilung nach Stämmen zwischen Töchtern und Kindern verstorbener Töchter H e r m a n n a. a. O. S. 49 ff., G r a s h o f f p. 23 ff., C a i l-
l e m e r p. 51 ff., vgl. auch B u e r m a n n, Rhein. Mus. XXXII, 355 ff. Das

bis zu den Nachkommen seiner Geschwisterkinder reichen [1]), dann
erst die bis zum nämlichen Grade von mütterlicher Seite Verwandten
folgen sollten [2]); oder wenn es auch ja noch zweifelhaft sein könnte,
ob die ἀνεψιῶν παῖδες des Gesetzes nicht vielmehr bis zu den Nach-
geschwisterkindern ausgedehnt werden müssen [3]), so ist doch jene
Bestimmung weder so zu deuten, dass sie die Descendenz der näheren
Grade ausschlösse, noch dass die jenseits liegenden Verwandten deshalb aller und jeder Erbberechtigung entbehrt hätten [4]). Am schwie-
rigsten ist das Erbrecht der Ascendenten und Collateralen in auf-
steigender Linie zu bestimmen, in welcher Hinsicht die Ansprüche
der Mütter schon im Altertume als bestritten erscheinen [5]); und

---

Gesetz von Gortyna aber scheint doch eine solche Beschränkung anzudeuten,
wenn es bei unmittelbaren Nachkommen den Urenkeln (V, 11), bei Nachkommen des Bruders aber nur den Enkeln (V, 20) Erbrecht zuspricht, vgl.
Mitteis, Reichsrecht und Volksrecht S. 321.

[1]) Μέχρι ἀνεψιῶν παίδων, s. (Demosth.) XLIII, 27 p. 1058 und Isaeus
XI, 9 ff. p. 84, der aber gleichfalls nicht berechtigt mit Schoemann A.
L.-Z. 1840. E. Bl. S. 539 und Seeliger, Rhein. Mus. XXXI, 181 παῖδες nur
auf die Söhne, nicht auf die weiteren Nachkommen der ἀνεψιοί zu beziehen;
vgl. Isaeus III, 72 p. 45 und Plat. Leg. XI p. 925a, Hermann Zeitschr.
f. d. Alt. 1840 S. 37, Buermann, Rhein. Mus. XXXII, 876, Grashoff
p. 19, Caillemer p. 108. Aus der Platostelle hat zugleich Hermann,
Compar. iur. domest. p. 26 die Bestätigung der Ansicht Schömanns entnommen, dass jene Formel die *consobrinorum filios* (Enkel des Oheims), nicht
die *sobrinos* (Enkel des Grossoheims) bezeichne; vgl. Prooem. lect. Gryph.
1880 (Jahn, Jahrb. XIII S. 115) und A. L.-Z. 1840, E.-Bl. S. 534; auch
Schelling S. 122, Grashoff p. 35 ff., Caillemer p. 113 ff., Philippi, Ar. u. Eph. S. 72, Buermann, Phil. Wochenschr. 1885 S. 591.

[2]) (Demosth.) XLIII, 51 p. 1067: ἐὰν δὲ μὴ ὦσι πρὸς πατρὸς μέχρι ἀνεψιῶν (libr. ἀνεψιαδῶν vgl. Isaeus XI, 11 p. 84) παίδων, τοὺς πρὸς μητρὸς τοῦ
ἀνδρὸς κατὰ ταὐτὰ κυρίους εἶναι · ἐὰν δὲ μηδετέρωθεν ᾖ ἐντὸς τούτων, τὸν πρὸς
πατρὸς ἐγγυτάτω κύριον εἶναι: vgl. Isaeus VII, 22 p. 65: ἐὰν μὴ ὦσιν ἀνεψιοὶ
μηδὲ ἀνεψιῶν παῖδες μηδὲ τοῦ πρὸς πατρὸς γενομένου ᾖ προσήκων μηδείς, τότε
ἀπέδωκα τοῖς πρὸς μητρός, ἑορίσας οἷς δεῖ κρατεῖν.

[3]) So Gans S. 376, van Stegeren p. 119, de Boor S. 55, Franke
a. a. O. S. 748, E. Schneider p. 12.

[4]) Wie Bunsen p. 36, der das Erbrecht geradezu mit der ἀγχιστεία abschliesst und Grashoff p. 79 auf Grund der Verwerfung des Gesetzes der
Macartatea; s. dagegen Gans S. 350 und Klenze, über die Cognaten und
Affinen in Zeitschr. f. geschichtl. Rechtswiss. VI, S. 188 f., Caillemer
p. 129.

[5]) Vgl. Theon. Progymn. c. 13 § 10: ἀμφισβητήσαιε γὰρ ἂν καὶ ἡ μήτηρ,
ὡς εἰ τοὺς πρὸς μητρὸς νόμος κληρονομεῖν καλεῖ, πολὺ πρότερον αὐτὴν τὴν μητέρα
καλοίη, mit den Erörterungen von Gans S. 371, Schömann S. 542, die
sie verwerfen, während Bunsen p. 21 f., de Boor S. 68 f., Schelling

wenn dasselbe auch weder was die Eltern [1]) noch selbst was die
Oheime betrifft, ganz verworfen werden kann, zumal da letzteren
auch unzweifelhaft Rechte auf Erbtöchter zustanden [2]), so schwebt
doch über ihrer Rangordnung im Verhältnis zu den jüngeren Seitenverwandten ein Dunkel, das nur vermutungsweise auch hier durch
den Massstab der grösseren oder geringeren Nähe des gemeinschaftlichen Stammhauptes gelichtet werden kann, wodurch aber selbst
der Vater erst nach den Geschwistern und deren Kindern zur Erbschaft käme [3]).

S. 123 f. sie insbes. nach Isaeus XI, 30 p. 87 in Schutz nehmen. Desgleichen Grashoff p. 72 ff. und Caillemer p. 120 ff.

[1]) Vgl. das Gesetz des Pittakos bei Theon. l. c. § 8: νέμεσθαι πα-
τέρα καὶ μητέρα τὴν ἴσην und (Demosth.) XLIV, 26 u. 33 p. 1088 mit Schelling p. 110 f. Die Frage ist aufs neue untersucht von Grashoff p. 43 ff.
und Caillemer p. 61 ff., wo auch die ältere Litteratur vollständig berück-
sichtigt ist. Beide entscheiden sich für das Erbrecht des Vaters, ersterer auf
Grund der Alimentationspflicht der Söhne, letzterer wegen der Stellen der
Leochares. Dagegen hat Lipsius, att. Proz.² S. 578 nach dem Wortlaut
des Collateralengesetzes (oben S. 64) dem Vater das Erbrecht abgesprochen.
Doch kann zur Zeit des Gesetzes Selbständigkeit des Sohnesvermögens bei
Lebzeiten des Vaters so selten gewesen sein, dass das Erbrecht des Vaters
keiner gesetzlichen Anerkennung zu bedürfen schien. Auch das Recht von
Gortyna schweigt über das Erbrecht des Vaters, derselbe kann nur hinter
den Schwesterkindern unter den ἐπιβάλλοντες (Seitenverwandten V, 23) inbegriffen sein, da dieses Gesetz selbständiges Sohnesvermögen anerkennt VI, 5.

[2]) Vgl. Isaeus III, 63 p. 44 mit Hermann, Compar. iur. domest. p. 30
und Demosth. XLV, 75 p. 1124, wo solche sogar Stiefoheimen beigelegt
werden; auch Hüllmann, Denkwürdigk. S. 33 f. und oben S. 66 A. 2,
und für das Erbrecht des Oheims Isaeus I, 45, dazu Grashoff p. 67 ff.,
Caillemer p. 104 ff.

[3]) Vgl. de Boor S. 47 ff. und Schömann, de hereditate filii, qui sine
liberis, patre superstite, intestatus obiit, im Prooem. lect. Gryphisw. 1842—43.
Gegenüber dieser Hermannschen Ansicht stellen Grashoff p. 57 ff. und
Caillemer p. 76 ff. den Vater vor alle Seitenverwandten, auch vor Bruder
und Bruderskinder, den Oheim (Vatersbruder) hinter den Grossvater (Gr. p. 67,
C. p. 105), die Mutter endlich vor alle Seitenverwandten weiblicher Linie trotz
Isaeus XI, 30 p. 87 (Gr. p. 78, C. p. 127). Auf den delphischen Freilassungsurkunden erscheinen als zustimmende Erben (vgl. oben S. 65 A. 6)
auch Ascendenten, aber bezeichnender Weise nie neben Descendenten, so der
Vater Wescher et Foucart no. 26, 363, 78, C. I. Gr. 1608 e, Bull. corr.
hell. XVII p. 343 f. n. 50, die Mutter no. 53, 141, 445, Bull. corr. hell.
XVII n. 29, 73, 81. Dieselbe neben und vor Brüdern Curtius, An. delph.
no. 33, neben und hinter der väterlichen Grossmutter Wesch. et Fouc.
no. 96, die väterliche Grossmutter no. 364. Auffallend selten erscheinen Geschwister als zustimmende Erben: ausser Curtius a. a. O. nur Wesch. et
Fouc. no. 133 Schwester und wahrscheinlich Schwager.

§ 10. [§ 65.]
Von Vermächtnissen und Schenkungen.

Was dagegen die freie Verfügung eines Erblassers über sein Vermögen [1]) betrifft, so war diese in Athen erst durch Solon eingeführt [2]), und scheint anderswo noch ungleich länger gesetzlich unzulässig gewesen zu sein [3]), obgleich uns gerade aus dorischen Staaten auch ziemlich alte Beispiele unbedingter Erbeinsetzungen

---

[1]) In Gortyna IV, 29 ist der Vater gehalten, falls sein Sohn gebüsst wird (αἱ δέ τις ἀταθείη), diesem sein Erbe auszuzahlen. Eine Abfindung bei Lebzeiten setzt auch die Bestimmung des lokrischen Koloniegesetzes (C² 229 B 12 V. Jahrh.) voraus: ὅσστις κ' ἀπολίπει πατάρα καὶ τὸ μέρος τὸν χρεμάτον τῶι πατρί, ἀπεί κ' ἀπογένεται, ἐξεῖμεν ἀπολαχεῖν τὸν ἐπίφοικον ἐν Ναύπακτον, vgl. Inscr. jurid. gr. p. 190.

[2]) Plut. V. Solon. c. 21: εὐδοκίμησε δὲ κἄν τῷ περὶ διαθηκῶν νόμῳ· πρότερον γὰρ οὐκ ἐξῆν, ἀλλ' ἐν τῷ γένει τοῦ τεθνηκότος ἔδει τὰ χρήματα καὶ τὸν οἶκον καταμένειν· ὁ δ' ᾧ βούλεταί τις ἐπιτρέψας, εἰ μὴ παῖδες εἶεν αὐτῷ, δοῦναι τὰ αὐτοῦ, φιλίαν τε συγγενείας ἐτίμησε μᾶλλον καὶ χάριν ἀνάγκης. καὶ τὰ χρήματα κτήματα τῶν ἐχόντων ἐποίησεν: vgl. (Demosth.) XX, 102 p. 488 und Schelling p. 128, Eug. Schneider, de iure hereditario Atheniensium, Monach. 1851. 8. p. 26 ff., sowie Becker-Goell, Char. I S. 254 ff., Caillemer, le Droit de tester à Athènes in Annuaire de l'Association pour l'encouragement des études grecques en France 1870 p. 19—39, Télfy, C. I. A. n. 1399—1412 c. comment. p. 613 ff. Zweifel an der Einführung durch Solon und die Vermutung, dass er nur ein bestehendes Herkommen fest geregelt, bei Schulin, das griechische Testament verglichen mit dem römischen, Basel 1882 S. 6.

[3]) Aristot. Politic. V, 7, 12 p. 1309 a, 24: δεῖ ... ἐν δ' ὀλιγαρχίᾳ ... καὶ τὰς κληρονομίας μὴ κατὰ δόσιν εἶναι ἀλλὰ κατὰ γένος, μηδὲ πλειόνων ἢ μιᾶς τὸν αὐτὸν κληρονομεῖν. Das opuntische Lokris (C² 229 A. 17 V. Jahrh.) scheint keine Testamente zu kennen. Inscr. jurid. gr. p. 191; ebensowenig das Recht von Gortyna vgl. Zitelmann S. 134. In Sparta führte es Epitadeus ein, s. Staatsalt. § 48. Die Zeit ist ungewiss (vgl. Schoemann, Ant. p. 118; in den ersten Jahrzehnten des IV. Jahrh. nach Duncker, Monatsb. d. Berl. Ak. 1881 S. 150), an der Thatsache ist jedoch nicht mit Schulin a. a. O. S. 39 zu zweifeln, denn Aristot. Pol. II, 6, 10 p. 1270a, 21 hat augenscheinlich die späteren Verhältnisse vor Augen, und auch Plut. Agis. 5 redet von Testieren und Schenken als einer bisher unerhörten Neuerung; nach Ägina, Siphnus, Keos bei Isocr. XIX, 12 ff. p. 386e war es wahrscheinlich erst aus Athen gekommen; doch gehören dahin auch die thebanischen νόμοι θετικοί des Philolaos bei Aristot. Polit. II, 9, 7 p. 1274 b, 4, obgleich damit zunächst der beschränktere Zweck verbunden war: ὅπως ὁ ἀριθμὸς σῴζηται τῶν κλήρων, vgl. § 8 S. 57, Isocr. XIX, 50 p. 394 d nennt es νόμον ὃς δοκεῖ τοῖς Ἕλλησιν ἅπασι καλῶς κεῖσθαι· τεκμήριον δὲ μέγιστον· περὶ γὰρ ἄλλων πολλῶν διαφερόμενοι περὶ τούτων ταὐτὰ γιγνώσκουσιν.

vorliegen [1]). Auch die platonische Gesetzgebung hob bei ihrem auf das Ganze, den Staat gerichteten Blicke das Testieren nicht auf, sondern gab, um Missbrauch zu verhüten, sehr eingehende Verordnungen [2]). In Athen war eine letztwillige Verfügung Frauen und Unmündigen versagt [3]) und bei Männern, wofern sie das Gesamtvermögen betraf, nicht allein an die Voraussetzung geknüpft, dass der Erblasser keine leiblichen Söhne hatte [4]) und dass er keinerlei

---

[1]) Abgesehen von dem mythischen Testament des Herakles in Trachis bei Soph. Trach. 157 ff. παλαιὰν δέλτον ἐγγεγραμμένην vgl. Corp. Inscr. Gr. 4 (I. G. A. 544, C² 274) aus Petelia im Lande der Bruttier, älter als die 67. Olympiade: θεός τύχα· Σάους δίδοτι Σιχαινίᾳ τὰν Fοιχίαν χαὶ τάλλα πάντα und die ähnliche Urkunde aus Corcyra a. a. O. 1850. Testamente: Demosth. XLV, 28 p. 1110; XXVII, 42 p. 826, Isaeus VI, 7 p. 58 und die Testamente der Philosophen bei Diog. Laërt (siehe oben S. 26 A. 9 und Bruns in Zeitschr. der Savigny-Stiftung für Rechtsgeschichte, rom. Abt. Bd. I, 1 ff.), die Menippos in seinen Διαθῆχαι scherzhaft behandelt hatte (Diog. Laërt. VI, 99 ff., vgl. Ter. Varronis Sat. Menipp. rell. ed. A. Riese p. 10, 228). Eingangsformel meist: ἔσται μὲν εὖ· ἐὰν δέ τι συμβαίνῃ, τάδε διατίθεμαι Diog. Laërt. V, 11, 51 vgl. Schömann ad Is. p. 356. Schlussformel mit ἀραί gegen die Zuwiderhandelnden Demosth. XXXVI, 52 p. 960 mit Gotteed. Alt. § 9.

[2]) Plato Leg. XI p. 923: ἐγώγ' οὖν νομοθέτης ὢν οὖθ' ὑμᾶς ὑμῶν αὐτῶν εἶναι τίθημι οὔτε τὴν οὐσίαν ταύτην· ξύμπαντος δὲ τοῦ γένους ὑμῶν τοῦ τε ἐμπροσθεν χαὶ τοῦ ἔπειτα ἐσομένου χαὶ ἔτι μᾶλλον τῆς πόλεως εἶναι τό τε γένος πᾶν χαὶ τὴν οὐσίαν· χαὶ οὕτω τούτων ἐχόντων οὐχ ἐάν τις ὑμᾶς θωπείαις ὑποδραμὼν ἐν νόσοις ἢ γήρᾳ σαλεύοντας παρὰ τὸ βέλτιστον διατίθεσθαι πείθῃ, ξυγχωρήσομαι ἐχών, ὅτι δὲ τῇ πόλει τε ἄριστον πάσῃ χαὶ γένει, πρὸς πᾶν τοῦτο βλέπων νομοθετήσω, τὸ ἑνὸς ἑχάστου χατατιθεὶς ἐν μοίραις ἐλάττοσι δικαίως. Folgen dann die genauen Bestimmungen über ὃς ἂν διαθήχην γράφῃ τά αὑτοῦ διατιθέμενος, weiter im Gegensatz dazu: ὃς δ' ἂν μηδὲν τὸ παράπαν διαθέμενος ἀποθάνῃ.

[3]) Da nämlich Testamente zu den συμβολαῖα zählen vgl. Isaeus IV, 12 p. 47, Plato Leg. XI p. 922 b, so gilt auch für sie der S. 8 A. 6 erwähnte Grundsatz, vgl. Isaeus X, 10 p. 81. Und wenn bei Demosth. XXXVI, 14 p. 949 ein Legat einer Frau in Höhe von 2000 Dr. vorzukommen scheint, vgl. Caillemer, droit de tester p. 24, so wird ebenda die Rechtsverbindlichkeit dieser Bestimmung von dem Schiedsgericht und danach von den Parteien nicht anerkannt, sondern die Kinder erhalten das mütterliche Erbe zu gleichen Teilen. Übrigens irren in der Auffassung der Stelle Dareste, les plaidoyers civils de Dém. II p. 167 und Schulin a. a. O. S. 11 ff. τοῖς τούτου παιδίοις sind die Kinder Apollodors. Über das τούτου vgl. Lipsius, quaest. Lys. spec. p. 13; Renner, comm. Lys. p. 25. In anderen griechischen Staaten testieren auch Frauen teils mit (Thera: Corp. Inscr. Gr. 2448 = C² 148) teils ohne (Corp. Inscr. Gr. 4, vgl. oben, Kalauria: Cauer, Del.¹ 19, Amorgos: Dittenberger, Syll. I. Gr. 437) Mitwirkung eines Vormunds, vgl. Schulin a. a. O. S. 43 ff.

[4]) Isaeus VI, 28 p. 60: τοῖς γὰρ φύσει υἱέσιν αὐτοῦ οὐδεὶς οὐδενὶ ἐν δια-

physischem oder moralischem Zwang ¹), auch keiner Rechenschafts-
ablegung unterlag ²), sondern erfolgte zumeist unter der Form testa-
mentarischer Adoption ³) und konnte, wenn jener Töchter hinterliess,
nur durch Verheiratung der Testamentserben mit diesen geschehen ⁴).
Man zog zur möglichsten Sicherung gegen späteres Anfechten bei
der Abfassung des Testamentes Verwandte oder Bekannte zu, machte
sie wenigstens zu Zeugen des formalen Abschlusses ⁵) und übergab

----

ϑήκη γράφει δόσιν οὐδεμίαν, διότι ὁ νόμος αὐτὲς ἀποδίδωσι τῷ υἱεῖ τὰ τοῦ πατρὸς
καὶ οὐδὲ διαθέσθαι ἐᾷ, ὅτῳ ἂν ὦσι παῖδες γνήσιοι: vgl. das. § 9 und die folgende Anm.

¹) (Demosth.) XLVI, 14 p. 1133: Ὅσοι μὴ ἐπεποίηντο, ὥστε μήτε ἀπειπεῖν μήτ' ἐπιδικάζεσθαι, ὅτε Σόλων εἰσῄει τὴν ἀρχήν, τὰ ἑαυτοῦ διαθέσθαι εἶναι,
ὅπως ἂν ἐθέλῃ, ἂν μὴ παῖδες ὦσι γνήσιοι ἄρρενες, ἂν μὴ μανιῶν ἢ γήρως ἢ φαρμάκων ἢ νόσου ἕνεκεν ἢ γυναικὶ πειθόμενος ὑπὸ τούτων του παρανοῶν ἢ ὑπ' ἀνάγκης
ἢ ὑπὸ δεσμοῦ καταληφθεὶς ein Gesetz, welches zwar von v. d. Es, de iure fam.
p. 81 ff. sehr geringschätzig behandelt wird, aber durch eine Vergleichung
mit Isaeus II, 13 u. VI, 9, (Demosth.) XLIV, 68 p. 1100 und jetzt auch
Arist. resp. Ath. 85 und Hyper. Athenog. VIII, 2 f. in den wesentlichen
Teilen seine Bestätigung findet und aus dem Zusammenhang jener Stelle
sicher nicht gemacht ist. Über die Deutung der Anfangsworte vgl. S. 80 A.
Dieser Zusatz wurde unter den Dreissig vorübergehend aufgehoben, Arist.
a. a. O. Bei Dittenberger Syll. I. Gr. 370 Z. 155 III. Jahrh. aus
Erythrae findet sich ein Testament eines Aristomenes trotz dreier Söhne,
durch welches seine Frau zu Erben eingesetzt wird, vgl. Thalheim, Progr.
Schneidemühl 1892 S. 11, ähnliches in Thera im III./II. Jahrh. Corp.
Inscr. Gr. 2448 (C¹ 148) vergl. Lewy, de civili condicione mul. Graec.
p. 66.

²) Πάλιν ὑπεύθυνον οὐκ ἐᾷ — οὐδὲ διαθέσθαι τὰ ἑαυτοῦ (ὁ νομοθέτης) Aeschin. III, 21 p. 414.   .

³) Die enge Verbindung zwischen Testament und Adoption zeigt Isaeus
II, 13, vgl. v. d. Es, de iure fam. p. 79; sie erklärt sich aus dem Bestreben
das Aussterben des Hauses zu verhüten: Isocr. XIX, 35 p. 391 c. Die Möglichkeit der Trennung scheint aus Isaeus I hervorzugehen vgl. Schömann
ad Is. 178 u. 251 und wird jetzt des weiteren dargelegt von Schulin a. a. O.
S. 29 ff.

⁴) Isaeus III, 68 p. 45: ὁ γὰρ νόμος διαρρήδην λέγει ἐξεῖναι διαθέσθαι
ὅπως ἂν ἐθέλῃ τις τὰ αὑτοῦ, ἐὰν μὴ παῖδας γνησίους καταλίπῃ ἄρρενας, ἂν δὲ θηλείας καταλίπῃ, σὺν ταύταις · οὐκοῦν μετὰ τῶν θυγατέρων ἐστι δοῦναι καὶ διαθέσθαι
τὰ αὑτοῦ, ἄνευ δὲ τῶν γνησίων θυγατέρων οὐχ οἷόν τε οὔτε ποιήσασθαι οὔτε δοῦναι
οὐδενὶ οὐδὲν τῶν ἑαυτοῦ, vgl § 42 p. 42, X, 13 p. 81, van Stegeren, de
cond. civ. fem. p. 91. Bei mehreren Töchtern wurde ein Schwiegersohn adoptiert,
die übrigen mit Mitgiften abgefunden: Demosth. XLI, 3 p. 1028, v. d. Es
a. a. O. p. 85, Caillemer, droit de tester p. 38.

⁵) Isaeus IX, 8 p. 75: εἰ μὴ ἄνευ τῶν οἰκείων τῶν ἑαυτοῦ τὰς διαθήκας ποιοῖτο,
ἀλλὰ πρῶτον μὲν συγγενεῖς παρακαλέσας, ἔπειτα δὲ φράτερας καὶ δημότας, ἔπειτα
τῶν ἄλλων ἐπιτηδείων ὅσους δύναιτο πλείστους. οὕτω γὰρ εἴτε κατὰ γένος εἴτε κατὰ

die verschlossene Urkunde einem Freunde oder auch der Behörde zur Aufbewahrung [1]). Aufhebung eines Testamentes und Veränderung oder Anfügen von Anhängen war gestattet [2]). Nur Legate wurden auf letztwilligem Wege auch an Fremde erteilt [3]), fielen aber eben deshalb lediglich unter den Gesichtspunkt der Schenkungen, um die sich, namentlich insoweit sie in Geld oder fahrender Habe bestanden, die griechische Gesetzgebung nicht weiter bekümmerte [4]),

δόσιν ἀμφισβητοίη τις, ῥᾳδίως ἂν ἐλέγχοιτο ψευδόμενος. IV, 13 p. 48: τῶν διατιθεμένων οἱ πολλοὶ οὐδὲ λέγουσι τοῖς παραγιγνομένοις ὅτι διατίθενται ἀλλ' αὐτοῦ μόνου τοῦ καταλιπεῖν διαθήκας μάρτυρας παρίστανται, vgl. I, 11 p. 86 D e m o s t h. XXVIII, 15 p. 840, D i o g. L a ë r t. V, 57 und über den Gegenstand im allgemeinen B u n s e n, de iure her. Ath. p. 66 ff.; S c h n e i d e r, de iure her. Ath. p. 30 ff., S c h u l i n a. a. O. S. 7 ff., P h i l i p p i, de syngraphis et de οὐσίας notione Leipzig 1871 p. 7 ff.

[1]) I s a e u s VI, 27 p. 59; VII, 1 p. 63. Auch hinterlegte man mehrere Abschriften bei verschiedenen Freunden, D i o g. L a ë r t. V, 57, wogegen die Deklamation des Apollodor bei (D e m o s t h.) XLVI, 28 p. 1137 nichts beweist. Für die Behörde vgl. I s a e u s I, 14 ff. u. 25 und R o e d e r, Beiträge z. Erklärung und Kritik des Isaios S. 3 f.

[2]) Man nahm die Urkunde von dem Freunde oder der Behörde zurück oder erklärte vor Zeugen ὡς οὐκέτ' αὐτῷ κέοιτο ἡ διαθήκη: I s a e u s VI, 32 p. 60. Und für Zusätze und Veränderungen I s a e u s I, 25.

[3]) Δωρεαί D e m o s t h. XXIX, 44 p. 857, während δόσις mehr die testamentarische Erbeinsetzung überhaupt bedeutet, vgl S c h o e m a n n ad Is. p. 250 und G n e i s t, formelle Verträge, Berlin 1845 S. 445 ff. Wenn aber S c h o e m a n n a. a. O. auf Grund von I s a e u s III, 42 p. 42 und 68 p. 45 die Rechtsgiltigkeit von Legaten bei Vorhandensein ehelicher Kinder leugnete, so widersprechen dem die Beispiele von Testamenten D e m o s t h. XXXVI, 34 ff. p. 955: XLV, 28 p. 1110; XXVII, 5 p. 814, L y s i a s XIX, 39 ff. und die Möglichkeit die νόθεια, von denen oben S. 8 A. 1 gehandelt, testamentarisch festzusetzen, vgl. C a i l l e m e r, droit de tester p. 33, S c h u l i n a. a. O. S. 25 ff. Jene Stellen des I s a e u s scheinen vielmehr nur das gesetzliche verbotene δοῦναι τὰ ἑαυτοῦ (D e m o s t h. XX, 102 p. 488) rhetorisch zu einem δοῦναι τῶν ἑαυτοῦ zu steigern, was um so unbedenklicher geschehen konnte, als es auf diesen Unterschied daselbst nicht ankam.

[4]) Schwierig ist die Frage, ob dieses Recht zu letztwilligen Schenkungen zu Gunsten der erbenden Kinder gesetzlich beschränkt war. C a i l l e m e r a. a. O. p. 37 bekämpft auf Grund der angeführten Testamente die frühere auf I s a e u s VI, 30 p. 60 gestützte Ansicht (M a y e r, die Rechte der Athener etc. II p. 499), dass Gegenstand der Legate nur Geld und bewegliches Gut habe sein dürfen, wohl mit Recht; wenn er aber weiter aus D e m o s t h. XXIX, 44 p. 857 schliessen möchte, dass die Legate die Hälfte des Gesamtvermögens nicht übersteigen durften, so sind die entscheidenden Worte: οὐκ ἀπὸ μικρᾶς οὐσίας, ἀλλὰ πλέον ἢ διπλασίας ἧς ἐμοὶ κατέλιπε ταῦτ' ἀφεῖλεν durch il n'a pas tiré ces legs d'une fortune modique, mais d'un patrimoine valant au moins le double d e c e q u' i l d i s t r i b u a i t missverständlich wiederge-

als wo sie als aktive oder passive Bestechung strafbar wurden [1]).
Selbst Geschenke zu frommen Zwecken scheinen ohne weitere rechtliche Formen lediglich in der Art geschehen zu sein, wie man überhaupt Weihen und Stiftungen gottesdienstlicher Gegenstände vornahm [2]); und der einzige privatrechtliche Gesichtspunkt, worunter
Schenkungen unter Lebenden etwa fallen konnten, war der eines
ἔρανος oder einer Unterstützung, die als unverzinsliches Darlehen
betrachtet den Beschenkten wenigstens nach Kräften und in vorkommenden Fällen zur Rückerstattung verpflichtete [3]). Ausserhalb

geben. In dem Testamente des Konon bei L y s. XIX, 39 ist die Summe der
Legate sogar höher als die Hälfte des Gesamtvermögens, vgl. F r o h b e r-
g e r z. d. Stelle. Auch die Argumentation von D e m o s t h. XXIX, 45 spricht
für den Mangel jeder gesetzlichen Beschränkung. Das Recht von G o r t y n a
kennt solche Schenkungen an die Ehefrau, auch wenn Kinder vorhanden
sind III, 29. 20, beschränkt sie aber auf den Wert von 100 Stateren vgl.
Z i t e l m a n n S. 125 f.

[1]) P o l l. VIII, 42: δώρων δὲ κατὰ τοῦ ἐπὶ δώροις δικάσαντος ἦν ἡ γραφή,
δεκασμοῦ δὲ κατὰ τοῦ διαφθείραντος· καὶ ὁ μὲν δεκάζεσθαι, ὁ δὲ δεκάζειν ἐλέγετο:
vgl. D i n a r c h. I, 60 p. 97, D e m o s t h. XXI, 113 p. 551, A r i s t. resp.
Ath. 54 und mehr bei M e i e r, att. Proz.³ S. 444 oder P l a t n e r, Prozess
II S. 155 f.

[2]) Ἀναθήματα s. Gottesd. Alt. § 20 u. 24. Auch letztwillig, καθιεροῦν τὴν
οὐσίαν, was dem Rechenschaftspflichtigen gleichfalls verboten war: A e s c h i n.
III, 21 p. 414, Beispiele L y s. XIX, 89, I s a e u s IV, 9 p. 47, (D e m o s t h.)
XLIX, 66 p. 1204, C a u e r Del.¹ n. 19, W e s c h e r e t F o u c a r t, Inscr.
rec. à Delphes n. 486 (C¹ 88), C o r p. I n s c r. G r. Sept. I, 190 aus Pagae
in Megaris, C o r p. I n s c r. G r. 1755 aus Phocis und die Stiftung der Epikteta das. 2448 in Thera (C² 148); oder vertragsmässig mit Bedingungen, wie
1845 aus Corcyra, daher στήλη φύλαξ τῆς δωρεᾶς, P l u t. V. Nic. 8, vgl. P l a t.
Leg. XII p. 955e.

[3]) Eranos nicht im Sinne eines Vereins (vgl. unten § 14), sondern als
Unterstützung, doch sind die beiden Bedeutungen nicht überall zu scheiden.
Vgl. v a n H o l s t, de eranis Graecorum imprimis ex iure Attico, Lugd. Bat.
1832 p. 78—126. Der ἔρανος kann δωρεά sein, vgl. D e m o s t h. XVIII, 312
p. 329; LIII, 9 p. 1249, soll jedoch für gewöhnlich zurückgezahlt werden,
T h e o p h r. Char. 17, (D e m o s t h.) LIX, 8 p. 1347, dies geschah auch raten-
weise L y s. fr. 1, 4 (Sch.), er wird mitunter zurückgefordert, I s a e u s XI, 43
p. 88, Dittenberger, Syll. I. Gr. 483 Z. 9. Gewöhnlich nimmt der Be-
dürftige die Hilfe m e h r e r e r Freunde (daher auch der Name) in Anspruch,
συλλέγει ἔρανον A n t i p h. II, β, 9, (D e m o s t h.) LIII, 11 p. 1249; LIX, 31
p. 1355, T h e o p h r. Char. 22, Dittenberger a. a. O. Z. 6. Die Freunde
εἰσφέρουσι (D e m o s t h.) a. a. O., T h e o p h r. Char. 15, 17, 23; ἐρανίζειν hat
beide Bedeutungen: τινὶ = εἰσφέρειν A n t i p h. II, β, 12 (aus Conjektur, auch
τινί τι D e m o s t h. XXXIX, 18 p. 999), τινά = αἰτεῖν D e m o s t h. ep. III, 88
p. 1484, absolut T h e o p h r. Char. 1, im Pass. πρὸς τῶν φίλων ἐρανισθέντα

Athens erscheint indessen der ἔρανος auch als ein zinstragendes Darlehn, das nötigenfalls auch eingeklagt werden konnte [1]). Auch die Mitgiften gehören nur uneigentlich hierher [2]), weil sie doch nur das

Diog. Laërt. VIII, 87. Wirbt ein andrer für den Bedürftigen, so heisst es συνίστησι τὸν ἔρανον Aeschin. II, 41 p. 225. Die Rückzahlung an mehrere heisst bei Lyk. Leocr. 22 τοὺς ἐράνους ἀνενγκεῖν, die Unterstützung dabei συνδιαλύσασθαι τοὺς ἐράνους Luk. Demosth. 45. Bei dieser Art ἔρανος nehmen Meier, att. Proz. S. 542, Foucart, des ass. relig. chez les Grecs p. 143 eine Verbindung auf Gegenseitigkeit, wenn auch nur auf bestimmte Zeit geschlossen, an; eine solche wird von v. Holst. a. a. O. mit Recht geleugnet, vgl. ausser den obigen Stellen noch Plato Leg. XI p. 915 e, Luk. Tim. 45 Nepos, Ep. 3. Fraglich ist, ob dieser ἔρανος klagbar war, da dies aus des Isaeus a. a. O. Ausdruck ἐξ ἐράνων ὀφλήματα εἰσπεπραγμένα nicht hervorgeht, eher könnte Demosth. XXVII, 25 p. 821: ἐράνους τε λέλοιπα πλείστους καὶ ὑπέρχεως γέγονε u. Ar. Ach. 615 in diesem Sinne verwertet werden, und jetzt ergiebt sich die bindende Verpflichtung den ἔρανος auf Erfordern zurückzuzahlen aus Hyper. Athenog. col. III—V, wenngleich er auch dort z. B. IV. 17 streng von den eigentlichen χρέα geschieden wird. Die δίκαι ἐρανικαί Poll. VIII, 101 u. 144 aber gehören nicht hierher.

[1]) In Delphi war der ἔρανος klagbar, denn dort ist Bürgschaft dafür erwähnt: Wescher et Foucart no. 189: κατενεγκάτω δὲ Ἀφροδ[ε]|'σία τὸν ἔρανον τὸν Βρομίου ὃ ἐγγυᾶται Ἰατάδας μὴ ἀκαταβολέουσα μηδὲ καταβλάπτουσα Ἰατάδαν. Die Freigelassene A. übernimmt die Bürgschaft des I. für einen ἔρανος des B. Mitunter steuert der Freigelassene zur Abzahlung des ἔρανος seines Herrn bei: no. 244, ὃ κατενγκάτω δὲ Κω''μος Φιλοκράτει ἀργυρίου μνᾶς ἐν ἐτέοις δεκατρίοις ` φέρων τοῦ ἐνιαυτοῦ μνᾶν ἐν τὸν ἔρανον τὸν Ἀρχελάου, wonach sich A. von Ph. voraussichtlich Abzahlung in 13 Jahren ausbedungen hatte vgl. no. 89. In no. 126 u. 213 ist diese Beisteuer auf die Hälfte des Ganzen festgesetzt, in no. 107 den Freigelassenen Abzahlung des Ganzen aufgebürdet: κατενεγκάντω δὲ τὸν ἔρανον τὸν Ἀρχέλαος συνάξε ὁ Πραξόχου τὸν τριακονταμναῖον, wobei συνάγειν soviel ist wie obiges συλλέγειν vgl. no. 213, 11 und die Inschr. von Chaironeia Corp. Inscr. Gr. Sept. I, 3376: ἐξενεγκάτω δὲ Σώσον τὸν ἔρανον, ὃν συνάγαγε Θέων (der Freilasser) ἐμ Φανατεῖ, τὸ ὑπὲρ Θέωνος ἔνομα, ἕως ἂν τέλος λάβῃ ὁ ἔρανος. Auf eine Vereinigung behufs gegenseitiger Unterstützung deuten auch diese Stellen mit keinem Wort. Zinsen vom ἔρ. sind erwähnt Wesch. et F. n. 213; τοὺς δ' ἐράνους ἐπιμένους ποιεῖν bei Polyb. XXXVIII, 3, 10 bedeutet: keine Klagen wegen solcher ἔρανοι annehmen. Dunkel ist der Fall aus Mykonos bei Dittenberger a. a. O. Z. 5 ff. Doch scheint mir dort Kallistagoras Mitschuldner, Aristokrates aber der Vater des Sostratos zu sein (vgl. Z. 5 [Σώ]στρατος: 'Αρ:) der wie sein Sohn 500 Dr. zu dem ἔρανος beigetragen hatte und diese jetzt zur Mitgift giebt, s. Berl. Phil. Wochenschr. 1892, 875.

[2]) Ueber die Rechtsverhältnisse der Mitgift vgl. Meier-Lipsius, a. Pr. 513 ff., Platner II S. 260 f., v. d. Es, de iure familiarum p. 38 ff. und p. 56 ff., E. Caillemer, étude V. de la restitution de la dot à Athènes. Paris Grenoble 1867. Mém. de l'académie de Caen 1868 p. 107—146. Pri-

fehlende Intestaterbrecht der Frau vertraten [1]) und, obschon sich ein Klagerecht darauf nicht nachweisen lässt [2]), durch die Sitte auf einen verhältnismässigen Teil des Familienvermögens angewiesen waren, der in Kreta die Hälfte des Sohnesanteils betrug [3]), anderwärts jedoch erheblich geringer war [4]). Übrigens verblieb das Eigentum an der Mitgift der Frau [5]), dem Manne wurde nur der Niessbrauch verliehen [6]), den er verlor, wenn die Frau kinderlos starb [7]), oder die Ehe nicht vollzogen[8]) oder durch Scheidung getrennt ward[9]).

--- --- ---

vataltertümer § 30, B a r r i l l e a u, la constitution de dot dans l'anc. Grèce in Nouv. rev. hist. de droit 1883 p. 145 ff., I n s c r. j u r. g r. 52 f. M i t t e i s, Reichsrecht und Volksrecht 231 f. Z i t e l m a n n, das Recht von Gortyn. S. 115 f.

[1]) M i t t e i s 236, vgl. G o r t. IV, 52 f. P l a t. Leg. XI p. 923 d.

[2]) In diesem Sinne hatte D a r e s t e, nouv. rev. hist. de droit 1877 p. 171 Z. 56 des ephes. Gesetzes D i t t e n b e r g e r, S. I. Gr. 344: ὅσοι δὲ φερνὰς ὀφείλουσι θυγατρίοις ἢ ἀδελφαῖς missverstanden, vgl. den Anhang.

[3]) S t r a b o X p. 482 vgl. G o r t. IV, 40.

[4]) Die Höhe der Mitgift (vgl. B o e c k h, Staatsh. d. A. I, 606, v. d. E s, de iure fam. p. 40) war in Athen nicht zu dem Erbteil des Sohnes in ein bestimmtes Verhältnis gesetzt. Einerseits war dem Belieben des κύριος ein Spielraum gelassen (vgl. L y s. XVI, 10, D e m o s t h. XLI, 26 p. 1036), andrerseits blieb die Grösse des Vermögens des Bräutigams nicht ohne Einfluss (I s a e u s XI, 40 p. 88). Wo der Vater die Höhe der Mitgift testamentarisch festsetzt, beträgt sie bei grossem Vermögen etwa ein Sechstel des Sohnesanteils, vgl. L y s i a s XXXII, 8, D e m o s t h. XXVII, 4 p. 814; ein Zehntel erscheint als gering in den Ausführungen bei I s a e u s VI, 49 f., vgl. im übrigen Privatalt. § 30 S. 263 ff. In S p a r t a wurde ursprünglich keine (J u s t i n III, 3, A e l i a n. VH. VI, 6, J a n n e t, instit. social. et droit civ. à Sparte p. 110 f.), später sehr grosse Mitgift gegeben (A r i s t o t. Pol. II, 9, 11 p. 1270 a), für M a s s i l i a s. S t r a b o IV, 5 p. 181.

[5]) M e i e r - L i p s i u s a. P. 519. M i t t e i s S. 232 f.

[6]) Zur Mitgift gehört nur τὰ ἐν προικὶ ἐντετιμημένα d. i. was von dem κύριος der Braut bei der ἐγγύησις vor Zeugen als zur Mitgift gehörig bezeichnet wurde, an Geld, Grundstücken oder Ausstattung (ἱμάτια καὶ χρυσία I s a e u s VIII, 8 p, 70, D e m o s t h. XLI, 27 p. 1036; XLV, 28 p. 1110, Inschr. von Mykonos bei D i t t e n b e r g e r, S. I. Gr. 433). Was er sonst ἀτίμητον gab, ging in das Eigentum des Mannes über (I s a e u s III, 35 p. 41) und verblieb ihm. Eigentum der Frau zu freier Verfügung blieb nichts, oder höchstens die ἐπαύλια und ἀνακαλυπτήρια (gegen C a i l l e m e r p. 10, welcher die letzte Isaeusstelle auf Hochzeitsgeschenke Dritter bezieht).

[7]) I s a e u s III, 36 p. 41: τῆς ὁμολογηθείσης προικὸς ἐκ τῶν νόμων γιγνομένης εἰς αὐτόν, εἴ τι ἔκαθεν ἢ γυνὴ πρὶν γένεσθαι παῖδας αὐτῇ, in G o r t y n a (III, 31) musste der Mann ausserdem die Hälfte von dem Ertrage ihrer Arbeit und ihres Vermögens herausgeben.

[8]) D e m o s t h. XXVII, 17 p. 818: μὴ γήμαντος δ᾽ αὐτοῦ τὴν μητέρα τὴν

Er musste deshalb der Frau für die Mitgift hypothekarische Sicherheit gewähren [1]), ja mitunter erhielt er sogar das Kapital gar nicht in die Hand oder wenigstens erst nach des Schwiegervaters [2]) Tode,

ἐμὴν ὁ μὲν νόμος κελεύει τὴν προῖκα ὀφείλειν ἐπ' ἐννέ' ὀβολοῖς (18⁰/₀) und dieser Zins hiess σῖτος H a r p. s. v., D e m o s t h. XXVIII, 11 p. 839.

[2]) (D e m o s t h.) LIX, 52 p. 1362: τὸν νόμον ὅς κελεύει, ἐὰν ἀποπέμπῃ τὴν γυναῖκα, ἀποδιδόναι τὴν προῖκα, ἐὰν δὲ μή, ἐπ' ἐννέα ὀβολοῖς τοκοφορεῖν καὶ σίτου εἰς 'Ωιδεῖον εἶναι δικάσασθαι ὑπὲρ τῆς γυναικὸς τῷ κυρίῳ. So für die ἀπόπεμψις und für die ἀπόλειψις der Frau D e m o s t h. XXX, 8 p. 866. Die Ansprüche der Frau genossen besonderen Schutzes (A r i s t. resp. Ath. 52). Notwendiger Scheidungsgrund war ausserdem Freiheitsverlust des Mannes und konstatierter Ehebruch der Frau (D e m o s t h.) LIX, 86 ff. p. 1374. Zeugnisse über die Restitutionspflicht für diese Fälle fehlen vgl. M e i e r - L i p s i u s a. P. 519 und Privatalt. § 30 S. 265 gegen S c h ö m a n n, griech. Alt. I², 548; C a i l l e - m e r p. 27, welche für den letzteren Fall die Restitutionspflicht verwerfen. Dies berichtet für E p h e s o s A c h i l l. T a t i o s VIII, 8. Auch S. I. Gr. 844 Z. 59: ἢ γήμαντες καὶ διαλυθέντας μὴ ἀποδεδώκασι τὰς φερνὰς οὔσας ἀποδότους κατὰ τὸν νόμον beweist, dass daselbst in manchen Fällen bei der Scheidung die Mitgift gesetzlich dem Manne verblieb. Die Gesetze von G o r t y n a II, 45 setzen die Restitutionspflicht fest, wenn der Mann zugiebt Ursache der Scheidung zu sein, andernfalls erfolgt richterliche Entscheidung. Über die Anerkennung der in Scheidung gebornen Kinder vgl. III, 44.

[1]) H a r p. s. v. ἀποτιμηταί, M e i e r, de bon. damn. p. 222. Die Inschriften sind gesammelt I n s c r. j u r. g r. 110 und sind sämtlich auf den Namen der Frau ausgestellt. Gegen ein Vorzugsrecht dieser Art von Hypotheken (Et. Magn. 340, 44) erklärt sich C a i l l e m e r p. 37 ff. mit Recht. Doch durfte bei einer Vermögenseinziehung die Frau wie andere Gläubiger ihre Rechte gegegen den Staat geltend machen, ἐνεπίσκημμα vgl. H a r p. s. v. und § 16. Anderwärts gab es öffentliche Verzeichnisse der Mitgiften: so von T e n o s C o r p. I n s c r. G r. 2838 b in vol. II add. mit Bezeichnung der dafür verpfändeten Grundstücke, nach dem Schema ὁ δεῖνα τῷ δεῖνι ἐπέδωκεν ἐπὶ τῇ θυγατρὶ τῇ αὑτοῦ δισχιλίας. ὁ δὲ δεῖνα ἀπετίμησε πρὸς τὴν προῖκα τὰ χωρία, von M y k o n o s D i t t e n b e r g e r, S. I. Gr. 433 mit kurzer Bezeichnung der ἐντετιμημένα, der Baarzahlungen, Rückstände, Sicherheiten und etwaiger anderen Vereinbarungen.

[2]) D e m o s t h. XXX, 10 p. 866: ὀφείλειν εἵλοντο μᾶλλον ἢ καταμῖξαι τὴν προῖκα εἰς τὴν οὐσίαν τοῦ 'Αφόβου: XLI, 5 p. 1028: τὴν προῖκα οὐ κομισάμενος ἅπασαν, ἀλλ' ὑπολειφθεισῶν χιλίων δραχμῶν καὶ ὁμολογηθεισῶν ἀπολαβεῖν, ὅταν Πολύευκτος ἀποθάνῃ, sogar bei Grundstücken S. I. Gr. 433 Z. 26: καὶ προῖκα τὴν οἰκίαν τὴν ἐμ προαστίῳ ... ὥστ' εἶναι κύριον τῆς οἰκίας Θαρσαγόραν ἕως ἂν ζῇ. Zuweilen blieb die Mitgift auch über den Tod des Schwiegervaters hinaus unausgezahlt, es scheint jedoch, wo die Mitgift aus dem väterlichen Vermögen vorenthalten wurde, für dieselbe zumeist Hypothek bestellt worden zu sein. Inschr. aus Ephesos bei D a r e s t e a. a. O. Z. 55 f. (S. I. Gr. 344) vgl. S. I. Gr. 433 Z. 19 und 435 = C. I. A. II, 1137, wo auch für diese rückständige Mitgift 18⁰/₀ Zinsen gezahlt werden. Nach den d e l p h i s c h e n Freilassungs-

wie es denn auch auf die Kinder nach Massgabe der mütterlichen
Abstammung überging [1]).   Die Mitgift musste auch zurückerstattet
werden, wenn die Frau nach dem Tode des Mannes sein Haus ver-
liess, selbst wenn Kinder vorhanden waren [2]); blieb sie dagegen im
Hause des verstorbenen Gatten, so erhielten an des Mannes statt
die erwachsenen Söhne den Niessbrauch der Mitgift [3]).   Von einer
Braut- und Eheschenkung finden sich nur geringe und unsichere
Spuren [4]).   So bleibt also nur die Adoption [5]) als eine förmliche
Schenkung auf den Todesfall übrig, welche schon früh in Griechenland Eingang gefunden hat [6]) und um 350 v. Chr. allgemein ver-

urkunden scheint auch die Tochter Erbrecht besessen zu haben und die Frau
behält in der Ehe die Verfügung über ihr Vermögen vgl. oben S. 65 A. 6 und
S. 11 A. 1.

[1]) Vgl. (D e m o s t h.) XL, 50. 51 p. 1023: ὡς ἐγὼ μὲν καὶ ἐτράφην καὶ
ἐπαιδεύθην καὶ ἔγημα ἐν τῇ τοῦ πατρὸς οἰκίᾳ, αὐτὸς δ' οὐδενὸς τούτων μετέσχεν·
ὑμεῖς δ' ἐνθυμεῖσθ' ὅτι ἐμὲ μὲν ἡ μήτηρ παῖδα καταλιποῦσα ἐτελεύτησεν, ὥστε μοι
ἱκανὸν ἦν ἀπὸ τοῦ τόκου τῆς προικὸς καὶ τρέφεσθαι καὶ παιδεύεσθαι.   Zur Auszahlung an die Kinder war der Vater ohne Zweifel mit dem Eintritt ihrer
Mündigkeit verpflichtet, wie beim Sohn der Erbtochter (I s a e u s VIII, 81
p. 72), ohne dass die Auszahlung immer erfolgte.   Adoption in ein anderes
Haus änderte daran nichts, denn μητρὸς δ' οὐδείς ἐστιν ἐκποίητος: I s a e u s
VII, 25 p. 66.   In Gortyna (VI, 31) hat der Mann über das Eingebrachte
der Frau nach ihrem Tode eine beschränkte Verfügung und tritt auch diese
an die Kinder ab, wenn er eine neue Ehe eingeht.   Über die bezüglichen
Verhältnisse Ä g y p t e n s vergl. R e i n a c h in Nouv. rev. hist. de droit
1893, 1 fg.

[2]) Für A t h e n vgl. D e m o s t h. XL, 7 p. 1010, I s a e. III, 8 p. 38, 78
p. 45.   C o r p. I n s c r. Att. II, 1109, für G o r t y n a III, 17.

[3]) D e m o s t h. XLII, 27 p. 1047.

[4]) Hierher gehören die ὀπτήρια und ἀνακαλυπτήρια bei P o l l. III, 36, ferner
Gort. III, 20 f. 29 und Z i t e l m a n n S. 125; die Eheschenkung in Ägypten
bei W e s s e l y, Studien über griech. und ägypt. Recht 45 f. und M i t t e i s,
274 f. erscheint mir zweifelhaft vgl. Berl. Phil. Woch. 1894, S. 632, obwohl
auch bei I s a e. III, 28 p. 40 von einer fingierten Mitgift die Rede ist.

[5]) P o l l. III, 21: εἰσποιητὸς δὲ καὶ θετός, ὃν ἄν τις οὐ γεννήσας, ἀλλ' ἑλό-
μενος ἐπὶ τοῖς χρήμασιν ἐποιήσατο, ὥσπερ ἐκποίητος ὁ ἀποπεμφθεὶς εἰς γένος ἄλλης
οἰκίας vgl. B u n s e n S. 55 ff., G a n s I, 383, M e i e r - L., att. Proz. S. 539 f.,
d e B o o r 84 ff., v. d. E s, de iure familiarum p. 78 ff., T é l f y, C. I. A.
n. 1422—1436, Comment. p. 617 ff., S c h u l i n, das griechische Testament
verglichen mit dem römischen S. 17 ff.   Und über eine Art öffentlicher Adoption als υἱὸς πόλεως oder δήμου, eine Ehrenbezeugung der Kaiserzeit, vgl.
G. H i r s c h f e l d Z. f. österr. Gymn. XXXIII S. 161 ff.

[6]) Nach A r i s t. Pol. II, 9, 7 p. 1274 b durch die Gesetze des Philolaos
in T h e b e n, in A t h e n vor Solon (D e m o s t h. XLVI, 14 p. 1133), in
S p a r t a vor Herodot (VI, 57), in G o r t y n a vor dem Stadtrecht (vgl.

breitet erscheint [1]). In Athen machte es dann auch keinen wesentlichen Unterschied [2]), ob sie längere Zeit vor dem Tode des Adoptierenden [3]) oder erst durch Testament [4]), ja selbst, wie dieses zur Aufrechthaltung des Hauses geschah, nach dem Tode von Seiten der erbberechtigten Verwandten stattgehabt hatte [5]). Die Hauptsache war, dass der Adoptierte im Hause seines Erblassers Leibeserben hinterliess, weshalb er auch nicht selbst wieder testieren [6])

XI, 20 und Mus. It. II, 222 no. 81) vgl. für A e g i n a I s o c r. XIX, 49 p. 394 b, 12 fg. p. 836 e und sonst C a u e r, Del.² n. 132, Z. 2 u. 28, 148 C Z. 15. 184, 185, 189, 190, 191 A, 154 Z. 3, B u l l. c o r r. h e l l. X, 255, Z. 23 b und 45.

[1]) I s a e. II, 24.

[2]) Ein Unterschied bestand doch bezüglich des Antritts der Erbschaft, wahrscheinlich auch in Bezug auf das Recht zu testieren, vgl. S. 80.

[3]) Beispiele: I s a e u s II, 14; VII, 15 p. 65, D e m o s t h. XLI, 3 p. 1028 vgl. (XLIV), 19 p. 1086. Eine solche Adoption erfolgte durch Einführung des Adoptierten in die Phratrie (Staatsalt. § 59, Gott. Alt. § 48) unter feierlichem Opfer und Abstimmung der Phrateres, sowie durch Einzeichnung in das φρατρικὸν γραμματεῖον ganz wie bei Einführung eines ehelichen Sohnes und überhob diesen dadurch bei dem Antritt der Erbschaft gerichtlicher Weiterungen: I s a e u s VII, 1 p. 63: φμὴν μὲν προσήκειν οὐ τὰς τοιαύτας ἀμφισβητεῖσθαι ποιήσαις, εἴ τις αὐτὸς ζῶν καὶ εὖ φρονῶν ἐποιήσατο καὶ ἐπὶ τὰ ἱερὰ ἀγαγὼν εἰς τοὺς συγγενεῖς ἀπέδειξε καὶ εἰς τὰ κοινὰ γράμματα ἐνέγραψεν, ἀπανθ' ὅσα προσῆκεν αὐτὸς ποιήσας. ἀλλ' εἴ τις τελευτήσειν μέλλων διέθετο εἴ τι πάθοι τὴν οὐσίαν ἑτέρῳ, καὶ ταῦτ' ἐν γράμμασι κατέθετο παρά τισι σημηνάμενος. vgl. C a i l l e m e r, droit de succ. p. 154. Als Einführungstermin sind I s a e u s VII, 15 p. 65 die Thargelien erwähnt, während bei ehelichen Kindern die Apaturien gebräuchlich waren; vielleicht war Einführung Adoptierter bei allen Versammlungen der Phrateres gestattet, da sie dringlich sein konnte, vgl. G i l b e r t, griech. Staatsalt. I², 218. Wenn aber H e r m a n n aus I s a e u s X, 9 p. 81 den Schluss zog, dass auch die Adoption bei Lebzeiten als διαθήκη betrachtet wurde, so lehrte S c h ö m a n n ad Is. p. 439 mit Recht, dass dort nur der eine Fall der Adoption (vgl. die folgende Anmerk.) erwähnt ist.

[4]) Beispiele: I s a e u s VIII, 40 p. 78; IX, 5 p. 75, VI, 6 p. 58, vgl. P l a t. Leg. XI, 923 e.

[5]) Beispiele: I s a e u s XI, 49 p. 90, (D e m o s t h.) XLIII, 11 p. 1053, XLIV, 41 p. 1092, vgl. P l a t o Leg. IX, 878 a. Es war dies eine religiöse Pflicht der Erben gegen den Erblasser und sein Haus I s a e u s VII, 31 p. 66. Die Einführung erfolgte unter denselben Formen vgl. (D e m o s t h.) XLIII, 14 p. 1054, sollte aber erst stattfinden, nachdem das Gericht die Erbschaft zugesprochen (D e m o s t h.) XLIV, 43 p. 1098, und der natürliche Vater blieb nicht weiter κύριος des Adoptierten (D e m o s t h.) XLIII. 15 p. 1054. Diese Art der Adoptierung ist von S c h u l i n, das griech. Testament S. 22 missverstanden und darum geleugnet worden.

[6]) (D e m o s t h.) XLIV, 68 p. 1100: τοῖς δὲ ποιηθεῖσιν οὐκ ἐξὸν διαθέσθαι. ἀλλὰ ζῶντας ἐγκαταλιπόντας υἱὸν γνήσιον ἐπανιέναι, ἢ τελευτήσαντας ἀποδιδόναι

noch ohne diese Bedingung erfüllt zu haben in das Haus und Erbe
seines leiblichen Vaters zurückkehren durfte [1]). Durch diesen Schritt
verzichtete er jedoch auf das durch die Adoption erlangte Vermögen[2]),
ebenso wie der Adoptierte das Erbteil seines leiblichen Vaters verlor [3]). Dagegen ward die einmal geschehene Adoption nicht rück-

τὴν κληρονομίαν τοῖς ἐξ ἀρχῆς οἰκείας οὖσι τοῦ ποιησαμένου: vgl. P l a t n e r,
Beiträge zum attischen Rechte S. 135 f., B e e l s Diatribe in Demosth. orat.
I et II in Stephan. Lugd. Batav. 1826 p. 59 ff., C a i l l e m e r l. c. p. 24 f.
Das s o l o n i s c h e Gesetz bei (D e m o s t h.) XLVI, 14 p. 1133, das ich für
echt halte, vgl. oben S. 72 A 1, L i p s i u s, att. Proz. 593, hat vielfache Deu-
tungen erfahren, vgl. S c h ö m a n n, Jahrb. f. wissensch. Kritik 1818 Bd. 2
p. 341, v. d. E s, de iure fam. p. 82, zuletzt S c h u l i n a. a. O. S. 13. Viel-
leicht: „Wer nicht so adoptiert ist, dass er weder verzichten darf noch seine
Erbansprüche gerichtlich geltend zu machen braucht, darf vom Archontat
Solons ab sein Vermögen vermachen wie er will" u. s. w. Damit wäre die
Testierfreiheit nur den inter vivos adoptati, die gleich ehelichen Söhnen notwendige Erben waren, vgl. S. 83 A. 6, abgesprochen, dagegen den durch
Testament Adoptierten zugestanden. Ist das richtig, so erklärt sich, warum
in dem Citat der Leocharea § 68 p. 1100 die beschränkenden Worte ὥστε μήτε
ἀπαιτεῖν μήτε ἐπιδικάσασθαι fehlen, auch warum der Sprecher § 65 eine Adoption oder ein Testament des verstorbenen Leokrates II. bereitwillig anerkennen
würde, denn dessen Rechtsvorgänger Leocrates I. war von dem Erblasser nicht
inter vivos, sondern durch Testament adoptiert, wie eine Vergleichung von
§ 19 mit § 46 u. 61 ergiebt, und durfte somit testieren. Diese Folgerung hat
L i p s i u s a. a. O. für bedenklich erklärt, dabei aber übersehen, dass seine
eigene Erklärung: „so dass sie nicht (a u f d i e A d o p t i o n) verzichtet noch
ihr Anrecht (a u f d i e E r b s c h a f t) auf dem Wege der Epidikasie geltend
gemacht haben", zu demselben Schlusse führt, vgl. S. 605. Dass die Deutung
des ἵσοι ἀπεποιήγντο auf Neubürger bei (D e m o s t h.) XLVI, 15 p. 1133 über-
mütige Rechtsverdrehung ist, beweist ebenda der Gegensatz ἀλλ' ἦσαν πεφυ-
κότες γνήσιοι. Trotzdem bedingt das Testament des Aristoteles bei D i o g.
L a ë r t. V, 11 f. dem inter vivos adoptierten (H a f t e r, Erbtochter S. 19 A.,
S c h u l i n S. 27 f.) Nikanor das Recht zu testieren ausdrücklich und wiederholt aus.

[1]) H a r p o c r. p. 140, 30 Bk.: ὅτι οἱ ποιητοὶ παῖδες ἐπανελθεῖν εἰς τὸν πα-
τρῷον οἶκον οὐκ ἦσαν κύριοι, εἰ μὴ παῖδας γνησίους καταλίποιεν ἐν τῷ οἴκῳ τοῦ
ποιησαμένου Ἀντιφῶν ἐπιτροπικῷ Καλλιστράτου καὶ Σόλων ἐν εἰκοστῇ πρώτῃ τῶν
νόμων, vgl. I s a e u s VI, 44 p. 60 und ganz entsprechend in dem staatlichen
Verhältnis der ἀποικία, dass der ἄποικος z. B. in Naupaktos es freiwillig nur
verlassen kann: καταλείποντα ἐν τᾷ ἑστίᾳ παῖδα ἐβατὰν ἢ ἀδελφεόν Roehl, I.
G. A. 321 (C² 229) A, Z. 7. Nur hätte S c h w e b s c h, de or. contra Leocha-
rem diss. Berol. 1878 p. 13 ff. daraus nicht den Schluss ziehen sollen, dass
der Adoptierte an seiner Statt einen Bruder in dem Hause des Adoptivvaters
zurücklassen durfte.

[2]) Dies geht trotz (D e m o s t h.) LVIII, 31 p. 1381 aus (D e m o s t h.)
XLIV, 26 ff. p. 1088 hervor.

[3]) I s a e u s IX, 33 p. 79: οὐδεὶς γὰρ πώποτε ἐκποίητος γενόμενος ἐκληρονό-

gängig, wenn auch dem Adoptierenden später noch Leibeserben geboren wurden [1]), wie denn dem griechischen Erbrechte die Regel: *nemo a parte testatus, a parte intestatus decedere potest*, ganz fremd ist [2]); auch Adoption weiblicher Personen kommt vor [3]), und selbst wer Kinder hatte, durfte für den Fall, dass diese vor erreichter Mündigkeit starben, letztwillige Verfügungen treffen [4]). Die Wahl endlich war innerhalb der Vollbürger gänzlich frei [5]), und wenn es

μήτε τοῦ οἴκου, ἕως ἐξεποιήθη, ἐὰν μὴ ἐπανέλθῃ κατὰ τὸν νόμον (vgl. ebenda § 2 p. 75 und X, 4 p. 80). Und wenn gegen diesen Grundsatz (D e m o s t h.) XLIII, 77 p. 1077 und XLII, 21 p. 1045 angeführt worden sind, so ist an erster Stelle der Adoptierte, Makartatos, unter Hinterlassung eines leiblichen Sohnes in das Vaterhaus zurückgekehrt, über die zweite lässt sich bei der Allgemeinheit der Angabe kein Urteil fällen, vgl. C a i l l e m e r, droit de tester p. 28 ff., droit de succession p. 22 ff., v. d. E s, de iure fam. p. 97 ff. Brachte der Adoptierte bereits eigenes Vermögen mit herein, so fällt dies dem Adoptivvater zu, aber bei der Lösung dieses Verhältnisses (ἐκχωρεῖν) kann eine Zurückgabe auf gerichtlichem Wege verlangt, wenigstens durch ein Abkommen (διαλύεσθαι) erreicht werden D e m o s t h. XLI, 4 p. 1029; als Recht sehen dies an: B u n s e n, de iure heredit. p. 59, S c h n e i d e r, de iure heredit. p. 29, B o i s s o n a d e, de la reserve héréditaire chez les Athén. Paris 1867 p. 9, dagegen C a i l l e m e r, droit de tester p. 25.

[1]) S. I s a e u s VI, 63 p. 62: διαρρήδην ἐν τῷ νόμῳ γέγραπται· ἐὰν ποιησαμένῳ παῖδες ἐπιγένωνται, τὸ μέρος ἑκάτερον ἔχειν τῆς οὐσίας καὶ κληρονομεῖν ὁμοίως ἀμφοτέρους, wohl aber konnte das Adoptivverhältnis durch beiderseitige Übereinkunft gelöst werden (D e m o s t h.) XLI, 4 p. 1029.

[2]) Vgl. den charakteristischen Fall bei I s a e u s V, 6 p. 50: καὶ ἐπὶ μὲν τῷ τρίτῳ μέρει τοῦ κλήρου Δικαιογένης ... υἱὸς ἐγίγνετο ποιητός· τῶν δὲ λοιπῶν ἑκάστῃ τὸ μέρος ἀπεδικάσατο τῶν Μενεξένου θυγατέρων.

[3]) Θυγατροποιΐα, K e i l, zwei griech. Inschr. S. 18, vgl. I s a e u s XI, 9 p. 85 u. 41 p. 89; VII, 9 p. 165 und M e i e r - L i p s i u s, att. Proz. S. 506. Die Adoptierte wurde dadurch Erbtochter, und falls nicht über sie und das Erbe testamentarisch verfügt war, wohl auch ἐπίδικος, B u n s e n, de iure her. p. 65 gegen v. d. E s, de iure fam. p. 90.

[4]) (D e m o s t h.) XLVI, 24 p. 1136: ὅτι ἂν γνησίων ὄντων υἱῶν ὁ πατὴρ διαθῆται, ἐὰν ἀποθάνωσιν οἱ υἱεῖς πρὶν ἐπὶ διετὲς ἡβᾶν, τὴν τοῦ πατρὸς διαθήκην κυρίαν εἶναι. vgl. P l a t. Leg. XI p. 923 e. Beispiele: I s a e u s XI, 8 p. 84; I, 4 p. 35, vgl. H y p e r. Lyk. XLV, 9. v. d. E s, de iure fam. p. 86. Demgegenüber ist auf die Andeutung I s a e u s X, 9 p. 80 keinerlei Wert zu legen.

[5]) (D e m o s t h.) XLIV. 49 p. 1095: ὅταν τις ὢν ἄπαις καὶ κύριος τῶν ἑαυτοῦ ποιήσηται υἱὸν ταῦτα κύρια εἶναι: vgl. I s a e u s IV, 18 p. 48 und I s o c r. XIX, 49 p. 394 b: ἄξιον δ' ἐστὶ καὶ τῷ νόμῳ βοηθεῖν, καθ' ὃν ἔξεστιν ἡμῖν καὶ παῖδας εἰσποιήσασθαι καὶ βουλεύσασθαι περὶ τῶν ἡμετέρων αὐτῶν, ἐνθυμηθέντας ὅτι τοῖς ἐρήμοις τῶν ἀνθρώπων ἀντὶ παίδων οὗτός ἐστι· διὰ γὰρ τοῦτον καὶ οἱ συγγενεῖς καὶ οἱ μηδὲν προσήκοντες μᾶλλον ἀλλήλων ἐπιμελοῦνται. Echt bürgerliche Abstammung des Adoptierten forderte der Eid vor den Phrateren I s a e u s VII, 16 p. 65. Ausgeschlossen waren Rechenschaftspflichtige (A e s c h i n. III,

gleich in den meisten Fällen üblich und den Familienrücksichten
gemäss war, den Rechtsnachfolger aus dem Kreise der engeren Verwandten selbst zu nehmen [1]), so konnte ein Testament doch nur insofern angefochten werden, als es unter dem Einflusse von Geistesschwäche oder unter physischem oder moralischem Zwange entstanden
war [2]). In Gortyna, wo nur die Adoption bei Lebzeiten in Gebrauch war [3]), konnte jeder erwachsene Mann adoptieren, wofern er
nicht selbst adoptiert war, ohne Rücksicht darauf, ob er leibliche
Kinder hatte [4]). War dies nicht der Fall, so erhielt der Adoptierte,
dessen Wahl völlig frei gewesen zu sein scheint [5]), die Erbschaft
mit allen Rechten und Pflichten, durfte sie jedoch auch ablehnen [6]).
Waren dagegen eheliche Kinder vorhanden, so erhielt der Adoptierte
mit Söhnen den halben Sohnesteil, mit Töchtern den gleichen An-

---

21 p. 414), nicht jedoch die Söhne der ἄτιμοι, wie Meier, de bon. damn.
136 aus Isaeus X, 17 p. 82 schloss, indem er in diese Stelle aus Bekk.
An. 247, 10 den Begriff „vor der Verurteilung" hineintrug. Die rechtliche
Möglichkeit solcher Adoption aber erkennt selbst das Strafdekret gegen
Archeptolemos und Antiphon bei (Plut.) p. 834 b an: καὶ ἐὰν ποιήσηταί τινα
τῶν ἐξ Ἀρχεπτολέμου καὶ Ἀντιφῶντος, ἄτιμος ἔστω ὁ ποιησάμενος. v. d. Es, de
iure fam. p. 91 ist Meier gefolgt.

[1]) Isaeus II, 20: διὰ τὸ μὴ εἶναι συγγενῆ μηδέν' ἄλλον αὐτῷ, ὁπόθεν ἂν
ἐποιήσατο υἱόν. Doch liegt darin nichts weniger als eine Zwangspflicht vgl.
Demosth. XX, 102 p. 488: εἰ γὰρ ὁ μὲν Σόλων ἔθηκε νόμον, ἐξεῖναι δοῦναι
τὰ ἑαυτοῦ ᾧ ἄν τις βούληται ... οὐχ ἵν' ἀποστερήσῃ τοὺς ἐγγυτάτω γένει τῆς ἀγ-
χιστείας, ἀλλ' ἵν' ἐς τὸ μέσον καταθεὶς τὴν ὠφέλειαν ἐφάμιλλον ποιήσῃ τὸ ποιεῖν
ἀλλήλους εὖ. Und wenn zu Ägina das Gesetz τοὺς ὁμοίους κελεύει παῖδας
εἰσποιεῖσθαι, und der Sprecher daselbst den Begriff ὅμοιος auf Abkunft und
Erziehung deutet (er kann trotzdem sich nur auf die bürgerlichen Eigen-
schaften beziehen), so findet sich in dem demokratischen Athen von einer
solchen Beschränkung keine Spur.

[2]) (Demosth.) XLVI, 4 p. 1133: ἂν μὴ μανιῶν ἢ γήρως ἢ φαρμάκων ἢ
νόσου ἕνεκεν ἢ γυναικὶ πειθόμενος, ὑπὸ τούτων του παρανοῶν ἢ ὑπ' ἀνάγκης ἢ ὑπὸ
δεσμοῦ καταληφθείς. vgl. Plut. Sol. c. 21, Isaeus VI, 9 p. 58, (Demosth.)
XLVIII, 56 p. 1183, Hyper. Athenog. VIII, 2 f. und Caillemer, droit
de tester p. 22 ff.

[3]) Vgl. Zitelmann, das Recht von Gortyn 160 f. Der Ausdruck ist
ἄνψανσις, der Adoptivvater heisst ἀνψανάμενος, der Adoptierte ἄνψαντος. Der
Adoptierende stellte den Adoptierten der Volksversammlung vor und gab
seiner Genossenschaft ein Opfer (X, 34).

[4]) X, 41 u. 48: καὶ μὲν κ' ἀνέληται πάντα τά χρήματα καὶ μὴ συνῇ γνήσια
τέκνα. Frauen und Unmündigen war das Adoptieren untersagt XI, 18.

[5]) X, 33 ἄνψανσιν ἤμεν ὁπό (woher vgl. V, 23) κά τι λῇ,

[6]) X, 45, dann ging die Erbschaft an die Verwandten (des Adoptierenden) vgl. XI, 9.

teil ¹), während das Vermögen an die Verwandten des Adoptivvaters zurückfiel, wofern der Adoptierte kinderlos starb ²). Aufhebung der Adoption war jenem auch einseitig gestattet ³).

§ 11. [§ 66.]
Von sonstigen Eigentumsveränderungen.

Nur darauf hielt wenigstens das attische Recht ⁴) mit grosser Strenge, dass keine Erbschaft, auf welchem Rechtstitel sie auch beruhte, mit alleiniger Ausnahme anerkannter Leibeserben ⁵) und bei Lebzeiten Adoptierter ⁶), welche als notwendige Erben aber auch des Verzichtrechtes entbehrten ⁷), anders als in Folge eines amtlichen Verfahrens angetreten werden sollte ⁸), das jedem gleich oder näher

---

¹) X, 48 f., doch hat er auch hier das Recht des Verzichts XI, 1: καὶ μὴ ἐπάναγκον ἦμεν τέλλεν τ[ὰ τῶ ἀν]ϙαναμένω καὶ τὰ χρήματα ἀναιλῆϙαι, ἄτι κα κατα-[λίπηι ὁ ἀν]ϙανάμενος. „Und es soll kein Zwang sein die (Verpflichtungen) des Adoptivvaters zu leisten und das Vermögen, was der Adoptivvater hinterlässt, zu übernehmen". Gegen die Erklärung bei Zitelmann S. 164: er soll seinen Anteil eine onere erhalten, sprechen die Worte καὶ τὰ χρ. ἀν.

²) XI, 6.

³) XI, 10: ἀποϝειπάϙϙω κατ' ἀγορὰν ἀπὸ τῶ λά[ω ὧ ἀπα]γορεύοντι. Er musste jedoch eine Busse an das Gericht zahlen, die der Beamte dem Verstossenen „als Gastgeschenk" übergab, vgl. Mitteis, Reichsrecht u. Volksrecht S. 214.

⁴) In Gortyna findet sich davon keine Spur, Zitelmann S. 144, wohl aber Vorschriften, welche die Erbteilung begünstigen V, 28 f. vgl. S. 63 A. 2.

⁵) Ἀνεπίδικα, ὅσα τις κατέχει τοῦ τετελευτηκότος ὡς πατρῷα καὶ παππῷα, Bekk. Anecd. p. 183; vgl. Isaeus III, 59 ff. p. 44, VIII, 34 p. 72. Der Antritt der Erbschaft erfolgte durch unmittelbare Besitzergreifung ἐμβατεία, βαδίζειν εἰς τὰ πατρῷα (Isaeus III, 62 p. 44), zu erstreiten im Behinderungsfalle (ἐξαγωγή) durch δίκη ἐξούλης (vgl. unten § 17), zu schützen gegen anderweite Rechtsansprüche durch die διαμαρτυρία μὴ ἐπίδικον εἶναι τὸν κλῆρον, vgl. Isaeus VI, 4 p. 57, Meier, att. Proz.² 603 f.

⁶) Der inter vivos Adoptierte galt dem leiblichen Sohn gleich: (Demosth.) XLIV, 19 p. 1089: καὶ ἐνεβάτευσεν οὕτως εἰς τὴν οὐσίαν ὡς ὑπ' ἐκείνου ζῶντος ἔτι εἰσποιηθείς und betreffs der διαμαρτυρία Isaeus VII, 3 p. 63 und Schömann ad Isaeum p. 197 und 408.

⁷) Der Sohn erbte des Vaters Schuld, ja seine Atimie Demosth. XXII, 34 p. 608: κληρονόμον γάρ σε καθίστησιν ὁ νόμος τῆς ἀτιμίας τῆς τοῦ πατρός, ebenso der Enkel (Demosth.) LVIII, 17 p. 1327, und für den Adoptivsohn das Gesetz bei (Demosth.) XLVI, 14 p. 1133, dessen Worte ὥστε μήτε ἀπειπεῖν μήτε ἐπιδικάσασθαι wohl in diesem Sinne zu deuten sind, vgl. S. 80 A. In Gortyna konnten Adoptierte sicher (X, 40), wahrscheinlich auch Leibeserben verzichten XI, 42, Zitelmann S. 148.

⁸) (Demosth.) XLVI, 22 p. 1135: ἀνεπίδικον μὴ ἐξεῖναι ἔχειν μήτε κλῆρον

6 *

Berechtigten die Geltendmachung seiner Ansprüche erlaubte [1]), das
übrigens spätere Ansprüche keineswegs ausschloss [2]); und die ähnliche Sorgfalt, auch in den sachlichen Grundlagen des bürgerlichen
Lebens keine Verwirrung eintreten zu lassen, bewährt sich in vielen
griechischen Staaten auch hinsichtlich sonstiger Eigentumsveränderungen durch Kauf und Tausch [3]), wenngleich die Formen, worunter
sich dieselbe äusserte, nicht immer die nämlichen und mitunter noch
ziemlich roh waren.   Grundbücher, wo das Eigentum umgeschrieben
wurde und woraus sofort zu ersehen war, ob und wem ein Ver-
äusserungsrecht an demselben zustand, scheinen allerdings nur wenige

---

μήτε ἐπίκληρον. Der Anspruch λῆξις oder ἐπιδικασία τοῦ κλήρου wurde erhoben
beim ἄρχων (Poll. VIII, 89), der ihn in einer κυρία ἐκκλησία (Arist. resp.
Ath. 43, Poll. VIII, 95) verlesen liess und durch den Herold zur Geltendmachung anderweiter Ansprüche aufforderte, vgl. XLIII, 5 p. 1051: τοῦ κήρυκος κηρύττοντος, εἴ τις ἀμφισβητεῖν ἢ παρακαταβάλλειν βούλεται τοῦ κλήρου ἢ
κατὰ γένος ἢ κατὰ διαθήκας, mit Harpocr. s. v. ἀναγραφή oder Poll. VIII,
32 und G. H. C. L. Steigerthal, de vi et usu παρακαταβολῆς in causis
Ath. hereditariis, Cellis 1832. 4. Meier-L., att. Proz. S. 606 f., Caillemer,
droit de succession p. 157 ff. Dass aber die streitenden Erben trotz dieser
Gesetzesbestimmung bestrebt waren, sich in den faktischen Besitz der Erbschaft zu setzen, beweisen Isaeus III, 22 p. 41, IX, 3 p. 75, (Demosth.
XLIV, 32 p. 1090, XLVIII, 12 p. 1170; zugleich lehren diese Stellen, dass
solchen Bestrebungen seitens der im Besitz befindlichen die ἐξαγωγή entgegengesetzt wurde, welche aber hier nicht wie bei notwendigen Erben eine δίκη
ἐξούλης begründete.

[1]) Διαδικασίαι, vgl. Bunsen p. 86—92, Heffter S. 272, Meier-Lipsius S. 610 f., Platner, Process II, S. 809 f., Schömann ad Isaeum
p. 197, de Boor S. 93 f., Caillemer, droit de succession p. 161 ff.

[2]) Ansprüche Dritter verjährten erst fünf Jahre nach dem Tode des ersten
Erben: Isaeus III, 58 p. 44, Meier-Lipsius, att. Proz. 613, Caillemer a. a. O. p. 168. Beispiele später erhobener Erbansprüche sind Isaeus
X, 18 p. 81, III, 57 p. 43, V, 7 u. 35; (Demosth.) XLIV, 20 p. 1087, XLVIII,
30 p. 1175.

[3]) Denn dass diese beiden Geschäfte, auch abgesehen von merkantilischem
Tausche, einander fortwährend gleich galten, zeigt z. B. Demosth. LV, 32
p. 1280: κἂν μὲν ἐγὼ τῶν χωρίων ἀποστῶ τούτοις ἀποδόμενος ἢ πρὸς ἕτερα χωρία
ἀλλαξάμενος κτλ. Zur Eigentumserwerbung überhaupt s. Meier-L., att. Proz.
S. 712 f., Büchsenschütz, Besitz und Erwerb S. 528 f.. Caillemer,
Études sur les antiquités juridiques d'Athènes III. 1866: sur le crédit foncier
p. 8 ff. und Contrat de vente à Athènes in Revue de législation ancienne et
moderne 1870/71 p. 631—671 und 1878 p. 1—41. Anthes, de emptione
venditione Graecorum quaest. epigr. 1885. Inscr. jur. gr. S. 88 f. Bei
Anthes S. 4 ein Verzeichnis der bezüglichen Inschriften. Télfy, C. I. A.
n. 1495—1502. Comment. p. 628 f. Ein Kaufvertrag aus Amphipolis:
Dittenberger, S. I. Gr. 439 aus makedonischer Zeit.

Orte besessen zu haben [1]); wir kennen solche nirgends her, dagegen sind Reste eines Verzeichnisses von Grundstückseigentümern aus Mytilene [2]), Listen von Grundstückskäufern aus bestimmter Veranlassung von Chios [3]), Halikarnassos und Iasos [4]), ein Verzeichnis von Grundstücks-Verkäufen aus Tenos erhalten [5]). Statt deren nahm man entweder die Wissenschaft der Nachbarn in Anspruch, deren dreien zu diesem Ende in Thurii bei jedem Verkaufe ein Geldstück als Wahrzeichen gegeben werden musste, oder man liess den Handel bei einer Behörde anmelden, die alsdann die Verpflichtung hatte, ihn vor der Genehmigung eine bestimmte Frist hindurch durch Ausruf oder Anschlag, der z. B. in Athen sechzig Tage lang aushängen musste [6]), zur öffentlichen Kenntnis zu bringen [7]), auch wohl eine

---

[1]) Theophrast in der wichtigen Schrift περὶ συμβολαίων bei Stob. Serm. XLIV, 22: οὐ χρὴ δ' ἀγνοεῖν, ὅτι αἱ προγραφαὶ καὶ αἱ προκηρύξεις καὶ ὅλως ὅσα πρὸς τὰς ἀμφισβητήσεις ἐστὶ παντ' ἢ τὰ πλεῖστα δι' ἐλλείψιν ἑτέρου νόμου τίθεται. παρ' οἷς γὰρ ἀναγραφὴ τῶν κτημάτων ἐστὶ καὶ τῶν συμβολαίων, ἐξ ἐκείνων ἐστι μαθεῖν εἰ ἐλεύθερα καὶ ἀνέπαφα καὶ τὰ αὑτοῦ πωλεῖ δικαίως· εὐθὺς γὰρ μετεγγράφει ἡ ἀρχὴ τὸν ἐωνημένον. Hier wird die Führung öffentlicher Bücher als der seltenere Fall hingestellt, wogegen Hofmann, Beitr. zur Gesch. des röm. u. griech. Rechts S. 98 vergeblich Arist. Pol. p. 1322 b anführt. Über die Verhältnisse in Ägypten zur Ptolemäerzeit vgl. Caillemer, revue de lég. 1870/71 p. 668 ff. und Dareste, Journal des savants 1883 p. 170 ff.

[2]) Fabricius in Mitteil. d. deutsch. Inst. IX (1884), 83 f. aus der Zeit nach Alexander, es nennt den Prytanen, den Eigentümer, den Ort, die Grösse und öfter die Bepflanzung, z. B. ἐπὶ πρυτάνιος Δονάκω Ἑλλανοκρατεία Ἀναγόν[ω ἀμπέ]λων μέρους ἐν Δρομάτι δύο. Die Schrift der einzelnen Abschnitte ist verschieden, also zu verschiedener Zeit eingetragen. In einem Absatz steht als Verbum ἀπογράφεται (lässt eintragen) dabei. Ähnliches ebendaher aus römischer Zeit ebd. XIII (1888), 43 f.

[3]) Roehl, I. G. A. 381 (C² 496), dazu vgl. Arist. Oec. II p. 1347 b: Χῖοι δέ, νόμου ὄντος αὐτοῖς ἀπογράφεσθαι τὰ χρέα εἰς τὸ δημόσιον ... ἐψηφίσαντο.

[4]) Dittenberger, S. I. Gr. 6 (V. Jahrh.) und 77 (IV. Jahrh.).

[5]) C. I. G. 2338 = Inscr. jur. gr. VII p. 64 f. werden aus 2 Jahren 47 Grundstücksverkäufe mitgeteilt.

[6]) Diese Frist beschränkten Meier, att. Proz. S. 523 und Platner, Proz. II S. 342 auf den Verkauf von Grundstücken. Lipsius in Burs. Jahresber. II, 1403 und att. Proz. 714 dehnt sie auf Grund von Paroemiogr. gr. I p. 405 und Hesych. s. v. ἐν λευκώμασι auch auf den von Sklaven aus.

[7]) Theophr. a. a. O.: οἱ μὲν οὖν ὑπὸ κήρυκος (vgl. Corp. Inscr. Gr. 2058 = S. I. Gr. 248 Z. 132) κελεύουσι πωλεῖν καὶ προκηρύττειν ἐκ πλειόνων ἡμερῶν, οἱ δὲ παρ' ἀρχῇ τινι, καθάπερ καὶ Πιττακὸς παρὰ βασιλεῖα καὶ πρυτάνει· ἔνιοι δὲ προγράφειν παρὰ τῇ ἀρχῇ πρὸ ἡμερῶν μὴ ἔλαττον ἢ ἑξήκοντα, καθάπερ Ἀθήνησι, καὶ τὸν πριάμενον ἑκατοστὴν τιθέναι τῆς τιμῆς, ὅπως διαμφισβητῆσαί τε ἐξῇ καὶ διαμαρτύρασθαι (vgl. Hesych. s. v. ἐν λευκώμασι. Beispiele des Widerspruchs sind Isaeus II, 28 und (Demosth.) LIII, 10 p. 1249; im ersten

Abgabe, wie z. B. in Athen ein Prozent vom Kaufpreise erhob [1]);
und wo man ganz sicher gehen wollte, hielt man sogar Käufer und
Verkäufer zu einem gemeinsamen Opfer bei den dem Markte der
Stadt vorstehenden oder die Komen beschützenden Göttern und der
eidlichen Versicherung vor Zeugen an, dass keinerlei Betrug bei dem
Geschäfte beabsichtigt sei [2]).   Besondere Gesetzesvorschriften finden

---

Falle sucht der Verkäufer den Widerspruch im Wege der Klage, wahrscheinlich βλάβης, zu beseitigen) τῷ βουλομένῳ, καὶ ὁ δικαίως ἐωνημένος φανερὸς ᾖ τῷ
τέλει· παρὰ δὲ τισι προκηρύττειν κελεύουσι πρὸ τοῦ κατακυρωθῆναι πένθ' ἡμέρας
συνεχῶς, εἴ τις ἀνίσταται ἢ ἀντιποιεῖται τοῦ κτήματος ἢ τῆς οἰκίας, ὡσαύτως δὲ καὶ
ἐπὶ τῶν ὑποθέσεων, ὥσπερ καὶ ἐν τοῖς Κυζικηνῶν. Οἱ δὲ Θουριακοὶ τὰ μὲν τοιαῦτα
πάντα ἀφαιροῦσιν, οὐδ' ἐν ἀγορᾷ προστάττουσιν ὥσπερ τἆλλα (vgl. D i t t e n b e r-
g e r, S. I. Gr. 354 Z. 9), διδόναι δὲ κελεύουσι κοινῇ τῶν γειτόνων τὰν ἐγγυτάτω
τρισὶ νόμισμά τι βραχὺ μνήμης ἕνεκα καὶ μαρτυρίας κτλ.

[1]) Ἐκατοστή, Ar. Vesp. 658, C. I. A. II, 784—788, dazu B o e c k h, Staatsh.
I, 440, C a i l l e m e r, étude III p. 7 und Revue de lég. 1870/71 S. 649 und
669. Beispiel: Λεόντιος Καλλιάδου Ἐπικηρί(κος) ἀπέδοτο χωρίον ἐγ Κοθωκιδῶν·
ὠνη(τής) Μνησίμαχος Μνησόχου [Η Η] Π ἐκατοστὴ |-|-III. Die Steuer trägt jeden-
falls der Käufer (vgl. T h e o p h r a s t a. a. O.), denn ihm wird durch die Eintragung bezeugt, dass er unter Beobachtung der gesetzlichen Form gekauft,
und damit, dass in der gesetzlichen Frist niemand Widerspruch erhoben hat.
So bildeten die Verzeichnisse der Verkaufssteuer für Athen eine Art Grund-
buch, zumal sie auch den Verkäufer vermerkten. Die Bezeichnung der Grundstücke aber war sehr dürftig, und sie machten die προγραφαί keineswegs überflüssig, weil sie es unterliessen die συμβολαία, die Verbindlichkeiten der Besitzer, zu registrieren und deshalb den Kauflustigen in keiner Weise über die
etwaige Belastung des Grundstücks aufklären konnten, vgl. C a i l l e m e r a.
a. O. p. 649 ff. Dagegen freilich L i p s i u s in Burs. Jahresber. II, 1403. Die
Worte des Arguments zu D e m. XXXVII p. 963: καὶ ἦν ὠνητὴς ἐγγεγραμμένος
ὁ Μνησικλῆς beziehen sich wohl gleichfalls auf die Verzeichnung der erlegten
Verkaufssteuer, obwohl der Zusatz καὶ τὰς ὠνὰς εἶχεν αὐτός (den Kaufkontrakt
hatte er in Händen) auch an den letzteren zu denken erlaubt. Das Verhältnis
dieser ἐκατοστή zu den auf den Poletenurkunden verzeichneten ἐπώνια (C. I.
A. I, 274 ff., S. I. Gr. 37, C. I. A. II, 777) bei Verkäufen eingezogener Güter
ist fraglich, vgl. K o e h l e r, Monatsber. d. Berl. Ak. 1865 S. 543; T h u m s e r,
de civ. Ath. mun. p. 7 sq. Ähnliche ἐπώνια in Höhe von 1—5% finden sich
beim Verkauf von Priesterstellen in E r y t h r a e bei D i t t e n b e r g e r S. I. Gr.
370 (III. Jahrh.) mit Anm. 3, 5% zur selben Zeit in D e l o s, Bull. corr.
hell. XIV, 443, eine πεντηκοστή in A t a r n e u s Dittenb. 97 Z. 5, eine
ἐκατοστή und τριακοστή in C h a l k e d o n ebd. Z. 369 Z. 18. Befreiung von
der Kaufsteuer als Privileg ebd. 125 Z. 20 und B u l l. c o r r. h e l l. IX, 161
aus T r o a s vgl. D i t t e n b. 312 Z. 8 (I. G. A. 491) aus Kyzikos.
[2]) T h e o p h r a s t a. a. O. vgl. den Anhang, A n t h e s a. a. O. p. 31
und das γραφεῖον τῶν ὅρκων in K n i d o s mit der Erklärung von D a r e s t e
in B u l l. c o r r. h e l l. IV, 341 f.

sich erwähnt aus Delphi [1]) und Mylasae in Karien [2]). Erst wenn diesen Förmlichkeiten genügt und der verabredete Preis wirklich bezahlt war, trat das Eigentumsrecht des Käufers ein [3]). Nur Charondas, dem in dieser Hinsicht auch Plato [4]) folgt, hatte sofortige Erfüllung Zug um Zug vorgeschrieben und dem Verkäufer jedes Klagerecht auf die gestundete [5]) Kaufsumme abgeschnitten, während die meisten übrigen Gesetzgebungen demselben bis zum Empfange dieser ein Eigentumsrecht vorbehalten hatten [6]). Dagegen war für ihn die Verpflichtung, den Kaufgegenstand für den bedungenen Preis

---

[1]) Vgl. unten S. 89 A. 8.

[2]) Bull. corr. hell. V. 112 C Z. 13 (= Inscr. jur. gr. p. 248) κατὰ τὸν πωλητικὸν νόμον.

[3]) Theophrast a. a. O.: κυρία δὲ ἡ ὠνὴ καὶ ἡ πρᾶσις εἰς μὲν κτῆσιν, ὅταν ἡ τιμὴ δοθῇ καὶ τὰ τῶν νόμων ποιήσωσιν, οἷον ἀναγραφὴν ἢ ὅρκον ἢ τοῖς γείτοσι τὸ γιγνόμενον. Dagegen ist eine förmliche Traditio zum Übergang des Eigentums nicht erforderlich: Büchsenschütz, Besitz und Erwerb S. 526, Caillemer a. a. O. p. 636 ff., Lipsius in Burs. Jahresber. II, 1403 gegen Platner, Prozess II, 296 und Hofmann, Beitr. zur Gesch. des griech. u. röm. Rechts S. 58 u. 111. Von einem besonderen Übergabeakt eines Grundstücks (ἐμβάτευσις durch den Verkäufer, ἔμβασις durch den Käufer) vor den Nachbarn als Zeugen handeln Inschriften von Mylasae (Karien) und Olymos bei Lebas-Waddington III, 1, 415, vgl. Bull. de corr. hell. V (1881) p. 112 und Mitteil. d. deutsch. Inst. XIV (1889) S. 378 f., wo bei einem Verkauf mit angeschlossener Erbpacht drei Rechtsgeschäfte unterschieden werden τόν τε τῆς ὠνῆς καὶ τῆς ἐμβάσεως καὶ τῆς μισθώσεως χρηματισμόν. Auf Grund besonderer Vereinbarung konnte das Eigentum auch ohne Zahlung des Kaufpreises übergehen, z. B. wenn der Verkäufer eines Grundstücks sich für die Kaufsumme Hypothek bestellen liess C. I. A. II, 1134: ἐπὶ Θεοφράστου ἄρχοντος [δ]ρος χωρίου τιμῆς ἐνοφειλομένης Φανοστράτῳ Παιαν[ιεῖ] ΧΧ. Über Verzugszinsen vgl. Demosth. XLI, 8 p. 1080.

[4]) Leg. XI p. 915 d: ὅσα δὲ διά τινος ὠνῆς ἢ καὶ πράσεως ἀλλάττεταί τις ἕτερος ἄλλῳ, διδόντα ἐν χώρᾳ τῇ τεταγμένῃ ἑκάστοις κατ' ἀγορὰν καὶ δεχόμενον ἐν τῷ παραχρῆμα τιμὴν οὕτως ἀλλάττεσθαι, ἄλλοθι δὲ μηδαμοῦ μηδ' ἐπ' ἀναβολῇ πρᾶσιν μηδὲ ὠνὴν ποιεῖσθαι μηδενός· ἐὰν δὲ ἄλλως ἢ ἐν ἄλλοις τόποις ὁτιοῦν ἀνθ' ὁτουοῦν διαμείβηται ἕτερος ἄλλῳ, πιστεύων πρὸς ὃν ἂν ἀλλάττηται, ποιείτω ταῦτα ὡς οὐκ οὐσῶν δικῶν κατὰ νόμον: vgl. Respubl. VIII p. 556 a und Platner, Prozess II S. 341.

[5]) Vgl. z. B. Mitteil. d. Inst. IX (1884), 60: τὸν [δὲ πριάμε]νον τὴν τιμὴν ἀποδοῦναι τεσσάρων ἐτέων, τέταρτον [μέ]ρος ἔτεος ἑ[κάστου], aus Zeleia.

[6]) Theophrast a. a. O.: πότερον δὲ ἕως ἂν κομίσηται (scil. τὴν τιμὴν) κύριον εἶναι τοῦ κτήματος; οὕτω γὰρ οἱ πολλοὶ νομοθετοῦσιν· ἢ ὥσπερ Χαρώνδας καὶ Πλάτων; οὕτοι γὰρ παραχρῆμα κελεύουσι διδόναι καὶ λαμβάνειν, ἐὰν δέ τις πιστεύσῃ, μὴ εἶναι δίκην· αὐτὸν γὰρ αἴτιον εἶναι τῆς ἀδικίας. Hofmann a. a. O. S. 61 und Caillemer p. 644 lassen den römischen Satz: periculum rei venditae statim ad emptorem pertinet auch für Griechenland gelten.

auszuantworten, bereits mit dem Augenblicke begründet, wo er das
Handgeld empfangen hatte [1]), vorausgesetzt dass dieses weder in der
Trunkenheit, noch in der Leidenschaft, noch unter gesetzwidrigen
Umständen geschehen war [2]); dieses Handgeld musste mit dem
Werte der verkauften Sache im Verhältnis stehen, und ging dem
Käufer verloren, wenn er den Vertrag nicht hielt; für den Verkäufer
aber hatte es im entsprechenden Falle den Nachteil, dass er nach
manchen Gesetzen den ganzen Betrag der Kaufsumme als Strafe erlegen, also gleichsam dem Käufer den Gegenstand wieder abkaufen
musste [3]). In Athen soll dem Käufer gegen eine solche Weigerung
die βεβαιώσεως δίκη zugestanden haben [4]); gewöhnlicher aber ver-

---

[1]) Ἀῤῥαβών, ἡ ἐπὶ ταῖς ὠναῖς παρὰ τῶν ὠνουμένων δεδομένη προκαταβολὴ ὑπὲρ
ἀσφαλείας, Etymol. M. p. 148; vgl. Isaeus VIII, 23 p. 71, Lucian.
Rhet. praec. c. 17 u. s. w. Dass Thales als Erfinder desselben genannt werde
(Wachsmuth II S. 189), ist wohl nur Missverständnis aus Aristot.
Politic. I, 4, 5 p. 1259 a. Dass das Angeld zur Giltigkeit des Vertrages erfordert war (Hofmann a. a. O. S. 56 u. 105) folgt aus Theophrast nicht,
und man muss Caillemer, der Revue de lég. 1870/71 p. 684 diese These
bekämpft, gewiss zugeben, dass ein schriftlicher Vertrag auch ohne Angeld
giltig war, dass also das Angeld nur ein Zeichen des perfekten Kaufver-
trages war.

[2]) Theophrast: εἰς δὲ τὴν παράδοσιν καὶ εἰς αὐτὸ τὸ πωλεῖν (scil. κυρία
ἡ ὠνή), ὅταν ἀῤῥαβῶνα λάβῃ· σχεδὸν γὰρ οὕτως οἱ πολλοὶ νομοθετοῦσιν· ἀλλὰ τοῦτο
προσδιοριστέον, ἐὰν μὴ παρὰ μεθύοντος μηδ' ἐξ ὀργῆς, μηδὲ φιλονεικίας, μηδὲ παρανοοῦντος, ἀλλὰ φρονοῦντος, καὶ τὸ ὅλον δικαίως, ὅπερ κἀκεῖ προσθετέον, ὅταν ἀφορίζῃ παρ' ὧν δεῖ ὠνεῖσθαι. Es sind dies letztere allerdings Forderungen des
Theophrast (Lipsius in Burs. Jahresber. II S. 1405), und es fehlt die
Angabe, dass sie irgend einer bestehenden Gesetzgebung entnommen waren.
Dass sie in Athen nicht galten, ergiebt sich aus Hyper. Athenog. Col. VI f.

[3]) Derselbe weiter: τάττουσι δέ τινες καὶ τὸν ἀῤῥαβῶνα πόσον δεῖ διδόναι,
πρὸς τὸ πλῆθος τῆς τιμῆς μερίζοντες . . . ἐὰν δὲ λαβὼν ἀῤῥαβῶνα μὴ δέχηται τὴν
τιμὴν ἢ δοὺς μὴ καταβάλῃ ἐν τῷ ὡρισμένῳ χρόνῳ . . . ἐπιτίμιον . . . τῷ μὲν στερήσεις τοῦ ἀῤῥαβῶνος; οὕτω γὰρ σχεδὸν οἵ τ' ἄλλοι κελεύουσι καὶ οἱ Θουριακοί· τῷ
δὲ μὴ δεχομένῳ ἔκτισις ὅσου ἂν ἀποδῶται; vgl. den Anhang. Möglicherweise
gehört hierher die noch nicht genügend erklärte Stelle des Gesetzes von Gortyn IX, 43 f.

[4]) Harpocr. s. v. βεβαιώσεως: ἐνίοτε καὶ ἀῤῥαβῶνος μόνου δοθέντος, εἶτα
ἀμφισβητήσαντος τοῦ πεπρακότος, ἐλάγχανε τὴν τῆς βεβαιώσεως δίκην ὁ τὸν ἀῤῥαβῶνα δοὺς τῷ λαβόντι: vgl. Bekk. An. p. 219. Der Ausdruck ἐνίοτε ἐλάγχανε
ist sehr behutsam, und bei Plautus findet sich keine Spur von einer durch
den Vertrag begründeten Verpflichtung des Verkäufers, nur die Arrha musste
er herausgeben nach S. L. Bekker, de emtione venditione quae Plauti fa-
bulis fuisse probatur. Berol. 1853. Vgl. noch Herald, Animadv. IV, 3
p. 282. Bezweifelt wird diese Art der δίκη βεβαιώσεως auch von Lipsius,
att. Proz. 721.

steht man darunter die Evictionsklage, wenn ein Dritter Ansprüche an das Kaufobjekt erhob und der Käufer es nicht darauf ankommen lassen wollte, später seinen etwaigen Regress an den Verkäufer zu nehmen [1]), sondern diesen sofort zur Gewährleistung herbeizog [2]), wofern dieses nicht, wie ausser Attika häufig, bereits beim Abschlusse des Handels durch eigene Bürgen oder Kaufhelfer geschehen war [3]).

---

[1]) Αὐτομαχῆσαι, ὅταν ἀντιποιῆταί τις οἰκίας ἢ χωρίου, καὶ εἴη ὁ πεπρακώς μὲν ἀξιόχρεως, ὥστε δοκεῖν ἀποτῖσαι τὴν ζημίαν καὶ συνίστασθαι τὴν δίκην πρὸς τὸν ἀντιποιούμενον, βούλοιτο δὲ ὁ διακατέχων τὴν οἰκίαν ἢ τὸ χωρίον ἴδιον αὑτῷ γενέσθαι ἀγῶνα πρὸς τὸν ἀμφισβητοῦντα, B e k k e r Anecd. p. 467; vgl. H a r p o c r. und S u i d a s s. v. αὐτομαχεῖν.

[2]) P o l l. VIII, 34: ἡ δὲ βεβαιώσεως δίκη, ὁπόταν τις πριάμενος οἰκίαν ἢ χωρίον, ἀμφισβητοῦντός τινος, ἀνάγῃ ἐπὶ τὸν πρατῆρα, τὸν δὲ προσῆκει βεβαιοῦν ἢ μὴ βεβαιοῦντα ὑπεύθυνον εἶναι τῆς βεβαιώσεως· εἰ δ' ὁ ἀνάγων ἐπὶ τὸν πρατῆρα ἡττηθείη, τὸ μὲν ἀμφισβητηθὲν τοῦ κρατήσαντος ἐγένετο, ὁ δ' ἡττηθεὶς τὴν τιμὴν παρὰ τοῦ συκοφαντήσαντος ἐκομίζετο. I s a e u s X, 24 p. 82: ὥσπερ τῶν ἀμφισβητησίμων χωρίων δεῖ τὸν ἔχοντα ἢ θέτην ἢ πρατῆρα παρέχεσθαι ἢ καταδεδικασμένον φαίνεσθαι οὕτω κτλ., vgl. B e k k. Anecd. p. 214 und D e m o s t h. XXXVII, 12 p. 969 mit H e r a l d. Anim. IV, 1 p. 282 f. und mehr bei M e i e r - L i p s i u s 718 f. oder P l a t n e r, Prozess II S. 343. Für C h i o s vgl. I. G. A. 381 (C' 496) C.

[3]) Συμπρατὴρ ὁ τὰ πωλούμενα ὑφ' ἑτέρου βεβαιῶν, B e k k. Anecd. p. 193; auch πρατήρ und βεβαιωτής oder βεβαιωτήρ, προκποδότας (im westl. Lokris, D i t - t e n b e r g e r, S. I. Gr. 446 Z. 6 nebst Anm. 6), auctor secundus, a. A n t h e s, de emtione venditione Graecorum p. 40 f., I n s c r. j u r. gr. p. 97 f., M i t t e i s, Reichsrecht und Volksrecht S. 502. Beständig (ausgenommen B u l l. c o r r. h e l l. XVII, 386 n. 88) erscheinen sie auf den d e l p h i s c h e n Freilassungsurkunden, F o u c a r t, mém. sur l'affranchissement etc. p. 16, welcher aus dem Zusatze κατὰ τὸν νόμον τᾶς πόλιος τῶν Δελφῶν erschliesst, dass diese βεβαιωτῆρας dort für jeden Verkauf vorgeschrieben waren. C a i l l e m e r, Revue de lég. 1873 p. 21 glaubt eine so vernünftige Institution auch für Athen annehmen zu müssen und sucht diesen auctor secundus in D e m o s t h. XXXVII gegen M e i e r, att. Proz. S. 526 nachzuweisen. Vergeblich, denn es kommt für diese Frage einzig auf die Form des Rechtsgeschäfts zwischen Mnesikles einerseits und Euergos und Nikobulos andrerseits an, und dass dies ein Kaufvertrag war, ist § 9 u. 12 p. 969 klar ausgesprochen. Ob es ein Scheinkauf war, ist für die Frage des auctor secundus ganz gleichgiltig. Vgl. auch Lip-s i u s in Burs. Jahresb. II, 1406 und Bedeutung d. gr. Rechts. A. 22. Bei W e s c h e r et F o u c a r t, Inscr. rec. à Delphes no. 250 ist der Verkäufer selbst unter den βεβαιωτῆρας, wie dies auch C o r p. I n s c r. G r. 2338 Z. 25 u. 34 in Tenos vorkommt. Hier fehlen die πρατῆρες mitunter, dann ist aber wenigstens der Vorbesitzer genannt, mitunter auch seine Zustimmung zu dem Verkauf beigefügt, wie Z. 39, 62 u. 115. Die Haftpflicht der πρατῆρες ist nach Verabredung entweder solidarisch oder pro rata parte. Unter den Ptolemäern fand dieser προπωλητής καὶ βεβαιωτής auch in Ä g y p t e n Eingang, wie die Papyrusurkunden beweisen; es wird dies aber zur leeren Form, in-

Auch die Verordnung der platonischen Gesetze, dass der Makler
oder Zwischenhändler dem Käufer für den erkauften Gegenstand
haftbar sei [1]), dürfte der thatsächlichen Gesetzgebung entlehnt sein,
und noch wahrscheinlicher ist dieses hinsichtlich der Verbindlichkeit
des Verkäufers, denselben wegen verhehlter Fehler zurückzunehmen,
wenn sie auch zunächst nur für Sklaven näher bezeugt ist [2]). In
K n o s o s auf Kreta war beim Ankauf von Vieh auch ohne solche
Fehler dem Käufer der Rücktritt binnen fünf Tagen gegen Zahlung
eines Reugeldes gestattet [3]).

---

§ 12. (§ 67.)

Von Mieten und Darleihen.

Weniger förmlich, aber deshalb nicht weniger gesetzlich geregelt waren diejenigen Rechtsgeschäfte, welche die zeitweilige Über-
lassung des Besitzes oder Niessbrauchs einer Sache an einen andern
durch Miete, Pacht oder Darleihen [4]) zum Gegenstande hatten und

---

dem als solcher der Verkäufer selbst auftritt. Vgl. D a r e s t e, Journ. des
sav. 1883 p. 171 f.

[1]) L e g. XII p. 954 a: ὑπόδικος δ' ἔστω καὶ ὁ προπωλῶν καθάπερ ὁ ἀποδόμενος: vgl. die Ausdrücke προπώλης, προπωλῶν, προπράτης bei P o l l. VII, 11.
In der verstümmelten Inschrift von Naupaktos C o r p. I n s c r. G r. 1756 ist
bei: καὶ ὁ προαποδότας μὴ προπωλείτω, im Sinne von: der Kauf soll ungiltig
sein, jedenfalls an den Kaufbürgen, S. 89 A. 3, zu denken.

[2]) B e k k e r Anecd. p. 214: ἀναγωγὴ γάρ ἐστι τὸ τὸν πωλοῦντα οἰκέτην νό-
σημα ἔχοντα καὶ μὴ προειπόντα τῷ ὠνουμένῳ ἐφεῖσθαι τῷ ὠνησαμένῳ διακρίνεσθαι
πρὸς τὸν πεπρακότα: vgl. H y p e r. Athenog. VII, 1, P l a t. Leg. XI p. 916,
S u i d. s. v. ἀναγωγὴ οἰκέτου p. 916. Vgl. P l a t n e r, Prozess II S. 342 oder
M e i e r - L i p s. S. 717, B ü c h s e n s c h ü t z, Besitz etc. S. 124, C a i l l e-
m e r, revue de lég. 1873 p. 21, L i p s i u s in Burs. Jahresb. II, 1406; von
der ἀναγωγὴ eines verpfändeten Pferdes ist L y s. VIII, 10 die Rede, von dem
Zurücknehmen schlechter Stoffe und unbrauchbarer Geräte Dio C h r y s. X
p. 300 R, 146 M. Für die Möglichkeit der Anfechtung eines Kaufkontrakts
wegen Übervorteilung führte C a i l l e m e r a. a. O., Demosth. XXXVII,
12 ff. p. 970 an, was jetzt durch H y p e r. a. a. O. widerlegt ist.

[3]) Mus. it. II, 678 (jünger als die grosse Inschrift): καρταίπος αἰ πρίαιτο
κάποδόμεν λάοι, [ἐν ταῖσ]ι πέντ' ἀμέραις ἀποδότω αἰ κα πριάται κ[αὶ τὸ τῶν] δέρ-
γων(?) τριωδελὸν κατ' ἀμέραν ἕκαστο ... Und vorher: αἰ κα τὸ καρτα[ιπος μ]ή̄πω
δεδαμναμένον πριάμενος ἀποδιώ[κηι δι ἐγ]ράτται, μή̄π.αδιθέτω τῶν δέργων τὰ
τριω[δελά.

[4]) Μίσθωσις, locatio, δανεισμός, mutuum, χρῆσις, commodatum, A r i s t o t.
Eth. Nic. V, 2. 13 p. 1131 a, 8; vgl. Meier-L. a. Pr. S. 681 f., T é l f y, C. I.

dafür dem Eigentümer derselben in der Regel [1]) einen bestimmten Zins bedangen. Solche Geschäfte [2]) konnten selbst eine rechtliche Notwendigkeit sein, wie z. B. Vormünder ein Waisenvermögen, dessen eigene Verwaltung ihnen zu schwer fiel, wenn nicht testamentarische Bestimmungen es verboten [3]), in Pacht zu geben verpflichtet waren [4]), oder das Eigentum von Staaten [5]), Gemein-

A. n. 1503—1542, Comment. p. 64 ff., Caillemer, Études VIII u. IX (die letzte Abhandlung bezieht sich zumeist auf das Geldgeschäft vgl. Privatalt. § 49), Büchsenschütz, Besitz u. Erwerb S. 88 f., C. Euler, de locatione conductione atque emphyteusi Graecorum, diss. inaug. Lips. Gissae 1882, Inscr. jur. gr. p. 195 f. Über Sparta: A. Motte, le prêt à Sparte, Rev. de l'instr. publ. en Belgique XXVI (1883) p. 232—235, der gegen Fustel de Coulanges, propr. à Sparte 1880 p. 76 f. das Darlehn als etwas in Sparta Gewöhnliches und Gesetzliches erweist aus Dioscorides bei Suidas s. v. σκυτάλη, Plut. Agis 18, apophth. Lac. p. 221b, Aristot. Pol. III, 1, 7 p. 1275b.

[1]) Denn allerdings gehört, wie Meier S. 499 richtig bemerkt, zum Charakter des χρέος der Zins nicht wesentlich, widerspricht vielmehr dem Begriffe der χρῆσις, commodatum im engeren Sinne vgl. Suidas s. χρήσασθαι, während allgemeiner χρέος und seine Ableitungen auch für δάνειον u. s. w. gebraucht werden, vgl. Philippi, de syngraphis et de οὐσίας notione Leipz. 1871 p. 3. Beispiele einer χρῆσις im strengen Sinne sind Lys. XIX, 22 f. p. 154, (Demosth.) LIII, 12 p. 1250, XLIX, 31 f. p. 1193. Auch vgl. den ἔρανος, von dem oben S. 74 die Rede war. Unverzinsliche Darlehen an Gemeinden vgl. Dittenberger, S. I. Gr. 125 Z. 7, 9, 12, 26 aus Ilion; 160 Z. 6 Erythrae; 248 (C. I. Gr. 2058) Z. 31 u. 70 Olbia, Bull. corr. hell. X (1886) p. 104 Z. 10 Delos, XII (1888) p. 225 Z. 7 u. 11 Amorgos; im übrigen verhält sich wie zur μίσθωσις der μισθός, so zum δανεισμός der τόκος: vgl. Aristoph. Nub. 1288, Aristot. Politic. I, 3. 23 p. 1258 b.

[2]) Verzeichnisse der bezüglichen Urkunden geben Euler a. a. O. p. 4. Inscr. jur. gr. p. 250 f.

[3]) Demosth. XXVIII, 5 p. 837.

[4]) Lysias XXXII, 23: εἰ ἐβούλετο δίκαιος εἶναι περὶ τοὺς παῖδας, ἐξῆν αὐτῷ κατὰ τοὺς νόμους, οἳ κεῖνται περὶ τῶν ὀρφανῶν καὶ τοῖς ἀδυνάτοις τῶν ἐπιτρόπων καὶ τοῖς δυναμένοις, μισθῶσαι τὸν οἶκον ἀπηλλαγμένον πολλῶν πραγμάτων d. h.: der ἀδύνατος musste, der δυνάμενος durfte verpachten, vgl. oben § 2 S. 16 und mehr bei Boeckh, Staatsh. I S. 200, Meier-L., att. Proz. S. 362, Schömann ad Isaeum p. 205, wo insbes. auch auf den Umfang des Begriffs οἶκος in diesem Falle aufmerksam gemacht ist: elocari non solum fundos et praedia pupillorum, sed omnem bonorum substantiam, etiam numos, ferner v. d. Es, de iure fam. p. 174 ff., Büchsenschütz, Besitz u. Erwerb p. 89, Caillemer, étud. VIII p. 20 ff. Die Verpachtung erfolgte unter Mitwirkung des Archon in gerichtlichem Termin gegen hypothekarische Sicherheit, vgl. § 13, Arist. resp. Ath. 56, 7, Euler, de locatione etc. p. 24, Schulthess, Vormundschaft S. 144, 173.

[5]) Xenoph. Vectig. 4, 19: τί ἂν ἧττον μισθοῖτό τις παρὰ τοῦ δημοσίου ἢ

den [1]), Tempeln [2]) nur auf diese Art nutzbar gemacht werden konnte.
Daher werden hierfür aus mehreren Orten gesetzliche Vorschriften
erwähnt [3]).   Aber auch abgesehen davon lassen sich Spuren solcher
Geschäfte bis in die Zeiten zerfolgen, wo der Zins noch in Natur-
erträgnissen entrichtet werden musste [4]), wenn auch erst mit der

παρὰ τοῦ ἰδιώτου, ἐπὶ τοῖς αὐτοῖς μέλλων ἕξειν; μισθοῦνται γοῦν καὶ τεμένη καὶ
ἱερά καὶ οἰκίας, καὶ τέλη ὠνοῦνται παρὰ τῆς πόλεως: vgl. A n d o c. I, 92 und
B o e c k h , Staatsh. I S. 418 f. Die ἐπικαρπίαι (Pachtgelder) auf den Poletenurkunden C. I. A. I, 274 ff. Verpachtung der heiligen Ölbäume in Attika
L y s. VII, 2. Ein eigentümlicher Vertrag, in dem der Staat einem Sokles für
eine gewisse Leistung auf 25 Jahre die Nutzung eines Grundstücks überläaast,
doch so, dass immer zwischen zwei Nutzungsjahre des Sokles ein Nutzungs-
jahr des Staates sich einschiebt, C. I. A. II, 203. Vorschriften über Aus-
leihung d e l p h i s c h e r Staatsgelder D i t t e n b e r g e r , S. I. Gr. 233 Z. 26 ff.
Zinsfreies Überlassen von Staatsgütern an die Proxenen in Corcyra: C o r p.
I n s c r. Gr. 1840 (S. I. Gr. 320).

[1]) Vgl. S c h o e m a n n , com. Ath. p. 376 ff., C. I. A. II, 570 Z. 14:
τούτους δὲ (π. τοὺς ἄρχοντας) τὸ ἀργύριον σὺν [π | [16]αρ]έχειν Πλωθεῦσι, περὶ μὲν
ἔτου ἐπ[ι[16] ψ]ήφισμα δανεισμοῦ ἢ τόκος τεταγμ[έ [17]ν]ος κατὰ τὸ ψήφισμα δανεί-
ζον[τας χ | [18]α]ι ἐσπράττοντας, ὅσο[ν] δὲ κατ' ἐν[ιαυ[19]τ]ὸν δανείζεται δανείζ[ον]τας
ὅ[στι[20]ς] ἂν πλεῖστον τόκον διδῷ, ὃς ἄ[ν πει[19]θ]ῃ τοὺς δανείζοντας ἄρχοντα[ς υ-
μι[19]η]ματι ἢ ἐγγυητῇ. Von den vorhandenen Urkunden gehören hierher: C. I.
A. II, 565, 573, 600, 1055, 1058 (S. I. Gr. 440), 1059, L e b a s - W a d d i n g-
t o n , Asie min. III, 1, 404, B u l l. c o r r. h e l l. V, 107.

[2]) H a r p o c r. s. v.: ἀπὸ μισθωμάτων· Δίδυμός φησιν ὁ γραμματικὸς ἀντὶ τοῦ
ἐκ τῶν τεμενικῶν προσόδων· ἑκάστῳ γὰρ θεῷ πλέθρα γῆς ἀπένεμον, ἐξ ὧν μισθουμένων αἱ εἰς τὰς θυσίας ἐγένοντο δαπάναι: X e n o p h. Anab. V, 3, 13; de vectig.
4, 19, vgl. C. I. A. II, 578 Z. 28 ff.: ἀργύριον δανείζειν τοῦ(ς) ἱερέα[ς δ]ξιοχρείῳ
ἐπ[ὶ χωρίῳ][19] ἢ οἰκίᾳ ἢ συνοικίᾳ καὶ ὅρον ἐ(φ)[ισ]τάναι und C. I. A. I, 283, II,
814 ff. (S. I. Gr. 70), 163 (S. I. Gr. 380) Z. 17, S. I. Gr. 373 Z. 39 und mehr
bei U s s i n g , Inscr. ined. p. 49, H o m o l l e , Bull. de corr. hell. VI, 1882 p. 64 ff.
und Gott. Alt. § 20. Dahin gehören διαιωτικά und πατρωτικά τεμένη A r i-
s t o t. Oecon. II p. 1346 b und von Mietverträgen die tab. Heracl. C. I. G.
III, 5774 u. 5775 (C² 40, 41), C. I. G. II, 2693 (= L e b a s - W a d d i n g t o n
a. a. O. 416), 2496, L e b a s - W a d d i n g t o n III, 323/4 (vgl. E u l e r, de
locatione tab. 1), 327, 331, 483, Mitteil. des deutsch. Inst. I p. 348 ff. (vgl.
Bull. corr. hell. XVI, 276), XIV, 369 f., XV, 272 f. L a r f e l d, S. I. B. n. 239.

[3]) Für A t h e n C. I. A. IV, 2, 53a : κατὰ τὸν νόμον, ὅσπερ κεῖται τῶν τεμενῶν vgl. A r i s t. resp. Ath. 47: ἔστι δὲ καὶ τούτων (sc. τῶν τεμενῶν) ἡ μὲν
μίσθωσις εἰς ἔτη δέκα, καταβάλλεται δ' ἐπὶ τῆς [θ'] πρυτανείας vgl. A e l i a n. V.H.
VI, 1; für D e l o s die sogenannte ἱερὰ συγγραφή H o m o l l e , Bull. corr. hell.
VI (1882) p. 63 f., XIV (1890) p. 430 f.

[4]) Χρέα, Schulden, H e s i o d. ἐργ. 647; vgl. die attischen ἑκτημόροι oder
πελάται, welche von A r i s t. resp. Ath. 2, 2 als Pächter hingestellt werden,
wie gegen Staatsalt. S. 336 der Satz καὶ εἰ μὴ τὰς μισθώσεις ἀποδιδοῖεν beweist. Dass sie fünf, und nicht ein Sechsteil des Ertrages zu entrichten

Einführung des baren Geldes der Zinswucher möglich war, von dem schon in § 49 der Privataltertümer näher gehandelt worden ist [1]). Einer sehr alten Zeit war gewiss auch die kretische Sitte entsprungen, die dem Darleihen den Charakter eines Raubes aufprägte [2]). In einer besonderen Art von Verträgen, die man mit Tempeln abschloss, wird im Anschluss an den Verkauf dem Verkäufer Erbpacht ausbedungen [3]).

hatten, wird jetzt nach B o e c k h I S. 643 fast allgemein angenommen. Übrigens wird auch nach den Urkunden von Heraklea (IV. Jahrb.) der Pachtzins in Fruchtabgaben geleistet, während er in Attika gewöhnlich in Geld angesetzt war. B o e c k h, Staatsh. I S. 416, doch vgl. R a n g., ant. hell. II, 879 = L e b a s I, 277. Andere Beispiele von anderwärts bei E u l e r, de locatione p. 16 ff., R o e h l, I. G. A. 121 (C² 263). Ja bei Corp. Inscr. Gr. Sept. I, 1871 (C² 298) finden sich Spuren, dass ein Weiderecht auf Staatsland die Zinsen einer Staatsanleihe der Orchomenier vertrat.

[1]) P l a t o (Leg. V p. 742 c) und A r i s t o t e l e s (Pol. I, 9 p. 1257 b, 20) sind gegen eine auf Geldleihen und Zins angelegte χρηματιστική als καπηλική ποιητική χρημάτων οὐ πάντως ἀλλ᾽ ἤ διὰ χρημάτων μεταβολῆς. Χρεῶν ἀποκοπή, διάλυσις d. h. Minderung des Kapitals oder der Zinsen gefürchtet, daher gesetzlich verbotene Massregel jeder Revolution A n d o c. I, 88, I s o c r. XII, 259 p. 287 b, (D e m o s t h.) XVII, 15 p. 215, P l a t o, Resp. VIII p. 566 a, Leg. III p. 684 d, V p. 786 c, D i o C h r y s o s t. XXXI, p. 604 R, Diod. Exc. XXIX, 33: τῆς παρὰ τοῖς Αἰτωλοῖς χρεωκοπίας κατὰ τὴν Θεσσαλίαν ζηλωθείσης καὶ πάσης πόλεως εἰς στάσεις καὶ ταραχὰς ἐμπιπτούσης mit B ü c h s e n s c h ü t z, Besitz und Erwerb S. 35 f. Wie sich aber eine solche Massregel doch auch auf gesetzlichem Wege vollziehen konnte, zeigt neben A r i s t. resp. Ath. 6 u. 10 die e p h e s i s c h e Urkunde bei D i t t e n b e r g e r, S. I. Gr. 344, vgl. den Anhang. Anleihe für Kriegführung, so die des Alyattes in Ephesos N i c o l. D a m a s c. 65, Frgt. Histor. graecor. ed. Müller p. 897. Über Staatsanleihen und darauf bezügliche Urkunden vgl. W a c h s m u t h, Rh. Mus. XL (1885) S. 283 f., S z a n t o, Wien. Stud. VII (1885) S. 232 f., VIII S. 1 f. und I n s c r. j u r. gr. S. 276 f., dazu B u l l. c o r r. h e l l. XVI (1892, 262 f. Solidarisches Haften mehrerer Schuldner kommt vor, musste aber besonders ausbedungen werden, S z a n t o S. 235 f. Ebenso findet sich sogenannte Novation des Vertrages, S z a n t o S. 241. Besondere Ehren werden den Darleihern zugesichert in O r o p o s III. Jahrh. C o r p. I n s c r. G r. Sept. 4263.

[2]) P l u t. qu. gr. 53 p. 303 b: διὰ τί παρὰ Κνωσσίοις ἔθος ἦν ἀρπάζειν τοῖς δανειζομένοις τὸ ἀργύριον; ἤ ὅπως ἀποστεροῦντες ἔνοχοι τοῖς βιαίοις ὦσι καὶ μᾶλλον κολάζωνται; In G o r t y n a ist ἐγκιστά IX, 25 u. 35 wahrscheinlich Darlehn trotz H e s y c h. κοῖον· ἐνέχυρον, weil der Sinn eine Schuld ohne Unterpfand fordert und ἐνέχυρον selbst M u s. It. II, 592 f. B. 2 u. C. 1 vorkommt. Für „anvertrautes Gut" (Baunack) giebt es die Bezeichnung παρκατατίθεσθαι A. III, 9. Διαβαλόμενος und διαβολή ist vielleicht Verleugnung der Schuld, S c h o l. A r. Plut. 373, διαϝειπάμενος und εἴρησις wohl Stundung derselben, vgl. A r i s t. Oec. II, 29.

[3]) C. I. G. II 2694, 2693 e = L e b a s·W a d d i n g t o n, Asie min. 416, dazu Bull. de corr. hell. V (1881) p. 108 ff., XII (1888) p. 21 f. M i t t e i l.

Auch sonst findet sich Erbpacht[1]) mit einem sehr mässigen Pacht-
zinse[2]), während der Mietzins für Grundstücke bei gewöhnlichen
Zeitpachten[3]) in den vorhandenen Beispielen zwischen 8 und 12 %
schwankt[4]).   Die Pacht wurde öffentlich ausgeschrieben[5]) und dem

d. deutsch. Inst. XIV (1889) 369 f., XV, 272 f. aus Mylasse und Olymos
in Karien (Ende II. Jahrh.). B o e c k h a. a. O.: *Ac si quis quaerat, cur hae*
venditiones factae sint, respondemus et templis et privatis eas commodas fuisse:
templis, quod malebant praedia emere, quae emphyteutis possidenda darent, quam
pecuniam mutuam dare cum periculo damni; privatis, quod praediis vendendis
comparabant sibi pecunias, quibus possent ad alia uti negotia modicaque mercede
utenda praedia illa retinebant ut emphyteutae. Fortasse etiam securior privatis
erat possessio emphyteuticorum praediorum, quorum dominium esset penes deum.
Vgl. E u l e r, de locat. conduct. p. 26 ff. und H a u v e t t e - B e s n a u l t.
D u b o i s in Bull. de corr. hell. V (1881) p. 114 ff., J u d e i c h, Mitteil. d.
deutsch. Inst. XIV, 873 f., I n s c r. j u r. g r. 272 ff.

[1]) C. I. G. II, 3561 (S. I. Gr. 114); III, 5774 (C[8] 40); C. L. A. II, 1058
(S. I. Gr. 440); R o e h l, I. G. A. 121 (C[1] 263); Bull. de corr. hell. III, 242 ff.,
XV, 210 f. vgl. C a i l l e m e r, étud. VIII, 16, E u l e r a. a. O. p. 25, D i t-
t e n b e r g e r, de inscr. Thisbensi ad emphyt. ius spectante. Ind. Hal. 1891/92,
der mit Unrecht die griechische Erbpacht auf wirkliche Pflanzungen, im
Gegensatz zum Ackerboden, beschränkt. A r i s t. Oec. II, 2 p. 1346 b: Βυ-
ζάντιοι δὲ δεηθέντες χρημάτων τὰ τεμένη τὰ δημόσια ἀπέδοντο τὰ μὲν κάρπιμα
χρόνον τινά, τὰ δ' ἄκαρπα ἀεννάως ist wahrscheinlich gleichfalls von Erbpacht
zu verstehen. Auch bei Kleruchien scheint den früheren Besitzern Erbpacht
gewährt worden zu sein: T h u c. III, 50, B ü c h s e n s c h ü t z, Besitz S. 62,
D r u m a n n, Arb. u. Communisten S. 51 ff. Ferner waren die attischen Berg-
werksanteile, nach Zahlung eines Kaufpreises an den Staat, gegen ¹/₂₄ des
Ertrages in Erbpacht vergeben, vgl. B o e c k h, kl. Schr. V, 32, Staatsh. d. A.
I, 420 ff., B ü c h s e n s c h ü t z, Besitz und Erwerb S. 100 ff. Die verschiedenen
Bezeichnungen der Erbpacht siehe bei E u l e r, de loc. p. 13. Vielleicht ist
auch in G o r t y n a Mus. it. II, 685 C. = Mon. Ant. III n. 154. col. II τάν
... φυταλιάν ε(?) ἔδωκαν ἀ πόλις φυτεῦσαι mit dem Verbote des Verkaufs und
der Verpfändung eine Art Erbpacht.

[2]) Der Zins der Erbpacht heisst φόρος. 4¹/₇ % bei C. I. G. II, 2693 e, noch
geringer in 8561, auch in der Urkunde von Munychia (C. I. A. II, 1058) ist der
Prozentsatz von 7²/₇ %, vgl. C a i l l e m e r VIII. 16, E u l e r, de loc. p. 33
und F r ä n k e l, Hermes XVIII p. 314 ff., für eine Fabrikanlage sehr wenig,
zudem war der wirkliche Wert derselben gewiss höher als 7 Minen.

[3]) Die Dauer der Zeitpachten war natürlich sehr verschieden, am häufigsten
zehn Jahre, C. I. A. I, 283, II, 600 u. 1059, T h u c. III, 68, A r i s t. resp. Ath.
47, 4, so auch bei Verpachtung von Tempelgut in D e l o s, Bull. corr. hell.
XIV, 432; zwanzig Jahre C. I. A. IV, 2, 53 a; ein Jahr L y s. VII, 10, vierzig
Jahre C. I. A. II, 1055, vgl. B o e c k h, Staatsh. I, 416.

[4]) I s a e u s XI, 42 p. 89: ἀγρὸν μὲν Θριᾶσι πένθ' ἡμιτάλαντα εὑρίσκοντα,
οἰκίαν δὲ Μελίτη τρισχιλίων ἐωνημένην, ἄλλην δὲ Ἐλευσῖνι πεντακοσίων· ἀφ' ὧν
ἡ μίσθωσις τοῦ μὲν ἀγροῦ δώδεκα μναῖ, τῶν δὲ οἰκιῶν τρεῖς: ergiebt für den Acker

meistbietenden oder sichersten Bewerber ¹) zugesprochen, der Betrag
dann in längeren Fristen als Bargeldzinsen entrichtet ²), und gegen
den säumigen Zahler standen dem Eigentümer neben der gerichtlichen Klage ³) je nach dem Vertrage das sofortige Pfändungsrecht⁴),

8 %, für die Häuser 8¹/₂ %. In C. I. A. II, 600 bringt ums Jahr 300 ein
Grundstück zu 5000 Dr. jährlich 600 Dr. = 12%, vgl. auch S. 101 A. 4 und
S c h u l t h e s s, Vormundschaft S. 154 f. Danach sind B o e c k h, Staatsh. I,
198 ff., B ü c h s e n s c h ü t z, Besitz S. 99, C a i l l e m e r, VIII p. 8 zu modi-
fizieren.

⁴) Die verpachtende Genossenschaft — Private werden das Geschäft voraussichtlich unter der Hand abgeschlossen haben — liess die Pachtbedingungen
auf Stein geschrieben bekannt machen. Beispiele: C. I. A. II, 565, 1059,
L e b a s - W a d d i n g t o n, Asie min. 404, H e r m e s III, 237 = C a u e r,
Del.² no. 527, I n s c r. j u r. g r. g r. p. 251 f.

¹) Der Zuschlag erfolgte an den meistbietenden (C. I. A. II, 600 Z. 58)
oder sichersten Bewerber (C. I. A. II, 570 Z. 20) vgl. B o e c k h, Staatsh. I,
418, E u l e r, de loc. p. 5 ff. Als Sicherheit wird entweder Bürgschaft (C. I.
A. II, 565, IV, 2, 53 a, für Amorgos Mitteil. d. deutsch. Inst. I, 343 f., für
Delos Bull. corr. hell. XIV, 430, für Thespiae Corp. Inscr. Gr. Sept. I, 1740
—42) oder Unterpfand gefordert, vgl. ausser den citierten Inschriften noch
C. I. A. II, 1058 (S. I. Gr. 440) und 1059, I n s c r. j u r. g r. p. 267 f.

²) T h o m a s M a g. p. 762: τοὺς μισθοὺς καὶ τὰ ἐνοίκια κατὰ τὰς πρυτανείας,
οὐ κατὰ μῆνα ἐτέλουν: von B o e c k h freilich auf Staatseigentum beschränkt,
ohne dass jedoch für seine Behauptung: „die Hausmiete wurde wie die Zinsen
monatlich bezahlt oder berechnet" ein sicherer Beweis vorläge. Bei Pachtungen
waren die Fristen begreiflicherweise noch länger, Staatsh. I S. 418, ohne dass
sich eine bestimmte Regel erkennen lässt, E u l e r, de loc. 15 ff. Zwei von
den attischen Urkunden C. I. A. II, 1059 u. 1058 (S. I. Gr. 440) weisen übereinstimmend zwei Zahltermine, Hekatombeion und Poseideon, auf, was also
vielleicht das üblichste war. Der Pachtzins für Tempelpachtungen des Staates
wurde in der neunten Prytanie erlegt, A r i s t. resp. Ath. 47, 4, C. I. A. IV,
2, 53 a, in Delos im Monat Lenaion, Bull. corr. hell. XIV, 432 vgl. I n s c r.
j u r. g r. 266.

³) Hierauf bezog H e r m a n n (D e m o s t h.) XLVIII, 45 p. 1179: ἡ διὰ
τί ... οὐδεπώποτέ μοι ἔλαχες ἐνοικίου δίκην τῆς οἰκίας ἧς ἐφασκες μισθῶσαί μοι
ὡς σαυτοῦ οὔσαν, οὐδὲ τοῦ ἀργυρίου οὗ ἔλεγες πρὸς τοὺς δικαστὰς ὅτι ἐδάνεισάς
μοι; doch führt die in Parallele gestellte Klage ἀργυρίου, die Kapital nicht
Zinsforderung bedeutet, darauf, dass auch mit der δ. ἐνοικίου hier, wie sonst,
eine Besitzklage gemeint sei. Über die δίκη ἐνοικίου und καρποῦ vgl. im
übrigen unten § 17. Die hier einschlägige Klage dürfte vielmehr συνθηκῶν
παραβάσεως sein, P o l l. VIII, 31, M e i e r, att. Proz.² S. 726; über die daselbst von Pollux erwähnte δίκη μισθώσεως οἴκου vgl. oben § 2 S. 16 A. 4;
über eine δίκη μισθώσεως oder μισθοῦ, für welche jedoch keine Belege erbracht
sind, vgl. M e i e r, att. Proz.² 728 ff.

⁴) C I. A. II, 1055 Z. 7: ἐὰν δὲ μὴ ἀποδιδῶσιν, εἶναι ἐνεχυρασίαν Αἰξωνεῦσιν
καὶ ἐκ τῶν ὡραίων τῶν ἐκ τοῦ χωρίου καὶ ἐκ τῶν ἄλλων ἁπάντων τοῦ μὴ ἀποδι-

Konventionalstrafen ¹) oder bei Wohnungen ²) noch unmittelbarere
Zwangsmittel ³) zu. Auch gegen den Pächter, der den Gegenstand
verwahrloste, das Land nicht bebaute u. s. w., kommen eigene Klagen ἀγεωργίου und ἀμελίου ⁴) vor; wie denn in den Verträgen dem
Pächter sehr genaue Verhaltungsmassregeln für die Bestellung gegeben zu werden pflegten ⁵), auch zur Sicherung der Ausführung
wiederholte Besichtigung der Grundstücke angeordnet wird ⁶); dagegen fielen die direkten Abgaben, wenn nicht Erbpacht stipuliert
war, doch immer nach besonders ausgesprochenen Bestimmungen,
dem Eigentümer zur Last ⁷), und für Kriegszeiten, die die ordnungs-

δόντος: vgl. ebenda 565 u. 600 Z. 36: ἐξεῖναι τοῖς φρατριάρχοις καὶ Δυαλεύσιν
ἀναχυράζειν πρὸ δίκης. Über die Pfändung siehe § 17.

¹) C. I. A. II, 1058 (S. I. Gr. 440), C. I. G. II, 2693 e = Lebas - Wad-
dington III, 416: ἐὰν δὲ μὴ διορθώσηται Θρασέας τὸν φόρον καθότι γέγραπται,
δότω ἡμιόλιον· ἐὰν δὲ εἰς ἐφεξῆς μὴ ἀποδῷ, ἀποτεισάτω τόν τε φόρον τῶν δύο ἐτῶν
ἡμιόλιον καὶ οὐχ ὑπάρξει αὐτῷ ἡ μίσθωσις, ἀλλ' οἱ τότε ταμίαι τῆς φυλῆς ἀναμισθω-
σάτωσαν αὐτά, vgl. § 14.

²) Bruchstücke eines Mietvertrages auf einer Vasenscherbe bei Szanto,
Mitteil. d. deutsch. Inst. XIV (1889), 138.

³) Stob. Serm. V, 67 p. 127 M: καθάπερ καὶ ἐξ οἰκίας, φησὶν ὁ Βίων, ἐξ-
οικιζόμεθα, ὅταν τὸ ἐνοίκιον ὁ μισθώσας οὐ κομιζόμενος τὴν θύραν ἀφέλῃ, τὸν κέ-
ραμον ἀφέλῃ, τὸ φρέαρ ἐγκλείσῃ κτλ.

⁴) Bekk. Anecd. p. 20 oder 336: ἐπειδάν τις χωρίον παραλαβὼν ἀγεώργητον
καὶ ἀνέργαστον ἐάσῃ, ἔπειτα ὁ δεσπότης δικάζηται τῷ παραλαβόντι. Vgl. dazu
Büchsenschütz, Besitz und Erwerb S. 93, der in παραλαβών nicht den
Pächter, sondern einen sieht, dem irgend das Land als Unterpfand oder sonst-
wie anvertraut ist; es ist jedenfalls ein weiterer Ausdruck für den Übernehm-
mer der Ackerbenutzung, in dem aber der Pächter mit inbegriffen ist, vgl.
C. I. A. II, 1059, Z. 23: τὴν οἰκίαν ... στέγουσαν παραλαβὼν und Euler, de
loc. p. 22 f. Die δ. ἀμελίου wird nur erwähnt von Hesych. I p. 271 und
ist vermutungsweise hierher bezogen.

⁵) C. I. A. II, 1055 Z. 27: τὴν δὲ γῆν τὴν ἐκ τῆς γεωρυχίας μὴ ἐξεῖναι ἐξ-
άγειν μηδενὶ ἀλλ' ἢ ἐς αὐτὸ τὸ χωρίον: vgl. 1059 Z. 9, 600 Z. 20 ff., C. I. G.
III, 5774 = Cauer, Del. ² 40 Z. 100 ff., 121 ff. u. die Inschr. bei R. Weil,
Mitteil. d. deutsch. Inst. I, 348 (Bull. corr. hell. XVI (1892) 276 f.). Im letzten
Pachtjahre finden wir ausdrücklich bedungen, dass die Hälfte des Landes
unbestellt bleibe, ὅπως ἂν τῷ μετὰ ταῦτα μισθωσαμένῳ ἐνῇ ὑπεργάζεσθαι, C. I.
A. II, 1059 Z. 19. Als Zeitpunkt des Anfangs für diese Arbeiten des Nach-
folgers wird der 16. Anthesterion, d. h. Anfang März angegeben, vgl. Euler,
de loc. p. 10 ff.

⁶) In einem Ehrendekret der Phyle Erechtheïs C. I. A. II, 564: ἔγραψε
δὲ καὶ ψήφισμα, ὅπως .. οἱ ἐπιμεληταὶ οἱ αἰεὶ καθιστάμενοι κατ' ἐνιαυτὸν βαδίζοντες ἐπὶ τὰ κτήματα δὶς τοῦ ἐνιαυτοῦ ἐπισκοπῶνται τά τε χωρία εἰ γεωργεῖται
κατὰ τὰς συνθήκας καὶ τοὺς ὅρους εἰ ἐφεστήκασιν κατὰ τὰ αὐτά (S. I. Gr. 295).

⁷) Die Steuern trägt der Besitzer in C. I. A. II, 600 Z. 15; 1055 Z. 25;

mässige Ausbeutung verhinderten, wurden nicht selten dem Pächter besondere Erleichterungen zugestanden [1]). Wenn ferner der Verpächter für die Zeit der Vertragsdauer sich des Rechts anderweiter Verpachtung, mitunter selbst des Verkaufsrechts begab [2]) oder sogar dem Pächter ein Kaufrecht zu vorausbestimmtem Preise zugestand [3]), so durfte auch der Erbpächter das Grundstück nicht verpfänden, mitunter nicht einmal seine Rechte anderen abtreten [4]) und hatte zudem die Meliorationskosten zu tragen [5]). Dass endlich auch jede Art beweglichen Eigentums Gegenstand eines Mietvertrags werden konnte, versteht sich von selbst, wenn auch die vorkommenden Beispiele meistens zugleich mit dem Kapitalvermögen in engerer Beziehung stehen, wie wenn bei einer Werkstätte oder Wechselbank auch die innere Einrichtung mit verpachtet wird [6]). Ebenso entspricht die Fracht oder das Fährgeld in einem Schiffe ganz der Wohnungsmiete [7]), und hieran reiht sich dann wieder die Miete

1059 Z. 7; der Pächter dagegen bei Erbpacht, C. I. A. II, 1058 (S. I. Gr. 440) Z. 25 f., Lebas-Waddington III, 404 Z. 6, den Inschr. von Chios in Bull. de corr. hell. III, 242, vgl. Caillemer VIII p. 11 ff., Euler, de loc. p, 19 u. 28. Doch erscheint auch der Erbpächter befreit in Bull. corr. hell. XV (1891), 210 (IV. Jahrh.) aus Attika.

[1]) C. I. A. II, 1055 Z. 12: ἐὰν δὲ πολέμιοι ἐξείργωσι ἢ διαφθείρωσί τι, εἶναι Αἰξωνεῦσιν τῶν γενομένων ἐν τῷ χωρίῳ τὰ ἡμίσεα. C. I. G. III, 5774 (C² 40) Z. 104 ff. wird für diesen Fall die ganze Pachtsumme erlassen. Auch C. I. A. II, 600 enthielt Z. 14 eine derartige Bestimmung.

[2]) C. I. A. II, 1055 Z. 10: μὴ ἐξεῖναι δὲ Αἰξωνεῦσιν μήτε ἀποδόσθαι μήτε μισθῶσαι μηδενὶ ἄλλῳ, ἕως ἂν τὰ τετταράκοντα ἔτη ἐξέλθῃ, vgl. auch die βεβαίωσις in 1058 (S. I. Gr. 440) Z. 22.

[3]) C. I. A. II, 600 Z. 42.

[4]) Lebas-Waddington III, 404 Z. 10: μὴ ἐξέστω δὲ τοῖς μισθωσα-[μέ]νοις μήτε ἀποδόσθαι τὴν γῆν ταύτην μήτε ὑποθεῖναι μηδὲ ἄλλοις παραδοῦναι μηδ᾽ ἐ[νέ]χυρα παρέχεσθαι πρός τι τῶν ὀφειλημάτων. C. I. G. 5774 (C² 40) verbietet gleichfalls die Verpfändung Z. 149, gestattet aber die Cession und Testamentsverfügung Z. 105 ff. vgl. Berl. Phil. Wochenschr. 1893, 265. Letzteres geschieht auch Lebas-Waddington III, 328 u. 416. Die Inschrift von Thisbe bei Dittenberger a. a. O. gestattet Verpfändung und testamentarisches Übermachen, aber nur an Bürger und vielleicht unter bestimmten Bedingungen. Die bezüglichen Verhältnisse Attikas sind unbekannt, vgl. Euler, de loc. p. 35; doch hatten die Bergwerkspächter über ihre Anteile freie Verfügung, Aesch. I, 101 p. 121, Demosth. XXXVII, 4 ff. p. 967.

[5]) C. I. A. II, 1058 (S. I. Gr. 440) Z. 15 ff., Bull. de corr. hell. III, 243 ff. A. Z. 43, C. I. G. 5774 Z. 113 ff., vgl. Euler, de loc. p. 31 u. 37 ff.

[6]) Demosth. XXXVI, 35 ff. p. 955; XLV, 33 p. 1111.

[7]) Daher auch ναῦλον in beiderlei Bedeutung, Fährgeld (Privatalt. § 49 S. 459 A. 5) und Hausmiete, Poll. I, 75: καὶ τὸν ὑπὲρ τῆς καταγωγῆς μισθὸν

eines Reit- oder Zugtieres [1]), obgleich diese anderseits auch mit der nicht seltenen von Sklaven verglichen werden kann [2]), nur dass letztere mit Vorwissen ihrer Herren sich häufig auch selbst auf ähnliche Art verdingten, wie solches auch von Freien und zwar nicht blos zu niedrigen und mechanischen Dienstleistungen [3]), sondern im

ναῦλον, ὅπερ ἐνοίκιον οὐ παρὰ τοῖς πολλοῖς μόνον, ἀλλὰ καὶ παρὰ τοῖς παλαιοῖς καλεῖται: ja der Hausherr selbst ναύκληρος, P o l l. X, 20, obgleich darunter auch oft nur ein Verwalter (Privatalt. § 14 S. 95 A. 5) oder Mieter verstanden wird, der das Haus in Aftermiete an Einzelne austhut, σταθμοῦχος, H e s y c h. II p. 657, A m m o n, differ. voc. p. 97, vgl. dazu B o e c k h, Staatsh. I S. 198, 418, B ü c h s e n s c h ü t z, Besitz S. 95 ff., C a i l l e m e r, Étud. VIII p. 8. Das Fährgeld (ναῦλον X e n. An. V, 1, 12) war fast unbegreiflich niedrig, von Ägina nach Athen 2 Obolen (P l a t. Gorg. p. 511 d), später 4 Obolen (L u c. navig. 15), von Ägypten oder Pontos nach Athen für eine Familie 2 Drachmen (P l a t o a. a. O.), bedeutender ist die Fracht (gleichfalls ναῦλον) (D e m o s t h.) XLIX, 26 p. 1192, XXXV, 32 p. 933 (vgl. Hermes XXIII, 344), C. I. G. 2508 (S. I. Gr. 248) Z. 146, vgl. B o e c k h, Staatsh. I, 166, C a i l l e m e r, Étud. VIII p. 31, Mitteil. d. d. Inst. 1891, 417.

[1]) A e s c h i n. II, 111 p. 282; III, 76 p. 467. In der von H e r m a n n auf Vermietung von Lasteseln bezogenen Stelle bei (D e m o s t h.) XLII, 7 p. 1041 werden die 12 Drachmen von B o e c k h, Staatsh. I, 142 richtiger als Erlös des Holzes gedeutet, und bei D e m o s t h. XXI, 174 p. 571 ist weder ein Mietpreis angegeben, noch ist es sicher, dass das Pferd überhaupt gemietet und nicht vielmehr ohne Entgelt entliehen war. Von Rückgewähr entliehener Tiere in G o r t y n a handelt Mus. It. II, 592 f. A Col. III = Mon. ant. III n. 152. Hierher gehört auch die bekannte Geschichte von der ὄνου σκιά bei S c h o l. P l a t. Phaedr. p. 260 c, A r. Vesp. 191, Z e n o b. VI, 28, S u i d a s s. v.

[2]) Vgl. P r i v a t a l t. 49 S. 463, B o e c k h. Staatsh. I, 101, C a i l l e m e r, Étud. VIII, 18 ff. und die θερισταί bei (D e m o s t h.) LIII, 21 p. 1253, die nach D e m o s t h. XVIII, 51 p. 242 auch als μισθωτοί gelten können, T h e o p h. Char. 30, X e n. equ. 2, 2.

[3]) P l a t. Resp. II p. 371 e: ἔτι δή τινες, ὡς ἐγῷμαι, εἰσὶ καὶ ἄλλοι διάκονοι, οἳ ἂν τὰ μὲν τῆς διανοίας μὴ πάνυ ἀξιοκοινώνητοι ὦσι, τὴν δὲ τοῦ σώματος ἰσχὺν ἱκανὴν ἐπὶ τοὺς πόνους ἔχωσιν· οἳ δὴ πωλοῦντες τὴν τῆς ἰσχύος χρείαν, τὴν τιμὴν ταύτην μισθὸν καλοῦντες, κέκληνται, ὡς ἐγῷμαι, μισθωτοί: vgl. L y s i s p. 208 a, P o l i t. p. 290 a, A r i s t o p h. Av. 1152, A t h. VIII p. 342 a, P o l l. VII, 130 ff., insbesondere auch S u i d a s s. v. ἀμφορεαφόρους. In P a r o s wird C o r p. I n s c r. G r. 2374 e ein ἀγορανόμος belobt, weil er: περί τε τῶν μισ[θοῦ] ἐργαζομένων καὶ τῶν μισθουμένων (αὐ)τοὺς ὅπως μηδέτεροι ἀδικῶνται [ἐφρ]όντιζεν, ἐπαναγκάζων κατὰ τοὺς νό[μου]ς τοὺς μὲν μὴ ἀθετεῖν, ἀλλὰ ἐπὶ τὸ ἔρ[γον] πορεύεσθαι, τοὺς δὲ ἀποδιδόναι τοῖς (ἐργα)ζομένοις τὸν μισθὸν ἄνευ δίκης. Dazu B o e c k h, Staatsh. I, 164, S c h ö m a n n ad Isaeum p. 310, B ü c h s e n - s c h ü t z, Besitz u. Erwerb S. 344 ff., P r i v a t a l t. § 12 S. 84, § 41 S. 392, V. B r a n t s, de la condition du travailleur libre dans l'industrie Athénienne in Revue de l'instruction publ. en Belgique XXVI (1883) p. 100 ff.

weitesten Umfange der Kenntnisse und Geschicklichkeiten eines jeden geschah [1]).

§ 13. [§ 68.]
Von Pfandrechten und Bürgschaften.

Wenn übrigens auch alle diese Geschäfte schon an sich eine Rechtsverbindlichkeit begründeten, so konnte es doch bei dem Charakter des griechischen Volkes und Staates selbst in den meisten Fällen rätlich erscheinen, sich die Erfüllung derselben noch auf andere Art zu sichern, wozu dann teils Pfandrecht teils Bürgenstellung [2]), wo nicht beides zusammen, mitunter auch eine bei einem Dritten in Geld niedergelegte Kaution [3]) diente. Unterpfänder als Gegenversicherungen, wie wir sie schon oben bei Mitgiften gefunden haben [4]), kommen selbst bei Pachtverträgen vor, um namentlich für Waisenvermögen gegen Verringerung des Grundstocks Gewähr zu leisten [5]); sonst haben sie ihren gewöhnlichen Platz bei Darleihen,

[1]) Über Lehrer s. Privatalt. § 36 S. 333; über Ärzte § 38 S. 354; dazu den Vertrag von Idalion bei Collitz, Dialektinschr. n. 30 (C² 472) und die Ehrendekrete C. I. A. II, 187, Dittenberger. S. I. Gr. 329, 330, 331 (C² 171), Newton, Inscr. brit. M. II, 864 und das ἰατρικὸν bei Dittenberger a. a. O. 313, über Wahrsager Gottesd. Alt. § 33, über Soldaten Staatsalt. § 30 und überhaupt Privatalt. § 50. Förmliche Malerkontrakte z. B. des Agatharchos, der erklärt: ὡς οὐκ ἂν δύναιτο ταῦτα πράττειν ἤδη διὰ τὸ συγγραφὰς ἔχειν παρ' ἑτέρων Andocid. IV, 17 p. 81.

[2]) Meier. att. Proz.² S. 690 f., 703 f., Platner, Prozess II S. 301 f., 365 f., Caillemer, Études sur les antiquit. jurid. d'Athènes III: sur le crédit foncier p. 9—15, Inscr. jur. gr. p. 118 f.

[3]) ἐπιδιαθήκη, ἐπιδιατίθεσθαι (Demosth.) XXXIII, 13 p. 896, Harpocr. s. v., Ar. Nub. 1237.

[4]) Ἀποτιμήματα vgl. Privatalt. § 30 S. 265 und oben S. 77 A. 1. Beispiel: ["Ο]ρος οἰκίας [καὶ κή]που ἀποτε[τιμη]μένων προικ[ὶ] τῇ Διοδώρου θυ[γ]ατρὶ Καλλιστράτῃ ΧΙΙ[ΗΗ] C. I. A. II, 1132, gesammelt Inscr. jur. gr. p. 108 f., auch von Amorgos vgl. Boeckh, Staatsh. I, 180. Und es findet sich auch umgekehrt hypothekarische Sicherheit für eine noch nicht ausgezahlte Mitgift in Mykonos S. I. Gr. 483 Z. 19, in dem Gesetz von Ephesos S. I. Gr. 844 Z. 55, wahrscheinlich in der Inschr. von Tenos (C. I. G. 2338, Newton, Inscr. brit. Mus. II, 379) Z. 98 οἰκίαν . . ἣ τετίμηται Φιλήμον, auch Demosth. XLI, 5 p. 1029 und Dareste, Bull. de corr. hell. II, 485 ff. und oben S. 77 A. 2.

[5]) Poll. VIII, 142: ἀποτίμημα δ' ἐστὶν οἷον ὑποθήκη, κυρίως μὲν πρὸς τὴν προῖκα, ἤδη δὲ καὶ πρὸς τὰς μισθώσεις: vgl. Harpocr. s. v. ἀποτιμηταί: οἱ

7 *

wo sie dann entweder als Faustpfänder dem Gläubiger selbst über-
antwortet [1]) oder demselben in liegenden Gütern oder anderen Teilen
eines Kapitalvermögens hypothekarisch zugeschrieben wurden [2]).
Was jene betrifft, so war es verboten, Waffen, Pflüge und andere
notwendige Gerätschaften als Unterpfand zu nehmen [3]); dagegen
finden wir Sklaven [4]) und andere Stücke lebendigen Eigentums auch
als Faustpfand, an dessen Benutzung sich der Darleiher für die Zinsen
bezahlt machte, obgleich er andrerseits im Falle ihres Todes auch

---

μισθούμενοι τοὺς τῶν ὀρφανῶν οἴκους παρὰ τοῦ ἄρχοντος ἐνέχυρα τῆς μισθώσεως
παρείχοντο, ἔδει δὲ τὸν ἄρχοντα ἐπιπέμπειν τινὰς ἀποτιμησομένους τὰ ἐνέχυρα κτλ.
mit Isaeus II, 28; VI, 36 p. 60, (Demosth.) XLIX, 11 p. 1187, Arist.
resp. Ath. 56, 7. C. I. A. II, 1135: ὅρος χωρίου καὶ οἰκίας ἀποτ[ί]μημα παιδὶ
ὀρφ[α]νῷ Διογείτονος Προβα. 1106: ὅρος χωρίου ἀποτιμήματος Θεαιτήτου παιδὶ
Κηφισοφῶντι Ἐπικηφισίου, vgl. Inscr. jur. gr. p. 108, Boeckh, Staatsh. I,
200, Caillemer, Étud. VIII, 27, Schulthess, Vormundschaft S. 159,
Kumanudis, Ἀθήναιον IV, 219, Euler, de locatione conductione p. 24,
aber auch bei sonstigen Pachtungen C. I. A. II, 570 Z. 19: δανείζ[ον]τας
ὅ[σοις] ἂν πλεῖστον τόκον διδῷ ὃς ἂ[ν πείθ]ῃ τοὺς δανείζοντας ἄρχοντα[ς τιμή]ματι
ἢ ἐγγυητῇ, 1059 Z. 8: τοὺς μισθω[σ]αμένους ὑπὲρ Δ δραχμὰς καθιστάναι ἀποτίμημα τῆς μ[ι]σθώσεως ἀξιόχρεων.

   [1]) Ἐνέχυρα, im weiteren Sinne des Worts allerdings jedes Unterpfand,
ohne dass man es jedoch wie Platner ganz mit ὑποθήκη identifizieren
dürfte; vgl. (Demosth.) XXXIII, 10 p. 895; XLI, 11 p. 1031; XLIX, 52
p. 1199; XLVII, 54 p. 1155, Lebas-Foucart, Pél. 353 (S. I. Gr. 178) Z. 18,
Corp. Inscr. Gr. 2058 (S. I. Gr. 248) Z. 14. Ἐπιλαμβάνεσθαι = sich an
etwas halten, Arrest legen auf einen Gegenstand Demosth. XXI, 133 p. 558,
176 p. 571; XXXV, 25 p. 931; XXXVII, 7 p. 968, Alciphr. Ep. III, 3.

   [2]) Ὑποθῆκαι, vgl. Privatalt. § 49 S. 461 und Poll. III, 84 oder VIII,
142; θεῖναι μὲν οἰκίαν ἐστὶ τὸ δοῦναι εἰς ὑποθήκην, θέσθαι δὲ τὸ λαβεῖν, weshalb
auch der Verpfänder bisweilen θέτης heisst, Isaeus X, 24 p. 83; falsch dagegen Ammon. diff. vocab. p. 70: θέσθαι μὲν γάρ ἐστι τὸ λαβεῖν, ὑποθέσθαι
δὲ τὸ δοῦναι: vgl. Pierson. ad Moer. p. 473.

   [3]) Diodor. I, 79: ὅπλα μὲν καὶ ἄροτρον καὶ ἄλλα τῶν ἀναγκαιοτάτων ἐκώλυσαν ἐνέχυρα λαβεῖν πρὸς δάνειον (n. οἱ πλεῖστοι τῶν παρὰ τοῖς Ἕλλησι νομοθετῶν), vgl. Aristoph. Plut. 450: ποῖον γὰρ οὐ θώρακα ποίαν δ' ἀσπίδα οὐκ
ἐνέχυρον τίθησιν ἡ μιαρωτάτη (n. ἡ Πενία, dazu Suidas s. v. ἐνέχυρον); doch
vgl. Athen. XIII, 48 p. 585 a, Aen. Tact. Pol. 10; ein Schiff verpfändet
Alciphr. Ep. III, 3. Über die Haftbarkeit der eigenen Person vgl. S. 20
A. 7 und § 17.

   [4]) Demosth. XXVII, 25 ff. p. 821. Doch geht aus der Erzählung hervor, dass der Schuldner Moiriades dort den Betrieb der Fabrik behalten,
Demosthenes' Vater und dann Aphobos aber der Sicherheit wegen die Werk-
statt in ihr Haus genommen haben. Das Gesetz von Gortyna I, 55 denkt
den verpfändeten Sklaven gewöhnlich in der Hand des Pfandnehmers;
X, 25 verbietet ihn ohne die Einwilligung des Pfandgebers zu verkaufen.

sein Kapital zu verlieren Gefahr lief[1]). Sicherer war insofern ein Unterpfand in liegenden Gütern oder einer Fabrikanlage[2]), welches dem Gläubiger häufig unter der Form eines Verkaufs überlassen wurde, wobei sich der Schuldner jedoch nicht nur das Rückkaufsrecht in Höhe der empfangenen Summe[3]), sondern auch die fernere Nutzniessung vorbehielt und dafür dann die Zinsen jener Summe gleichsam als Mietspreis entrichtete[4]). Werden diese Bedingungen stillschweigend vorausgesetzt, so ist damit das griechische Hypothekengeschäft gegeben[5]), denn es lässt sich nicht nachweisen, dass

[1]) (Lysias) VIII, 10: περὶ τῆς θέσεως τοῦ ἵππου· προσῆγε κάμνοντα τὸν ἵππον· ἀνάγειν με βουλόμενον οὗτος ἀποτρέπειν ἐπειρᾶτο ... μετὰ τὸν θάνατον τοῦ ἵππου κατέστη ἀντίδικος μετὰ τούτων λέγων, ὡς οὐ δίκαιόν με εἴη κομίσασθαι τὸ ἀργύριον κτλ. Vgl. Hofmann, Beitr. z. Gesch. d. griech. u. röm. Rechts S. 115 ff. Bei Streitigkeiten über Unterpfänder (ὃς κα τῶν ἐνεχύρων δικάθηι) wurde in Gortyna (Mus. it. II, 592 f. B. 2) Urteilsspruch am selben oder folgenden Tage vorgeschrieben.

[2]) C. I. A. II, 1104, 1122, 1123.

[3]) Vgl. (Demosth.) XXXIII, 8 p. 894: ὠνὴν ποιοῦμαι τῆς νεὼς καὶ τῶν παίδων, ἕως ἀποδοίη τάς τε δέκα μνᾶς, ἃς δι' ἐμοῦ ἔλαβε, καὶ τάς τριάκοντα, ἃν κατέστησεν ἐμὲ ἐγγυητὴν τῷ τραπεζίτῃ: und die sehr häufigen Steine (Inscr. jur. gr. 112) mit der Aufschrift z. B. ὅρος χωρίου καὶ οἰκίας πεπραμένων ἐπὶ λύσει Χαρίᾳ Φα[ληρεῖ, folgt die Summe]. C. I. A. II, 1103 ff., 1123: Ὅρος ἐργαστηρίου καὶ ἀνδραπόδων πεπραμένων ἐπὶ λύσει Σμικύθῳ, wozu Boeckh: „der Verkauf ist nämlich unter dem Vorbehalt der Wiedereinlösung gemacht als *mancipatio sub fiducia*, zur grösseren Sicherheit des auf das Grundstück ausgeliehenen Geldes". Ferner: Boeckh, Staatsh. I, 180, Büchsenschütz, Besitz S. 493, Foucart, des assoc. relig. chez les Grecs p. 219. Auch auf der Inschrift von Tenos (C. L. G. 2338, Inscr. jur. gr. 64 III/II. Jahrb.) ist der Rückkauf häufig Z. 12 u. 101, sogar an demselben Tage Z. 113 u. 116, mitunter hat der Besitzer inzwischen gewechselt. Eine παρισταμένη γῆ Hesych. II p. 878.

[4]) Demosth. XXXVII, 4 p. 967: ἐδανείσαμεν πέντε καὶ ἑκατὸν μνᾶς ... τούτῳ ἐπ' ἐργαστηρίῳ ... καὶ τριάκοντα ἀνδραπόδοις ... μισθοῦται δ' οὑτοσὶ παρ' ἡμῶν τοῦ γιγνομένου τόκου τῷ ἀργυρίῳ, πέντε καὶ ἑκατὸν δραχμῶν τοῦ μηνὸς ἑκάστου, καὶ τιθέμεθα συνθήκας, ἐν αἷς ἥ τε μίσθωσις ἦν γεγραμμένη καὶ λύσις τούτῳ παρ' ἡμῶν ἔν τινι ῥητῷ χρόνῳ und ein derartiger Vertrag aus Amorgos bei R. Weil, Mitteil. d. deutsch. Inst. I S. 345 (S. I. Gr. 438). Die Zinsen von 12 und 10% sind niedrig. Caillemer, Étud. VIII p. 27 f. definiert das Rechtsgeschäft folgendermassen: *le vendeur n'a pas l'intention de se dépouiller de la propriété, il veut au contraire rester maître de sa chose tout en obtenant l'argent dont il a besoin. L'acheteur de son côté n'a pas l'intention d'acquérir; il veut seulement prêter aux conditions les plus avantageuses, donner à sa créance la meilleure de toutes les garanties, un droit de propriété conditionnel; et dans les prétendus loyers, qui lui seront remis aux époques fixées par la convention, il verra les intérêts d'un capital et non pas les fruits civils d'un immeuble.*

[5]) Daher leiten Fustel de Coulanges, cité antique[2] p. 316 not. und

den Griechen der Unterschied zwischen den beiden Rechtsgeschäften
zum Bewusstsein gekommen wäre [1]), wonach bei dem Rückkaufs-
geschäft das Eigentumsrecht, wenn auch bedingt, dem Käufer übertragen wird, bei der Hypothek dagegen, wenn auch bedingt, dem
Schuldner verbleibt. Doch auch bei der Hypothek [2]) konnte ausbedungen werden, dass das Unterpfand sofort in den Besitz des Gläubigers überging [3]), ebenso wie sich der Gläubiger für den Fall der
Unzulänglichkeit des Pfandes Haftpflicht des übrigen Vermögens
des Schuldners vorbehalten konnte [4]). Nur lag es in der Natur der
Sache, dass niemand auf liegende Hypotheken leihen durfte, dessen
Person nicht zugleich den allgemeinen Bedingungen jedes Grund-
erwerbes entsprach [5]), und jede staatsrechtliche Beschränkung dieses

---

D a r e s t e, Nouv. rev. hist. de droit 1877 p. 171 aus dem Rückkaufsvertrage
den Ursprung des Hypothekengeschäfts ab, gegen S z a n t o, Wien. Studien
IX (1887) S. 283.

[1]) Dass man den Rückkaufsvertrag der Hypothek ganz gleich achtete,
beweist C. I. A. II, 1105: ὅρος χωρίου πεπραμένου ἐπὶ λύ[σ]ει Εὐθυδίκαι προικὸς
XII, vgl. auch das Rechtsgeschäft bei (D e m o s t h.) XXXIII, 8 f., welches
§ 8 ὠνή, § 12 dagegen θέσις heisst, und XXXVII, 4, 5. Auch C o r p. I n s c r.
G r. Sept. I, 3376 aus Chaeronea II. Jahrh.: τὴν δὲ οἰκίαν, ἧς ἔχει τὴν κτῆσιν
'Αρμέας 'Αρίστωνος Φανατεὺς πεπιστευμένος παρὰ Σώσωνος, κομι[ζ]έσθω Σώσων τὸ
ἐπ' αὐτῇ δάνειον καὶ κελευσάτω ἀποδοῦναι τὴν ὠνὴν τῆς οἰκίας 'Αρμέαν Θέων.
Der Sklave S. hat durch den Mittelsmann H. ein Haus an sich gebracht; als
Bedingung der Freilassung wird ihm von seinem Herrn Th. auferlegt, dass
er gegen Erstattung des Geldes ihm das Haus von H. abtreten lässt. Vgl.
auch L i p s i u s, Bedeutung d. griech. Rechts S. 30.

[2]) Vgl. die Sicherheitsvorschriften der D e l p h i e r bei D i t t e n b e r g e r,
S. I. Gr. 233 Z. 29 ff.

[3]) Vgl. ὅροι wie C. I. A. II, 1139: ὅρος χωρίου καὶ οἰκίας ὑποκειμένων ΠΗΗΗ
ἐραχ(μῶν) ὥστε ἔχειν καὶ κρατεῖν [τ]ὸν θέμενον κατὰ συνθήκας τὰς κειμένας παρὰ
Δεινίᾳ Εὐωνυμεῖ und ähnlich 1140, I n s c r. j u r. g r. p. 126.

[4]) Wie in dem Bodmereivertrage bei (D e m o s t h.) XXXV, 12 p. 926:
ἐὰν δὲ μὴ ἀποδῶσιν ἐν τῷ συγκειμένῳ χρόνῳ, τὰ ὑποκείμενα τοῖς δανείσασιν ἐξέστω
ὑποθεῖναι καὶ ἀποδόσθαι τῆς ὑπαρχούσης τιμῆς· καὶ ἐάν τι ἐλλείπῃ τοῦ ἀργυρίου
... ἔστω ἡ πρᾶξις τοῖς δανείσασι καὶ ἐκ τῶν τούτων ἁπάντων καὶ ἐγγαίων καὶ ναυ-
τικῶν, πανταχοῦ ὅπου ἂν ὦσι κτλ., C. I. A. II, 565, 1055. Vgl. B u l l. corr.
hell. VIII (1884) p. 23 Z. 8 ff., XIV (1890) p. 433, M i t t e i s, Reichsrecht u. Volksrecht S. 414 f., L i p s i u s a. a. O. S. 29. Ähnlich wird erwähnt, dass ein Staat seine gesamten Einkünfte verpfändet habe, A e s c h.
III, 104 p. 68; B u l l. corr. hell. XIV (1890) p. 439, ja in Arkesine auf Amorgos sogar alles Staatseigentum und den gesamten Privatbesitz der Bürger
und Metöken: I n s c r. j u r. g r. XV A Z. 7 f.: τά τ[ε κ]οινὰ τῆς πόλεως ἁπαντ[α
κ]αὶ τὰ ἴδια τῶν 'Αρκεσινέων καὶ τῶν οἰκούντων ἐν 'Αρκεσίνηι ὑπάρ[χοντα] ἔγγαια
καὶ ὑπερπόντια vgl. XV B Z. 8 f. (II. Jahrh.)

[5]) Mithin nur Bürger und die solchen gleichgestellt waren, keine Metöken,

Erwerbes auch jenes Pfandrecht mitbegriff [1]). Jedenfalls aber verlieh eine Verpfändung das Recht [2]) zu sofortiger Besitzergreifung des verpfändeten Gegenstandes [3]), sobald die Verbindlichkeit, für welche jene geschehen war, nicht erfüllt ward; und bis dieselbe ganz erfüllt war, entbehrte der Eigentümer der freien Verfügung über das Unterpfand [4]), geschweige dass er es habe veräussern oder ohne Genehmigung des Pfandgläubigers weiter habe verpfänden können [5]),

Demosth. XXXVI, 6 p. 946; eine Ausnahme, die aber die Regel nur bestätigt, ist, wenn die Byzantier in Geldnot bei Aristot. Oeconom. II, 4 p. 1347 a: μετοίκων τινῶν ἐπιδεδανεικότων ἐπὶ κτήμασιν, οὐκ οὔσης αὐτοῖς ἐγκτήσεως, ἐψηφίσαντο τὸ τρίτον μέρος εἰσφέροντα τοῦ δανείου τὸν βουλόμενον κυρίως ἔχειν τὸ κτῆμα. vgl. C. I. A. II, 17 Z. 35 f.: [ἀ]πὸ δὲ Ναυσινίκου ἀρχο[ντ]ος μὴ ἐξεῖναι μήτε ἰδίᾳ μήτε δημοσί[ᾳ Ἀθ]ηναίων μηδενὶ ἐγκτήσασθαι ἐν τ[α]ῖς τῶν συμμάχων χώραις μήτε οἰκίαν μήτε χωρίον μήτε πριαμένῳ μήτε ὑποθε[μ]ένῳ μήτε ἄλλῳ τρόπῳ μηθενί. Staatsverträge konnten sich freilich auch über diesen Grundsatz hinwegsetzen: Bull. corr. hell. VIII (1884) p. 23 Z. 42 ff.

[1]) S. oben S. 57 und hier insbes. Aristot. Polit. VI, 2. 5 p. 1319 a: ἔστι δὲ καὶ ὃν λέγουσιν Ὀξύλου νόμον εἶναι τοιοῦτόν τι δυνάμενος, τὸ μὴ δανείζειν εἰς τι μέρος τῆς ὑπαρχούσης ἑκάστῳ γῆς (Elis).

[2]) Goldschmidt, Z. der Savignystiftung X, Rom. Abt. S. 362 meint, πρᾶξις sei der technische Ausdruck für die Zwangsvollstreckung des Hypothekengläubigers nach (Demosth.) XXXIV, 27 p. 915, XXXV, 12 p. 926, LVI p. 1296, indessen ist der Ausdruck allgemeiner und bedeutet überhaupt Einforderung vgl. And. I, 88 p. 12, Demosth. XXII, 46 p. 607, XXIV, 100 p. 731, C², 295 Z. 105, 148 E, 31. Vgl. Mitteis, Reichsrecht u. Volksrecht S. 417.

[3]) Vgl. ausser (Demosth.) XXXIII, 6 p. 894 das ephesische Gesetz bei Dittenberger, S. I. Gr. 344 Z. 75 ff. Es tritt der Pfandgläubiger dem säumigen Schuldner gegenüber sofort in die Rechte eines obsiegenden Erkenntnisses, nach welchem ἐμβατεία und im Verweigerungsfalle δίκη ἐξούλης zusteht, vgl. Hudtwalcker, Diät. S. 139, Mitteis, Reichsrecht u. Volksrecht S. 441. So auch Dittenberger, S. I. Gr. 438 Z. 11. Das Gesetz bei Demosth. XLI, 7 p. 1030: ὃς οὐκ ἐῷ διαρρήδην ὅσα τις ἀπετίμησεν εἶναι δίκας οὔτ' αὐτοῖς οὔτε τοῖς κληρονόμοις stellt also die ἀποτιμήματα den Hypotheken gleich, vgl. Büchsenschütz, Besitz u. Erwerb S. 491. Die Frage, ob durch die Besitzergreifung auch das Eigentum auf den Gläubiger überging (Lipsius, Bed. d. gr. Rechts 30 gegen Szanto, Hypothek und Scheinkauf, Wien. Studien IX, 281 f.), lässt sich nicht beantworten, so lange es fraglich ist, ob das griechische Recht den Unterschied zwischen Besitz und Eigentum überhaupt kannte.

[4]) (Demosth.) XLIX, 11 p. 1187: ἡ μὲν γὰρ οὐσία ὑπόχρεως ἦν ἅπασα καὶ ὅροι αὐτῆς ἕστασαν καὶ ἄλλα ἑκράτουν.

[5]) (Demosth.) LIII, 10 p. 1249: καὶ ἔτι τὸ χωρίον τὸ ἐν γειτόνων μοι τοῦτο οὐδεὶς ἐθέλοι οὔτε πρίασθαι οὔτε τίθεσθαι· ὁ γὰρ ἀδελφὸς ... οὐδένα ἐφῆ οὔτε ὠνεῖσθαι οὔτε τίθεσθαι ὡς ἐνοφειλομένου αὐτῷ ἀργυρίου: vgl. Dionys. Hal. de Isaeo 18 p. 610, Demosth. XXVII, 27 ff. p. 822. Doch kamen zweite

dergleichen zu verhüten wenigstens in Attika die verpfändeten Grundstücke an ihren Grenzen mit Steinen versehen wurden, auf welchen ihre Gebundenheit zur öffentlichen Kenntnis gebracht war [1]). Anderwärts z. B. in Kyzikos suchte man durch öffentliche Verkündigung die Hypothek möglichst bekannt zu machen [2]), nur wenige Städte kannten wirkliche Hypothekenbücher [3]). Auch der Begriff der Bürgschaft [4]) brachte es mit sich, dass der, welchem dieselbe bestellt

Hypotheken vor: Bekker, An. p. 259: ὅταν δεδανεικότος τινὸς καὶ ἐνεχυριάσαντος οἰκίαν ἢ χωρίον ἐπιδανείσῃ τις ἕτερος ἐπὶ τοῖς αὐτοῖς ἐνεχύροις, ἐπιδανεῖσαι λέγεται. C. I. A. II, 1113: Ὅρος χωρίου τραχὸς [Ἱ]πποκλείᾳ Δημοχά[ρου]ς Λευκονοιῶς Τ · [ὅσ]ῳ πλείονος ἄξι[ον], Κεκροπίδαις [ὁπό]κειται καὶ Λυκ[ομί]δαις καὶ Φλυεῦ[σι]. Mitteil. d. d. Inst. XII (1887), 88; Bull. corr. hell. IV (1880), 341, Inscr. jur. gr. p. 130 f. Das Gesetz von Ephesos bei Dittenberger, S. I. Gr. 844 Z. 88: ὅσοι δὲ ἐπὶ τοῖς ὑπερέχουσι δεδανείκασι, wo zugleich im folgenden die Art angegeben ist, wie diese zweiten Gläubiger sich mit den ersten auseinandersetzen sollten. Ebendasselbe Z. 36 beweist, wie streng man gegen die war, die trügerischer Weise zweimal auf dasselbe Unterpfand Geld entliehen, ja (Demosth.) XXXIV, 50 p. 922 erzählt von einem Fall, wo ein trügerischer Pfandschuldner auf Grund eines Eisangelieverfahrens sein Vergehen mit dem Tode büsste. Es war demnach die weitere Verpfändung von der Einwilligung des ersten Gläubigers abhängig, vgl. (Demosth.) XXXV, 52 p. 941.

[1]) Poll. III, 85: ὅρους ἐφιστάναι χωρίῳ· λίθος δ᾽ ἦν ἡ στήλη τις δηλοῦσα ὡς ἔστιν ὑπόχρεών τινι τὸ χωρίον· ἐπὶ δὲ τούτου ἐλέγετο ἐστίχθαι τὸ χωρίον, ὡς τὸ ἐναντίον ἄστικτον. IX, 9: τὸ ὑπόχρεων χωρίον ὡρισμένον καὶ ἡ ἐνεστηκυῖα στήλη ὅρος, vgl. die Lexikographen s. v. ἄστικτον mit Boeckh im Berl. Lect. Verz. 1821 und Staatsh. I, 180, Wescher, rev. arch. XV, 1867 p. 36 ff., Caillemer, Ét. III p. 12 ff., Martha, bull. de corr. hell. I, 235 ff. Letzterer scheidet vier Arten: a) für eine Schuld, b) für Sicherung der Mitgift, vgl. S. 99 A. 4, c) für Waisenvermögen vgl. S. 99 A. 5, d) zum Vorbehalt des Rückkaufs, vgl. S. 101 A. 3. Mitunter diente der ὅρος auch nur dazu, jedes Leihen auf ein Grundstück zu untersagen, C. I. A. II, 1098: Ὅρος χωρίου κοινοῦ Εἰκαδέων· μὴ συμβάλλειν εἰς τοῦτο τὸ χωρίον μηδένα μηδέν, vgl. Inscr. jur. gr. p. 116 f. Die Sitte war uralt, denn Solon rühmt sich fr. 36 (25) ed. Bergk.: Γῆ μέλαινα, τῆς ἐγώ ποτε ὅρους ἀνεῖλον πολλαχοῦ πεπηγότας, vgl. Plut. Sol. c. 15, Aristid. ed. Dind. II p. 536. Doch bemerkt Kumanudis in Ἐφημ. Φιλομαθῶν v. 10. Okt. 1865 und Ἀθήναιον IV, 122, dass keiner der gefundenen ὅροι über den pelop. Krieg aufwärts und über die maked. Zeiten abwärts hinausgehe.

[2]) Theophr. π. συμβολ. bei Stob. Serm. XLIV, 22: (προκηρύττειν) — ὡσαύτως δὲ καὶ ἐπὶ τῶν ὑποθέσεων, ὥσπερ καὶ ἐν τοῖς Κυζικηνῶν mit Caillemer l. c. p. 12, 2 und Dittenberger, S. I. Gr. 283 Z. 34.

[3]) Vgl. oben S. 57 A. 2. Sie sind nirgends sicher bezeugt, Inscr. jur. gr. p. 120, müssen aber nach Theophr. a. a. O. doch vorhanden gewesen sein.

[4]) ἐγγύη, schon völlig ausgebildet bei Hom. Od. VIII, 351, vgl. Thalheim, Progr. Hirschberg 1894, S. 8; in Gortyna ἀνδοχά IX, 34.

war [1]), sich sofort und ohne vorher erst den Verbürgten ausgeklagt
zu haben, an den Bürgen [2]) selbst halten konnte [3]), während diesem
keine weitere Sicherheit als der Regress an den Verbürgten zustand;
für welches Rechtsverhältnis der Grieche dann auch schon frühe
ein ganz dem deutschen „den Bürgen soll man würgen“ analoges
Sprichwort erhalten hatte [4]). Mitunter erscheint der Bürge freilich
nur als der vermittelnde Bewahrer einer streitigen Sache, für die er
also beiden Teilen zugleich bürgte [5]); eine einseitige Bürgschaft
aber konnte nur eben dadurch aufgehoben werden, dass der Gegenstand derselben aus der Gewalt des Verbürgten in die des Berechtigten überging [6]); und die wesentlichste Erleichterung, die wenigstens das attische Recht dem Bürgen gewährte, bestand darin, dass
seine Verpflichtung nach Jahresfrist von selbst erlosch [7]). Dagegen

---

[1]) ἐγγυητάς καθιστάναι τινός τινι (Demosth.) XXXIII, 15 p. 897; sich für
jemand verbürgen ἐγγυᾶσθαί τινα ebd. 22 u. 24, Heindorf ad Plat. Phaed.
p. 254, Schoemann ad Isaeum p. 307, dazu τινι jem. gegenüber (Demosth.)
a. a. O. 28; auch διεγγυᾶσθαι Isocr. XVII, 14 p. 361c; in Gortyna ἀν-
δέχεσθαι IX, 24 u. 41, was auch bei Antiphon vorkam nach Bekk. An.
p. 82, 29 vgl. (Demosth.) XXXV, 15 p. 928.

[2]) Ἐγγυητής ὁ ἀναδεχόμενος δίκην, Bekk. Anecd. p. 244; vgl. Plato Leg.
XII p. 953e: ἐγγύην ἣν ἂν ἐγγυᾶταί τις διαρρήδην ἐγγυάσθω τὴν πρᾶξιν πᾶσαν
διομολογούμενος ἐν συγγραφῇ καὶ ἐναντίον μαρτύρων μὴ ἔλαττον ἢ τριῶν ὅσα ἐντὸς
χιλίων, τὰ δ' ὑπὲρ χιλίας μὴ ἔλαττον ἢ πέντε —, (Demosth.) XXXV, 15 p. 928
und Theophr. Char. 12. ἀνάδοχα in Delos, Bull. corr. hell. XIV (1890) 439.

[3]) πράττεσθαι τὴν ἐγγύην (Demosth.) XXXIII, 23 p. 900, εἰσπράττειν 25
u. 28, ἀπαιτεῖν 25; dagegen ἀποδιδόναι τὴν ἐγγύην (Demosth.) LIII, 27 p. 1255.

[4]) Ἐγγύα πάρα δ' ἄτα, Plat. Charmid. p. 165; vgl. Epicharmus bei
Clem. Alex. Strom. VI p. 626 und mehr bei v. Leutsch. ad Paroemiogr. I
p. 894 und Göttling in Verh. d. Leips. Ges. d. Wiss. I S. 316 = gesam-
melte Abhandl. aus d. kl. Altert. I. 1851. S. 230 f. Zur Etymologie ist zu
bemerken, dass γυῖα speziell auch αἱ χεῖρες genannt werden, Hesych. s. v.
ἐγγυαλίξαι, daher auch ἐγγυαλίζειν gleich ἐγχειρίζειν und dazu die römische
manus.

[5]) Harpocr. s. v. μεσεγγύημα τὸ ὁμολογηθὲν ἀργύριον παρ' ἀνδρὶ μέσῳ
γινομένῳ ἐγγυητῇ τῆς ἀποδόσεως: vgl. Antiph. VI, 50; Lysias XXIX, 6;
Isocr. XIII, 5 p. 292; Demosth. XXXIX, 8 p. 995 und mehr bei Ast
ad Plat. Leg. p. 510 und Meier-L., att. Proz. 711.

[6]) (Demosth.) XXXIII, 10 p. 895: ἀπολυθῆναι τῆς ἐγγύης.

[7]) (Demosth.) XXXIII, 27 p. 901: τὰς ἐγγύας ἐπετείους εἶναι. Aber
wenn es schon nach dieser Stelle nicht für anständig galt, sich durch dies
Gesetz der Verpflichtung zu entziehen, so ist es ferner zweifelhaft, ob dasselbe allgemeine Giltigkeit hatte und nicht vielmehr auf die *cautio iudica-
tum solvi* (Salmasius, de modo usurarum p. 690), auf Handelssachen (Caillemer, Ét. VII, 18 ff.) oder Bodmereiverträge (Wachsmuth, hell. Alt.

beschränkte sich dieses Verhältnis auch keineswegs auf die vorher berührten Geschäfte [1]), sondern konnte für eine jede Verbindlichkeit im weitesten Sinne sowohl angeboten als verlangt werden [2]); ja in vielen Vorkommenheiten des bürgerlichen Rechtslebens, wie Vindikationen [3]), Provokationen [4]), Appellationen [5]), Befristungen [6]), Kompromissen [7]), Arresten [8]) war Bürgschaft entweder die einzige oder doch die gebräuchlichste Form, von der alles weitere Verfahren aus-

---

II², 188) beschränkt war. Die Bürgen für Pachtverträge haften auch in Attika länger: C. I. A. II, 565 Z. 8; 1056; 1053 Z. 20 und die Bürgen des ephesischen Gesetzes bei Dittenberger, S. I. Gr. 344 Z. 42—47 sind augenscheinlich auf Jahre hinaus verpflichtet; ebenso in der Bauurkunde von Lebadea, ebenda 353 Z. 25 ff. In den Erbpachtverträgen von Heraclea C. I. G. 5774 (C³ 40) Z. 104 werden die Bürgen in fünfjährigen Perioden erneuert, in Mylasae bei Lebas-Waddington III, 1, 404 Z. 13 in zehnjährigen.

¹) Für Pachtverträge vgl. ausser den angeführten Stellen C. I. A. II, 1059, Lebas-Waddington III, 1, 331 Z. 15, 323/4 = Euler, de loc. tab. I Z. 6, Corp. I. Gr. Sept. I, 1740—42; für Darlehen ebd. 3172 (C³ 295) Z. 61 f., ebenda Z. 86 f.; für ein Darlehen zehn Bürgen mit solidarischer Verpflichtung: Wescher-Foucart, inscr. rec. à Delphes n. 139; für Schiffe, die die Athener an Chalkis geliehen hatten, C. I. A. II, 804 (S. I. Gr. 351) Z. 164; Bürgen neben der Hypothek, Dittenberger, S. I. Gr. 344 Z. 44, 233 Z. 32, Homolle, Bull. corr. hell. VI (1882) p. 66 ff. Auch der βεβαιωτήρ, auctor secundus, beim Kauf, vgl. S. 89 A. 8 ist eine Art Bürge. Bürgen für Kaufgelder in Athen Hyper. Athenog. IX, 25, in Erythrae Dittenberger, S. I. Gr. 370, in Tenos Corp. Inscr. Gr. 2338 Z. 84 ff. u. 95 ff. Bürgen bei einem Lieferungsvertrag in der Mysterieninschr. von Andania bei Cauer, Del.² 47 (S. I. Gr. 388) Z. 74, vgl. C. I. G. 2360 (S. I. Gr. 348) Z. 5 und für Bauten unten § 14.

²) Dieses ist κατεγγυᾶν, Isocr. XVII, 14 p. 361 c, (Demosth.) XXXII, 29 p. 890, LIX, 40 p. 1358, Plat. leg. IX, 871 e, 872 b, Polyb. V, 15, 9. vgl. Meier, bon. damnat. p. 28. Das Simplex ἐγγυᾶν heisst verloben. Ähnlich aber διεγγυᾶν Arist. resp. Ath. 4, Plut. Caes. 11 vgl. Thalheim, Progr. Hirschberg 1894, S. 8.

³) S. oben S. 31 A. 1 und für Sachen Poll. VIII, 33: ἦν δὲ δίκη καὶ εἰς ἐμφανῶν κατάστασιν καλουμένη, ὁπότε τις ἐγγυήσαιτο ἢ αὑτόν τινα ἢ τὰ χρήματα, οἷον τὰ κλοπαῖα: vgl. Bekk. Anecd. p. 246 und mehr im allg. bei Meier-L., att. Proz. 478 und Platner, Prozess II S. 297.

⁴) Demosth. XXXVII, 40 p. 978.

⁵) Poll. VIII, 60; vgl. Hudtwalcker S. 100, Dittenberger, S. I. Gr. 79 Z. 45 ff., doch vgl. Sonne, de arbitris externis p. 104.

⁶) (Demosth.) XXXII, 29 p. 890,

⁷) Isaeus V, 1 p. 50; 18 p. 53, (Demosth.) XXXIII, 15 p. 897: ἐγγύηται καὶ διαιτηταί, LIX, 69 ff. p. 1368.

⁸) (Demosth.) XXXIII, 10 p. 895: κατηγγύησα τοὺς παῖδας, ἵν' εἰ τις ἔνδεια γίγνοιτο, τὰ ἐλλείποντα ἐκ τῶν παίδων εἴη.

ging; und ebenso unerlässlich erscheint sie dem Gemeinwesen gegenüber in allen Fällen, wo dieses sich bestimmte Rechtsansprüche an Einzelne sichern zu müssen glaubte [1]). Der entwickeltere Geschäftsverkehr der späteren Zeit machte es überdies notwendig, dass der Gläubiger sich bei Kündigung, Eintreibung und Erhebung von Schuldforderungen durch dritte Personen vertreten liess. Doch war dies nicht ohne weiteres statthaft, sondern bedurfte ausdrücklicher Festsetzung in dem Vertrage [2]), wie denn überhaupt von Übertragung von Forderungen an Dritte (Cession) in den griechischen Verhältnissen nur erst geringe Anfänge sich vorfinden [3]).

§ 14. [§ 69.]

Von Verträgen und Rechtsgenossenschaften.

Alle solche Verträge wurden ausserdem in der Regel schriftlich aufgesetzt [4]), was in einzelnen Fällen sogar vorgeschrieben war [5]),

---

[1]) Vgl. Staatsalt. § 86. Auf Nichterfüllung solcher Bürgschaften stand in Athen Einziehung des Vermögens (D e m o s t h.) LIII, 27 p. 1255; und über die Haftbarkeit in peinlichen Sachen A n d o c. I, 44: ᾤχοντο εἰς τοὺς πολε·μίους αὐτομολήσαντες, καταλιπόντες τοὺς ἐγγυητάς, οὒς ἔδει τοῖς αὐτοῖς ἐνέχεσθαι, ἐν οἶσπερ οὒς ἠγγυήσαντο. Doch auch umgekehrt verbürgen sich Privatleute für die Gemeinde und gewährleisten die von derselben verliehenen Rechte, C a u e r, Del.[2] n. 883, 884 aus H y p a t a und D i t t e n b e r g e r, S. I. Gr. 215 Z. 32 aus D e l p h i.

[2]) So gegen D a r e s t e, Bull. corr. hell. VIII, 875 f. mit Recht L i p - s i u s, att. Proz. 694, G o l d s c h m i d t, Zeitschr. d. Savigny-Stift. Rom. Abt. X, 376. Beispiele sind die Nikareta-Urkunde (III/II. Jahrh.) C[2] 295, 113 und die Urkunden von Arkesine bei W a c h s m u t h, Rhein. Mus. XL, 283 f., I n s c r. j u r. g r. 313 f. (II. Jahrh.), andrerseits aber B u l l. corr. hell. XVI (1892), 270 f. Es ist demnach nicht erwiesen, dass man das sogenannte Inhaberpapier gekannt habe.

[3]) (D e m o s t h.) XXXIII, 8 p. 894, G o l d s c h m i d t a. a. O. 877 f.

[4]) Daher συγγραφή, wogegen χειρόγραφον (erst bei P o l y b i o s nachweisbar) wahrscheinlich die einseitig ausgestellte Urkunde, den vom Aussteller unterschriebenen Schuldschein bedeutet. Vgl. M i t t e i s, Reichsrecht und Volksrecht S. 484. In S p a r t a κλάριον Plut. Agis 13.

[5]) So bei den δίκαι ἐμπορικαί, (D e m o s t h.) XXXII, 1 p. 882: δίκας εἶναι τοῖς ναυκλήροις καὶ τοῖς ἐμπόροις τῶν Ἀθήναζε καὶ τῶν Ἀθήνηθεν συμβολαίων καὶ περὶ ὧν ἂν ὦσι ξυγγραφαί· ἐν δέ τις παρὰ ταῦτα δικάζηται, μὴ εἰσαγώγιμον εἶναι τὴν δίκην. Und gegen die Zweifel von E. R. S c h u l z e, Prolegomena in (Demosth.) orat. adv. Apaturium p. 28 vgl. H e r m e s XXIII, 209. Zu M y l a s a e wird von einem Mietsvertrag beschlossen: ποιήσασθαι τοὺς ταμίας

von Zeugen bekräftigt [1]), auch wohl von den Parteien beschworen [2]),
sodann versiegelt [3]) und bei unbeteiligten Dritten [4]), namentlich

τὴν μίσθωσιν ἐπὶ τῶν δικαστῶν καὶ τοῦ νομοφύλακος κατὰ συγγραφήν, Bull. de
corr. hell. V (1881) p. 112 Z. 13, vgl. Lebas-Waddington, Asie min.
no. 404. Auch aus einer Freilassungsurkunde von Amphissa: Bull. de
corr. hell. V, 452: χειρόγραφον Κρ[ιτ]οδά[μο]υ Δωροθέου Δελφοῦ ὑπὲρ Ζωπύραν
... παροῦσαν καὶ κελεύουσα[ν γράφει]ν ὑπὲ[ρ] αὐτάν, ἐπεὶ ἔλεγεν αὐτὰ γ[ρά]μματα
μὴ εἰδέναι· ἀπέδοτο Ζωπύρα ..., doch ist fraglich, ob alle solche Verträge,
wie Beaudouin daselbst meint, schriftlich an den Tempel eingereicht werden mussten, vgl. Haussoullier n. 45, ebenda p. 430. Einen Schreiber,
der Verträge aufsetzt, einen συμβολαιογράφος kennt der Papyrus Jomard in
Paris s. Notices et Extraits XVIII, 2 p. 257. Dagegen hatte Zaleukos ver-
ordnet Zenob. Prov. V, 4: συγγραφὴν ἐπὶ τῶν δανεισμάτων μὴ γίγνεσθαι.

[1]) Vgl. Privatalt. § 6 S. 46 und § 49 S 461 mit Meier-L., att. Pr.
684 ff. und Schneiders krit. Jhrb. der Rechtsw. 1847 S. 48; über Zeugen
insbes. Demosth. XXX, 21 p. 869: ἀλλ' οὐδὲ πρὸς ἄλλον οὐδ' ἂν εἷς οὐδένα
τοιοῦτο συνάλλαγμα ποιούμενος ἀμάρτυρος ἂν ἔπραξεν: ja schon Hesiod. ἔργ.
κ. ἡ. 373: καὶ τε κασιγνήτῳ γελάσας ἐπὶ μάρτυρα θέσθαι! In Thurii mussten
drei Zeugen bei Abschliessung von Grundstückskäufen zugegen sein (Theophrast. π. συμβολ. bei Stob. Serm. XLIV, 22), in Kyzikos fand auch
bei ὑποθέσεις ein προκηρύττειν fünf Tage, ehe dieselben gültig wurden, statt
(Theophr. l. c.). Zusammenstellungen über die Zahl der zugezogenen
Zeugen giebt Simon, Wien. Stud. XII (1890) S. 66 f. Über Zeugen in Gortyna vgl. Zitelmann S. 75 f. Dass es nicht richtig war, wenn Schömann, att. Proz. S. 661 vgl. Boeckh, Staatsh. I, 179 lehrte, dass Verträge gewöhnlich von Zeugen mit unterschrieben und versiegelt wurden, erwies Philippi, de syngraphis et οὐσίας notione, Leips. 1871 p. 7 f.

[2]) (Demosth.) XLVIII, 10 p. 1170: ταῦτα δὴ πάντα προνοούμενοι ἐγρά-
ψαμεν τὰς συνθήκας καὶ ὅρκους ὡμόσαμεν, ὅπως ἂν μηθ' ἑκόντι μήτ' ἄκοντι μηδε-
τέρῳ ἐξουσία ἡμῶν γένηται μηδ' ὁτιοῦν ἰδίᾳ πρᾶξαι: vgl. Isaeus V, 7 p. 51,
und überhaupt Ziebarth, de iureiurando in iure gr. p. 48 f., für die delphischen Freilassungen im besonderen Drachmann, Nord. Tidskr. VIII, 89.

[3]) (Demosth.) XXXIII, 36 p. 904: πάντες ἄνθρωποι, ὅταν πρὸς ἀλλήλους
ποιῶνται συγγραφάς, τούτου ἕνεκα σημηνάμενοι τίθενται παρ' οἷς ἂν πιστεύσωσι,
XXXV, 15 p. 928, XLI, 21 p. 1034, Hyp. Athenog. IV, 4; VIII, 18. Zum
Besiegeln der Verträge durch öffentliche oder religiöse Personen s. Suid. s.
v. συσσημαίνεσθαι, δημοσία σφραγίς Corp. Inscr. Gr. n. 2329, 2847, 3083 etc.
bei Egger, Étud. histor. sur les traités publics etc. 1866 p. 59.

[4]) Isocr. XVII, 20 p. 862 d: ταῦτα δὲ συγγράψαντες καὶ ἀναγαγόντες εἰς
ἀκρόπολιν Πύρωνα ... δίδομεν αὐτῷ φυλάττειν τὰς συνθήκας, προστάξαντες αὐτῷ,
ἐὰν μὲν διαλλαγῶμεν πρὸς ἡμᾶς αὐτούς, κατακαῦσαι τὸ γραμματεῖον, εἰ δὲ μή, Σα-
τύρῳ ἀποδοῦναι: vgl. (Demosth.) XLVIII, 12 p. 1170, XLI, 21 p. 1034 und
XXXIII, 15 p. 897: καὶ τὸ μὲν πρῶτον ἐτίθεντο τὰς συνθήκας παρὰ τῷ Φωκρίτῳ,
εἶτα κελεύσαντος τοῦ Φωκρίτου παρ' ἄλλῳ τινὶ θέσθαι τίθενται παρὰ τῷ Ἀριστοκλεῖ.
und 36 p. 904, Hyp. Athenog. IV, 9. C. I. A. II, 578 (S. I. Gr. 297) Z. 12.
Misstraute man der andern Partei, so fertigte man zwei Exemplare aus, die
bei verschiedenen Personen hinterlegt wurden: (Demosth.) XXXIV, 82

Wechslern oder Priestern [1]), niedergelegt, in späterer Zeit hatten
die meisten griechischen Städte sogar eigene Behörden [2]) und Amts-
häuser [3]), wo Privatverträge nicht nur aufbewahrt, sondern, wie es
scheint, auch abgeschlossen werden konnten [4]). Und wenn bisher
Urkunden nach griechischem Recht nur als Beweismittel, nicht als
Grund des Rechts betrachtet wurden [5]), so ist jetzt der Beweis für
das Gegenteil dahin erbracht [6]), dass der Schriftform als solcher
verpflichtende Kraft beigelegt wurde, und gerade dieser Umstand
machte in späterer Zeit die συγγραφὴ zum gefürchteten Werkzeug
in der Hand der Geldwucherer [7]). Im einzelnen sind um so weniger
durchgehende Bestimmungen über diese Formen möglich, als einer
der obersten Rechtsgrundsätze in Griechenland die kontrahierenden
Personen hinsichtlich der einander aufzulegenden Bedingungen völlig
autonom machte und der freien Vereinbarung in Beziehung auf die

p. 916, vgl. Hyp. Athenog. IV, 20. Betrügerische Beseitigung solcher Urkunden (Demosth.) XXXIII, 16; Isocr. XVII, 33.

[1]) Vgl. Privatalt. § 48 S. 455 und Gottesd. Alt. § 9, sowie Boeckh,
Staatsh. I, 177, Gneist, form. Verträge S. 442; auch C. I. Gr. II, p. 1037:
κατὰ τὰς διαθήκας τὰς κειμένας ἐν τῷ ἱερῷ τῆς Ἀφροδίτης καὶ παρὰ Εὐνομίδῃ τῷ
ἄρχοντι καὶ παρὰ τῷ θεσμοθέτῃ Κτησιφῶντι. Collitz, gr. Dial. Inschr. p. 80
(C² 472), Kirchhoff, Hermes II, 171.

[2]) ἱερομνήμονες, ἐπιστάται, μνήμονες bei Arist. Pol. VII, 8, 4 p. 1321 b,
χρεωφύλακες Bull. corr. hell. XII (1888) 232, vgl. Gilbert, Staatsalt.
II, 334.

[3]) ἀρχεῖον, χρεωφυλάκιον vgl. Dareste im Bull. corr. hell. VI, 241 f.,
hauptsächlich in Kleinasien, ähnlich das θεσμοφυλάκιον in Böotien
C² 295 Z. 76, Plut. quaest. graec. 8 p. 292 d.

[4]) Dio Chrys. XXXI p. 593 R, Mitteis, Reichsrecht und Volksrecht
S. 95.

[5]) Meier, att. Proz. S. 495, Gneist, formelle Verträge etc. S. 419 ff.
insbes. S. 469 ff.

[6]) Mitteis, Reichsrecht und Volksrecht, S. 459 fg., welcher auch
gegenüber Dareste, im Bull. corr. hell. VIII, 362 f. auf Grund der
συγγραφὴ C² 295, Z. 70, in welcher sich die Polemarchen von Orchomenos zu
einem Darlehen bekennen, welches sie nicht erhalten haben, ferner auf Grund
des Pap. 7 du Louvre, Not. et Extr. XVIII, 2 p. 171 und Cic. ad. Att. VI,
1, 15 die Bestimmung des Gaius III, 134 wieder zu Ehren bringt: Litera-
rum obligatio fieri videtur chirographis und syngraphis und des Ps. Asco-
nius zu Cic. in Verr. II, 1, 36: in syngraphis etiam contra fidem
veritatis pactio venit et non numerata quoque pecunia aut non integre
numerata pro temporaria voluntate hominum scribi solent more institutoque
Graecorum.

[7]) Die Urkunden von Arkesine auf Amorgos (II. Jahrh.) in Inscr. jur.
gr. 313 f. Cic. ad. Att. V, 21, 10; VI, 1, 5; 2, 7; 3, 5.

Beteiligten förmlich Gesetzeskraft beilegte [1]). Nur gegen die Ordnungen und Interessen des Gemeinwesens durften sie nichts festsetzen [2]); worin dann auch wohl zugleich die Unverbindlichkeit der allerdings auch vorkommenden Verträge *in turpi causa* enthalten ist [3]); abgesehen aber davon erkannte die Gesetzgebung jede freiwillig erfolgte Einwilligung [4]) oder Übereinkunft als zu Recht bestehend an [5]), gewährte also keinerlei Schutz gegen betrügliche Absicht [6]), und es ist bei dieser Sachlage nicht zu verwundern, wenn sehr bald der Versuch gemacht wurde, die getroffene Vereinbarung in ihrer Gültigkeit über Gesetze und Volksbeschlüsse zu stellen [7])

---

[1]) Das **attische** Gesetz lautete schlechthin: ὅσα ἂν ἕτερος ἑτέρῳ ὁμολογήσῃ κύρια εἶναι Hyp. Athenog. VI, 7, (Demosth.) XLVII, 77 p. 1162, Isocr. XVIII, 24 p. 376a.

[2]) Diese Forderung erschien dem **Aristoteles** Rhet. I, 15 p. 1376b als selbstverständlich, und vielleicht ist der ebenda p. 1375b gerügte Widerspruch der Gesetze auf attische Verhältnisse gemünzt: ἐνίοτε ὁ μὲν (νόμος) κελεύει κύρια εἶναι ἅττ' ἂν σύνθωνται, ὁ δὲ ἀπαγορεύει μὴ συντίθεσθαι παρὰ τὸν νόμον. **Plato** Leg. XI p. 920d macht bei Erfüllung von Verträgen folgende berechtigte Ausnahmen: πλὴν ὧν ἂν νόμοι ἀπείργωσιν ἢ ψήφισμα ἤ τινος ὑπὸ ἀδίκου βιασθεὶς ἀνάγκης ὁμολογήσῃ καὶ ἐὰν ὑπὸ τύχης ἀπροσδοκήτου τις ἄκων κωλυθῇ.

[3]) Wenn **Meier**, att. Proz. S. 496 u. 535 über die Verbindlichkeit solcher Verträge zweifelhaft war, **Becker-Goell**, Charikles II, S. 268 sogar für dieselbe eintrat, während sie von **Hermann** u. **Caillemer**, Ét. VIII, 34 ff. geleugnet wird, so ergiebt sich aus Aesch. I, 162 ff. p. 161 so viel mit Sicherheit, dass eine Klage aus solchem Vertrage unter Bürgern zu seiner Zeit unerhört war.

[4]) Auch diese Einschränkung erscheint als selbstverständlicher Zusatz bei (Demosth.) XLVIII, 54 p. 1182; LVI, 2 p. 1283; Plato Symp. p. 196c. Dagegen ist das ἐναντίον μαρτύρων bei (Demosth.) XLII, 12 p. 1042 willkürliche Erweiterung, und den Worten οὐχ ὑπ' ἀνάγκης ὁμολογήσας οὐδὲ ἀπατηθεὶς οὐδὲ ἐν ὀλίγῳ χρόνῳ ἀναγκασθεὶς βουλεύσασθαι, Plat. Crit. p. 52e liegt keine Beziehung auf eine gesetzliche Bestimmung zu Grunde.

[5]) So werden harte persönliche Dienstverhältnisse vertragsmässig eingegangen, s. Dio Chrysost. Or. XV p. 453 R: μυρίοι δήπου ἀποδίδονται ἑαυτοὺς ἐλεύθεροι ὄντες ὥστε δουλεύειν κατὰ συγγραφὴν ἐνίοτε ὑπ' οὐδενὶ τῶν μετρίων ἀλλ' ἐπὶ πᾶσι τοῖς χαλεπωτάτοις.

[6]) Das beweist klar die mühsame und doch unglückliche Beweisführung des Hyp. Athen. VI fg.

[7]) Schluss der συγγραφή bei (Demosth.) XXXV, 28 p. 927: κυριώτερον δὲ περὶ τούτων ἄλλο μηδὲν εἶναι τῆς συγγραφῆς mit der Erklärung § 39: ἡ μὲν γὰρ συγγραφὴ οὐδὲ κυριώτερον ἐᾷ εἶναι τῶν ἐγγεγραμμένων, οὐδὲ προσφέρειν οὔτε νόμον οὔτε ψήφισμα οὐδ' ἄλλ' οὐδ' ὁτιοῦν πρὸς τὴν συγγραφήν. Völlig ausgebildet in den Urkunden von Arkesine (Inscr. jur. gr. 318 fg.): τῆς δὲ συγγραφῆς . . . μηδὲν εἶναι κυριώτερον μήτε νόμον μήτε ψήφισμα μήτε δόγμα μήτε στρα

oder der schwächeren Partei den Schutz der Gerichte zu unterbinden und der stärkeren für den Fall, dass die Bedingungen nicht erfüllt wurden, ein sofortiges Vollstreckungsrecht auszubedingen [1]). Obige Gesetzesbestimmung erteilte aber zugleich, wie es scheint, allen Vereinen und Genossenschaften [2]), die im Staate bestehen oder sich bilden mochten [3]), die nötige juristische Persönlichkeit, um ihre Mitglieder zur Erfüllung ihrer eingegangenen Verbindlichkeiten anhalten zu können. Von Orts- oder Tempelgemeinden und bürgerlichen Körperschaften verstand sich dieses von selbst; eben diesen aber setzt die solonische und gewiss nicht bloss auf Attika beschränkte Verordnung [4]) ausdrücklich alle diejenigen gleich, welche sich zu Schiffahrt und Handel [5]), zu gemeinschaftlichen Speisungen

---

τηγὸν μήτε ἀρχὴν ἄλλα κρίνουσαν ἢ τὰ ἐν τῇ συγγραφῇ γεγραμμένα μηδὲ ἄλλο μηθὲν μήτε τέχνῃ μήτε παρευρέσει μηδεμιᾷ vgl. Herm. XXIII, 841.

[1]) (D e m o s t h.) XXXV, 23 p. 926 καθάπερ δίκην ὠφληκότων, Urk. v. A r k e s i n e καθάπερ ἐγ δίκης τέλος ἐχούσης und καθάπερ ὠφληκότας ἐξούλης. von I a s o s: καθάπερ ἐγ δίκης Rev. étud. grecques 1893, 171. Pap. Leid. O (89 v. Chr.) und Pap. 7 du Louvre: καθάπερ ἐκ δίκης vgl. G o l d - s c h m i d t, Z. d. Savigny-St. Rom. Abt. X, 360 fg., M i t t e i s, Reichsrecht u. Volksrecht, S. 401 fg. I n s c r. j u r. g r. 332 fg.

[2]) Vgl. A r i s t. Eth. Nic. VIII, 11 p. 1160 a, C a i l l e m e r, Ét. X le contrat de société à Athènes, Paris 1872.

[3]) Wieder mit der Einschränkung, soweit sie nicht gegen die Gesetze verstossen. Diese trifft die Hetärien, über welche vgl. Staatsalt. § 123, C a i l l e m e r, Et. X. p. 34 fg. und das Gesetz bei (D e m o s t h.) XLVI, 26 p. 1187, s. auch die folgende Anm.

[4]) G a i u s in l. 3 Dig. XLVII, 22 de colleg. et corporibus: *sodales sunt, qui eiusdem collegii sunt, quam Graeci* ἑταιρίαν *vocant; his autem potestatem facit lex, pactionem, quam velint, sibi ferre, dum ne quid ex publica lege corrumpant; sed haec lex videtur ex lege Solonis translata esse, nam illic ita est:* ἐὰν δὲ δῆμος ἢ φράτορες ἢ ὀργεῶνες (ἱερῶν ὀργίων libr.) ἢ γεννηταὶ (ναῦται libr.) ἢ σύσσιτοι ἢ ὁμόταφοι ἢ θιασῶται ἢ ἐπὶ λείαν οἰχόμενοι ἢ εἰς ἐμπορίαν, ὅ τι ἂν τούτων (τινες) διαθῶνται πρὸς ἀλλήλους, κύριον εἶναι, ἐὰν μὴ ἀπαγορεύσῃ δημόσια γράμματα: vgl. die Wechselschriften von S a l m a s. Observ. ad I. A. et R. p. 89 ff. und H e r a l d. Observ. c. 42 oder Anim. p. 81—96, und was sonst bei H a r l e s ad Fabric. Bibl. II p. 53 zitiert ist, insbesond. O s a n n ad Pompon. de orig. iuris, Giessen 1848. 8. p. 158 ff., M e i e r im Hall. Lect. Verz. 1848—49, P e t e r s e n, Geh. Gottesdienst, Hamburg 1848, S. 23 ff. 38 und in Ztschr. f. Altertumsw. 1858 S. 47 und gegen C. W e s c h e r, welcher in Rev. arch. XII 1865 d. 220 eine besondere staatliche Anerkennung für nötig hielt, C a i l l e m e r, Ét. X p. 11 mit Anführung von I s o c r. III, 54 p. 88 a, F o u c a r t, des ass. rel. p. 47, v. W i l a m o w i t z, Antigonos v. Karystos S. 278.

[5]) Im allgemeinen H a r p. s. v. κοινωνικῶν: καὶ περὶ τῶν ἐκούσιον κοινωνίαν συνθεμένων ἐμπορίας ἢ τινος ἄλλου. V. B r a n t s, les sociétés commerciales à

und Begräbnissen ¹), zu gottesdienstlichen Festen und Gebräuchen ²),
ja zu Raubzügen oder Kapereien ³) zusammengethan hatten; und

Athènes in Rev. de l'instr. publ. en Belgique XXV (1882) p. 109—125, zu
überseeischem Handel συμπλοϊκαί κοινωνίαι A r i s t. Eth. Nic. VIII, 12, 1
p. 1161 b, und zwar Vereinigungen (κοινωνοί) zu einem einzelnen Geschäft
D e m o s t h. LVI, 1, 6, 5, 7 p. 1283 ff. oder von längerer Dauer D e m o s t h.
XXXIV, 8 p. 909, LII, 3 p. 1236. Spuren einer grösseren Organisation D e -
m o s t h. LVI, 7 ff. p. 1285 und die ναύκληροι καὶ ἔμποροι οἱ φέροντες τὴν
σύνοδον τοῦ Διὸς τοῦ Ξενίου, C. I. A. II, 475 u. das. K o e h l e r, die ihren Sitz
wahrscheinlich in D e l o s und einen eigenen ταμίας und zu Athen einen
πρόξενος haben, auch B u l l. corr. hell. VII (1883) p. 466 ff. Über Bankge-
sellschaften vgl. P r i v a t a l t. § 48 S. 457. Bergwerksgesellschaften οἱ
κοινωνοῦντες μετάλλου D e m o s t h. XXXVII, 38 p. 977 H y p e r. Eux. XLIV,
20, Bl. H a r p. s. v. ἀπονομή, vgl. X e n. Vect. 4, 30 ff. Vereinigungen der
Gefällpächter, A n d o c. I, 133, L y k. Leocr. 19 u. 58, P l u t. Alc. 5. Am
häufigsten sind sie bei den Unternehmungsgeschäften z. B. die Pächter des
Piräustheaters C. I. A. II, 573 (S. I. Gr. 297). Auch die ατοπῶλαι, gegen
welche L y s. XXII gehalten ist, bilden eine Handelsgesellschaft, sie haben
die frühere Konkurrenz aufgegeben § 9 und sich zum Getreideaufkauf zusammengethan, συνίστασθαι § 17 u. 21.

¹) Die σύσσιτοι sind in Athen sonst Soldaten, die gemeinsame Menage
führen, vgl. S c h o e m a n n, Is. p. 278; doch scheint bei P l a t o, Laches
p. 179 b eine Tischgenossenschaft im Sinne des Gesetzes erwähnt vgl. S c h o e -
m a n n, gr. Alt. I², 383. Bei A r i s t o t. Pol. V, 11 p. 1313 a, 41 (vgl. A e n.
T a c t. Pol. 10; P o l y b. XX, 6, 5) werden die συσσίτια als eine der Allein-
herrschaft gefährliche Einrichtung erwähnt und P o l l. VI, 7 stellt die σύσσιτοι
wie hier das Gesetz, mit den θιασῶται zusammen. Als natürliche und gewöhnliche Grabgenossenschaft erscheint das Geschlecht bei (D e m o s t h.)
XLIII, 79 p. 1077, LVII, 28 p. 1307, doch werden ebenda § 67 p. 1319 diejenigen, οἷς ἤρία ταὐτά von den γεννῆται geschieden. Sie alle mochten allmählich das Bedürfnis fester Satzungen empfinden. Über eine Art freier
Grabgemeinschaft in T h a s o s aus römischer Zeit vgl. R e v. a r c h. XIV.
1866. p. 58.

²) Vgl. Gottesd. Alt. § 8, L ü d e r s, de collegiis artificum scen. Bonn
1869 und die dionysischen Künstler 1873, F o u c a r t, de colleg. scen. artif.
Paris 1873 und des associations religieuses chez les grecs. Thiases, Eranes,
Orgéons. Paris 1878. S c h a e f e r, die privaten Religionsgesellschaften in
N. Jahrb. f. Philol. 1880. 417 ff. Beispiele: C o r p. I n s c r. G r. 3448 (C²
148), Mitteil. d. d. Inst. IX (1884) 288 f. Kultgenossenschaften fremder Gott-
heiten bedurften staatlicher Erlaubnis F o u c a r t, ass. p. 127 f.

³) Die ἐπὶ λείαν οἰχόμενοι wohl nur für Kriegszeiten, so S c h o e m a n n,
ant. iur. publ. p. 368, C a i l l e m e r, Ét. X, 49 gegen E g g e r, études hist.
sur les traités publ. 1866 p. 4, der in der Stelle des solonischen Gesetzes den
Raub legalisiert findet, wie es anderwärts wohl vorkommt, vgl. den Vertrag
zwischen Chaleion und Oiantheia in Lokris bei R o e h l, I. G. A. 222 (C² 230)
und D a r e s t e, Revue des ét. gr. II (1889), 305.

gewiss werden wir dahin auch die ἔρανοι rechnen dürfen, die, wie alle jene Vereine, selbst im gerichtlichen Verfahren Begünstigung und Beschleunigung ihrer Klagen genossen [1]), während eigene Versicherungsgesellschaften erst seit Alexander dem Grossen vorkommen, und zwar, scheint es, zuerst zwischen den Sklavenbesitzern zur Sicherung des Schadens beim Entlaufen [2]). Aus demselben Grundsatze floss ferner

---

[1]) Vgl. Staatsalt. § 106 mit der Hauptschrift: van Holst, de eranis Graecorum inprimis ex iure attico, Lugd. B. 1832. 8. und Mitteilungen aus A. F. Ribbecks schriftlichem Nachlass, Berlin 1848. 8. S. 143 ff. mit Meier-L., att. Proz. S. 637 f., Boeckh, Staatsh. d. A. I S. 346; ἔρανος wurde in Boeckh a. a. O. und van Holst p. 50 gefasst als eine Gesamtbezeichnung für verschiedenartige Vereine mit regelmässigen Beiträgen, und dafür sprach bisher der Ausdruck ἐρανικαὶ δίκαι, die nicht wohl auf eine einzelne Gattung von Vereinen beschränkt sein konnten. Sie gehörten zu den ἔμμηνοι und wurden von den εἰσαγωγεῖς eingeleitet, Aristot. resp. Ath. 52. Hier sind indessen daneben auch δίκαι κοινωνικαί erwähnt, und da andrerseits Aristot. Eth. Nic. VIII, 11 p. 1160 a: ἔνιαι δὲ τῶν κοινωνιῶν δι' ἡδονὴν δοκοῦσι γίγνεσθαι, θιασωτῶν καὶ ἐρανιστῶν· αὖται γὰρ θυσίας ἕνεκα καὶ συνουσίας· die ἔρανοι als zum Vergnügen geschlossen hinstellt, so ergiebt sich für sie der engere Sinn als Opfergemeinschaft, vgl. Athenaeus VII p. 362 e. Dass es eine besondere Gattung dieser ἔρανοι behufs gegenseitiger Unterstützung gegeben habe oder dass, wie Hermann annahm, dies die eigentliche Bedeutung der ἔρανοι war, stellt van Holst entschieden in Abrede p. 130: *Egregie falluntur ii, qui collegia eranistica eo consilio, ut amici egeni ex arca communi sublevarentur, a Graecis instituta contendunt.* Wie es scheint, mit Recht, wenn auch dadurch nicht ausgeschlossen ist, dass ein Mitglied in Geldverlegenheit statt seiner sonstigen Freunde (vgl. oben § 10 S. 75) auch einmal seine Vereinsgenossen in Anspruch genommen habe, vgl. Inschr. von Amorgos bei Foucart, ass. rel. n. 45, wo Aristagoras der ἀρχέρανος einen ἔρανος für den Xenokles gesammelt 'und sich für ihn verbürgt hat, und jetzt dafür dem Verein und demnächst sich selbst hypothekarische Sicherheit auf einem Grundstück desselben bestellt. Auch in der verlornen Rede des Lysias πρὸς Ἀριστοκράτην περὶ ἐγγύης ἐράνου, die nach Harp. s. v. ἐρανιστής auf einen Verein Bezug hatte, wird ἔρανος eher eine solche Anleihe, als den Vereinsbeitrag bedeuten. Selbst Gortyna Mus. it. II, 592 f. B = Mon. Ant. III n. 153 kennt einen besonderen τᾶν ἑταιριᾶν δικαστάς, der sein Urteil am gleichen oder folgenden Tage zu geben verpflichtet ist.

[2]) Egger, Mémoires histor. sur les traités publics dans l'antiquité in Mém. de l'Acad. des Inscript. et B. L. XXIV, 1869, p. 39—40, Étud. histor. s. l. traités publics p. 65 nennt das von Boeckh, Staatsh. d. Ath. I S. 102 bereits besprochene Verfahren des Rhodiers Antimenes zu Babylon bei Aristot. Oeconom. II, 2, 34 p. 1352 b, 33: πάλιν τε πορίζων τἀνδράποδα τὰ ἐπὶ στρατοπέδῳ ὄντα ἐκέλευσε τὸν βουλόμενον ἀπογράφεσθαι ὁπόσου θέλοι, μέλλειν δὲ τοῦ ἐνιαυτοῦ ὀκτὼ δραχμὰς ἀποτῖσαι, ἂν δὲ ἀποδρᾷ τὸ ἀνδράποδον, κομίζεσθαι τὴν τιμὴν ἣν ἀνεγράψατο· ἀπογραφέντων οὖν πολλῶν ἀνθρώπων οὐκ ὀλίγον συντελεῖ

das Recht, bei einem Vertrage Konventionalstrafen zu stipulieren, die
bei säumiger Erfüllung desselben eintraten [1]); desgleichen Rechtsstrei-
tigkeiten durch kompromissarisch bestellte Schiedsrichter entscheiden
zu lassen, bei deren Sprüchen sich die Beteiligten ohne Beschwerde
oder Rekurs zu beruhigen hatten [2]), ein Verfahren, das auch ausserhalb Attikas häufig [3]), allmählich sogar zwischen verschiedenen Staaten

ἀργύριον· εἰ δέ τι ἀποδράφη ἀνδράποδον. ἐκέλευε τὸν σατράπην τῆς (χώρας) ἐν ᾧ
ἐστι τὸ στρατόπεδον, ἀνασῴζειν ἤ τὴν τιμὴν τῷ κυρίῳ ἀποδοῦναι, *exemple curieux
et unique, je crois, dans l'antiquité de ces pactes d'assecurance, qui jouent un si
grand rôle dans l'économie financière des sociétés modernes*; Caillemer, Études
sur les antiquit. jurid. II p. 17 ff. beurteilt richtig die angeblichen Feuer-
assekuranzen der Römer.

[1]) Τὰ ἐπιτίμια τὰ ἐκ τῆς συγγραφῆς. (Demosth.) XXXIV, 26 p. 915, vgl.
LVI, 20 p. 1289 und LIII, 10 p. 1249: ὅτι ἐν ταῖς συγγραφαῖς εἴη τριάκονθ'
ἡμερῶν αὐτὸν ἀποδοῦναι ἤ διπλάσιον ὀφείλειν und zahlreiche inschriftliche Bei-
spiele: für Staatsverträge Roehl, I. G. A. 110 (C² 258) Z. 5; Corp. Inscr.
Gr. 2554 (C¹ 43) Z. 40 ff., 2556 (C² 119) Z. 71, Cauer, Del.² 223 (S. I. Gr.
294) A Z. 59; 553 Z. 10; für Pachtverträge C. I. A. II, 1058 Z. 18; Corp.
Inscr. Gr. 2693e = Lebas-Wadd., Asie min. 416 Z. 14, ebenda 331
Z. 12, vgl. Corp. Inscr. Gr. Sept. I, 3171 (Larfeld, S. I. B. 33 C¹ 298)
Z. 50, Cauer, Del.² 472, Z. 12 u. 25, bei Schuldverträgen S. I. B. 16 Z. 155 ff.;
20 Z. 4, in einem Genossenschaftsvertrage Corp. Inscr. Gr. 2448 (C² 148)
D Z. 35 u. öfter. Über Bauverträge vgl. unten; in der Pariser Papyrus-Ur-
kunde n. VII τὸ ἡμιόλιον ausser dem Geliehenen, n. VIII: ταῦτα καὶ τὸ ἡμιόλιον,
bei einem Mitgiftvertrag n. XIII: ἀποτίνειν αὐτὸν τὴν φερνὴν σὺν τῇ ἡμιολίᾳ s.
Caillemer, Étud. sur les antiq. jur. IV p. 24 ff.

²) Gesetz bei Demosth. XXI, 94 p. 545: ἐὰν δέ τινες περὶ συμβολαίων
ἰδίων πρὸς ἀλλήλους ἀμφισβητῶσι καὶ βούλωνται διαιτητὴν ἑλέσθαι ὁντινοῦν, ἐξέστω
αὐτοῖς αἱρεῖσθαι, ὃν ἂν βούλωνται· ἐπειδὰν δὲ ἕλωνται κατὰ κοινόν, μενέτωσαν ἐν
τοῖς ὑπὸ τούτου διαγνωσθεῖσι καὶ μηκέτι μεταφερέτωσαν ἀπὸ τούτου ἀφ' ἕτερον δικαστήριον ταῦτα ἐγκλήματα, ἀλλ' ἔστω τὰ κριθέντα ὑπὸ τοῦ διαιτητοῦ κύρια: vgl.
Isocr. XVIII, 10 ff. p. 378; (Demosth.) XXXIII, 14 ff. p. 897; XXXIV,
18 p. 912, C. I. A. II, 842, Lucian. Bis abd. c. 11: ἢν δέ τινες ἑκόντες αὐτοὶ
σύνθωνται δικαστὰς καὶ προελόμενοι ἐπιτρέψωσι διαιτᾶν, οὐκέτι δίδωσιν ὁ νόμος εἰς
ἕτερον ἐφεῖναι δικαστήριον: auch Plato Leg. XI p. 920 d: ὅσα τις ἂν ὁμολογῶν
ξυνθῆσθαι μὴ ποιῇ κατὰ τὰς ὁμολογίας .. δίκας εἶναι τῶν ἄλλων ἀτελοῦς ὁμολογίας ἐν ταῖς φυλετικαῖσι δίκαις, ἐὰν ἐν διαιτηταῖς ἤ γείτοσιν ἔμπροσθεν μὴ δύνωνται
διαλλάττεσθαι mit Hudtwalcker, Diaeteten S. 173 f., Meier, die Privatschiedsrichter und die öffentlichen Diaeteten Athens, Halle 1846, S. 3—8;
Egger a. a. O. p. 67—77; Hubert, de arbitris atticis et privatis et pu-
blicis. diss. Lips. 1885 p. 8—19; Matthiaß, das griechische Schiedsgericht,
Festgabe für Jhering von Rostock 1892.

³) In Gortyna fordert Mus. it. II, 646 = Mon. Ant. III n. 155 (der
grossen Inschrift gleichzeitig) Schiedsspruch binnen drei Tagen unter Straf-
androhung, für Lebadea vgl. Dittenberger, S. I. Gr. 353 Z. 42, für Chios
Bull. corr. hell. III, 244 v. 23, 254 fin. In den delphischen Freilassungs-

üblich wurde ¹). Und besonders trat jener Grundsatz endlich bei den zahlreichen Lieferungs- und Unternehmungsgeschäften ein ²), die zwar der Sprachgebrauch auch als Miet- oder Pachtverträge betrachtete, die aber dadurch wesentlich von diesen verschieden sind, dass hier der Verpachter Geld zu zahlen, der Pachter hingegen zu empfangen hat ³). Allerdings ist letzterer insofern auch wieder Ver-

urkunden werden öfters auf lange voraus Schiedsrichter für den Fall von Streitigkeiten zwischen Herren und Freigelassenen bestimmt, vgl. S. 30 A. 2.

¹) Beispiele eines Schiedsgerichts zwischen Staaten: C. I. A. II, 308 (S. I. Gr. 139); Dittenberger, S. I. Gr. 126 Z. 30, 240, 241; Plut. Them. 24, vgl. Sonne, de arbitris externis . . quaest. epigr. diss. Gott. 1888; auch wandte man sich besonders in unruhigen Zeiten an eine befreundete Stadt um Übersendung von Schiedsrichtern für die eigenen Bürger, C. I. G. 2671 (C² 157), 3640 (C² 434, Collitz II, 318), Collitz II, 215 (C² 431), 305 (C² 432), vgl. Meier a. a. O. S. 81 f. und Martha, Bull. corr. hell. VI (1882) 245 ff., auch S. 239, IX (1885) 13, und dahin wird auch das ξενικὸν δικαστήριον der ephes. Inschr. bei Dittenberger, S. I. Gr. 344 Z. 52 und öfter. zu erklären sein, vgl. den Anhang.

²) Ἐργολαβεία oder ἐργωνία, Polyb. VI, 17, 5; zunächst bei Bauten, Sintenis ad Plut. V. Pericl. c. 18, Boeckh, Staatsh. I S. 286, Dareste, annuaire pour l'enc. des études gr. 1877 p. 107—118, E. Fabricius, de architectura Graeca p. 17—80; aber auch in sonstiger Beziehung häufig, von Künstlern, Xenoph. M. Socr. III, 1, 2, Strab. VIII p. 354 (Panaenos in Olympia συνεργολάβος seines Oheims Phidias), Plut. V. Pelop. c. 25, Schol. Aristoph. Pac. 602, κατὰ συγγραφήν, (Andoc.) IV, 17 p. 31, Demosth. XVIII, 122 p. 268, Xen. equ. 2, 2: von Feldarbeiten. (Demosth.) LIII, 21 p. 1253: ὁπότε γάρ οἱ ἄνθρωποι οὗτοι ἢ ὀπώραν πρίαιντο ἢ θέρος μισθοῖντο ἐκθερίσαι ἢ ἄλλο τι τῶν περὶ γεωργίαν ἔργων ἀναιροῖντο; Austrocknung eines Sumpfes bei Eretria Inscr. jur. gr. p. 143 f.; Lieferungen für Festlichkeiten, ἀπομισθοῦν τοὺς στεφάνους, Corp. Inscr. Gr. 2144, 2360 (S. I. Gr. 348), 2058 (S. I. Gr. 248) Z. 45, Cauer, Del.² 47 Z. 67 ff., vgl. Poll. VII, 200: συνθηματιαίους δὲ στεφάνους εἴρηκεν Ἀριστοφάνης τοὺς ἠργολαβημένους, οὓς οἱ νῦν ἐκδοσίμους λέγουσι· φατέον δὲ ἐπὶ μὲν τοῦ ἐκδιδόντος ἔργον ὁτιοῦν τὸ ἐργοδοτεῖν, ἐπὶ δὲ τοῦ ἐργαζομένου τὸ ἐργολαβεῖν, Ausfertigung von Inschriften, C. I. A. I, 20; 88 Z. 23; Dittenberger, S. I. Gr. 305 (C² 176) Z. 7, wo auch der Mindestfordernde erwähnt ist, und im allg. Bekk. Anecd. p. 259: ἐργολάβος ... ὁ ὑπέρ τινων ἔργων μισθὸν λαμβάνων καὶ ἔχων τοὺς συνεργαζομένους. Vgl. die Vorschriften bei Plato, Leg. XI p. 921.

³) Vgl. Herod. II, 180: Ἀμφικτυόνων δὲ μισθωσάντων τὸν ἐν Δελφοῖς νῦν ἐόντα νηὸν τριηκοσίων ταλάντων ἐξεργάσασθαι, oder Demosth. XXI, 155 p. 565: ταλάντου μισθοῦσι τὰς ψιλαρχίας, d. h. geben sie in Enteprise wogegen μισθοῦσθαι s. v. a. ἀναιρεῖσθαι, übernehmen, Herod. V, 62, (Demosth.) LIII, 21 p. 1253 und Müller de munim. Athen. Gott. 1836. 4. p. 39 ff. Nur der Person, die ein Werk übernehmen soll, gegenüber kann μισθοῦσθαι auch vom ἐργολέτης gesagt werden, wie Demosth. XVIII, 51 p. 242 oder Aelian. V. Hist. XIV, 17: Ἀρχέλαον εἰς τὴν οἰκίαν τετρακοσίας μνᾶς ἀναλῶσαι, Ζεῦξιν

8 *

mieter, als er seine Geschicklichkeit oder Mühwaltung zur Ausführung irgend eines verabredeten Werkes gegen Bezahlung herleiht; bis dieses Werk aber beendigt und damit sein Anspruch auf den bedungenen Lohn begründet ist, bleibt er demjenigen, der ihn angenommen hat, in ähnlicher Art wie der Mieter dem Vermieter verpflichtet, muss nötigenfalls Bürgen stellen[1]), und wird vertragsmässig um so fester gebunden, je häufiger solche Unternehmungen nur Gegenstand gewinnsüchtiger Spekulation sind[2]). Für Staats- und Gemeindebauten[3]) und andere öffentliche Arbeiten wurden solche Verträge von den Behörden[4]) oder ernannten Kommissarien[5]) nach der Anweisung abgeschlossen, die sie durch Beschluss oder Gut-

μισθωσάμενον, wogegen es vom ἐργολάβος heissen würde: ἐμισθώσατο τὴν οἰκίαν τετρακοσίων μνῶν ὥστε καταγράψαι: s. schon B u d a e i, Comm. I. gr. p. 876.

[1]) Vgl. die Stellen bei F a b r i c i u s. de arch. gr. p. 29. Die Bürgen müssen ἀξιόχρεοι sein, haften solidarisch und für die ganze Dauer der Verbindlichkeit des Unternehmers, sie bürgen auch für etwaige Konventionalstrafen.

[2]) Vgl. die Erkl. zu H o r. ep. I, 1, 77 oder I u v e n. Satir. III, 30 und die Charakteristik bei M a n e t h o, Apotelesm. IV, 380 f. und die Sicherheitsmassregeln in C o r p. I n s c r. G r. 2360 (S. I. Gr. 348) Z. 19.

[3]) Über dieselben giebt es reiches inschriftliches Material vgl. M i c h a e l i s, appendix epigr. ad Pausaniae descr. arcis Athen. ed. O. J a h n, E. F a b r i c i u s a. a. O. p. 2 ff. Die hauptsächlichsten: C. I. A. I, 322, II, 167, die zuletzt aufgefundene Urkunde über den Bau einer Skeuothek in Zea, vgl. C. I. A. II, 1054 (S. I. Gr. 352), F a b r i c i u s, Hermes XVII, 551 ff.; die Urkunden von D e l o s C. I. G. 2266 und F a b r i c i u s, Hermes XVII, 1 ff., von T e g e a bei L e b a s - F o u c a r t, Pélop. 340 e (C² 457) und von L e b a d e a bei F a b r i c i u s, de arch. gr. p. 5 (S. I. Gr. 353). Aus denselben ergiebt sich, dass in älterer Zeit zu Athen künstlerische Bauten nicht in Entreprise gegeben, sondern bis ins einzelne durch eine spezielle, wahrscheinlich jährlich neubestellte Baukommission (drei bis fünf ἐπιστάται, den ἀρχιτέκτων und einen γραμματεύς) geleitet wurden. Allmählich werden grössere Teile des Baus in Akkord gegeben. Vom dritten Jahrhundert ab ist durch ganz Griechenland das gleiche System des Baus durch Unternehmer verbreitet, vgl. F a b r i c i u s, d. arch. gr. p. 17 ff.

[4]) Athen. VI, 27 p. 235 d: εἰς τὴν ἐπισκευὴν τοῦ ναῶ ... ἐκδόναι τὸ ἀργύριον, ὁπόσου ἂν οἱ τῶν ἱερέων ἐπισκευασταὶ μισθώσωσι: vgl. M e i e r, Schiedsrichter S. 50, so auch die νεοποιοί der Inschr. von Lebadea, die Poleten und ὁ ἐπὶ τῇ διοικήσει in C. I. A. II, 167, 35.

[5]) C. I. G. 2847 c Z. 60 aus Delos: ἐλέσθαι δὲ ἄνδρα ὅστις ἐκδώσει τὴν στήλην καὶ στήσει καὶ ἐπιμελὲς ποιήσεται ὅπως ἀναγραφῇ τόδε τὸ ψήφισμα· τὸ δὲ ἐσόμενον ἀνάλωμα δότω ὁ ταμίας ἀπὸ τῆς ἐγκυκλίου διοικήσεως καθότι ἂν συντελέσῃ ὁ ἐκδότης κτλ., so die ἰσοδόται von Tegea und die ἐπιστάται von Delos und Attika, vgl. F a b r i c i u s a. a. O. p. 25 n. 1.

achten von Sachverständigen [1]) erhielten. Sie überwachten die vertragsgemässe Ausführung [2]), zu welchem Behufe ihnen das Recht, Konventionalstrafen zu verhängen, gegeben war [3]), unterzogen die fertig gestellten Teile einer eingehenden Prüfung [4]) und leisteten die Zahlungen in den festgesetzten Terminen [5]), wofern man es nicht vorzog, den Unternehmer wiederum auf den Ertrag des Gebäudes anzuweisen und dadurch zugleich zu fernerer baulicher Erhaltung desselben zu verpflichten [6]).

[1]) Vgl. Müller l. c. und die von Lebas mitgeteilte Inschrift in Revue de Philol. I p. 267: τοὶ δὲ πωληταὶ ἀποδόσθων καθ' ἂ κα ὁ ἀρχιτέκτων συγγράψῃ, ὅπως ἐργασθῇ πετ' ἀναμαρτίας: wo unter dem ἀρχιτέκτων wie C. I. A. I n. 322 und Rangabé n. 56 nicht wie sonst der Bauunternehmer, sondern der Staatsbaumeister zu verstehen ist; s. Boeckh, Staatsh. I S. 287. Dieser Bauplan συγγραφή wird gewöhnlich mit dem Vertrage zugleich in Stein gehauen, vgl. die Urk. von Lebadea Z. 89—188, C. I. A. II, 167, 35 ff., die Urkunde von Zea. In Ephesos eine *lex vetusta* — *dura conditione sed iure non iniquo constituta* bei der Übernahme öffentlicher Bauten Vitruv. Praef. l. X: *nam architectus cum publicum opus curandum recipit, pollicetur quanto sumptu id sit futurum; tradita aestimatione magistratui bona eius obligantur, donec opus sit perfectum. Absoluto autem, cum ad dictum impensa respondit, decretis et honoribus ornatur. Item si non amplius quam quarta in opere consumitur ad aestimationem adicienda, de publico praestatur neque ulla poena tenetur, cum vero amplius quam quarta in opere consumitur, eius ex bonis ad perficiendum pecunia exigitur.* Zur Vergleichung dienen die *leges publicae* in Rom für Bauwesen Vitruv. II, 8, wie die durchgehende *probatio* der Beamten, zunächst der Censoren bei Bauten s. Mommsen, C. Inscr. Lat. I not. ad n. 110, 5.

[2]) Sie übergeben das vom Staate zu liefernde Material den Unternehmern auf der Baustelle, prüfen das von den Unternehmern zum Bau verwendete, überwachen die Innehaltung der für Ausführung des einzelnen angesetzten Fristen, auf welche Versäumnisse, die durch äusseren Anlass entstanden sind, nicht angerechnet werden.

[3]) Diese Strafen sind teils im Vertrage festgesetzt (ἐπιφορά), teils werden sie von der Kommission verhängt, bedürfen aber, wie es scheint, der Bestätigung der Gerichte oder der Behörden. Aufsätzige Unternehmer können vom Bau ausgeschlossen werden, Streitigkeiten der Unternehmer unter sich werden von der Kommission als Geschwornengericht endgiltig entschieden.

[4]) Mitunter versehen dies Geschäft eigene ἐπιτιμηταί vgl. Harp. s. v. C. I. A. II, 573, 5 (S. I. Gr. 297), wo eine ständige Baukommission nicht vorhanden zu sein scheint.

[5]) Die Zahlungen erfolgen in bestimmten Fristen zum voraus, vgl. auch Dittenberger, Syll. I. Gr. 367 Z. 217, der zehnte Teil wird bis nach Abnahme des vollendeten Werkes zurückbehalten. Auch den Aufsehern drohen für säumige Auszahlung Strafen.

[6]) Wie bei den Pächtern des Theaters im Piraeus C. I. A. II, 573 (S. L. Gr. 297), vgl. Boeckh, Staatsh. I, 308.

§ 15. [§ 70.]
Von thatsächlichen Rechtsverbindlichkeiten.

Ausser den Verträgen konnten inzwischen auch noch andere Thatsachen des gesellschaftlichen Lebens Rechtsverbindlichkeiten begründen, zu welchen es teilweise nicht einmal der Einwilligung des Verpflichteten bedurfte. Wo diese nötig war, konnte das Geschäft allerdings auch die Form eines wirklichen Vertrags annehmen [1]); aber wie selbst Darleihen mitunter ohne Verschreibung oder Zeugen bloss auf Treue und Glauben gegeben wurden [2]), so war dieses der Natur der Sache nach noch häufiger bei anvertrautem Gute [3]) der Fall, für dessen Veruntreuung oder Vorenthaltung [4]) der Empfänger jedenfalls dem Eigentümer verantwortlich und ersatzpflichtig blieb [5]),

---

[1]) Wenigstens einer ὁμολογία, im Gegensatz zur förmlichen συνθήκη, Vales ad Harpocr. p. 250, was übrigens nur auf die Beweiskräftigkeit, nicht auf die Rechtsverbindlichkeit Einfluss hat; denn jede Einwilligung vor Zeugen gilt schon einem Vertrage gleich; s. § 14 S. 110.

[2]) Χειρόδοτον δάνεισμα τὸ ἄνευ συμβόλου, Poll. II, 152; χειρόδοτον ἀχρημάτιστον δάνειον Hesych. s. v., (Demosth.) XLIX, 2 p. 1185, Diod. I, 79, vgl. Caillemer, Ét. IX p. 9. Auch den νόθοι gegenüber, die nicht erbberechtigt waren: διὰ χειρὸς ἐδίδοσαν, aber dabei ist dann an Schenkung zu denken, Schol. in Arist. Av. 1663. Vgl. Büchenschütz, Besitz und Erwerb S. 482, oben S. 8 A. 1. Nur scheinbar gehören hierher die Darlehne der Wechsler, die ohne Zeugen und ohne Verschreibung liehen, bei denen aber die Rechnungsbücher als Dokumente galten, vgl. Demosth. XXXVI, 20 p. 950, Isocr. XVII, 2 p. 358 b, Schömann, att. Proz.² S. 869.

[3]) Παρακαταθήκη δόμα μετὰ πίστεως, Plat. defin. p. 415; auch παραθήκη, Wescher et Foucart, Inscr. Delph. 406. Lobeck ad Phrynich. p. 313; vgl. Wytt. ad Plut. S. N. V. p. 61 und über ihr Rechtsverhältnis insbes. Isokrates im Τραπεζιτικός und ἀμάρτυρος πρὸς Εὐθύνουν mit Starke de Isocr. oratt. forensibus, Berlin 1845. 8., Meier, att. Proz.² 699 ff., Caillemer, le contrat de dépôt, le mandat, la commission etc. in Mém. de l'Acad. de Caen. 1876 p. 508 ff. Dass auch hier schriftlicher Vertrag vorkam, ist selbstverständlich, vgl. Roehl, I. G. A. 68 (C² 10). Über die Deposita in Tempeln: Büchsenschütz, Besitz und Erwerb S. 508 ff., Caillemer a. a. O. p. 522 f., Gottesd. Alt. § 9, in der attischen Schatzverwaltung C. I. A. II, 660 Z. 50; 661 Z. 18; 667 Z. 42; 672.

[4]) Ἀποστερεῖν, Poll. VI, 154, lat. infitiari, Seneca de ira II, 9; vgl. Aristot. Problem. XXIX, 2 p. 950 a und Schol. Aristoph. Plut. 373: ἀποστερῶ ἐστιν, ὅταν παρακαταθήκην τινὸς λαβὼν εἰς διαβολὴν χωρήσω καὶ οὐκ ἐθέλω διδόναι αὐτῷ ἃ ἔλαβον. Lucian. Sympos. 32; Stob. Flor. XLVI, 47.

[5]) In Gortyna setzt Mus. it. II, 595 A. III = Mon. Ant. III n. 152 bei anvertrauten Tieren, die der Empfänger nicht zurückgeben kann, Strafe des Einfachen und, wenn er leugnet, des Doppelten fest. Inschrift aus dem Ka-

wenn auch eine peinliche Behandlung dieser Unredlichkeit, wie § 8 bemerkt ist, den griechischen Rechtsgrundsätzen zuwiderlief; und Ähnliches gilt von jeder andern Täuschung des Vertrauens, die auch ohne förmlichen Vertrag den leichtsinnigen Borger [1]), ungetreuen Geschäftsführer [2]) u. s. w. bürgerlich haftbar machte. Denn jede Einbusse, die durch fremde Schuld erlitten war, begründete einen Entschädigungsanspruch [3]), der der Verfolgung direkter Rechte völlig gleich galt; und darauf beruht wenigstens im a t t i s c h e n Rechte der weite Umfang der Schädenklage, die weit entfernt sich auf unmittelbare Beschädigungen fremder Personen oder Sachen zu beschränken, alle Benachteiligungen eines Einzelnen umfasste, die nicht unter den Gesichtspunkt einer besonderen Rechtswidrigkeit gebracht werden konnten [4]). Für wirkliche Körperverletzungen hatte ohnehin das ältere griechische Recht vielmehr den Grundsatz der Talion oder Vergeltung des Gleichen mit Gleichem [5]), oder es überantwortete

birenheiligtum bei T h e b e n Mitt. d. Inst. XV (1890) S. 378: ἐπάνθετα · Νικόδαμος τραπεδδίτας τὰν παρκαταθείκαν, ἂν ἔλαβε πὰρ Πουθίωνος Πουθήω ὃ ἔπραξε Δάμων und das. S z a n t o.

[1]) A t h. XIII, 95 p. 612c: οἱ κάπηλοι οἱ ἐγγὺς οἰκοῦντες, παρ' ὧν προδόσεις λαβὼν οὐκ ἀποδίδωσι, δικάζονται αὐτῷ συγκλείσαντες τὰ καπηλεῖα. Dass für schuldiges Kaufgeld auch Zinsen berechnet worden, zeigt D e m o s t h. XLI, 8 p. 1090. vgl. C o r p. I n s c r. G r. S e p t. I, 3171 (C⁸ 298) Z. 50: ὀφειλέ[τω ὁ πό]λις τῶν Ἐρχομενίων ἀργουρίω [μνᾶς] πεττεράκοντα Εὐβώλυ κὰθ ἔκαστον ἐνιαυτὸν κὴ τόκον φερέτω ὀρα[χμᾶς δοὺ] τᾶς μνᾶς ἱκάστας κατὰ μεῖνα [ἑκασ]τον, wo für eine Konventionalstrafe zum voraus Verzugszinsen festgesetzt werden.

[2]) Καθυφέσεως δίκη, actio mandati, P o l l. VIII, 143. Allerdings wird καθυφιέναι häufiger von der praevaricatio des öffentlichen Anklägers gesagt, vgl. H e m s t e r h. ad Lucian. I p. 300 und W e b e r ad Demosth. Aristocr. p. 373; aber was dieser dem Staate, das ist der Mandatar dem Vollmachtgeber gegenüber, dessen Pflichtwidrigkeiten gewiss auch gerichtlich zu verfolgen möglich war; vom Vormund, der doch auch Beauftragter war, gilt wenigstens: D e m o s t h. XXIX, 36 p. 855: περὶ μὲν γὰρ ὧν καθυφεῖκας, νόμος ἔστι, διαρρήδην ὃς κελεύει σε ὁμοίως ὀφλισκάνειν, ὥσπερ ἂν αὐτὸς ἔχῃς, vgl. die Klage des Dinarch gegen Proxenos bei D i o n y s. de Dinarcho c. 3. Vgl. P e t i t i L. A. p. 643, C a i l l e m e r a. a. O. 527 fg. bezweifelt von L i p s i u s, att. Proz. S. 736.

[3]) Dieser Regress heisst ἀναφορά: D e m o s t h. XXIV, 13 p. 704: ὑμᾶς μὲν εἰσπράττειν τοὺς τριηράρχους, ἐκείνοις δ' εἶναι περὶ αὐτῶν εἰς τοὺς ἔχοντας ἀναφοράν, wo ἔχοντας nicht „die Besitzenden der Bürgerschaft" (S t a r k), sondern die im Besitz der fraglichen Gelder Befindlichen bedeutet.

[4]) Δίκη βλάβης. s. v. H e r a l d. Anim. p. 208, M e i e r-L., att. Proz. S. 650, P l a t n e r, Prozess II S. 369.

[5]) Vgl. den Spruch des Rhadamanthys bei A r i s t o t. Eth. Nic. V, 5 p. 1132b: εἴ κε πάθοι τά κ' ἔρεξε, δίκη κ' ἰθεῖα γένοιτο, und das Gesetz des

dem Beschädigten den Thäter selbst[1]), wie dieses auch nach dem
solonischen Gesetze wenigstens hinsichtlich solcher Tiere, die einen
Schaden zugefügt hatten, der Fall war[2]); doch findet sich daneben
allerdings schon bei Homer die Geldbusse selbst für Tötungen[3]),
und wo nicht wie bei letzteren später religiöse oder staatspolizei-
liche Rücksichten eine andere Behandlung erheischten, scheint diese
Entschädigungsart immer mehr die Oberhand behalten zu haben,
wo denn freilich der Hausvater auch für alle Verschuldung seiner
Hausgenossen und Sklaven einstehen musste[4]).　Nur wo die gesetz-

---

Zaleukos oder Charondas bei Demosth. XXIV, 140 p. 744 u. Diod. XII, 17:
ἐάν τις ὀφθαλμὸν ἐκκόψῃ, ἀντεκκόψαι παρασχεῖν τὸν ἑαυτοῦ, dessen ebendaselbst
berichtete Verschärfung Diog. L. I, 57 sogar Solon zuschreibt: καὶ ἐάν ἕνα
ὀφθαλμὸν ἔχοντος ἐκκόψῃ τις, ἀντεκκόπτειν τοὺς δύο: inzwischen lässt jedenfalls
der Zusatz bei Demosthenes: καὶ οὐ χρημάτων τιμήσεως οὐδεμιᾶς, darauf
schliessen, dass das Recht seiner Zeit im Gegensatze des lokrischen vielmehr
die Milderung einer Geldbusse angenommen hatte.

[1]) Plut. V. Lykurg. c. 11.
[2]) Plut. V. Solon. c. 24: ἔγραψε δὲ καὶ βλάβης τετραπόδων νόμον, ἐν ᾧ καὶ
κύνα δακόντα παραδοῦναι κελεύει κλοιῷ τριπήχει δεδεμένον: vgl. Xen. Hell. II,
4, 41, Hölscher de vita Lysiae p. 178. Die Bestimmung von Gortyna
Mus. it. II, 593 fg. A. I u. II (vgl. Rhein. Mus. XLI, 118 fg.) kennt daneben
auch Schadenersatz in Geld.
[3]) Iliad. IX, 633; XVIII, 498.
[4]) Hyp. Ath. X, 15: τὰς ζη[μίας ἃς ἂν] ἐργάσωνται οἱ οἰκέται καὶ τὰ
ἁ[μαρτή̣μ]ατα διαλύειν τὸν δεσπότην, παρ' ᾧ [ἂν ἐργάσ]ωνται οἱ οἰκέται. Vgl. Plat.
Leg. XI p. 936 d, Meier-L., att. Proz. S. 653 und 766. Die Mysterieninschrift von Andania bei Lebas-Foucart, Pél. 326 a (S. I. Gr. 388, C¹ 47)
Z. 77 erwähnt neben dem Schadenersatz als Alternative: παραδότω ὁ κύριος
τὸν οἰκέταν τῷ ἀδικηθέντι εἰς ἀπεργασίαν; hierher gehören auch die Vorschriften
von Gortyna VII, 10 und Mus. it. II, 598 A. VII = Mon. Ant. III n. 152,
deren Erklärung freilich noch schwankt. Lys. X, 19: οἰκῆος (= θεράποντος)
καὶ δούλης τὴν βλάβην ὀφείλειν, das sonst hier angeführt wurde, gehört, wie
Dobree adv. I, 211 und Frohberger II Anh. p. 161 bemerken, in einen
anderen Zusammenhang, so dass vielmehr für eine Schädigung des Sklaven
von Seiten des Urhebers Ersatz zu leisten war, und ist mit Lys. I, 32: ἐάν τις
ἄνθρωπον ἐλεύθερον αἰσχύνῃ βίᾳ, διπλῆν τὴν βλάβην ὀφείλειν zusammenzustellen.
Dann dürfte aber die Überlieferung: οἰκῆος καὶ βλάβης τὴν δούλην εἶναι ὀφείλειν
anders, vielleicht: οἰκῆος τῆς βλάβης τὴν διπλῆν τιμὴν ὀφείλειν: „für Schädigung
eines Sklaven soll man gehalten sein, die doppelte Strafe zu zahlen", herzu-
stellen sein, indem nunmehr Hermanns Bedenken gegen τὴν διπλῆν weg-
fallen. Diesen Sinn gab auch Frohberger, klein. Ausg. οἰκῆος καὶ δούλης διπλῆν τὴν βλάβην ὀφείλειν, wenn auch ohne äussere Wahrscheinlichkeit.
Über Schadenersatz bei Folterung eines Sklaven vgl. Demosth. XXXVII,
40 p. 978, (LIX), 124 p. 1387, Aristoph. Ran. 624, Büchsenschütz,
Besitz S. 147, Guggenheim, die Folterung im att. Proz. S. 51.

lich bestimmten Vorsichtsmassregeln beobachtet waren, wofür Solon
sehr ins einzelne gehende Fürsorge getroffen zu haben scheint [1]),
fiel jene Verantwortlichkeit weg; sonst aber traf sie nicht nur Hand-
lungen, wodurch sich jemand irgendwie benachteiligt halten konnte [2]),
sondern auch Unterlassungen, wie z. B. das Ausbleiben eines Zeugen
in einem Rechtshandel [3]), insofern sich der dadurch erlittene Schaden
schätzen liess; und konnte selbst durch Nachlässigkeiten oder Versehen, wie irrige Zahlungsleistung an einen unberechtigten Dritten [4]),
begründet werden. Dass dabei für Absichtlichkeit der Beschädigung
doppelter Ersatz geleistet werden sollte [5]), beweist, dass Solon auch
die sittlichen Seiten dieser Rechtsfrage nicht übersehen hatte; ihr
privatrechtlicher Charakter aber wird dadurch in nichts geändert.

§ 16. [§ 71.]

Vom Erlöschen des Eigentums.

Dass dem Berechtigten auf jedes Recht, worüber ihm sonst
freie Verfügung zustand, freiwillig oder vertragsmässig auch ganz
zu verzichten gestattet war, versteht sich von selbst [6]), und wie die

---

[1]) Vgl. das Gesetz oben S. 60 A. 4, auch Diog. L. I, 57: δακτυλιογλύφῳ
μὴ ἐξεῖναι σφραγῖδα φυλάττειν τοῦ πραθέντος δακτυλίου.

[2]) Eine Klage wegen *damnum emergens* erwähnt Demosth. LV, 3 ff.
p. 1272, wegen *lucrum cessans* (XXXIII), 13 p. 896; selbst wegen Kontrakt-
bruchs bei Gemeindeverträgen gegen die Urheber desselben C. I. A. II, 1055
Z. 29: ἐὰν δέ τις εἴπῃ ἢ ἐπιψηφίσῃ παρὰ τάσδε τὰς συνθήκας, πρὶν τὰ ἔτη ἐξελ-
θεῖν τὰ τετταράκοντα, εἶναι ὑπόδικον τοῖς μισθωταῖς τῆς βλάβης, d. h. allerdings
nur für den wirklich erwachsenden Schaden, nicht etwa für den Versuch, was
βλάβης ohne Artikel heissen würde.

[3]) (Demosth.) XLIX, 20 p. 1190: νυνὶ δὲ Ἀντιφάνει εἴληχα βλάβης ἰδίαν
δίκην, ὅτι μοι οὔτ' ἐμαρτύρησεν οὔτ' ἐξωμόσατο κατὰ τὸν νόμον: vgl. Plat. Leg.
XI p. 937a u. N. Jahrb. f. Phil. 1877 S. 680.

[4]) (Demosth.) LII, 14 p. 1240: λαγχάνει αὐτῷ δίκην ... ἐγκαλέσας βλάπτειν ἑαυτὸν ἀποδιδόντα Κηφισιάδῃ τὸ ἀργύριον, ὃ κατέλιπε Λύκων ὁ Ἡρακλεώτης
παρ' αὐτῷ, ἄνευ αὐτοῦ ὁμολογήσαντα μὴ ἀποδώσειν.

[5]) Demosth. XXI, 43 p. 528: οἱ περὶ τῆς βλάβης οὗτοι νόμοι πάντες, ἂν
μὲν ἑκών τις βλάψῃ, διπλοῦν, ἂν δ' ἄκων, ἁπλοῦν τὸ βλάβος κελεύουσιν ἐκτίνειν:
vgl. C. I. A. I, 1, vgl. IV p. 3 (S. I. G. 384) Z. 45, Dinarch. I, 60, und
βλάβος auch Plat. Leg. VIII p. 843 f.

[6]) (Demosth.) XLII, 19 p. 1044: δίδωμι αὐτῷ δωρεὰν καὶ ἀφίσταμαι μετὰ
τῆς ἄλλης οὐσίας καὶ τῶν ἐν τοῖς ἔργοις: vgl. LIX, 58 p. 1363: διαλλάττεται πρὸς
τὸν Φράστορα καὶ ἀφίσταται τῆς προικός κτλ.: vgl. das Gesetz XXXVI, 25 p. 952,

Verzichtleistung auf eine Erbschaft von den auf dieser haftenden
Verbindlichkeiten befreite [1]), so war es auch einem Schuldner möglich, durch Abtretung seines ganzen Vermögens sich seiner Gläubiger zu entledigen [2]); ausserdem aber konnte jede Art von ding-
lichen Rechten teils durch Verjährung teils durch Konfiskation verloren gehen.   Die Verjährung war allerdings zunächst nur Einrede,
welche Rechtsansprüchen entgegengesetzt werden konnte, wenn die
gesetzliche Zeit verflossen war, binnen welcher sie hätte geltend gemacht werden sollen [3]); darin war jedoch folgerecht ein Erlöschen
dieser Ansprüche selbst mit dem Ablaufe des gedachten Zeitraumes
enthalten, der in den meisten Fällen fünf Jahre betrug [4]).   Bei

---

XXXVII, 19 p. 972, XXXVIII, 5 p. 986: περὶ ὧν ἄν τις ἀφῇ καὶ ἀπαλλάξῃ, μὴ
δικάζεσθαι, mit S c h ö m a n n , att. Prozess S. 837 und 912.

[1]) Der notwendige Erbe jedoch, nämlich der leibliche Sohn und Enkel
des Erblassers und der bei Lebzeiten Adoptierte, entbehrten des Rechtes, auf
die Erbschaft zu verzichten, vgl. oben S. 83 A. 7. Umgekehrt übernahm der
Erbe durch thatsächlichen Erbschaftsantritt auch ohne weiteres die Verbindlichkeiten des Erblassers, (D e m o s t h.) XXXV, 4 p. 924 und 44 p. 939.

[2]) Ἀποστῆναι τῆς οὐσίας, ἐκστῆναι, παραχωρῆσαι τῶν χρημάτων, Poll.
VIII, 145; vgl. A r i s t o p h. Ach. 615: οἷς ὑπ' ἐράνου τε καὶ χρεῶν πρώην
ποτὲ — ἅπαντες ἐξίστω παρήνουν οἱ φίλοι, (D e m o s t h.) XXXIII, 25, p. 900;
XXXVII, 49 p. 981 ; XLV, 64 p. 1120; XXXVI, 50 p. 959; ἐπειδὴ διαλύειν
ἐδέησεν οἷς ὤφειλον, ἐξέστησαν ἁπάντων τῶν ὄντων. Über das Verfahren, welches
auf diese Insolvenzerklärung folgte, ist nichts bekannt, vgl. H e f f t e r, ath.
Gerichtsverf. p. 466 ff., M e i e r , att. Proz.[2] p. 698 ff.

[3]) P o l l. VIII, 57: παραγραφή, ὅταν τις μὴ εἰσαγώγιμον λέγῃ εἶναι τὴν δίκην . . . ἢ ὡς ἀφειμένος ἢ ὡς τῶν χρόνων ἐξηκόντων, ἐν οἷς ἔδει κρίνεσθαι: De-
m o s t h. XXIII, 80 p. 648: ἢ καὶ παρεληλύθασιν οἱ χρόνοι ἐν οἷς ἔδει τούτων
ἕκαστα ποιεῖν mit W e s t e r m a n n ad l. l. vgl. S c h ö m a n n, Proz.[2] S. 838
u. P l a t n e r I S. 138 ff., C a i l l e m e r , Étude VII la prescription à Athénes,
Paris 1869, sowie S t a a t s a l t. § 101. Dass die Ansprüche nicht ipso iure,
sondern erst durch die Einrede des Gegners erlöschen, dass desshalb der Beamte nicht die Klage auf Grund der Verjährung habe abweisen können,
schliesst C a i l l e m e r, Ét. VII p. 22 mit Wahrscheinlichkeit aus (D e m o s t h.)
XXXIII, 27 p. 901.

[4]) Προθεσμία, H a r p o c r. s. v.; vgl D e m o s t h. XXXVI, 26 p. 952 gegen
eine Schuldklage ; XXXVIII, 27 p. 998 gegen eine Vormundschaftsklage: τοῦ
νόμου πέντε ἐτῶν τὴν προθεσμίαν δεδωκότος , und näher das. § 17: διαρρήδην
λέγει, ἐὰν πέντε ἔτη παρέλθῃ καὶ μὴ δικάσωνται, μηκέτ' εἶναι τοῖς ὀρφανοῖς δίκην
περὶ τῶν ἐκ τῆς ἐπιτροπῆς ἐγκλημάτων: P l a t. Leg. XI, 928 c ; und für Erbschafts-
klagen I s a e u s III 58 p. 43: ὁ δὲ νόμος πέντε ἐτῶν καλεῖ δικάσασθαι τοῦ
κλήρου, ἐπειδὰν τελευτήσῃ ὁ κληρονόμος: vgl. § 11 S. 84 A. 2. Über Verjährung
der Bürgschaft vgl. § 13 S. 105. Ob übrigens die Verjährung aufgehoben
wurde, wenn die Verfolgung der Ansprüche durch bewusste Täuschung des
Gegners gehindert worden war, wissen wir nicht, die Argumentation von

Kriminalklagen religiösen Charakters wie Sakrilegium, Mord, Verletzung in tödlicher Absicht scheint das Gesetz keine Verjährungsfrist ausgesprochen zu haben [1]), bei anderen Vergehen politischer Art eine kürzere [2]). Den Erwerb durch Ersitzung kannte die attische Gesetzgebung für Immobilien nicht [3]), in wie weit die eingehenden Vorschriften des Philosophen Plato über Usucapion an beweglichen Dingen der wirklichen Gesetzgebung nachgebildet sind, bleibt dahingestellt [4]). Was die Konfiskation betrifft, so fiel natürlicherweise alles herrenlose Gut als solches dem Staatsschatze anheim [5]); durch amtlichen oder richterlichen Spruch aber konnte auch

D e m o s t h. XXXVI, 27 p. 952 spricht eher dagegen, indem sie ausführt, dass fünf Jahre dem Geschädigten (ἀδικούμενος) zur Erhebung seiner Ansprüche genügen, wie sie hinreichen, um den Betrüger (ψευδόμενος) zu entlarven. Auf Grund der Stelle entscheidet sich C a i l l e m e r, Ét. VII p. 9 ff. im verneinenden Sinne.

[1]) Wegen Ausrottung heiliger Ölbäume vgl. L y s. VII, 16 u. 42, wegen Mordes L y s. XIII, 83. Die Worte bei D e m o s t h. XXIII, 80 p. 646: ἤ καὶ παραληλύθασιν οἱ χρόνοι, ἐν οἷς ἰδεῖ τούτων ἕκαστα ποιεῖν beziehen sich nicht auf Verjährung. Die Klage τραύματος ἐκ προνοίας L y s. III ist vier Jahre nach dem Vorfall angestellt. Für A t h e n vgl. P a s s o w, Herm. XXV, 466. In einer Inschrift von T e o s bei D i t t e n b e r g e r S. I. Gr. 349 wird missbräuchliche Verwendung gewisser Gelder Z. 49 der ἱεροσυλία gleichgestellt und sodann diesem Vergehen gegenüber ausdrücklich jede Verjährung ausgeschlossen: προθεσμία δὲ μηδὲ ἄλλῳ τρόπῳ μηθενὶ ἐξέστω τῶν δικῶν τούτων μηδεμίαν ἐγβαλεῖν.

[2]) Der Urheber eines Volksbeschlusses konnte nur binnen Jahresfrist auf Gesetzwidrigkeit angeklagt werden, D e m o s t h. XX, 144 p. 501, ebenda Arg. p. 458, und noch kürzer war wahrscheinlich die Frist, in der gegen abgetretene Behörden Klagen wegen Vergehen im Amte anzubringen waren, P o l l. VIII, 45.

[3]) I s o c r. VI, 26 p. 26: ἀλλὰ μὴν οὐδ' ἐκεῖν' ὑμᾶς λέληθεν, ὅτι τὰς κτήσεις καὶ τὰς ἰδίας καὶ τὰς κοινάς, ἢν ἐπιγένηται πολὺς χρόνος, κυρίας καὶ πατρῴας ἅπαντες εἶναι νομίζουσι. Die Stelle ist zu allgemein, um zu beweisen, dagegen: I s a e u s X, 24 p. 82: ὥσπερ τῶν ἀμφισβητησίμων χωρίων δεῖ τὸν ἔχοντα ἢ θέτην ἢ πρατῆρα παρέχεσθαι ἢ καταδεδικασμένον φαίνεσθαι und P l a t o, Leg. XII p. 954 c χωρίων μὲν οἰκήσεών τε τῇδε οὐκ ἔστ' ἀμφισβήτησις: „Über Grundstücke und Häuser darf man auf Grund der Verjährung nicht streiten", missverstanden von C a i l l e m e r, Ét. VII p. 8. Dagegen galt in Ägypten das Recht der Ersitzung schon nach 2 Jahren, P a p. Taur. I, 7, 22 fg., (Ende II. Jahrh.), vielleicht mit Ausnahmen zu Gunsten der Soldaten.

[4]) Vgl. P l a t o Leg. XII p. 954 c. Diese Bestimmungen halten für Platos Erfindung H e r m a n n, de vestig. instit. vet. etc. p. 66 und H o f m a n n, Beitr. zur Gesch. d. röm. u. griech. Rechts S. 24 ff. Zurückhaltender äussert sich C a i l l e m e r, Ét. VII p. 7.

[5]) M e i e r, de bon. damnat. p. 148 fg. Doch war dies selten: B o e c k h,

jeder Privatbesitz ganz oder teilweise in das öffentliche Eigentum
übergehen [1]), und auch ohne den Missbrauch, den entartete Staatsformen mit diesem Rechte trieben, kann es bei seiner grossen Aus-
dehnung zu den organischen Erscheinungen des griechischen Rechtslebens gerechnet werden. Selbst Geldbussen kann man im weiteren
Sinne des Wortes dahin rechnen, zumal da es lediglich von äusser-
lichen Umständen abhing, ob sie das ganze Vermögen eines Mannes
erschöpften oder nicht [2]); daneben kamen inzwischen auch Beschlag-
nahmen von Naturalgegenständen, insbesondere bei Umgehungen der
Zoll- und Steuergesetze, vor [3]), und jedenfalls konnte eine Geldbusse,
wie jede andere Schuld an den Staat, bei säumiger Entrichtung die
Einziehung des schuldnerischen Vermögens selbst zur Folge haben.
In Athen wenigstens wuchs eine solche Schuld, wofern sie nicht vor
Ablauf des Jahres [4]) bezahlt war, um das Doppelte, und berechtigte
zugleich den öffentlichen Schatz, sich an der Habe des Säumigen
selbst bezahlt zu machen [5]), an welchen oder seine Rechtsnachfolger

---

Staatsh. I, 518; Meier führt dafür eigentlich nur an C. I. G. 5774 (C¹ 40)
Z. 151: αἰ δέ τίς κα τῶν καρπιζομένων ἄτεκνος ἄγωνος ἀποθάνει, τᾶς πόλιος πᾶσαν τὰν ἐπικαρπίαν ἦμεν, wo es sich um erledigte Erbpacht handelt. Bei er-
ledigter Erbschaft hinderte den Staat an der Besitzergreifung das religiöse Bedenken, dass dadurch ein Haus aussterbe und ein Gottesdienst aufhöre,
vgl. Isaeus VII, 30 p. 66: νόμῳ γάρ τῷ ἄρχοντι τῶν οἴκων, ὅπως ἄν μή ἐξ-
ερημῶνται, προστάττει τήν ἐπιμέλειαν, (Demosth.) XLIII, 75 p. 1076. Caillemer, droit de succ. p. 132 (vgl. S. 79 A. 5), (Arist.) Rhet. ad Alex. 8
p. 1424 a: δεῖ δέ πρός τούτοις καί περί τοῦ μήτε χώραν ποιεῖν ἀνάδαστον μήτε δη-
μεύειν τάς οὐσίας τῶν τελευτώντων ἰσχυρούς κεῖσθαι νόμους, καί μεγάλας ἐπικεῖσθαι
τιμωρίας τοῖς παραβαίνουσι ταῦτα deutet für demokratische Verfassungen auch
politische Gründe eines solchen Verfahrens an.

[1]) Δημόσιον γίγνεσθαι, auch δημεύεσθαι oder δημοσιεύεσθαι, Arist. resp.
Ath. 52, Hesych. I p. 928, Meier p. 160 fg., Boeckh, Staatsh. I Seite
516 ff.

[2]) Boeckh, Staatsh. I S. 494 fg.

[3]) Ἀτελώνητον, Zenob. I, 74, Diogenian. II, 21; vgl. Demosth.
XXI, 133 p. 558: χλανίδας δέ καί κόμβια καί κάδους ἔχων, ὧν ἐπελαμβάνοντο οἱ
πεντηκοστολόγοι, und die στέρησις oben § 5 S. 32.

[4]) Westermann in Abh. d. sächs. Gesellsch. II, 57 A. gegen Meier,
de bon. damn. p. 138. Über die kürzere Zahlungsfrist bei einer Verurteilung
aus der γραφή ὕβρεως vgl. § 6 S. 38.

[5]) Vgl. Andoc. I, 73, (Demosth.) LVIII, 1 p. 1322, LIX, 7 p. 1347,
Arist. resp. Ath. 54. Meier, de bon. damn. p. 187 und Prozess 243,
(Lipsius S. 302 ff.), Platner II S. 111 ff. Boeckh, Staatsh. I, 507 ff.,
Bake, Schol. hyp. III, 215 ff. Doch hat sich neuerdings das Material zu
der Frage vermehrt. Aus (Lys.) IX u. XX war (Thalheim, die Rede für
Polystratos, Breslau 1876, S. 15 ff.) der Schluss gezogen, dass das Exekutiv-

nur der etwaige Überschuss zurückerstattet ward [1]); eine Strenge, die übrigens noch häufiger als gegen die Übertreter wirklicher Strafgesetze gegen die Pächter öffentlicher Güter oder Gefälle [2]) samt ihren Bürgen [3]) in Anwendung gekommen zu sein scheint. Ausserdem war die Einziehung des ganzen Vermögens noch gewöhnlich Folge mancher peinlichen Strafen, namentlich wegen Hochverrats, Sakrilegiums [4]), vorsätzlichen Totschlags [5]), wie denn jede Todesstrafe [6]) oder lebenslängliche Verbannung die Güter des Verbannten

---

verfahren gegen Staatsschuldner ein gerichtliches war. Nun beweist C. I. A. II, 804 (S. I. Gr. 851) Z. 57, 70, 90, 95 u. s. w., dass die Ver doppelung der Strafe vor Gericht erfolgte (Koehler, Mitt. d. deutsch. Inst. IV, 88, dagegen freilich Lipsius, att. Proz. S. 961), ein Zeichen, wie wenig man in Athen der Staatsverwaltung zu überlassen geneigt war. Gegen einen solchen Antrag ist demnach auch (Lys.) XX gehalten. Doch ist dieser Antrag nicht die ἀπογραφή, sondern diese folgte erst der Verdoppelung der Schuld, vgl. ausser der obigen Stelle aus der Rede gegen Neaera C. I. A. II, 811 Col. c. Z. 42 ff.: καὶ εἰσαχθεὶς εἰς τὸ δικαστήριον ὦφλε τὴν διπλασίαν, κατεβλήθη, ἐξ ἀπογραφῆς, ἧς ἀπέγραψεν Θεόδοτος ἐγ Μυῤῥινοῦτ(της) ΗΗΔ · auch ebenda Z. 110 ff.: κατέγνωσαν οἱ δικασταί, ὅτι οὐκ ἀπεδίδου τὰ ξύλινα σκεύη ἐπὶ δέκα τριήρεις .... καὶ ἐτίμησαν πλέονος ἢ τοῦ διπλασίου ... ἡ δὲ οὐσία ἡ Σωπόλιδος ἀπογέγρα]πται δημοσία εἶναι ἅπασα. Sie konnte gleichfalls durch einen Privatmann erfolgen, der selbst einen bedeutenden Gewinn davon zog, vgl. ebenda Z. 120, (Demosth.) LIII, 2 p. 1247. Ein Verzeichnis verkaufter Güter von Tempelschuldnern bei Dittenberger, S. I. Gr. 6 aus Halikarnass.

[1]) (Demosth.) XL, 20 p. 1014: ὡς δημευθείσης τῆς τοῦ Παμφίλου οὐσίας ... τὰ περιγενόμενα χρήματα ὁ πατήρ ὁ ἐμὸς ἔλαβεν ἐκ τοῦ βουλευτηρίου.

[2]) Νόμοι τελωνικοί, Demosth. XXIV, 96 p. 780, vgl. C. L. Blum, Proleg. p. 32 fg. und Boeckh, Staatsh. I S. 452 fg., auch Corp. Inscr. Gr. 2058 (S. I. Gr. 248) Z. 162 ff. und unten § 17.

[3]) Demosth.) LIV, 27 p. 1255: οἱ γε νόμοι κελεύουσι τὴν οὐσίαν εἶναι δημοσίαν, ὃς ἐγγυησάμενός τι τῶν τῆς πόλεως μὴ ἀποδιδῷ τὴν ἐγγύην.

[4]) Xenoph. Hell. I, 7, 22: ἐάν τις ἢ τὴν πόλιν προδιδῷ ἢ τὰ ἱερὰ κλέπτῃ, κατακριθέντα ἐν δικαστηρίῳ, ἂν καταγνωσθῇ, μὴ ταφῆναι ἐν τῇ Ἀττικῇ, τὰ δὲ χρήματα αὐτοῦ δημόσια εἶναι, vgl. C. I. G. 2691d, Plut. Themist. 23—25, (Plut.) vit. X or. 834 a.

[5]) Demosth. XXI, 43 p. 528: τοὺς μὲν ἐκ προνοίας ἀποκτιννύντας θανάτῳ καὶ ἀειφυγίᾳ καὶ δημεύσει τῶν ὑπαρχόντων ζημιοῦσι: vgl. XXIII, 45 p. 634 und Poll. VIII, 99: πιπράσκουσι .... τὰς τῶν ἐξ Ἀρείου πάγου μετὰ τὸν πρότερον λόγον φυγόντων οὐσίας καὶ τὰ δεδημευμένα. Auch für τραῦμα ἐκ προνοίας schlossen es Meier, bon. damn. p. 100, Hölscher de vita Lysiae p. 55 mit Recht aus dessen Rede über diesen Gegenstand IV, 18: ὅτι περὶ τῆς πατρίδος μοι καὶ τοῦ βίου ὁ ἀγών ἐστι, vgl. III, 38, (Demosth.) XL, 32 p. 1018, obgleich Plat. Leg. IX p. 877 b anders bestimmt, vgl. § 7 S. 48 fg.

[6]) Vgl. Meier, de bon. damn. p. 1 ff. und wegen der daselbst ange-

sofort herrenlos und damit zum Staatseigentume machte[1]); ja schon mit dem Verluste der staatsbürgerlichen Rechte konnte in manchen Fällen auch der des Vermögens als Schärfung verbunden werden[2]). Die solchergestalt für den Staat erworbenen Vermögensstücke wurden in der Regel zum öffentlichen Verkaufe ausgesetzt[3]), allerdings unter Wahrung der Rechte Dritter (wie der Frauen, die vorweg die Zurückerstattung der *dos* verlangen konnten), welche inzwischen ihrer Sache sehr gewiss sein mussten, um nicht durch die grossen damit verknüpften Kosten und Gefahren von ihrer Geltendmachung abgeschreckt zu werden[4]). Mit dem Verkauf der Güter aber erloschen auch alle diese Ansprüche von selbst[5]).

---

nommenen Ausnahme des verurteilten Mörders, Philippi, Areop. u. Eph. S. 109, Herrlich, die Verbrechen gegen das Leben nach attischem Recht S. 15.

[1]) S. Meier, bon. damnat. p. 97 fg., Boeckh, Staatsh. I, 517, vgl. Corp. Inscr. Gr. 2008 (C² 551), C. I. A. I, 9 (S. I. Gr. 2) Z. 30, II, 54 (S. I. Gr. 78) Z. 20, S. I. Gr. 5 (C² 491) Z. 35; 70 Z. 10 u. 46; 77 Z. 5; 79 Z. 41 (Mitt. d. d. Inst. IX. (1884), 60). Dagegen aber C. I. A. II, 814 (S. I. Gr. 70) b Z. 25 ff., wo Boeckh, Staatsh. II, 106 Geldbusse von 10000 Dr. oder Verbannung erklärt. Über den Ostrakismos vgl. § 3 S. 19.

[2]) S. Meier p. 142 und oben § 3 S. 19 und zu den dortigen Stellen noch Isaeus III, 62 p. 44, C. I. A. I, 31 (S. I. Gr. 12) A Z. 23; II, 17 (S. I. Gr. 63) Z. 55; IV, 27a (S. I. Gr. 10) Z. 35.

[3]) Δημιόπρατα, Aristoph. Vesp. 679; vgl. Meier p. 211 fg., u. Boeckh, Staatsh. I S. 516 fg., II S. 143 ff. mit den Verkaufsprotokollen C. I. A. I, 274—77, IV p. 35 ,II, 777 (S. I. Gr. 37—41) und Auszügen aus ähnlichen bei Poll. X, 23, 96 u. s. w.

[4]) Etymol. M. p. 340: καταδικασθέντων τινῶν δημοπιεύεσθαι τὰς οὐσίας, εἰ λέγοιέν τινες, ὡς εἴησαν δανεισταὶ τῶν δημευομένων, ἀπογράφεσθαι τούτους ἐκέλευον, πότε καὶ πόσον ἐξάνεισαν ἀργύριον· ὅπερ ἔλεγον ἐνεπίσκημμα καὶ ἐνεπισκήψασθαι, εἰ μέντοι γε παρίστων ἐγγυητὰς τοῦ μὴ ἂν διαψεύσασθαι περὶ τοῦ δανείσματος οἱ δανείσαντες, τοῦτο ἐγγύης καταβολὴν ἔλεγον· ἐξῆν δὲ τῇ γυναικὶ πρῶτον τὴν ὀφειλομένην προῖκα ζητεῖν, καὶ τῷ δανειστῇ το ὄφλημα: Bekk. Anecd. p. 250, Lys. XVII, Koehler, Monatsber. d. Berl. Ak. 1865 S. 548 ff. und C. I. A. II, 777, vgl. Staatsalt. § 100, sowie Télfy, C. I. A. n. 899 c. comment. p. 531, und über das Succumbenzgeld von einem Fünfteile, welches beim Erheben solcher Ansprüche im voraus zu erlegen war, die Lexikogr. s. v. παρακαταβολή mit Boeckh, Staatsh. I S. 478, Koehler a. a. O. Bezüglich der Mitgift vgl Caillemer, Ét. V p. 32 ff. Sonst auch Corp. Inscr. Gr. 1770 (S. I. Gr. 202) Z. 14.

[5]) Gesetz bei Demosth. XXIV, 54 p. 717, vgl. XXXVII, 19 p. 972. Corp. Inscr. Gr. 2691 (S. I. Gr. 76) Z. 28 ff., 47 ff.

---

§ 17. [§ 72.]

Vom Rechtsschutze.

Was dagegen die Wege betrifft, welche die griechische Staats-
gemeinschaft ihren Mitgliedern zur Behauptung konkreter Rechte
gegen Einzelne darbot, so sind darunter die Spuren der ursprüng-
lichen Selbsthilfe auch später noch nicht ganz verwischt, so sehr
auch gerade ein Verdienst des geordneten Staatslebens und der
bürgerlichen Gesetzgebung darein gesetzt wird, den Menschen der
Selbsthilfe überhoben und dadurch zugleich dem Missbrauche derselben vorgebeugt zu haben [1]). Aber Notwehr gegen persönliche
Angriffe, wie sie nach ältester Rechtsansicht überall als straflos
galt [2]), blieb es auch vor dem positiven Gesetze [3]) wenigstens gegen

---

[1]) Demosth. LIV, 17 ff. p. 1262: οἱ μὲν γὰρ νόμοι πολὺ τἀναντία καὶ τὰς
ἀναγκαίας προφάσεις, ὅπως μὴ μείζους γίγνωνται, προείδοντο, οἷον ... εἰσὶ κακηγορίας δίκαι· φασὶ τοίνυν ταύτας διὰ τοῦτο γίγνεσθαι, ἵνα μὴ λοιδορούμενοι τύπτειν
ἀλλήλους προάγωνται· πάλιν αἰκίας εἰσίν· καὶ ταύτας ἀκούω διὰ τοῦτ᾽ εἶναι τὰς
δίκας, ἵνα μηδείς, ὅταν ἥττων ᾖ, λίθῳ μηδὲ τῶν τοιούτων ἀμύνηται μηδενί, ἀλλὰ τὴν
ἐκ τοῦ νόμου δίκην ἀναμένῃ. τραύματος πάλιν εἰσὶ γραφαί· τοῦ μὴ τιτρωσκομένων
τινῶν φόνους γίγνεσθαι· τὸ φαυλότατον, οἶμαι, τὸ τῆς λοιδορίας, πρὸ τοῦ τελευταίου
καὶ δεινοτάτου προσωρᾶται, τοῦ μὴ φόνον γίγνεσθαι μηδὲ κατὰ μικρὸν ὑπάγεσθαι,
ἐκ μὲν λοιδορίας εἰς πληγάς· ἐκ δὲ πληγῶν εἰς τραύματα, ἐκ δὲ τραυμάτων εἰς
θάνατον, ἀλλ᾽ ἐν τοῖς νόμοις εἶναι τούτων ἑκάστου τὴν δίκην, μὴ τῇ τοῦ προστυχόντος
ὀργῇ μηδὲ βουλήσει ταῦτα κρίνεσθαι. Lykurg. in Leocr. § 4: τρία γάρ ἐστι
τὰ μέγιστα ἃ διαφυλάττει καὶ διασῴζει τὴν δημοκρατίαν καὶ τὴν τῆς πόλεως εὐδαι-
μονίαν, πρῶτον μὲν ἡ τῶν νόμων τάξις, δεύτερον δ᾽ ἡ τῶν δικαστῶν ψῆφος, τρίτον
δ᾽ ἡ τούτοις τἀδικήματα παραδοῦσα κρίσις· ὁ μὲν γὰρ νόμος πέφυκε προλέγειν ἃ
μὴ δεῖ πράττειν, ὁ δὲ κατήγορος μηνύειν τοὺς ἐνόχους ταῖς ἐκ τῶν νόμων ἐπιτιμίοις
καθεστῶτας, ὁ δὲ δικαστὴς κολάζειν τοὺς ὑπ᾽ ἀμφοτέρων τούτων ἀποδειχθέντας
αὐτῷ —. Vgl. Demosth. XXI, 221 p. 58 und Eurip. Orest. 507 fg.

[2]) Apollod. II, 4, 9: νόμου Ῥαδαμάνθυος λέγοντος, ὃς ἂν ἀμύνηται τὸν
χειρῶν ἀδίκων ἄρξαντα, ἀθῷον εἶναι: vgl. Soph. Oed. Col. 548, Plat. Leg.
IX p. 869 c, p. 874 b und Schol. Aristid. T. III p. 524 Dind.

[3]) Demosth. XX, 158 p. 505: ὅμως οὐκ ἀφείλετο τὴν τοῦ δικαίου τάξιν
ἀλλ᾽ ἔθηκαν ἐφ᾽ οἷς ἐξεῖναι ἀποκτιννύναι: vgl. XXIII, 53 ff. p. 637 u. Pausan.
IX, 36, 4, Philippi, Areop. u. Eph S. 55 ff., Herrlich, die Verbrechen
gegen das Leben S. 17. Diese wie auch Lipsius, att. Proz. S. 877 nehmen
auch für die positive Gesetzgebung eine Bestimmung an: ἐάν τις ἀμυνόμενος
ἄρχοντα χειρῶν ἀδίκων κτείνῃ καθαρὸν εἶναι. Indessen bewiesen ist das nicht,
die meisten der von Mätzner zu Antiph. p. 184 zusammengetragenen Stellen,
insbesondere Demosth. XXIII, 50 p. 635 beziehen sich auf Schläge (αἰκία),
nicht auf Tötung, Ant. IV β, 2 ff. aber spricht eher dagegen, wie denn in
diesem Falle eine derartige gesetzliche Bestimmung dem Verteidiger alle

häuslichen Friedensbruch [1]) und wegelagerischen Anfall [2]); sogar
den Angehörigen eines Getöteten gestattete dasselbe statt des aus-
wärtigen Mörders, den seine Stadt weder selbst zur Verantwortung
zog noch auslieferte, drei seiner Landsleute als Geiseln festzuhal-
ten [3]); und bei Geldforderungen gegen Angehörige auswärtiger
Staaten griff man allgemein, wo nicht Verträge die Selbsthilfe verboten und die gerichtliche Verfolgung der Ansprüche sicherten [4]),
zur Beschlagnahme fremden Eigentums [5]). Aber auch im eigenen
Lande begegnet uns auf dinglichem Rechtsgebiete ein Rest von
Selbsthilfe noch unmittelbar in der altertümlichen Form der Haus-
suchung, welche derjenige, der entwendetes Gut bei einem Mitbürger versteckt glaubte, in Person, nur, um seinerseits keinen Ver-

seine Sophismen erspart hätte. Die Spuren in C. I. A. I, 61 Z. 38 sind wohl
unsicher und Plat. Leg. IX, 869 c redet zu unbestimmt, um einen Schluss
zu gestatten.

[1]) Über Ehebrecher s. Privatalt. § 29 S. 252 und oben § 6 S. 43;
über Nachtdiebe Demosth. XXIV. 113 p. 736: εἰ δέ τις νύκτωρ ὁτιοῦν κλέπ-
τοι, τοῦτον ἐξεῖναι ἀποκτεῖναι καὶ τρῶσαι διώκοντα κτλ.

[2]) Ἐν ὁδῷ ἀντὶ τοῦ ἐν λόχῳ καὶ ἐνέδρᾳ Harpocr. s. v. ὁδός; vgl. Na-
gelsbach ad Iliad. I, 151 und Demokrit bei Stob. Serm. XLIV, 19:
κιξάλλην καὶ λῃστὴν πάντα κτείνων τις ἀθῷος ἂν εἴη, καὶ αὐτοχειρίῃ καὶ κελεύων
καὶ ψήφῳ.

[3]) Gesetz bei Demosth. XXIII, 82 p. 647: ἐάν τις βιαίῳ θανάτῳ ἀποθάνῃ, ὑπὲρ τούτου τοῖς προσήκουσιν εἶναι τὰς ἀνδροληψίας, ἕως ἂν ἢ δίκας τοῦ
φόνου ὑπόσχωσιν ἢ τοὺς ἀποκτείναντας ἐκδῶσι. τὴν δὲ ἀνδροληψίαν εἶναι μέχρι
τριῶν, πλέον δὲ μή. Dass dies Gesetz nicht mit Poll. VIII, 50, dem Hermann folgte, auf den flüchtigen Mörder auszudehnen ist, beweist die
Argumentation des Demosth. a. a. O. § 84, die ausdrücklich das Gebiet,
das den flüchtigen Mörder aufgenommen, von den Wirkungen des Gesetzes
befreit. Die richtige Erklärung haben von den Grammatikern Suidas,
Etym. M. 101, 52, auch Bekk. An. 213, während die Definition von
Harp. s. v. = Bekk. An. 398 gleichfalls zu weit ist, vgl. Heffter, att.
Gerichtsverf. S. 428, Lipsius, att. Proz. S. 344, Weber ad Demosth.
Aristocr. p. 297.

[4]) Demosth. XXXV, 13 p. 927, ὅπου ἂν μὴ σῦλαι ὦσιν Ἀθηναίοις, XXI, 173
p. 570 mit d. Schol. und den Vertrag von Chaleion und Oiantheia
I. G. A. 322 (C² 230), auch den Vertrag von Eretria mit Chairephanes in
Inscr. jur. gr. p. 143 f. Z. 38, wo die Ergänzungen zu berichtigen sind.

[5]) (Arist.) Oec. II p. 1347b, 22. Demosth. XXXV, 26 p. 931, LI, 13
p. 1232, Lys. XXX, 22 p. 185. Die letzte Stelle zeigt, dass auch ganze
Staaten dieses Mittel anwandten, um ihre Forderungen einzutreiben oder we-
nigstens einen Druck auszuüben. Vgl. Büchsenschütz, Besitz und
Erwerb 543 fg. Dareste in Rev. des études gr. II (1889) p. 305 fg.
Gilbert, Gr. Staatsalt. II, 381 fg.

dacht zu erregen, möglichst entkleidet vornehmen musste [1]); wenn
gleich die eigentliche Sphäre der Selbsthilfe erst da eintrat, wo sie
durch richterlichen Spruch begründet und berechtigt war. Denn
in den Gerichten sollte allerdings die nächste Gewähr für jeglichen
Rechtsschutz liegen [2]), wie denn bereits Zaleukos den thatsächlichen
Besitz der streitigen Sache bis zum richterlichen Austrage dem
letzten *bonae fidei possessor* zugesichert hatte [3]); ja das attische

---

[1]) Φώρα, φώρασις έρευνα Hesych. a. v.; Isaeus VI, 42 p. 60: καὶ ἀξιούν-
των παραχρῆμα τῶνδε φωρᾶν κατὰ τὸν νόμον, vgl. Schömann ad Is. p. 842,
Schol. Aristoph. Nub. 499: ἔθος ἦν τοὺς εἰσιόντας εἰς οἰκίαν τινός , . . .
γυμνοὺς εἰσιέναι, ἵνα μή τι ὑπὸ τὰ ἱμάτια κρύψαντες λάθωσιν ὑποβαλόντες τὸ ζητού-
μενον καὶ ζημίας αἴτιοι τούτῳ γένωνται: vgl. Plat. Leg. XII p. 954: φωρᾶν δὲ
ἂν ἐθέλῃ τίς τι παρ' ὁτιοῦν, γυμνὸς [ἢ] χιτωνίσκον ἔχων ἄζωστος προομόσας τοὺς
νομίμους θεοὺς ἦ μὴν ἐλπίζειν εὑρήσειν οὕτω φωρᾶν· ὁ δὲ παρεχέτω τὴν οἰκίαν τά
τε σεσημασμένα καὶ τὰ ἀσήμαντα φωρᾶν· ἐὰν δέ τις ἐρευνᾶν βουλομένῳ φωρᾶν μὴ
διδῷ, δικάζεσθαι μὲν τὸν ἀπειργόμενον τιμησάμενον τὸ ἐρευνώμενον, ἂν δέ τις ὄφλῃ,
τὴν διπλασίαν τοῦ τιμηθέντος βλάβην ἐκτίνειν· ἐὰν δὲ ἀποδημῶν οἰκίας δεσπότης
τυγχάνῃ, τὰ μὲν ἀσήμαντα παρεχόντων οἱ ἐνοικοῦντες ἐρευνᾶν, τὰ δὲ σεσημασμένα
παρασημηνάσθω καὶ ὃν ἂν ἐθέλῃ φύλακα καταστησάτω πέντε ἡμέρας ὁ φωρῶν·
ἐὰν δὲ πλείονα χρόνον ἀπῇ, τοὺς ἀστυνόμους παραλαβὼν οὕτω φωράτω λύων καὶ
τὰ σεσημασμένα, πάλιν δὲ μετὰ τῶν οἰκείων καὶ τῶν ἀστυνόμων κατὰ ταὐτὰ σημη-
νάσθω und das römische *furtum per lancem et licium conceptum* bei Festus
p. 117 und Gaius, Instit. III, 192. Vgl. v. Vangerow, de furto concepto
etc. Heidelb. 1845. 4.

[2]) Demosth. XXIV, 2 p. 700: ἃ δοκεῖ συνέχειν τὴν πολιτείαν, τὰ δικαστήρια: vgl. XIII, 16 p. 170; XXI, 224 p. 586: ἡ δὲ τῶν νόμων ἰσχὺς τίς ἐστιν;
ἆρ' ἐάν τις ὑμῶν ἀδικούμενος ἀνακράγῃ, προσδραμοῦνται καὶ παρέσονται βοηθοῦντες;
οὔ· γράμματα γὰρ γεγραμμένα ἐστί, καὶ οὐχὶ δύναιντ' ἂν τοῦτο ποιῆσαι· τίς οὖν ἡ
δύναμις αὐτῶν ἐστίν; ὑμεῖς ἐὰν βεβαῶτε αὐτοὺς καὶ παρέχητε κυρίους ἀεὶ τῷ δεο-
μένῳ. Nach Lycurg. adv. Leocr. 9 soll da, wo das Gesetz nicht einfach
auf das Vergehen anwendbar ist, die κρίσις der Richter das παράδειγμα der
kommenden Geschlechter werden. Ausnahmezustände, wo der Rechtsschutz
teilweise suspendiert wird, behandeln die Inschriften C. I. A. IV, 61 a (S. I.
Gr. 46) Z. 15 ff., S. I. Gr. 126 Z. 23; 344.

[3]) S. Polyb. XII, 16: κελεύειν γὰρ τὸν Ζαλεύκου νόμον τοῦτον δεῖν κρατεῖν
τῶν ἀμφισβητουμένων ἕως τῆς κρίσεως, παρ' οὗ τὴν ἀγωγὴν συμβαίνει γίγνεσθαι,
mit der authentischen Auslegung: παρὰ τούτων τὴν ἀγωγὴν ἀεὶ γίγνεσθαι, παρ'
οἷς ἂν ἔσχατον ἀδήριτον ᾖ χρόνον τινὰ γεγονὸς τὸ διαμφισβητούμενον· ἐὰν δέ τις
ἀφελόμενος βίᾳ παρά τινος ἀπαγάγῃ πρὸς ἑαυτόν, κἄπειτα παρὰ τούτου τὴν ἀγωγὴν
ὁ προϋπάρχων ποιῆται δεσπότης, οὐκ εἶναι ταύτην κυρίαν. Der letzte faktische
Besitzer hatte dem Gegner Bürgen zu stellen (ebenda: δεῖν κύριον εἶναι ἀδόναι
τοὺς ἐγγυητάς), war in dem Prozess wahrscheinlich der Verklagte und der
Beweislast enthoben, vgl. Hofmann, Beitr. zur Gesch. des röm. u. griech.
Rechts, Wien 1870, S. 121 ff. und das ἐμβαβατευκέναι als Besitztitel bei (Demosth.) XLIV, 16 p. 1085.

Gesetz hatte wahrscheinlich den Besitzer einer unbeweglichen Sache dahin bevorzugt, dass es in eigentümlicher Weise gegnerische Ansprüche zunächst nur auf den Ertrag des Grundstücks oder Hauses, dann erst auf den Besitz selbst geltend zu machen gestattete [1]);

---

[1]) Es ist dies die schwierige Frage von der δίκη ἐνοικίου und καρποῦ, welche H u d t w a l c k e r, Diäteten S. 141, P l a t n e r I S. 433, H e r m a n n, Privatalt.[2] § 72 A. 12 der Exekutionsinstanz zugewiesen haben gegen H e f f t e r, ath. Gerichtsverf. S. 264 ff., während M e i e r und S c h ö m a n n, att. Proz. S. 532 u. 750 sie für beide Fälle zuliessen und C a i l l e m e r, Ét. VIII p. 16 sich nicht entscheidet. H u d t w.'s Ansicht geht dahin, dass der obsiegende Teil in einer Besitzklage auf unbewegliches Eigentum, anstatt zur Pfändung oder Besitzergreifung zu schreiten, nach seiner Wahl auch durch δίκ. ἐνοικίου oder καρποῦ auf Miete oder Früchte Beschlag legen konnte. „Bequemte sich der Schuldner noch nicht, so konnte ein Universalarrest auf alle Einkünfte seines Vermögens (δίκη οὐσίας) und endlich die δίκη ἐξούλης erfolgen.“ Die beiden einzigen Rednerstellen aber (D e m o s t h.) XLVIII. 45 p. 1179 und L y s. bei H a r p. s. v. καρποῦ δίκη, erwähnen die δίκ. ἐνοικ. und καρπ. als B e s i t z k l a g e n (über die erstere Stelle vgl. S. 95 A. 8). In demselben Sinne spricht sich zweifellos H a r p. in οὐσίας δίκη, aus unter Berufung auf zwei Reden des I s a e u s und T h e o p h r a s t über die Gesetze, ebenso B e k k. An. p. 285 und S u i d a s s. v. οὐσίας zweiter Artikel. Hiernach folgen auf einander: Klage auf den Ertrag, Klage auf den Besitz, Klage auf Exekution. Verwirrung haben hervorgerufen S u i d a s, οὐσίας erster Artikel: οὐσίας εἰσάγουσι δίκην πρὸς τοὺς ἑαλωκότας ἐν προτέρᾳ δίκῃ χρέους ἢ καρποῦ, ὡς ἐδὸν ἀπολαμβάνειν αὐτοὺς ἐξ ὅλης τῆς οὐσίας ἃ κατεδίκασαν. Hier ist zwar nicht die δίκη καρποῦ (für das erwartete ἐνοικίου steht χρέους), wohl aber die δίκη οὐσίας zur Exekutionsinstanz gemacht, wie mir scheint, durch Missverständnis von οὐσία im Sinn von Gesamtvermögen. Sodann S u i d a s s. v. καρποῦ δίκη führt das obige Lysiasfragment ein mit der Erklärung: οἱ γῆς ἀμφισβητοῦντες ὡς προσηκούσης αὐτοῖς λαγχάνουσι τοῖς διακρατοῦσιν· εἶτα ἑλόντες λαγχάνουσι καὶ περὶ ἐπικαρπίας. Hier steht die καρπ. δ. nicht als Exekution, sondern als nachträgliche Zusatzklage, wie mir aus dem καὶ zu folgen scheint. Danach hat H u d t w.'s Auffassung in den Quellen keinen Grund, wie er S. 143 selbst zugesteht, seine Gründe sind innere: „In der That dieser Prozessgang ... wäre höchst sonderbar gewesen. Ehe über das dingliche Recht, ja über den Besitz noch entschieden gewesen, hätte man dem Beklagten die Nutzungen der Sache, und wenn er nicht sogleich nachgab, die seines ganzen Vermögens entziehen können, und dieses alles hätte denn damit geendigt, dass man zum Besitz der streitigen Sache gelangte!“ Hier ist die δίκη οὐσίας im Sinne des S u i d a s gefasst und so allerdings unverständlich. Ist es aber so undenkbar, dass der Gesetzgeber den Grundbesitz gegen die schwankenden Entscheidungen der Geschwornengerichte gewissermassen mit doppelter Mauer schirmte, indem er die Ansprüche andrer zunächst an den Ertrag verwies? Denn dass diese erste Klage notwendig war, scheint (gegen H e f f t e r' S. 267) sowohl aus dem κατὰ τοὺς νόμους des Lysiasfragments, als aus der Sache selbst zu folgen, weil ohne den Zwang niemand den umständlicheren Weg eingeschlagen

und während andere Gesetzgebungen sich allerdings auf den Schutz
gegen Gewalt beschränkt, gegen Beeinträchtigungen und Verluste
aus freiwillig eingegangenen Geschäften den Einzelnen auf seine
eigene Vorsicht angewiesen zu haben scheinen [1]), lieh die attische
jedem Rechtanspruche dergestalt Gehör, dass auch der Selbsthilfe,
welcher sie die Vollstreckung eines richterlichen Spruchs überliess,
nur die durchgehende Ansicht von der unmittelbaren Rechtskraft
eines solchen Spruchs vorschwebte [2]). Denn der obsiegende Teil erhielt durch das Urteil, wenn der unterlegene Gegner innerhalb einer
festgesetzten Frist [3]) nicht zahlte, ein Pfändungsrecht, nach welchem
derselbe in der Regel persönlich [4]) dem zielfälligen Schuldner jedes

haben würde. Was schliesslich die angenommene Bedeutung der οὐσίας δίκη
angeht, so scheint es wohl möglich, dass man, da der Sprache ein Wort für
Eigentumsrecht fehlte, den Streit um Besitz und Eigentum als einen Ver-
mögensprozess bezeichnete, vgl. Isaeus bei Harp. s. v. διαμαρτυρία.

[1]) Aristot. Eth. Nic. IX, 1, 9 p. 1164 b, 13: ἐνιαχοῦ τ᾽ εἰσὶ νόμοι, τῶν
ἑκουσίων συμβολαίων δίκας μὴ εἶναι, ὡς δέον, ᾧ ἐπίστευσα, διαλυθῆναι πρὸς τοῦτον,
καθάπερ ἐκοινώνησα: vgl. Privatalt. § 6 S. 16 A. 4 und oben § 11 S. 88, wozu
jedoch noch zahlreiche andere Fälle gedacht werden können; in Athen dagegen lässt sich höchstens die Freiheit voraussetzen, von welcher derselbe V. 4,
13 p. 1132 b spricht: οἷον ἐν τῷ πωλεῖν καὶ ὠνεῖσθαι καὶ ἐν ὅσοις ἄλλοις ἀδειαν
ἔδωκεν ὁ νόμος, insofern seine Gesetzgebung wie gegen Zinswucher (Privatalt.
§ 49 S. 458) so auch gegen laesio enormis nichts vorkehrte, vgl. S. 110 A. 6.

[2]) Vgl. die charakteristische Zusammenstellung der drei Erwerbstitel bei
Isaeus X, 24 p. 82: τῶν ἀμφισβητησίμων χωρίων δεῖ τὸν ἔχοντα ἢ θέτην ἢ πρατῆρα παρέχεσθαι ἢ καταδεδικασμένον φαίνεσθαι, und im allgem. Des. Heral-
dus de rerum iudicatarum auctoritate. Paris 1640. 8. oder in Otto's Thes.
iur. civilis. L. B. 1726, fol. II p. 1071—1290 und Staatsalt. § 104. Auf
die Mannigfaltigkeit der zu beschreitenden Rechtswege macht Isokrates
XV, 314 p. 344 b aufmerksam bei den Anklagen wegen Sykophantie, die bei
den Thesmotheten, bei dem Rat und beim Volk anzubringen waren, ebenso
Demosth. XXII, 26 p. 601: ἐὰν δ᾽ ᾤετο (Solon) μηδένα ἀποστερεῖσθαι τῆς
δίκης τυχεῖν ὡς ἕκαστος δύναται· πῶς οὖν ἔσται τοῦτο; ἐὰν πολλὰς ὁδοὺς δῷ διὰ
τῶν νόμων ἐπὶ τοὺς ἠδικηκότας.

[3]) Προθεσμία. Ob und wie weit sie gesetzlich bestimmt war, wird nicht
berichtet, wohl aber, dass die Parteien auch nachträglich sich über die Zahlungsfrist anderweit verständigen konnten: (Demosth.) XLVII, 49 ff. p. 1154
und dass dazu mündliche Verabredung vor Zeugen genügte, ebenda 77 p. 1162,
vgl. XLII, 12 p. 1042. Die Frist versäumen heisst ὑπερήμερον γίγνεσθαι, vgl.
Schömann, att. Proz. S. 746.

[4]) (Demosth.) XLVII, 63 p. 1158. Auch galt es nicht für anständig,
eine Pfändung gegen den abwesenden Schuldner zu vollstrecken, ebenda 80
p. 1163. Die Frage, ob die Pfändung unter Mitwirkung der Obrigkeit zu
erfolgen hatte, ist streitig. Dass der Sprecher von (Demosth.) XLVII, 35
p. 1149 zur Pfändung einen ὑπηρέτης παρὰ τῆς ἀρχῆς mitnimmt, könnte mit

beliebige Äquivalent abnehmen [1]), ja nach Umständen von dessen
unbeweglichem Eigentum Besitz ergreifen konnte [2]). Und wenn er

Hudtwalcker, Diät. S. 182 daraus erklärt werden, dass die Pfändung
wegen rückständigen Schiffsgeräts, also im Staatsinteresse vorgenommen wird;
indessen scheint derselbe bei der Pfändung, nach dem Ausfall zu urteilen,
nicht mitgewirkt zu haben, ja nicht einmal zugegen gewesen zu sein. Denn
§ 36 lässt der Sprecher Vorübergehende zu Zeugen der Beleidigung des Gegners herbeirufen. Bei den Pfändungen § 52 ff. und 63 ist Zuziehung der Behörde nicht erwähnt und, mögen die Farben noch so stark aufgetragen sein,
unglaublich. Ebensowenig wird sie erwähnt (Demosth.) LIII, 15 p. 1251,
weshalb denn auch Hudtw. a. a. O. und Schömann, att. Proz. S. 747
die amtliche Mitwirkung für nicht erfordert erachten. Dagegen heisst es bei
Harpocr. s. v. δήμαρχος· ἔτι δὲ ἠνεχυρίαζον οἱ δήμαρχοι· δηλοῖ Ἀριστοφάνης
ἐν Σκηνὰς καταλαμβανούσαις. Lex. rhet. p. 242: δήμαρχοι· ἀρχή τις Ἀθήνησι
τῶν τὰ ἐνέχυρα λαμβανόντων παρὰ τῶν ὑπόχρεων, εἰ μὴ κατὰ καιρὸν ἀποδιδοῖεν
τὸ χρέος. Schol. Ar. Nub. 37: ἔδει οὖν τὸν δήμαρχον ἀγαγεῖν εἰς τοὺς οἴκους
τοὺς ἐνεχυραζομένους. Die beiden ersten Stellen können auf die Thätigkeit der
Demarchen gegen Staatsschuldner bezogen werden, vgl. Lex. rhet. p. 199
in ἀπογράψειν; den Strepsiades aber drücken Privatschulden und der Schol.
hat wohl insoweit Recht, als die Mitwirkung des Demarchen erfordert war,
um dem Gläubiger die unverletzlichen (vgl. S. 60 A. 2) Pforten des Privat-
hauses zu öffnen, während der folgende Pfändungsakt reine Privatsache war.
Dann wäre oben unter der ἀρχή, welche den ὑπηρέτης mitsendet, der Demarch
zu verstehen, und jener hatte sich nach Erledigung seines Auftrags entfernt.
    [1]) Ἐνεχυράζειν, (Demosth.) XLVII, 79 p. 1168, Demosth. XXIV, 197
p. 762, auch ἐνέχυρα λαμβάνειν oder ἅπτεσθαι τῶν χρημάτων Demosth. XXI,
81 p. 540 mit Salmas., mod. usur. p. 575, ἐνεχυράζεσθαι pass. vom ausge-
pfändeten Schuldner Ar. Nub. 241 und vom Pfande Lys. bei Athen. XIII
p. 612 c, med. vom Gläubiger, ein Pfand nehmen, Ar. Nub. 35. Es liegt auf
der Hand, dass von der Pfändung hauptsächlich bei Forderungen auf beweg-
liche Sachen, in erster Linie Geld, Gebrauch gemacht wurde. Objekte derselben waren zumeist Sklaven (Demosth.) XLVII, 37 p. 1150 und Geschirr
(σκεύη) ebenda 53 p. 1155, auch Vieh ebenda 52 p. 1155, ein Schiff und Sklaven
XXXIII, 10 p. 895. Dass der Gläubiger die abgepfändeten Sachen zu verkaufen und den Überschuss des Erlöses über seinen Anspruch herauszugeben
verpflichtet gewesen sei, ist eine Forderung der Billigkeit und scheint sich
aus der letzten Stelle zu ergeben, wo die Sklaven freigegeben werden, nachdem die Schuld durch den Erlös des Schiffes gedeckt ist. Übrigens konnte
Pfändung als Konventionalstrafe auch ohne Urteil eintreten, C. I. A. II, 600,
36: ἐξεῖναι τοῖς φρατριάρχοις καὶ Δυκ[λεῖ]ινν ἐνεχυράζειν πρὸ δίκης, vgl. 565, 11
und den Genossenschaftsvertrag von Thera C. I. G. 2448 (C² 148) E Z. 20,
33 und öfter, oben S. 111 A. 1.
    [2]) Dies geschah, wenn entweder der obsiegenden Partei ein bestimmtes
Grundstück oder Haus zugesprochen war oder die zugesprochene Summe so
hoch war, dass andere Pfändung nutzlos gewesen wäre. Der Ausdruck ist
ἐμβατεύειν, vgl. für den ersten Fall Etym. Magn.: ἐξούλης δίκη· ὄνομα δίκης·
οἱ δίκην νικήσαντες ὥστε ἀπολαβεῖν χωρίον ἢ οἰκίαν, ἔπειτα ἐμβατεύειν κωλυόμενοι

hierbei auf Widerstand stiess [1]), so hatte er das Recht einer Besitzstörungsklage (δίκη ἐξούλης) [2]), bei welcher der Staat seinerseits die
Vorenthaltung des gerichtlich Zugesprochenen als eine Vergewaltigung durch eine Zusatzstrafe ahndete [3]). Ähnliches ist auch für

ἢ ἐμβατεύσαντες ἐξελαυνόμενοι δίκην εἰσάγουσι πρὸς τοὺς ἐξελαύνοντας ἢ οὐκ ἐῶν-
τας ἐμβατεύειν· καὶ αὕτη ἡ δίκη λέγεται ἐξούλης und für den zweiten den Prozess des Demosthenes gegen Onetor, wo D., nachdem Aphobos in der Vormundschaftsklage zu 10 Talenten verurteilt war, ein Grundstück desselben
in Anspruch genommen hatte und von On. gehindert ἐξούλης klagt. Das von
H e r m a n n angezogene L e x. r h e t. p. 249: ἐμβατεία ἐστίν , . . τὸ τὸν δανειστὴν
ἐμβατεῦσαι καὶ εἰσελθεῖν εἰς τὰ κτήματα τοῦ ὑποχρέου ἐνεχυριάζοντα τὸ δάνειον
hält Pfändung und Besitzergreifung nicht auseinander. Über die ἐμβατεία des
Erben vgl. § 11 S. 83, über die des Pfandgläubigers vgl. § 13 S. 103.

[1]) Der Widerstand heisst ἐξαγωγή: D e m o s t h. XXX, 4 p. 865: ὑπὲρ ἧς
ἐξήγαγέ με ἐκ ταύτης τῆς γῆς, § 8 p. 866: ἐξάγειν μ' ἐξ αὐτῆς ἐτόλμησα: vgl.
B o e c k h, Staatsb. I, 496 und von den laurischen Bergwerken S. 139 ff.,
P h i l i p p i, N. Jhb. f. Phil. 95 (1867) S. 584. Fr. H o f m a n n, Beitr. z.
Gesch. d. griech. u. röm. Rechts, Wien 1870, S. 126. Sie ist im übrigen nicht
notwendig defensiv zur Wahrung des faktischen Besitzes, sondern entsprechend der obigen Alternative des E t y m. M a g n. ἐμβατεύειν κωλυόμενοι ἢ
ἐμβατεύσαντες ἐξελαυνόμενοι findet sie sich auch offensiv, I s a e u s V, 22 p. 58.
Sie begründet ferner nur dann eine δίκη ἐξούλης, wenn dem Betroffenen ein
unmittelbares Besitzrecht, sei es als notwendigem Erben (§ 11 S. 83) oder
als Pfandgläubiger (§ 13 S. 103) oder auf Grund richterlichen Urteils zustand.
Wo sonst in Erbstreitigkeiten der faktische Besitzer sie gegen andere Präten-
denten anwendet, folgt nur λῆξις τοῦ κλήρου, vgl. § 11 S. 83. Über den einzigen Fall, wo ἐξαγωγή bei einer beweglichen Sache sich findet (einer Ladung
Getreide), (D e m o s t h.) XXXII, 14 ff. p. 886, vgl. H e r m e s XXIII, 208 f.

[2]) Dass die δίκη ἐξούλης, d. i. wegen Vertreibung, eine Besitzstörungsklage
gewesen sei, hebt nachdrücklich gegenüber andern Ansichten hervor H a r-
p o c r. s. v.; dass dies ihre ursprüngliche Bedeutung war, hat H u d t w a l c k e r
erkannt, Diät. S. 134, dessen Darstellung für diese Frage grundlegend gewesen ist, vgl. ausserdem L e x. r h e t. p. 252, 15, P l a t n e r, Proz. I, 436,
II, 295, M e i e r - L., att. Proz. S. 665 ff., B o e c k h, Staatsb. I, 497 und über
die Etymologie B u t t m a n n, Lexil. II, 148, B o e c k h, C. I. G. I p. 810,
C u r t i u s, griech. Etymol. S. 484. Da es nun zur Anwendung dieser Klage
gleichgiltig war, ob der rechtmässige Eigentümer aus dem faktischen Besitz
verdrängt oder an der Besitzergreifung verhindert wurde, vgl. P o l l. VIII, 59,
H e s y c h. s. ἐξούλης, wie sie denn auch dem notwendigen Erben und gegen
den säumigen Schuldner dem Pfandgläubiger zustand, so ist nichts natür-
licher, als dass man auch dem obsiegenden Kläger zur Durchführung des Urteils diese Klage zuwies. A p o s t o l. P r o v e r b. XVI, 47: οἱ δίκῃ νικήσαντες
ὥστε ἀπολαβεῖν τι χωρίον ἢ ἀγρόν ἤ τι τοιοῦτον καὶ ἐώμενοι ἀνέτρεχον εἰς δικαστήριον αὖθις καὶ εἰσῆγον δίκην, ἥτις ἐκαλεῖτο ἐξούλης· ἐξέλλειν γὰρ οἱ παλαιοὶ τὸ
ἀπελαύνειν καὶ κωλύειν ἔλεγον.

[3]) Dass auch die ursprüngliche δίκη ἐξούλης Pönalklage gewesen, darüber
vgl. H a r p. a. a. O. und B o e c k h a. a. O. Die Busse hiess προστίμημα: De-

die anderen Staaten vorauszusetzen, insbesondere ist das Pfändungsrecht nach gewonnenem Prozess für G o r t y n a ¹), und von dort und
L a m p s a k o s bezeugt, dass die Pfändung von der obsiegenden Partei
selbständig vollzogen wurde ²), während die δίκη ἐξούλης sich auch
auf A m o r g o s findet ³). Allmählich gestattete man in Athen
bei beweglichen Sachen die Anwendung dieser Klage auch ohne
vorhergegangene Pfändung ⁴), und so wurde sie mit der Zeit die
gewöhnliche Form des exekutiven Vorgehens und erhielt ganz die
Bedeutung einer *actio rei iudicatae* ⁵). Nur die persönliche Schuldhaft beschränkte Athen auf die privilegierten Forderungen des Staats⁶)

---

m o s t h. XXI, 44 p. 528 und war vor Gericht abzuschätzen. Auf derselben,
durch welche der Verurteilte Staatsschuldner wurde, beruht die Wirksamkeit
des ganzen Verfahrens, wie dies schon von S u i d a s (ἐξούλης δίκη erster Art.)
auseinandergesetzt ist, woselbst sich auch die Andeutung findet, als sei das
Urteil amtlich vollstreckt worden : εἰσεπράττετο ὑπὸ τοῦ δήμου(?). Auch H a r-
p o c r. in οὐσίας δίκη berichtet, dass dem Urteil der δίκη ἐξούλης habe un-
weigerlich Folge gegeben werden müssen.

¹) 1, 55: [τὸ]ν δὲ νενικαμένω κα[ὶ τὸν κα]τακείμενον ἄγοντι ἄπατον ἤμεν, vgl.
Z i t e l m a n n 98 f.

²) Mus. it. II, 635. C. = Mon. Ant. III n. 154: Α[ὶ κ' ἄλως ἀδίκως ἀνε-
κ[υρά]σ[α]νς μὴ καρπὸς ἐν[ῆι und Α[ὶ] κα ζῶλον ἢ ζῶλαν ἀδίκως ἀνεχυράξει.
C o r p. I n s c r. Gr. II, 3641 b Z. 25 f.: (ὁ) ἀνεχυράσας ἐν[οχος ἔ]σται τῷ νόμῳ τῷ
περὶ τῶν π α ρ α ν ό μ ω ς ἀνεχυρασάντων. Unter obrigkeitlicher Mitwirkung könnte
ungerechte Pfändung nicht vorkommen. Vgl. M i t t e i s, Reichsrecht u. Volksrecht 413.

³) I n s c r. j u r. g r. S. 318 Z. 15.

⁴) D e m o s t h. XXI, 81 p. 540, woraus hervorgeht, dass die δίκη ἐξούλης
gegenüber der Pfändung als das rücksichtsvollere und des schleppenden Ge-
richtsganges halber unwirksamere Verfahren betrachtet wurde.

⁵) H a r p o c r. s. v. ἐξούλης δίκη· δικάζονται δὲ ἐξούλης καὶ ἐπὶ τοῖς ἐπιτιμίοις οἱ μὴ ἀπολαμβάνοντες ἐν τῇ προσηκούσῃ προθεσμίᾳ, ὑπερημέρων γιγνομένων
τῶν δικασθέντων· οἱ δὲ ἁλόντες ἐξούλης καὶ τῷ ἑλόντι ἐδίδοσαν ἃ ἀφῃροῦντο αὐτοῦ
καὶ τῷ δημοσίῳ κατετίθεσαν τὰ τιμηθέντα: vgl. D e m o s t h. XXI, 44 p. 528 mit
H e r a l d. Anim. VII, 26 und H u d t w a l c k e r, Diäteten S. 146.

⁶) Vgl. B o e c k h, Staatsh. I, 456 ff., 512 ff. Bei Verurteilung zu einer
Geldstrafe konnte das Gericht Gefängnis als προστίμημα hinzufügen, und zwar
nach dem Gesetzesvorschlage des T i m o k r a t e s bei D e m o s t h. XXIV, 72 p. 723:
εἴ τινι τῶν ὀφειλόντων τῷ δημοσίῳ προστετίμηται κατὰ νόμον ἢ κατὰ ψήφισμα δεσμοῦ
entweder auf Grund gesetzlicher Vorschrift z. B. bei γραφὴ ὕβρεως D e m o s t h.
XXI, 47 p. 529, bei einem Richter, der Staatsschuldner war, A r i s t. Ath. resp.
63, und bei Eisangelie D e m o s t h. XXIV, 63 p. 720, vgl. auch § 105 p. 783, oder
eines Volksbeschlusses. Nach P l a t. Apol. 37 c scheint es jedoch auch sonst
dem Ermessen des Gerichts überlassen gewesen zu sein. Gegen die Gefällpächter
und deren Bürgen aber konnte bei versäumter Zahlung der Rat ohne weiteres
Haft verfügen, D e m o s t h. XXIV, 144 p. 745 vgl. 96 p. 730, auch XXII. 56 p. 610.

und der Kaufleute [1]), bei welchen letztern ausserdem wohl immer
noch Bürgschaft an deren Stelle treten konnte [2]); anderwärts aber
war sie vielfach in Gebrauch [3]) und zahlreiche Urkunden machen
den Schuldner mit seiner Person haftbar und gestatten dem Gläubiger die Personalexekution [4]), indessen öffentliche Beschimpfung des
bösen Zahlers, wie in Boeotien [5]), fällt entschieden roheren Gesetzgebungen anheim, gleichwie anderswo z. B. in Sparta auch die
Rechtskraft der abgeurteilten Sache keineswegs so unbedingt wie in
Athen galt [6]). Wie gross diese dagegen hier war, zeigt nicht bloss
der Umfang der darauf zu begründenden Einreden [7]), sondern auch

[1]) Vgl. Privalt. § 44 S. 423 mit (Demosth.) XXXV, 46 p. 939,
LVI, 4 p. 1284, XXXIII, 1 p. 892, auch Demosth. XXI, 176 p. 571, welchen
Stellen Meier, bon. damn. p. 28 nicht hätte die spezifische Beziehung auf
δίκας ἐμπορικάς absprechen sollen; s. Hudtwalcker S. 152 und Scho-
mann-L., att. Prozess S. 963. Aus Ant. V, 63 p. 136 schliesst Caillemer, Ét. IX, 37, dass die Fremden der Schuldhaft unterworfen gewesen
seien, doch lassen sich aus der flüchtigen Erwähnung des Falls keine siche-
ren Folgerungen ziehen.

[2]) Das lässt sich nicht belegen. Die beiden Stellen, welche Caillemer, Ét. IX p. 37 dafür anführt: Isocr. XVII, 12 p. 361a und (Demosth.) XXXII, 29 p. 890 beziehen sich auf vadimonium iudicio sistendi
causa vgl. Meier, de bon. dam. p. 28. Schömann-L., att. Proz. S. 963.

[3]) Diodor. 1, 79: μέμφονται τινες οὐκ ἀλόγως τοῖς πλείστοις τῶν παρὰ τοῖς
Ἕλλησι νομοθετῶν, οἵτινες ὅπλα μὲν καὶ ἄροτρον καὶ ἄλλα τῶν ἀναγκαιοτάτων
ἐκώλυσαν ἐνέχυρα λαμβάνεσθαι πρὸς δάνειον, τοὺς δὲ τούτοις χρησομένους συνεχώ-
ρησαν ἀγωγίμους εἶναι, vgl. Isocr. XIV, 48 p. 305e, S. I. Gr. 5 (C² 491,
V. Jahrh.) Z. 36, auch in späterer Zeit Polyb. XXXVIII, 3, 10, Plut. de
de evit. aere al. p. 828 d, V. Luc. 20, vgl. Mitteis, Reichsrecht und Volksrecht 445 f., Wessely, Sitzungsber. Wien. CXXIV (1891) S. 9 u. 44 f. Über
Schuldknechtschaft vgl. § 8 S. 20.

[4]) Tab. Heracl. I (C² 40) Z. 154 (IV. Jahrh.): τὼς δὲ πρωγγύως ... πα-
πρωγγυευκήμεν τῶν τε μισθωμάτων ... καὶ αὐτὼς καὶ τὰ χρήματα, Nikareta-
Urk. (C² 295) Z. 105: ἡ δὲ πρᾶξις ἔστω ἐκ τε αὐτῶν τῶν δανεισαμένων καὶ ἐκ
τῶν ἐγγύων .... καὶ ἐκ τῶν ὑπαρχόντων αὐτοῖς, und ganz allgemein in den
ägyptischen Papyri, vgl. Mitteis S. 422, 448, z. B. Pap. O. Leyd. (Lee-
mans I p. 79): καὶ ἡ πρᾶξις ἔστω Κονούηει ἐκ τε αὐτοῦ Πατειμούθου καὶ τῶν
ὑπαρχ(όντων). Daher bei Dio Chrys. XV p. 453R: δουλεύειν κατὰ συγγραφήν.

[5]) Nicol. Damasc. bei Stob. Serm. XLIV, 41 p. 227: Βοιωτῶν
ἔνιοι τοὺς τὸ χρέος οὐκ ἀποδιδόντας εἰς ἀγορὰν ἄγοντες καθίσαι κελεύουσιν, εἶτα
κόφινον ἐπιβάλλουσιν αὐτοῖς· ὃς δ' ἂν κοφινωθῇ, ἄτιμος γίνεται· vgl. Arsen.
Viol. p. 150.

[6]) Plut. Apophth. Lacc. p. 217b: κἂν ἀποφύγῃ τις, ἔτι οὐδὲν ἧσσόν ἐστιν
ὑπόδικος.

[7]) Demosth. XX, 147 p. 502: οἱ νόμοι δ' οὐκ ἐῶσι δὶς πρὸς τὸν αὐτὸν
περὶ τῶν αὐτῶν οὔτε δίκας οὔτ' εὐθύνας οὔτε διαδικασίαν οὔτ' ἄλλο τοιοῦτ' οὐδὲν

namentlich die Seltenheit der als ein Zeichen des Staatsverfalles be-
betrachteten Begnadigung nach dem Richterspruch [1]) und die wenigen Rechtsmittel zur Aufhebung volksgerichtlicher Sprüche.
Denn abgesehen von Kontumazialurteilen, welche angefochten werden
konnten [2]), blieb dem Verurteilten nur die Möglichkeit, die Wahr-
haftigkeit der gegnerischen Zeugen anzugreifen [3]), und selbst ein
Erfolg hierin erwirkte nur in einigen wenigen Fällen Wiederauf-
nahme des früheren Prozesses [4]), während in allen übrigen eine

εἶναι: vgl. Demosth. XXXVIII, 16 p. 989, (And.) IV, 9, Plato, Crit.
p. 50b, Gesetz bei Demosth. XXIV, 54 p. 717: Ὅσων δίκη πρότερον ἐγένετο
ἢ εὔθυνα ἢ διαδικασία περὶ του ἐν δικαστηρίῳ, ἢ ἰδίᾳ ἢ δημοσίᾳ, ἢ τὸ δημόσιον
ἀπέδοτο, μὴ εἰσάγειν περὶ τούτων εἰς τὸ δικαστήριον μηδ' ἐπιψηφίζειν τῶν ἀρχόντων μηδένα, μηδὲ κατηγορεῖν ἐώντων ἃ οὐκ ἐῶσιν οἱ νόμοι vgl. XXXVI, 25 p. 925,
XXXVII, 19 p. 972.

[1]) Cic. Verr. V, 6, 12: *perditae civitates desperatis omnibus rebus hos
solent exitus exitiales habere, ut damnati in integrum restituantur, vincti solvan-
tur, exsules reducantur, res iudicatae rescindantur; quae quum accidunt, nemo
est, quin intelligat ruere illam rem publicam — atque haec sicubi facta sunt,
facta sunt, ut homines populares aut nobiles supplicio aut exilio levarentur: at
non ab eis ipsis, qui iudicassent, at non statim, at non eorum facinorum damnati, quae ad vitam et ad fortunas omnium pertinerent.* Vgl. Plat. Crit. p. 50b,
dazu Platner, Prozess I S. 443 ff., Staatsalt. § 84 u. 90.

[2]) Τὴν ἔρημον ἀντιλαχεῖν Poll. VIII, 61, (Demosth.) XXXII, 26 p. 889.
Die Frist dafür war zwei Monate. Leugnete Jemand überhaupt die Klage-
behändigung, so strengte er gegen die Ladungszeugen die γραφὴ ψευδοκλητείας
an, vgl. Poll. VIII, 40, Harp. s. v., Bekker, An. I, 317, And. I, 74,
(Demosth. LIII, 15 p. 1251, Staatsalt. § 100, Boeckh, kl. Schr.
IV, 120 ff.

[3]) Δίκη ψευδομαρτυριῶν war nach Plat. Leg. XI, 937b schon vor Entscheidung des Prozesses anzukündigen (ἀνεπισκήπτεσθαι) und ähnlich Schol.
zu Plat. 871e, wenn auch die Stelle verdorben ist. Die Klage war schätzbar (Demosth.) XLV, 46 p. 1115) und die Strafe konnte durch προστίμησις
zur Atimie geschärft werden, Demosth. XXIX, 16 p. 849, Rhet. ad Alex.
p. 1431b, 30, Boeckh, kl. Schr. IV, 123. Wer aber dreimal durch diese
Klage verurteilt war, verfiel an sich der Atimie, And. I, 74, vgl. (Demosth.)
XLVII, 1 p. 1139, Meier, att. Proz.³ S. 485 ff., Platner I, 398 ff., Hermann, de vestig. p. 69, Télfy, C. I. A. n. 1101—1105, Comment. p. 558.
Nach Arist. Pol. II, 9, 8 p. 1274b, 5 ist übrigens die δίκη ψευδομαρτυριῶν
eine Erfindung des Charondas.

[4]) Schol. zu Plat. Leg. XI p. 937d: εἰ ἁλώσαν ἤτοι πάντες οἱ μάρτυρες
ψευδομαρτυριῶν ἢ ὑπερημίσεις, ἐκρίνετο ἄνωθεν ἡ δίκη· οὐκ ἐπὶ πάντων δὲ τῶν
ἀγώνων ἐγίγνοντο ἀνάδικοι αἱ κρίσεις, ἀλλ' ὡς φησι Θεόφραστος ἐν ζ' νόμων, ἐπὶ
μόνης ξενίας καὶ ψευδομαρτυριῶν καὶ κλήρων und Schoemann-L., att. Proz.
978 ff. weist als leitenden Gedanken nach, dass es sich in diesen Prozessgat-
tungen um Rechte handeln kann, für die ein Ersatz in Geld nicht möglich
war. Ob Verurteilung eines Zeugen genügte, wie Buermann, Jahrb.

Schadenersatzklage ¹) dazu dienen sollte, dem Geschädigten zu seinem Rechte zu verhelfen.

---

§ 18. (§ 73.)

Von Strafen und Strafarten.

Werfen wir endlich noch einen Blick auf die Mittel, durch welche der Staat seine eigene Existenz gegen die Eigenmacht des Einzelnen zu sichern und dessen Vergehen gegen das Ganze zu ahnden pflegte, so zerfallen diese nach der allgemeinsten Formel des griechischen Strafrechts ²) in die beiden Gattungen der Leibes- und Geld- oder richtiger ausgedrückt persönlichen und sachlichen Strafen, insofern letztere viel älter als der Gebrauch gemünzten Geldes ³) sind, erstere aber gleichfalls in ihrer frühesten Erscheinung nur selten in eigentlich körperlichen Übeln bestanden. Doch wurden freilich gerade die ältesten Bussen weniger an den Staat als an den verletzten Mitbürger oder dessen Angehörige bezahlt ⁴), so dass, wo von öffentlicher Strafe dieser Art die Rede ist, in den meisten Fällen nur die wirkliche Geldbusse vorkommt; und wenn andrerseits Verbannung und Ehr- und Rechtlosigkeit fortwährend eine bedeutende Stelle unter den peinlichen Strafen einnahmen, ohne darum Leibesstrafen im eigentlichen Sinne des Worts heissen zu können, so verband der griechische Sprachgebrauch mit dem Worte σῶμα selbst, wie der lateinische mit *caput*, noch einen weiteren Begriff, der ge-

---

f. Phil. 1877 p. 586 f. aus Isaeus XI, 45 gegen Westermann, quaest. Dem. III, 11 und Schaefer, Demosth. III B, 82 f. schliesst, ist fraglich. Gewöhnlich wurden mehrere Zeugen angegriffen.

¹) Δίκη κακοτεχνιῶν, vgl. (Demosth.) XLVII, 1 p. 1139, XLIX, 56 p. 1201 und dazu Harp. s. v., Meier, att. Proz.² S. 492 ff.

²) Παθεῖν ἢ ἀποτίσαι, Ast ad Plat. Remp. p. 356, Schömann-L., Prozess S. 956, πάθην ἢ κατθέ[μ]εναι aus Lesbos: Collitz, gr. Dialektinschr. II n. 213 (C² 427) Z. 17.

³) Poll. IX, 61: καὶ μὴν κἀν τοῖς Δράκοντος νόμοις ἐστιν ἀποτίνειν εἰκοσάβοιον, was begreiflicherweise nicht auf ein Geldstück des Namens βοῦς, sondern auf die Naturalwerte der früheren Zeit zu beziehen ist, wie sie auch den bekannten homerischen Ausdrücken zu Grunde liegen, s. Friedreich, Realien S. 279 und Weissenborn, Hellen. S. 71 f.

⁴) Ποινή, Hom., Iliad. IX, 633, XVIII, 497; θωή, Iliad. XIII, 669, Odyss. II, 192 (θωή, Archiloch. frgmt. 109 (104) Lyr. gr. ed. Bergk.) nach der richtigen Bemerkung von Nitzsch I S. 96 für Schimpf oder Ungehorsam gegen die Vorsteher der Gemeinde an diese, nicht an letztere selbst.

rade die durch jene Strafen betroffene Rechtspersönlichkeit umfasste[1]). Sonst kommt allerdings Leibesstrafe gegen Freie in frühester Zeit nur da vor, wo ein grobes Ärgernis, insbesondere eine Verletzung der Interessen der Gesamtheit, den augenblicklichen Unwillen des Volkes mit oder ohne Befehl der Oberen bis zur Steinigung steigert[2]); dem Einzelnen gegenüber sühnt freiwillige oder gezwungene Entfernung aus der bürgerlichen Gemeinschaft auch das schwerste Vergehen[3]), ja es war im Gegensatze zu den Rechtsanschauungen andrer Völker der Familie des Getöteten gestattet, sich mit einer Busse zufrieden zu geben[4]). Erst als die steigende Civilisation teils

---

[1]) Poll. VIII, 22: οὐ χρὴ δ' ἀγνοεῖν, ὅτι ζημίαν οὐ τὴν εἰς χρήματα μόνον ἐκάλουν ἀλλὰ καὶ τὴν εἰς τὸ σῶμα ... εἴη δ' ἂν ἐκ τούτων καὶ τὸ ἠτιμῶσθαι, πεφυγαδεῦσθαι, τεθανατῶσθαι, κεχιλιῶσθαι: vgl. Schömann, de comit. Athen. p. 75, Meier, bon. damn. p. 143, Lelyveld, de infamia p. 19 f.

[2]) Λάϊνον ἔσσο χιτῶνα κακῶν ἕνεχ' ὅσσα ἔοργας Hom. Il. III, 57, vgl. Od. XVI, 424 ff. Καταλεύειν, Her. IX, 5, Plut. Sol. 12, Alex. 55, Arr. IV, 14, 3. Paus. VIII, 23, 5 oder καταλιθοῦν, Paus. IV, 22, 4; VIII, 5, 8; als förmlich vom Volk erkannte Todesstrafe Eurip. Orest. 48: κυρία δ' ἥδ' ἡμέρα ἐν ᾗ διοίσει ψῆφον Ἀργείων πόλις, εἰ χρὴ θανεῖν νὼ λευσίμῳ πετρώματι ἢ φάσγανον θήξαντ' ἀπ' αὐχένος βαλεῖν, vgl. Wachsmuth II S. 793, Thonissen, droit pénal p. 33 ff. u. 92; auch noch später Aeschin. I, 163 p. 162, Aelian. V. Hist. V, 19, und das ähnliche κατακοντίζειν Diodor. XVI, 31, Paus. X, 2, 5, wie denn in einem Falle (des Philotas) Arrian. III, 26 diese, Curtius VI, 11 extr. und zwar *more patrio* jene Todesart berichtet.

[3]) Φυγαῖσι δ' ὁσιοῦν, ἀνταποκτείνειν δὲ μή, Eurip. Orest. 515; vgl. die Beispiele bei Schömann, Gr. Alt. I², 50, Thonissen p. 42, Eichhoff, die Blutrache bei den Griechen, Duisburg 1872. Es fehlen die Spuren einer verschiedenen Behandlung der vorsätzlichen und unvorsätzlichen, der unerlaubten und erlaubten Tödtung im heroischen Zeitalter. Für Attika schreibt Paus. I, 28, 10 die Unterscheidung der beiden letzten Kategorien dem Zeitalter des Theseus zu. In späterer Zeit ist zu Athen ἀειφυγία die Strafe für τραῦμα ἐκ προνοίας und entsprechende βούλευσις. Auch der Mörder durfte sie vor der Verurteilung statt der Todesstrafe wählen, vgl. § 7 S. 49. Sonst ist sie für politische Vergehen ausserordentlich häufig, vgl. Staatsalt.⁴ § 70 und 71. Sie wird namentlich auch in Beschlüssen denen angedroht, die etwa diesen Beschluss aufheben sollten, vgl. C. I. Gr. 2008 (C² 551) Z. 22, S. I. Gr. 5 (C² 491) Z. 35. Sie war stets mit Vermögenseinziehung verbunden, vgl. § 16 S. 125. Auf dem Bruch des Bannes stand Todesstrafe, vgl. S. 50 A. 6 und im allgemeinen Poll. VIII, 86, auch C. I. G. 2008 (C² 551): καὶ ἤμ που ἁλίσκωνται, πάσχειν αὐτοὺς ὡς πολεμίους καὶ νηποινεὶ τεθνάναι. Niemand durfte den Verbannten bei sich aufnehmen, bei Todesstrafe (Demosth.) L, 49 p. 1222.

[4]) Hom., Il. IX, 632 ff. XVIII, 498. Ob freilich diese Busse nur für bestimmte Fälle gestattet war, wie Schömann a. a. O. anzunehmen geneigt ist, ist ungewiss; gewiss aber, dass dem homerischen Zeitalter die Vorstellung

die Zahl der Vergehen selbst vermannigfaltigte, teils die bisherige
Selbsthilfe als unzureichend erscheinen liess, griff die Gesellschaft
zu schärferen Massregeln, worunter sie die Todesstrafe[1]) sehr häufig
als einziges Heilmittel ihrer Gebrechen und Auswüchse betrachtet
zu haben scheint[2]).　Ausbrüche wilder oder berechnender Grausam-
keit, wie sie in der Geschichte der griechischen Staatsumwälzungen,
zumal bei Tyrannen, bald zur Befestigung ihrer eigenen Herrschaft,
bald zur Rache an den Gestürzten vorkommen[3]), können allerdings
der Sitte des Volks nicht beigezählt werden; aber auch in den Gesetzgebungen desselben findet die Todesstrafe einen um so wesent-
licheren Platz[4]), als sich hier mit ihr zugleich der Abschreckungs-

einer religösen Verunreinigung des Landes durch den Mörder fremd war, wie
denn die Ausdrücke ἄγος, μύσος, μίασμα der homerischen Poesie fehlen, vgl.
T h o n i s s e n , droit pénal p. 44.

[1]) Vgl. W a c h s m u t h , de capitis poenae causis et sanctione apud Graecos, Lips. 1839. 4., und G ö t t e , über den Ursprung der Todesstrafe, Leipz.
1839. 8., wo sich übrigens verhältnismässig wenig hierher Gehöriges findet;
mehr wenigstens zur Vergleichung bei R u b i n o , Unters. über röm. Verf.
S. 453 f.

[2]) P l a t . Protag. p. 322 d: τὸν μὴ δυνάμενον αἰδοῦς καὶ δίκης μετέχειν
κτείνειν ὡς νόσον πόλεως : vgl. Respubl. III p. 410 a, VIII p. 552 c , Leg. V.
p. 735 e, XII p. 957 e , und insbes. auch S t o b. Serm. XLVI, 41 : ὅτι καὶ ὁ
θάνατος αὐτὸς παρὰ τῶν πρώτως δίκαια θάντων οὐκ ὡς τι κακὸν ἐπετιμήθη. ἀλλ'
ὡς ἔσχατον καὶ ἐν φαρμάκου λόγῳ κατὰ τῶν οὐ δυναμένων τῆς κακίης ἐλευ-
θερωθῆναι.

[3]) Von Tyrannen genüge es den Stier des Phalaris (E b e r t , Σικελ.
p. 86 f.), den Mörser des Nikokreon (D i o g. L. IX, 59), die eiserne Jungfrau
des Nabis (P o l y b. XIII, 7) anzuführen ; von Rache an ihnen P l a t. Gorg.
p. 473 b : ἐὰν ἀδικῶν ἄνθρωπος ληφθῇ τυραννίδι ἐπιβουλεύων καὶ ληφθεὶς στρεβλῶ-
ται καὶ ἐκτέμνηται καὶ τοὺς ὀφθαλμοὺς ἐκκάπτηται καὶ ἄλλας πολλὰς καὶ μεγάλας
καὶ παντοδαπὰς λώβας αὐτός τε λωβηθεὶς καὶ τοὺς αὐτοῦ ἐπιδὼν παῖδάς τε καὶ
γυναῖκα τὸ ἔσχατον ἀνασταυρωθῇ ἢ καταπιττωθῇ: und einzelne Beispiele bei
A e l i a n. V. H. VI, 12, Ath. XII, 58 p. 541 d, P l u t. philos. c. princ. c. 3
p. 778 d u. V. Timol. c. 13; von sonstiger Parteiwuth A t h. XII, 26 p. 524 :
πρῶτον μὲν κρατήσας ὁ δῆμος καὶ τοὺς πλουσίους ἐκβαλὼν καὶ συναγαγὼν τὰ τέκνα
τῶν φυγόντων εἰς ἁλωνίας, βοῦς συναγαγόντες συνηλοίησαν καὶ παρανομωτάτῳ
θανάτῳ διέφθειραν· τοιγάρτοι πάλιν οἱ πλούσιοι κρατήσαντες ἅπαντας, ὧν κύριοι
κατέστησαν, μετὰ τῶν τέκνων κατεπίττωσαν, und was mehr P r i v a t a l t. § 6
S. 48 citiert ist.

[4]) Nicht etwa bloss bei D r a k o n , sondern ebensowohl bei Z a l e u k o s,
vgl. Z e n o b. IV, 10: Ζαλεύκου νόμος ἐπὶ τῶν ἀποτόμων· Ζάλευκος γὰρ Λοκροῖς
ὠμότερον ἐνομοθέτησαν, und noch allgemeiner L y c u r g. c. Leocr. § 65: οἱ γὰρ
ἀρχαῖοι νομοθέται οὐ τῷ μὲν ἑκατὸν τάλαντα κλέψαντι θάνατον ἔταξαν, τῷ δὲ δέκα
δραχμὰς ἐλάττον ἐπιτίμιον ... ἀλλ' ὁμοίως ἐπὶ πᾶσι καὶ τοῖς ἐλαχίστοις παρανο-
μήμασι θάνατον ὥρισαν εἶναι τὴν ζημίαν, wie denn dieser selbst wegen der Strenge

zweck verbindet [1]) und sogar jede Verhältnismässigkeit zwischen
dem Vergehen und seiner Ahndung ausschliesst [2]), obgleich die Ver-
schonung der Schwangeren [3]) und manche sonstige den Verurteilten
gewährte Vergünstigung [4]) oder Frist [5]) auch den Ansprüchen der
Menschlichkeit Rechnung trug. Ja selbst die Vermeidung nächt-

---

seiner Maasregeln gegen Verbrecher bekannt war: Vit. X. Orat. p. 841 d,
Ammian. Marc. XXX, 8. In C. I. A. I, 9 (S. I. Gr. 2) Z. 33 ist für Hoch-
verrat die Todesstrafe auch den Kindern des Schuldigen angedroht, vgl. Frohberger zu Lys. XII, 36. Drakons Strafen auf den Mord blieben übrigens
auch bei Solon in voller Kraft, Plut. V. Sol. 22, dazu Perrot, Droit public et privé. I. 1867 p. 122 f.

[1]) (Demosth.) XXV, 17 p. 774: ἐυοῖν γὰρ ὄντοιν, ὧν ἔνεκα πάντες τίθενται
οἱ νόμοι, τοῦ τε μηδένα μηδὲν ὃ μὴ δίκαιόν ἐστι ποιεῖν, καὶ τοῦ τοὺς παραβαίνοντας
ταῦτα κολαζομένους βελτίους τοὺς ἄλλους ποιεῖν: vgl. schon Hom. Iliad. III, 353:
ὄφρα τις ἐρρίγῃσι καὶ ὀψιγόνων ἀνθρώπων ξεινοδόκον κακά ῥέξαι — dann Lysias
XIV, 12 p. 141, Xenoph. Oec. 14, 5, Demosth. XX, 158 p. 505, Lycurg. in Leocr. § 10, 67, Diodor. I, 14. V, 71, u. insbes. Plat. Leg. IX
p. 862e: ὡς οὔτε αὐτοῖς ἔτι ζῆν ἄμεινον τούς τε ἄλλους ἂν διπλῇ ὠφελοῖεν ἀπ-
αλλαττόμενοι τοῦ βίου, παράδειγμα μὲν τοῦ μὴ ἀδικεῖν τοῖς ἄλλοις γενόμενοι, ποι-
οῦντες δὲ ἀνδρῶν κακῶν ἔρημον τὴν πόλιν, mit Platner in Zeitschr. f. d. Alt.
1844, N. 85 ff. A. Gellius VI, 14 scheidet nach griechischen Quellen besonders dem Kommentar des Taurus zum Gorgias des Plato, drei Gesichtspunkte des Strafens: *una est causa, quae Graece vel κόλασις vel νουθεσία
dicitur, cum poena adhibetur castigandi atque emendandi gratia, ut is qui for-
tuito delinquit, attentior fiat correctiorque ; altera est quam ii qui vocabula ista
curiosius diviserunt, τιμωρίαν appellant : ea causa animadvertendi est, cum digni-
tas auctoritasque eius, in quem est peccatum, tuenda est, ne praetermissa animad-
versio contemtum eius pariat et honorem levet — tertia ratio vindicandi est,
quae παράδειγμα a Graecis nominatur, cum punitio propter exemplum necessaria
est, ut ceteri a similibus peccatis, quae prohiberi publicitus interest, metu cogni-
tae poenae deterreantur.* Vgl. unten S. 143 A. 6.

[2]) Dafür zeugt ausser obiger Stelle des Lykurg. § 65 insbesond. das
Fragment eines römischen Komikers über Solon bei Charis. Instit. gr. IV,
4, 18 u. 7, 7: *qui lege cavit, ut vitia transcenderent auctoris poenae.*

[3]) Plut. S. N. V. c. 7 p. 552d: τὸν ἐν Αἰγύπτῳ νόμον ἆρ' οὐκ εἰκότως
ὑμῖν ἀπογράψασθαι δοκοῦσιν ἔνιοι τῶν Ἑλλήνων, ὃς κελεύει τὴν ἔγκυον, ἂν ἁλῷ
θανάτου, μέχρι τέκῃ, φυλάττειν; vgl. Diodor. I, 77, 9 und ein Beispiel bei
Aelian. V. Hist. V, 18 aus Athen.

[4]) Zenob. III, 100: τοῖς ἐπὶ θάνατον ἀπαγομένοις τὴν παρρησίαν ταύτην
ἐδίδουν, ὥστε τροφῆς καὶ οἴνου πληρωθεῖσι τρία λέγειν ἃ βούλονται, μεθ' ἃ τιμω-
θέντες ἀπήγοντο πρὸς τὴν κόλασιν: vgl. Suidas s. v. εἴποις τὰ τρία oder Zo-
nar. I p. 344, und die Abnahme der Fesseln bei Plat. Phaed. p. 59e.

[5]) Teles bei Stob. Serm. V, 67 p. 127 M: καθάπερ καὶ Σωκράτης . . .
τριῶν ἡμερῶν αὐτῷ δοθεισῶν τῇ πρώτῃ ἔπιεν καὶ οὐ προσέμεινεν τῆς τρίτης ἡμέρας
τὴν ἐσχάτην ὥραν παρατηρῶν, εἰ ἔτι ἥλιος ἐπὶ τῶν ὀρῶν κτλ.

licher Hinrichtung ¹) scheint mehr einer sittlichen Scheu als der
Absicht öffentlicher Abschreckung ihren Ursprung verdankt zu haben, da diese wenigstens als Regel mit der Art ihrer Vollziehung
keineswegs verbunden war; die milderen Todesarten durch Gift ²)
oder Strang ³) fanden innerhalb des Gefängnisses ⁴), die gewaltsa-
meren durch Keule ⁵) oder Schwert ⁶) in der ausserhalb der Stadt
gelegenen ⁷) Wohnung des Scharfrichters ⁸) statt, wo sich zugleich

---

¹) S e n e c a de ira III, 19: *quid tam inauditum quam nocturnum suppli-
cium ? quum latrocinia tenebris abscondi soleant, animadversiones, quo notiores
sunt, plus in exemplum emendationemque proficiunt:* vgl. P l a t. Phaed. p. 61 e
und 116 e, den seine Erklärer völlig missverstanden haben, wenn sie dazu
bemerken: ἐν γὰρ ἡμέρᾳ φονεύειν ἀπείρητο, da vielmehr bei H e r o d. IV, 146
und V a l. M a x. IV, 6 ext. 3 die nächtliche Hinrichtung als eine Eigentüm-
lichkeit für S p a r t a vorkommt.

²) Κώνειον, vgl. P l a t. Phaed. p. 117 a ff., P l u t. V. Phoc. c. 36, Philop.
c. 20, L y s i a s XII, 17 p. 122, XVIII, 24 p. 151, A n d. III, 10 p. 24 mit P l i n.
Hist. N. XXV, 95 u. D r e s i g, de cicuta Athen. poena publica. Lips. 1733. 4.

³) Βρόχος, zum Erdrosseln in S p a r t a. P l u t. V. Agid. c. 19; vgl. Z e n o b.
VI. 11 oder S u i d. s. v. τὰ τρία τῶν εἰς θάνατον: ὅτι τῷ καταγινωσκομένῳ θάνατον τρία προσεφέρετο, ξίφος, βρόχος, κώνειον. P o l l. VIII, 71. Das Hängen
κρεμάζειν war makedonische Sitte D i o d. XVI, 35; Plut. Alex. 55, 59. Demetr.
33, Arr. IV, 14, 3.

⁴) Εἱρκτή oder δεσμωτήριον, euphemistisch οἴκημα, P o l l. IX, 45, H e r o d.
IV, 146, P l u t. V. Solon. c. 15, auch δημόσιον T h u c. V, 18, νομοφυλάκιον
P o l l. VIII, 102, Lipsius, att. Prozess S. 82 A. 114, ἀναγκαῖον und κέραμος
E t y m o l. M. p. 98, 80, vgl. S c h ö m a n n ad Isaeum p. 493. *Thesaurus* in
M e s s e n e L i v. XXXIX, 50, P l u t. V. Philop. 19 und die athenischen Elf-
männer als ἐπιμεληταὶ τοῦ δεσμωτηρίου B e k k. Anecd. p. 250 und S t a a t s-
a l t. § 99. Über die Folterung als Strafschärfung gelangt G u g g e n-
h e i m, die Bedeutung der Folterung im attischen Prozess. Zürich 1882
S. 24 ff. zu dem Resultat, dass nur Sklaven gegenüber deren Anwendung genügend verbürgt ist (gegen S c h ö m a n n, att. Proz. 685).

⁵) L y s i a s XIII, 56 p. 135: θάνατον δικαίως καταψηφισάμενοι τῷ δημίῳ
παρέδοτε καὶ ἀπετυμπανίσθη: vgl. das. § 67, D e m o s t h. VIII, 61 p. 104, XIX,
137 p. 383, A r i s t. Rhet. II, 6, 27 p. 1385 a. Das τύμπανον ist eine Maschine,
auf welche die Verbrecher gebunden wurden, L u c. catapl. 6, P o l l. VIII, 71,
A r. Plut. 476 mit Schol. Dann wurden sie durch Schlag mit der Keule ge-
tötet P l u t. Pericl. 28, sollert. anim. p. 968 e, vgl. P a u l l y - W i s s o w a,
Realenc. s. ἀποτυμπανισμός.

⁶) S. oben A. 3 und insbes. was V a l. M a x. II, 6, 7 von M a s s i l i a
erzählt: *ceterum a condita urbe gladius est ibi, quo noxii iugulantur, rubigine
quidem exesus et vix sufficiens ministerio, sed index in minimis quoque rebus
omnia antiquae consuetudinis monumenta servantium.* Sonst scheint Enthaup-
tung nicht griechische Sitte gewesen zu sein, X e n. an. II, 6, 1; P o l y b.
I, 7, 12.

⁷) P o l l. IX, 10: ἀπὸ δήμων δ' ἂν εἴη κεκλημένος καὶ ὁ δήμιος καὶ ὁ δη-

die Grube befand, in welche die Verurteilten tot oder auch noch
lebend ¹) geworfen wurden ²); und nur die ausserordentlichen Fälle

---

μόχοινος, ὡς ἔξω πόλεως κατοικῶν: vgl. P l a t. Respubl. IV p. 439e und D i o
C h r y s o s t. XXXI p. 632 R. 348 M, demzufolge in R h o d o s νόμος ἐστὶ
τὸν δημόσιον μηδέποτε εἰσελθεῖν εἰς τὴν πόλιν.   Er ist ἀλιτήριος, unrein und ver-
achtet A t h e n. X, 15 p. 420b; E u s t a t h. ad Od. XVIII, 1 p. 1833, 54.
   ²) P o l l. VIII, 71: ὁ δὲ παραλαμβάνων τοὺς ἀναιρουμένους καλεῖται δήμιος,
δημόχοινος, ὁ πρὸς τῷ ὀρύγματι· καὶ τὰ ἐργαλεῖα αὐτοῦ ξίφος, βρόχος, τύμπανον,
φάρμακον, κώνειον.   Andere unterscheiden wieder beide Ausdrücke: δημόχοινος
ὁ στρεβλῶν καὶ βασανίζων, δήμιος δὲ ὁ ἀπάγων τὴν ἐπὶ θανάτῳ, V a l c k. ad Ammon. p. 40, M a u s s a c de Harpocr. p. 121; aber bei A n t i p h. I, 20 wird
die Hinzurichtende erst, nachdem sie gefoltert ist (τροχισθεῖσα), dem δημόχοινος
übergeben, und wenn dieser nach I s o c r. XVII, 15 p. 361 d mitunter auch
Sklaven gefoltert haben mag, so thut dasselbe doch bei A e s c h i n. II, 126
p. 296 der δήμιος oder δημόσιος, so dass diese drei Worte nur den nämlichen
Begriff bezeichnen können; vgl. P h o t. Bibl. c. 279 p. 535 und L o b e c k ad
Phrynich. p. 476, sowie B ü c h s e n s c h ü t z, Besitz und Erwerb S. 165
und über den Akt der Folterung insbesondere G u g g e n h e i m, a. a. O.
S. 57 ff.
   ¹) X e n. Hell. I, 7, 20, H e r o d. VII, 133, P l a t. Gorg. p. 516d, P l u t.
V. Arist. 3, vgl. L i p s i u s in B u r s i a n s Jahresb. XV, 348.
   ²) Ὄρυγμα, D i n a r c h. I, 62 p. 98, L y c u r g. c. Leocr. § 121, oder
βάραθρον, X e n o p h. Hell. I, 7, 20, S c h o l. A r i s t o p h. Eccl. 1089, vgl.
L e l y v e l d, de infamia p. 49 und P a u l l y - W i s s o w a, Realenc. s.
βάραθρον und über seine Lage im Demos Melite (P l u t. V. Them. 22) nahe
an der nördlichen langen Mauer (P l a t. Resp. p. 439e) C u r t i u s, att.
Stud. 1862 I, 7 ff., B u r s i a n, Geogr. v. Gr. I, 274, vgl. auch H. H a g e r,
how were the bodies of criminels at Athens disposed of after death. Journ.
of Philol. VIII, 1877 p. 1 ff., welcher hervorhebt, dass die Leichen aus dem
Gefängnis gewöhnlich den Verwandten zur Bestattung ausgeliefert wurden.
L y s. XII, 18, P l a t. Phaed. 115 d. In S p a r t a καιάδας oder καιάδας,
καιέτας T h u c y d. I, 134, P a u s. IV, 18, 4; doch hat S t r a b o VIII, 7 p. 367
denselben Ausdruck für τὸ δεσμωτήριον τὸ παρὰ Λακεδαιμονίοις, σπήλαιόν τι, und
Ähnliches gilt von dem κῶς bei S t e p h. B y z. p. 402: τὸ ὄρυγμα τὸ ἐν Κο-
ρίνθῳ, οὗ καθείργνυον τοὺς φῶρας καὶ τοὺς δραπέτας, so dass darunter offenbar
auch bisweilen nur ein unterirdischer Kerker nach Art der syrakusischen La-
tomien zu verstehen ist.   Verrätern und Tempelräubern (D i o d. XVI, 25),
ebenso den deshalb Verbannten war das Begräbnis in heimischer Erde versagt: attisches Gesetz bei X e n. Hell. I. 7, 22, vgl. H y p e r. Lyk. 16 (wie
es scheint wegen κατάλυσις τοῦ δήμου nach col. 10), P l u t. S. N. V. 2 pag.
549 a, D i o C h r y s. XXXI p. 612 R. 336 M, C. I. A. II, 17 (S. I. Gr. 63)
Z. 60. Beispiel: Antiphon und Archeptolemos (P l u t.) V. X. or. p. 834a und
der Arkader Aristokrates P a u s. IV, 22, 7, und wegen der Verbannten T h u k.
I, 138, T e l e s bei S t o b a e u s, flor. XL, 8.   Die Gebeine wurden sogar
wieder ausgegraben T h u k. I, 126, L y c u r g. § 113, A r i s t. resp. Ath. I,
vgl. W. V i s c h e r, Rhein. Mus. XX, 455 ff., L e B l a n t, Comptes rend.

des Ertränkens [1]), Verbrennens [2]). Pfählens [3]) oder Herunterstürzens von Felsen [4]) konnten daraus gleichzeitig ein Schauspiel für die Menge machen. Von Besserungsstrafen dagegen, obgleich auch dieser Gedanke dem Altertume nicht fremd ist [5]), findet sich in wirklichen Gesetzgebungen geringe Spur, und am wenigsten darf Freiheitsberaubung in dieser Hinsicht als gewöhnlich gelten [6]), da diese zumeist nur als Zwangs- oder Vorbeugungsmittel [7]) oder zur

de l'Ac. 1872 p. p. 377 ff., L e o p. S c h m i d t , Ethik der alten Griechen II, 104.

[1]) Καταποντίζειν, D e m o s t h. XXIII, 169 p. 677, P l u t. V. Dion. c. 58, Ar. 44, Timol. 13, 33 sept. sap. conv. p. 192 e, D i o d. XVI. 35, P a u s. VI. 11, 6 in Säcken A t h. X, 60 p. 443 a, XIV, 13 p. 621a mit A h r e n s in Philol. XXVII, 2 S. 278. Noch häufiger freilich die Leichname Hingerichteter, E b e r t , Σικελ. p. 101.

[2]) S. oben S. 139 A. 3 κατ απιττούν und P h i l o , de provid. ed. Aucher II, 28 p. 67: *Phocici belli duces iisdem poenis forte obierunt, quibus lege puniuntur sacrilegi, aut duri praecipites aut demergi aut cremari.*

[3]) Ἀναττα υρούν, P l a t. Gorg. p. 473c, D i o d o r XIV, 53, J u s t i n. XXX, 2; προσηλούν, D e m o s t h. XXI, 105 p. 549, ἀνασκολοπίζειν L u k. Jup. tr. 19, catapl. 6, ἀνασχινδυλευειν = aufspiessen, P l a t o Resp. II p. 362 a, B e k k e r Anecd. p. 27, freilich mehr orientalisch wie H e r. VI, 30, T h u c y d. I, 110, X e n o p h. Anab. III, 1, 17; vgl. L i p s i u s, de cruce, C a s a u b. Exerc. in Baron. XVI, 77 p. 440 ff., W i l l. S t r a n d a Treatise on the physical cause of the death of Christ. London 1847.

[4]) Κατὰ τοῦ κρημνοῦ ὠθειν, A e s c h i n. II, 142 p. 310, κατακρημνίζειν D e m o s t h. XIX, 327 p. 446; namentlich in D e l p h i gegen Tempelräuber, vgl. Aelian V. H. XI, 5 , P a u s. X, 2, 4 und S u i d a s s. v. Αἴσωπος mit U l r i c h s Reisen und Forschungen S. 54 und M e r c k l i n in Mém. des sav. étrang. prés. à l'Acad. de St. Petersbourg 1851 T. VII p. VII, p. 63 f.

[5]) P l a t. Gorg. p. 525 b: προσήκει δὲ παντὶ τῷ ἐν τιμωρίᾳ ὄντι ὑπ' ἄλλου ὀρθῶς τιμωρουμένῳ ἢ βελτίονι γίγνεσθαι καὶ ὀνίνασθαι ἢ παραδείγματι τοῖς ἄλλοις γίγνεσθαι. vgl. das. p. 477, Leg. IX p. 854 a u. s. w.

[6]) Die Stelle L y s. XIII, 67, die H e r m a n n S t a a t s a l t. § 139 n. 9 anführte, ist von W e s t e r m a n n, quaest. Lys. I. p. 19 beseitigt durch die Bemerkung, dass in diesem nach Korinth gehörigen Vorgang das Gefängnis ebensowohl als Sicherungsmittel gefasst werden könne. So auch P l u t. reip. ger. praec. 13 p. 808. Dagegen ist die Beweiskraft von P l a t. Apol. 37 b auch von S c h ö m a n n, Gr. Alt. I², 518 anerkannt worden, mit Verweisung auf Leg. IX p. 864 e , 880 b c, X p. 908. Und wenn T h e o p h r. Char. 6 als Zeichen eines ehrvergessenen Mannes angiebt, er sei im Stande τὸ δεσμωτήριον πλείω χρόνον οἰκειν ἢ τὴν αὑτοῦ οἰκίαν, so kann dies nur von Gefängnisstrafe verstanden werden. Als Militärstrafe kommt sie A e n e a s Tact. Poliorc. 10 vor, so wohl auch (D e m o s t h.) L, 51 p. 1222. Andere Militärstrafen: P l u t. Arist. 23, X e n. Hell. III, 1, 9, An. VI, 21 ff. und im allg. An. II, 6, 9.

[7]) Im allgemeinen vgl. P l a t o Crit. 46 c. Doch gestattete das a t t i s c h e

Schärfung einer anderen Strafe [1]), wo nicht geradezu wie das Liegen
im Blocke [2]) zur Beschimpfung dient; ebensowenig aber lässt sich
— Sparta ausgenommen [3]) — von körperlicher Züchtigung ein weiterer Gebrauch nachweisen, als den etwa die Marktpolizei und auch
diese wohl mehr gegen Nichtbürger davon machte [4]); und das haupt-

---

Gesetz die Anwendung nur gegen Nichtbürger und Gefällpächter und deren
Bürgen ; gegen Bürger nur in Hochverratsprozessen. In allen anderen Fällen
konnten sich die Bürger durch drei Bürgen ihrer Vermögensklasse von der
Haft befreien, D e m o s t h. XXIV, 144 p. 745, vgl. S c h ö m a n n, att. Proz.[2]
775 ff., W a c h s m u t h, hell. Altertumsk. II[3], 201. Versagt blieb diese Vergünstigung indes denjenigen Bürgern, welche einem gerichtlichen Urteil, das
sie in ihrer bürgerlichen Ehre schmälerte, offenen Ungehorsam entgegen-
stellten, D e m o s t h. XXIV, 103 ff. p. 732.

[1]) So bei Diebstahl L y s. X, 16: δεδέσθαι δ' ἐν τῇ ποδοκάκῃ ἡμέρας πέντε
τὸν πόδα, ἐάν προστιμήσῃ ἡ ἡλιαία, vgl. D e m o s t h. XXIV, 105 p. 733 und
bei Geldstrafen überhaupt vgl. S. 134 A. 6, S c h ö m a n n, att. Proz.[2] S. 943.
P l a t n e r I, 205 ff.

[2]) Δεσμοῖς τε χρονίοις καὶ ἐμφανέσι καί τισι προπηλακισμοῖς κολάζειν, P l a t.
Leg. IX p. 855b; und so versteht D e m o s t h. XXIV, 114 p. 736 die Zusatzstrafe bei Diebstahl: ὅπως ὁρῶσιν ἅπαντας αὐτὸν δεδεμένον, vgl. L y s i a s a. a.
O.: ἡ ποδοκάκη αὕτη ἐστὶν ὃ νῦν καλεῖται ἐν τῷ ξύλῳ δεδέσθαι, und über dieses
ξύλον selbst nebst den verwandten Ausdrücken κλοιός u. κυφών die Erkl. zu
A r i s t o p h. Plut. 476, Pac. 479, Equit. 367, Lysistr. 680, auch J a c o b ad
L u c i a n. Tox. c. 29 und B e c k e r, Char. III S. 36 f., der übrigens richtig
bemerkt, dass darunter nach Umständen auch sehr verschiedene Fesselungs-
weisen verstanden werden können.

[3]) D i o n y s. H a l. Arch. XX, 2: Λακεδαιμόνιοι ὅτι τοῖς πρεσβυτάτοις ἐπέτρεπον τοὺς ἀκοσμοῦντας τῶν πολιτῶν ἐν ὅτῳ δὴ τινι τῶν δημοσίων τόπῳ ταῖς βακτηρίαις παίειν. Darauf, wie auf die polizeilichen Massregeln in A t h e n z. B.
die ῥαβδοφόροι, μαστιγοφόροι in Theater und Festlokalen S c h o l. Arist. Pac.
735 mit Gottesd. Alt. § 50 geht auch S a l l u s t. Catil. 51, 39: Graeciae mo-
rem imitati verberibus animadvertebant in civis, de condemnatis summum sup-
plicium sumebant im Gegensatz zum späteren peinlichen Strafverfahren der
Römer.

[4]) P o l l. X, 177: σκεῦος ἦν τι ἀγορανομικόν, ᾧ τὸν αὐχένα ἐνθέντα ἔδει
μαστιγοῦσθαι τὸν περὶ τὴν ἀγορὰν κακουργοῦντα: vgl. oben S. 36 A. 1 und die
zunächst für Sklaven und Fremde geltende δημοσία μάστιξ bei P l a t. Leg.
VI p. 764 b, IX, p. 879 f. und XI, p. 917 mit H e r m a n n, de vestig. instit.
vet. p. 24 und P l a t n e r in Zeitschr. f. d. Altert. S. 685. Und damit sind
die Beispiele von Inschriften verschiedener Orte in Übereinstimmung, wo für
dasselbe Vergehen den Sklaven Schläge, Freien aber Geldstrafe angedroht
wird, C. I. A. II, 841 (S. I. Gr. 359, vgl. 337 fin.); aus S y r o s: D i t t e n -
b e r g e r, S. I. Gr. 401 und von A n d a n i a: L e b a s - F o u c a r t, Pél. 326 a
(S. I. Gr. 388, C[2] 47) Z. 76, 79, 105, 110, wenngleich daselbst Z. 40 und 43,
für Ungehorsam und Verstösse gegen den Anstand allen insgesamt Schläge
bevorstehen. Über das Sprichwort Κερκυραία μάστιξ vgl. P a r o e m i o g r.

sächlichste Zwangsmittel in bürgerlichen Vergehen blieb deshalb immer die Geldstrafe, von deren Umfange und tief eingreifenden Wirkungen schon oben näher die Rede gewesen ist [1]).

Gott. p. 89; sonst gilt μαστιγονομειν als Zeichen der Tyrannis, D i o d o r. VIII, 24 Ddf., P l u t. S. N. V. c. 7 p. 553 a. Nächtliche Züchtigung des περίπολος gegen Herumstreicher ohne Fackelbegleitung E p i c h a r m. frgt. in A t h. VI, 28 p. 236 a.

[1]) Vgl. S. 124 A. 2 ff. und im Allgem. D e m o s t h. c. Androt. § 55: τοῖς μὲν δούλοις τὸ σῶμα τῶν ἀδικημάτων ἁπάντων ὑπεύθυνόν ἐστι, τοῖς δ' ἐλευθέροις, κἂν τὰ μέγιστ' ἀτυχῶσι, τοῦτό γ' ἔνεστι σῶσαι· εἰς χρήματα γὰρ τὴν δίκην περὶ τῶν πλείστων παρὰ τούτων προσήκει λαμβάνειν. Nicht bloss der Staat, auch andere Körperschaften drohen Geldstrafen an, so die Phratrie C. I. A. II, 841b, und zwar bis 1000 Drachmen, und aus C h i o s: D i t t e n b e r g e r, S. I. Gr. 360 Z. 34; von dem Umfang aber erhalten wir eine Vorstellung, wenn wir hören, dass die Olbiopoliten die Geldstrafen als Staatsgefälle verpachtet hatten, D i t t e n b e r g e r a. a. O. 354 Z. 20 mit Anm.

I.

Stobaei Flor. XLIV, 22.

Ἐκ τῶν Θεοφράστου περὶ συμβολαίων*).

1. Οἱ μὲν οὖν ὑπὸ κήρυκος κελεύουσι πωλεῖν καὶ προκηρύττειν ἐκ πλειόνων ἡμερῶν, οἱ δὲ παρ' ἀρχῇ τινι, καθάπερ καὶ Πιττακὸς παρὰ βασιλεῦσι καὶ πρυτάνει. ἔνιοι δὲ προγράφειν παρὰ τῇ ἀρχῇ πρὸ ἡμερῶν μὴ ἔλαττον b) ἢ ἑξήκοντα, καθάπερ Ἀθήνησι, καὶ τὸν πριάμενον ἑκατοστὴν τιθέναι τῆς τιμῆς, ὅπως διαμφισβητῆσαί τε ἐξῇ c) καὶ διαμαρτύρασθαι d) τῷ βουλομένῳ καὶ ὁ δικαίως ἐωνημένος φανερὸς ᾖ τῷ τέλει. παρὰ δέ τισι προκηρύττειν κελεύουσι πρὸ τοῦ κατακυρωθῆναι πένθ' ἡμέρας συνεχῶς, εἴ τις ἐνίσταται ἢ ἀντιποιεῖται τοῦ κτήματος ἢ τῆς οἰκίας· ὡσαύτως δὲ καὶ ἐπὶ τῶν ὑποθέσεων, ὥσπερ καὶ ἐν τοῖς Κυζικηνῶν. οἱ δὲ Θουριακοὶ τὰ μὲν τοιαῦτα πάντα ἀφαιροῦσιν, οὐδ' ἐν ἀγορᾷ προστάττουσιν e), ὥσπερ τἄλλα, διδόναι δὲ κελεύουσι κοινῇ τῶν γειτόνων τοῖς f) ἐγγυτάτω τρισὶ νόμισμά τι βραχὺ μνήμης ἕνεκα καὶ

Vgl. Stob. flor. ed. Meineke II p. 166; F. Hofmann, Beiträge zur Geschichte des griechischen und römischen Rechts. Wien 1870. S. 71 fg. Dareste, revue de législation 1870/71 p. 277 f. Die kritischen Angaben enthalten alle wichtigeren Abweichungen der beiden Handschriften S (Vindobonensis XI. Jahrh.) und L Laurentianus XIV. Jahrh.) nach den Mitteilungen von O. Hense. Diese allein kommen in Betracht, da der Abschnitt in MA fehlt.

a) ἐκ τῶν und περ. συμβ. fehlt in L. — b) ἐλάττων S, ἐλάττων L, ἐλαττόνων Gesner. — c) ἐξῆς L. — d) διαμαρτύρεσθαι Gaisf. (SL), Verb. wie es scheint von Meineke. — e) προστ. (πιπράσκειν) Gomperz, προστ. (πωλεῖν) schon Heyne, dem Sinne nach richtig, kann wohl aber auch ohne den Zusatz verstanden werden. — f) So SL, τῶν Trinc. Mein., doch wirkt die Massregel nur sicher, wenn die Verpflichtung bestimmten Nachbarn ohne Auswahl auferlegt wird, vgl. unten ἐὰν μὴ λάβωσιν.

¹) Hofmann S. 80: „zugleich soll hierdurch der rechtmässige Käufer der Behörde bekannt werden". So früher Meier, Att. Pr. 523 und jetzt Caillemer, Rev. de lég. 1870/71 p. 651. Aber der Behörde war er schon durch den Anschlag bekannt und τὸ τέλος im Sing. heisst schwerlich die Behörde, welche in dem Fragment wenigstens immer ἀρχή genannt wird. Durch die Steuer, deren Einnahme gebucht wurde (Boeckh, St. d. Ath. II, 347,

I.

Aus der Schrift des Theophrastos über Verträge.

1. Einige (Gesetzgebungen) ordnen an, dass der Kauf unter Heroldsruf erfolge und mehrere Tage vorher ausgerufen werde, andere, dass er vor einer Behörde geschehe, z. B. Pittakos vor den Basileis und dem Prytanen. Einige aber, er solle bei der Behörde mindestens sechzig Tage vorher angeschlagen werden, so in Athen, und der Käufer ein Hundertstel des Wertes erlegen, damit ein jeder (den Verkauf) anfechten und durch Zeugenaussagen hindern könne und durch die Abgabe [1]) der rechtmässige Käufer offenbar sei. Bei einigen aber gilt die Bestimmung, man solle vor der Endgiltigkeit fünf Tage hinter einander öffentlich aufrufen, ob Jemand Einspruch erhebe oder auf das Grundstück oder Haus Ansprüche mache. Desgleichen auch bei Pfandbestellungen, wie in den Gesetzen von Kyzikos. Die von Thurii aber sehen von alledem ab, bestimmen auch nicht, wie bei den anderen (Waren [2])), als Ort den Marktplatz, sondern sie fordern, man solle gemeinschaftlich [3]) den drei nächsten Nachbarn eine geringe Münze geben zum Gedächtnis und Zeugnis.

vgl. oben S. 86 A. 1), liess sich aber der Käufer für immer konstatieren, vgl. D e m. XXXII, 18 p. 887. Dies scheint auch D a r e s t e zu meinen, der pag. 277 τῷ τέλει mit par le paiement du prix übersetzt, vgl. jetzt L i p s i u s in Bursians Jahresbericht II, 1404 Anm. und att. Proz. 713.

[1]) Erklärung von G o m p e r z. Irrig D a r e s t e p. 277: et ne publient pas les ventes sur la place publique ainsi que les autres actes.

[2]) H o f m a n n S. 81: „dass Dreien der nächsten Nachbarn, welche zugleich anwesend sein müssen, eine kleine Münze" u. s. w., ebenso M e i e r, Att. Proz. S. 522, C a i l l e m e r a. a. O. p. 659. Richtig D a r e s t e p. 277: obligent le vendeur et l'acheteur à se réunir pour donner etc. Dafür die Stellung und der Sinn, denn ob die drei Nachbarn zusammen waren, ist gleichgiltig, es kam vielmehr darauf an, dass die beiden kontrahierenden Personen zusammen sich dem Gedächtnis jedes einzelnen der Nachbarn einprägten. Wer die Münzen giebt, ob Käufer oder Verkäufer erscheint bei der Geringfügigkeit ihres Wertes ohne Belang.

μαρτυρίας. ἀναγκαῖον δηλονότι τοῖς μὲν τὰς ἀρχὰς ὑπευθύνους ποιεῖν, τοῖς δὲ τοὺς γείτονας, ἐὰν μὴ λάβωσιν ἢ δὶς παρὰ τοῦ αὐτοῦ[a]) λάβωσιν ἢ ἔχοντες μὴ λέγωσι τῷ ὠνουμένῳ[b]).

2. Οὐ χρὴ δ' ἀγνοεῖν, ὅτι αἱ προγραφαὶ καὶ αἱ προκηρύξεις καὶ ὅλως ὅσα πρὸς τὰς ἀμφισβητήσεις ἐστὶ πάντ' ἢ[c]) τὰ πλεῖστα δι' ἔλλειψιν ἑτέρου νόμου τίθεται· παρ' οἷς γὰρ ἀναγραφὴ τῶν κτημάτων ἐστὶ[d]) καὶ τῶν συμβολαίων, ἐξ ἐκείνων ἔστι μαθεῖν εἰ ἐλεύθερα καὶ ἀνέπαφα[e]) καὶ τὰ αὐτοῦ πωλεῖ δικαίως· εὐθὺς γὰρ καὶ μετεγγράφει[f]) ἡ ἀρχὴ τὸν ἐωνημένον[g]).

3. Ἐπεὶ δὲ[h]) καὶ προστασίᾳ[i]) τινὲς ὠνοῦνται καὶ πωλοῦσιν ἀπαλλοτριοῦν ἐθέλοντες, ὀρθῶς ἔχει καὶ πρὸς ταῦτα νομοθετεῖν, ὅπερ καὶ ποιοῦσιν, ἅμα ταῦτά τε βουλόμενοι κωλύειν καὶ τὴν (ὠνὴν[k])) ἐμφανῆ ποιεῖν, ὥσπερ ἐν τοῖς Αἰνίων[l]). κελεύουσι γάρ, ἐὰν μέν τις οἰκίαν πρίηται, θύειν ἐπὶ τοῦ Ἀπόλλωνος τοῦ ἐπικωμαίου[m]), ἐὰν δὲ χωρίον[n]) ἐπὶ τῆς κώμης ᾗ[o]) αὐτὸς οἰκεῖ, ** καὶ ὀμνύειν[p] ἐναντίον τῆ;

---

a) παρ' αὐτοῦ L. — b) τῷ ὠναμένῳ S, τῷ ὠνουμένῳ L, τῶν ὠναμένων Trinc., τῶν ἰωνημένων Heyne, τὸν ἰωνημένον Gomperz, doch wichtiger, als dass sie den Käufer nennen, ist, dass sie dem Käufer die Mitteilung von dem etwa erfolgten Besitzwechsel machen. — c) πάντῃ S, πάντα oder πάντῃ L. — d) ἀναγραφαί ... εἰσὶ schlug Mein. vor. — e) ἐστὶν ἐλεύθερα καὶ ἀνέπαφα μαθεῖν L. f) μεταγράφῃ L. — g) τῶν ἰωνημένων L. — h) δὲ fehlt in L. — i) So deutet Hofmann das überlieferte προστασίαι, im Sinne des von Meineke vorgeschlagenen πρόφασιν, vgl. Dem. XXX, 30 p. 872, Harp. s. v. und Thumser, de civ. Ath. muneribus p. 11. — k) Ὠνὴν ist von Gaisford und Gomperz zugesetzt. Meineke nach Jacobs ἀπάτην. Gaisford schlug auch οὐσίαν vor, Dareste giebt κτῆσιν. — k) Die Mss. ἀνίων, Valckenaers Verbesserung ist unsicher. — m) ἐπικωμένου L, Ἐπικωμίου Gomperz bei Hofm. S. 101. — n) χωρὶς L. — o) ἢ αὐτὸς οἰκῇ L, ᾗς oder ἐν ᾗ will Meineke. — p) καὶ ὀμνύῃ S, ἢ ὀμνύῃ (in Abkürzung, die wohl auch ὀμνύειν gelesen werden könnte) L, verb. von Gesner.

¹) Irrig Hofmann S. 81: „Offenbar müssen die Parteien sich bald an die Behörden ... halten"; es muss von gesetzlicher Verpflichtung der Zeugen die Rede sein, sonst ist die Rechtssicherheit gefährdet, vgl. unten bei 4 die Bestimmungen der Ainier.

²) Hofmann S. 81: „wenn die letzteren (einen Kauf bezeugen, während sie doch) keine solche Münzen erhalten haben". Diese Ergänzung ist schwerlich möglich, und ganz unwahrscheinlich durch den sehr präzisen Ausdruck der dritten Eventualität. Eine solche Bestimmung war auch überflüssig, denn diese Handlungsweise war als falsches Zeugnis zweifellos ohnehin strafbar. Dagegen forderte die Rechtssicherheit die Annahmepflicht der Nachbarn, da sonst ein Verkäufer die erforderlichen drei Zeugen nicht immer gefunden hätte. Richtig Dareste p. 278: s'ils refusent de recevoir. Der Aorist λάβωσι ist auch bei dieser Deutung gerechtfertigt, da die Weigerung immer der Verfolgung vorhergehen muss.

Natürlich müssen die einen (n. Gesetzgebungen [1])) die Behörden verantwortlich machen, die andern die Nachbarn, wenn sie (die Münze) nicht angenommen haben [2]) oder zweimal von demselben angenommen haben oder trotz des Empfangs dem Käufer keine Mitteilung machen.

2. Man darf jedoch nicht vergessen, dass die Anschläge und Bekanntmachungen, und was sonst der Einreden (Dritter) wegen angeordnet ist, alles oder zumeist in Ermangelung eines anderen Gesetzes bestimmt ist; wo nämlich Aufzeichnungen der Grundstücke und der Verträge existieren, kann man aus diesen ersehen, ob jemand freies [3]) und unbelastetes Gut und sein Eigentum rechtmässig verkauft. Denn die Behörde trägt den neuen Käufer sofort ein.

3. Da aber einige nur zum Schein kaufen und verkaufen, indem sie (das Gut) auf die Seite bringen wollen, so empfiehlt es sich auch dagegen Bestimmungen zu erlassen, wie man es auch thut in der doppelten Absicht, dergleichen zu hindern und den Kauf zu beurkunden. So verordnen zum Beispiel die Gesetze von Ainos: wenn Jemand ein Haus kauft, so soll er dem Apoll der Ortschaft opfern, kauft er ein Grundstück in der Ortschaft, wo er selbst wohnt [4]),

---

[3]) Hofmann S. 82 deutet ἐλεύθερα frei im Gegensatz zur Erbpacht, ἀνέπαφα unbelastet durch Pfandrechte.

[4]) Über diese verdorbene Stelle gehen die Ansichten weit auseinander. Die Gründe für obige Erklärung sind folgende: Es werden drei Fälle unterschieden: a) „Wenn Jemand ein Haus kauft", wo? in der Stadt oder auf dem Lande? Der Apollo ἐπικώμαιος entscheidet für das Land, „dann soll er dem Apoll der Ortschaft opfern, der das Haus angehört". b) „Wenn Jemand ein Grundstück kauft — ἐπὶ τῆς κώμης ἢ αὐτὸς οἰκεῖ!" — es fragt sich, ob die letzten Worte in den Vordersatz zu ἐὰν δέ gehören, oder ob sie einen Nachsatz zu dem Bedingungssatze bilden. Ausser Frage ist, dass das folgende καὶ ὀμνύειν κτλ. nicht den speziellen Nachsatz zu dem ἐὰν δέ bilden kann, sondern allgemeine Bestimmungen enthält, die ebensowohl für den Fall a) wie b) gelten, denn des Eides und der Zeugen bedürfen beide Fälle gleichmässig. Wer nun α) die fraglichen Worte in den Vordersatz zu ἐὰν δέ zieht: „Wenn aber Jemand ein Grundstück kauft in dem Dorf, wo er selbst wohnt", wird hierzu den Nachsatz vermissen, der obigem θύειν entsprechen soll. Wer sie dagegen β) in den Nachsatz zieht, kann dazu θύειν ergänzen: „Wenn Jemand ein Grundstück kauft, soll er in dem Dorfe opfern, wo er selbst wohnt", kommt aber dabei zu einer juristischen Ungeheuerlichkeit, indem an Stelle des forum rei sitae für Grundstücke das forum emtoris angeordnet wird und damit der Besitzer eines Grundstücks nur durch Umfrage bei den Behörden sämtlicher Ortschaften konstatiert werden kann. Die Entscheidung ergiebt der Fall c): τὸν δὲ μὴ οἰκοῦντα ἐν ἄστει θύειν. Neben a und b β giebt es als dritten Fall nur den, dass Jemand ein Haus oder Grundstück in der Stadt kauft, und dieser ist ohne gewaltsame Änderung in den überlieferten Worten

ἀρχῆς (τῆς[a])) ἐγγραφούσης καὶ κωμητῶν τριῶν, ἢ μὴν ὠνεῖσθαι δικαίως, μηδὲν[b]) συγκακουργοῦντα μήτε τέχνῃ μήτε μηχανῇ μηδεμιᾷ· τὸν αὐτὸν δὲ τρόπον καὶ τὸν πωλοῦντα πωλεῖν ἀδόλως[c])· τὸν δὲ μὴ οἰκοῦντα ἐν ἄστει θύειν τὸν ὅρκον ἐπὶ τοῦ Διὸς τοῦ ἀγοραίου, τὴν δὲ θυσίαν τῶν ἐλαττόνων εἶναι θυλήμασιν[d]), ἄνευ δὲ τούτων μὴ ἐγγράφειν τὴν ἀρχήν· ἅμα[e]) καὶ ἐν τῷ ὅρκῳ προσορκίζειν αὐτήν, ἐὰν μὴ ὀμνύωσι, μηδὲ ἐγ- γράψειν τὴν ὠνήν· οὗτοι μὲν δὴ πρὸς ἀμφότερα, μᾶλλον δὲ πρὸς πάντα βούλονται πεφυλάχθαι, καθάπερ ἴσως καὶ δεῖ[f]).

4. Κυρία (δὲ[g])) ἡ ὠνὴ καὶ ἡ πρᾶσις εἰς μὲν κτῆσιν, ὅταν ἡ τιμὴ δοθῇ καὶ τὰκ τῶν νόμων ποιήσωσιν, οἷον ἀναγραφὴν ἢ ὅρκον[h]) ἢ τοῖς γείτοσι· τὸ γιγνόμενον· εἰς δὲ τὴν παράδοσιν καὶ εἰς αὐτὸ τὸ πωλεῖν[i]), ὅταν ἀρραβῶνα λάβῃ· σχεδὸν γὰρ οὕτως οἱ πολλοὶ νομοθετοῦσιν· ἀλλὰ τοῦτο προσδιοριστέον, ἐὰν μὴ παρὰ μεθύοντος μηδ' ἐξ ὀργῆς μηδὲ φιλονεικίας, μηδὲ παρανοοῦντος[k]), ἀλλὰ φρονοῦντος, καὶ τὸ ὅλον δι- καίως, ὅπερ κἀκεῖ προσθετέον, ὅταν ἀφορίζῃ παρ' ὧν δεῖ ὠνεῖσθαι. ἔοικε[l]) γὰρ ἐκ καιροῦ τὰ τοιαῦτα καὶ πάθους γίγνεσθαι· δεῖ δ' ἐκ προαιρέσεως· οὕτω γὰρ ἔσται τὸ δίκαιον.

5. Τάττουσι δέ τινες καὶ τὸν ἀρραβῶνα πόσον δεῖ διδόναι, πρὸς τὸ πλῆθος τῆς τιμῆς μερίζοντες[m])· ἄτοπον γὰρ ἐὰν δακτύλιον δῷ τῶν δέκα ταλάντων.

6. Ἐὰν δὲ λαβὼν ἀρραβῶνα μὴ δέχηται τὴν τιμὴν ἢ δοὺς μὴ καταβάλῃ ἐν τῷ ὡρισμένῳ χρόνῳ· δεῖ γὰρ ὡρίσθαι, καθάπερ ἐν τοῖς Θουρίων τὸν μὲν ἀρραβῶνα παραχρῆμα τὴν δὲ τιμὴν αὐθημερόν, οἱ δὲ καὶ πλείους ἡμέρας τίθενται τῆς τιμῆς, οἱ δ' ἁπλῶς ὅσας ἂν ὁμολο-

---

a) Τῆς verlangte Meineke. — b) ὡς μηδὲν S. — c) εὐκέλως L. — d) θαλήμασιν L. — e) ἀλλά L. — f) δὴ L. — g) δέ zugesetzt von Gesner, die Mss. interpungieren hinter ἴσως. — h) Οἶκον die Mss.; Verb. von Gesner. — i) πονεῖν L. — k) Παρανοοῦντος die Mss.; Verb. von Nauck. — l) Ἔοικε ... δίκαιον steht in den Mss. drei Zeilen später hinter ταλάντων. Umstellung von Gesner, nicht angenommen von Dareste. — m) ὁρίζοντες wollte Meineke.

nicht zu finden. Neben a und b α dagegen steht als Drittes, dass Jemand ein Grundstück kauft an einem Orte, wo er nicht wohnt. Zu τὸν δὲ μὴ οἰ- κοῦντα, „wer aber nicht (da) wohnt", kann aus dem in b α angegebenen Gegen- satze ergänzt werden: „in der Ortschaft, wo er das Grundstück kauft". Die Ergänzung ist hart, doch nicht härter als andere in dem Stück; wem sie zu hart erscheint, der mag eine Lücke annehmen, auf den gegebenen Sinn scheinen die Worte mit Sicherheit hinzuweisen. So giebt es für Häuser nur ein Forum, für Grundstücke ein doppeltes, je nachdem der Käufer ortsangehörig ist oder nicht. Auch hier wird das forum rei sitae durchbrochen durch das forum emtoris, aber in erträglicher Weise, und der Besitzer eines Grundstücks war,

desgleichen, und soll schwören angesichts der eintragenden Behörde und dreier Ortsbewohner, dass er ehrlich kaufe ohne allen und jeden Hintergedanken. In derselben Weise auch der Verkäufer, dass er ohne Falsch verkaufe. Wer aber nicht (da) wohnt, soll das Eidopfer in der Stadt darbringen dem Zeus des Marktes, und bei kleineren (Grundstücken [1])) soll das Opfer unblutig sein. Ohne dies aber soll die Behörde nichts eintragen. Zugleich soll man diese in dem (Amts-) Eide verpflichten, ohne jenen Schwur den Kauf nicht einzutragen. Diese (Gesetze) nun wollen sich nach beiden oder vielmehr nach allen Richtungen sichern und vielleicht ist es recht so.

4. Giltig aber ist der Kauf und Verkauf zum Eigentumsübergang, wann der Preis bezahlt und die gesetzlichen Vorschriften, wie Eintragung, Eid oder Entrichtung an die Nachbarn erfüllt sind; zur Übergabe und zur Veräusserung selbst (ist er giltig) schon, wenn (der Verkäufer) das Angeld angenommen hat. So etwa lautet das Gesetz bei den meisten. Es bedarf aber noch des Zusatzes, wenn (er das Angeld erhalten hat) von einem Käufer, der nicht in trunkenem Zustand noch in Zorn noch in Streit noch im Irrsinn, sondern bei gesunden Sinnen sich befand, und überhaupt ehrlich, und derselben Zusatzbestimmungen bedarf es betreffs des Verkäufers. Denn es kommt wohl vor, dass solche Geschäfte in der Stimmung des Augenblicks abgeschlossen werden. Es soll aber mit Überlegung geschehen, so erfordert es das Recht.

5. Einige aber setzen auch die Höhe des zu entrichtenden Angeldes fest im Verhältnis zum Betrage des Preises. Denn es ist widersinnig, auf zehn Talente einen Fingerring zu geben.

6. Wer aber nach Empfang des Angelds den Preis nicht annimmt, oder nach Hingabe (des Angelds) ihn in der vorgeschriebenen Zeit nicht erlegt — denn sie muss vorgeschrieben sein, wie in denen von Thurii: das Angeld sogleich, den Preis noch an demselben Tage. Andere aber bestimmen mehrere Tage für die Zahlung, noch andere

wenn nicht in der Ortschaft selbst, dann sicher in der Stadt festzustellen. Die Erwähnung eines städtischen Hauses oder Grundstücks war überflüssig, weil für sie das Forum der Stadt selbstverständlich war.

Danach vermisst man den Nachsatz zu ἐὰν δὲ χωρίον ἐπὶ τῆς κώμης ἢ αὐτὸς οἰκεῖ; der Inhalt war, da hierfür gleichfalls die Zeugenschaft der drei Ortsbewohner gefordert wird, vorraussichtlich identisch mit dem des Falles a) θύειν ἐπὶ τοῦ Ἀπόλλωνος τοῦ ἐπικωμαίου, dieser Sinn kann auf mehrere Weisen hergestellt werden, das einfachste erscheint Einsetzung von ὡσαύτως hinter οἰκεῖ.

[1]) D a r e s t e p. 279 versteht ärmere Bürger: les pauvres peuvent s'acquitter.

γήσωσι · τὸ δ' ἐπιτίμιον[a]) ἑκατέρῳ, πότερον τῷ μὲν στέρησις[b]) τοῦ
ἀῤῥαβῶνος; οὕτω γὰρ σχεδὸν οἵ τ' ἄλλοι κελεύουσι καὶ οἱ Θουριακοί·
τῷ δὲ μὴ δεχομένῳ ἔκτισις ὅσου ἂν ἀποδῶται; καὶ γὰρ τοῦτο ἐν τοῖς
Θουρίων, ἢ ἄνισος (ἡ[c])) ζημία; πολλαπλασία γὰρ ἡ τιμὴ τοῦ ἀῤῥα-
βῶνος· ἔτι δὲ καὶ βλάπτοιτ' ἂν ὁ ἀποδόμενος ἀφεὶς ἑκάτερον[d]), ἐπειδή
τις ἐφ' ἡμέραν μίαν ὁρίσειεν· οὕτω γὰρ μάλιστ' ἐνδέχεται· παρ' ἐνίοις
δὲ δικάσασθαι[e]) κελεύουσι τῷ μὴ δεχομένῳ τὴν τιμήν.

7. Πότερον δὲ ἕως ἂν κομίσηται κύριον εἶναι[f]) τοῦ κτήματος; οὕτω
γὰρ οἱ πολλοὶ νομοθετοῦσιν· ἢ ὥσπερ Χαρώνδας καὶ Πλάτων; οὗτοι
γὰρ παραχρῆμα κελεύουσι διδόναι καὶ λαμβάνειν, ἐὰν δέ τις πιστεύσῃ,
μὴ εἶναι δίκην· αὐτὸν γὰρ[g]) αἴτιον εἶναι τῆς ἀδικίας.

II.

Inschrift von Ephesos[2]).

. . . .
οἱ δικασταί. — ἐξεῖναι δὲ τοῖς δικασταῖς, ἐὰν αὐτοῖς μὴ φαίνηται δι-
καστικὸν εἶναι τὸ πρᾶγμα ἀλλ' ὁ μὲν | [3] γεωργὸς πλέονος τετιμῆσθαι

---

a) Τί τὸ ἐπιτίμιον Nauck, scheint unnötig, die Überlieferung ergiebt
denselben Sinn, und das Anakoluth ist nach der Abschweifung am Platze. —
b) τῶ μὲν στερήσεις S, τὴν μὲν στέρησιν L. — c) ἡ ἄνισος die Mss., verb. von
Kirchhoff. — d) Ἑκατέρους die Mss., Verb. von Meineke. — e) Παρ'
ἐνίοις, δεδικάσθαι die Mss. Die Verb. scheint von Dareste. — f) κύριός
ἐστι. L. — g) γὰρ fehlt in L.

¹) Dareste liest: καὶ γὰρ τοῦτο ἐν τοῖς Θουρίων ἡ ἄνισος ζημία, mit
Gaisford. Damit wäre die Alternative zu πότερον aufgegeben, sie fände
sich anakoluthisch in παρ' ἐνίοις δέ. Dann müsste aber auch der folgende
Satz ἔτι δὲ καὶ βλάπτοιτ' ἂν . . . den Gesetzen von Thurii entnommen sein.
Dem widerspricht aber, wenigstens in Darestes eigener Deutung, die mir
die annehmbarste scheint, der Satzteil ἐπειδή τις ἐφ' ἡμέραν ὁρίσειε, vgl. die
folgende Anm.

²) Dareste p. 279: Il y a même des cas où la peine du vendeur peut être
plus forte et où il perdra à la fois les arrhes et le prix, c'est celui où le prix
a été stipulé payable le jour même. Das scheint nicht unvernünftig. Wo die
Zahlungsfrist der Verabredung anheimgestellt ist, wird die eintägige Frist
zumeist vom Verkäufer ausbedungen sein; ändert er trotz der strengen Forderung in so kurzer Zeit seinen Entschluss, so verdient er schärfere Ahndung.
Aber es liegt auf der Hand, dass diese Bestimmung freie Verabredung der
Zahlungsfrist zur Voraussetzung hat, und desshalb hat der Schriftsteller statt
des zweideutigen Plurals, der ebenso von den Gesetzen wie den Parteien verstanden werden konnte, τις gewählt. Die Bestimmung ist also nicht aus
Thurii, wo ganz allgemein eintägige Zahlungsfrist angeordnet war.

überlassen die Frist einfach der Verabredung — soll dann die Strafe der Parteien sein, für den einen Verlust des Angelds (so ordnen unter anderen die von Thurii an), für den aber, der die Annahme verweigert, eine Busse in Höhe des Kaufpreises (auch das gilt nach denen von Thurii), oder ist eine solche Strafe unbillig? [1]) Denn der Kaufpreis ist ja vielmal mehr als das Angeld. Ferner aber kann der Verkäufer durch Verlust von beidem (Angeld und Kaufpreis) geschädigt werden, wenn er die Zahlungsfrist auf einen Tag beschränkt [2]). Denn das ist vielfach üblich. Bei einigen aber verordnen (die Gesetze) gegen den, der die Annahme des Kaufpreises verweigert, klageweise vorzugehen.

7. Soll aber der Verkäufer bis zur Zahlung Eigentümer des Gegenstandes sein? denn so wollen die meisten Gesetzgeber, oder wie bei Charondas und Platon? diese nämlich verordnen Geben und Nehmen Zug um Zug. Wenn aber Jemand stundet, so solle er kein Klagerecht haben, denn er selbst sei an der (ihm zugefügten) Unbill schuld.

Es soll aber den Richtern freistehen, wenn ihnen die Sache nicht spruchgerecht erscheint, sondern ihnen der Grundbesitzer zu

[2]) Die Inschrift ist gefunden von K a y s e r, zwei engl. Meilen nördlich Ajassuluk, veröffentlicht von J. T. W o o d, Discoveries at Ephesus, London 1877. Appendix VIII No. 1. Sodann nach einem Abklatsch von C. N e w t o n durch D a r e s t e, nouvelle revue historique de droit, 1877 S. 174 f. D i t t e n - b e r g e r, Syll. Inscr. Graec. 344. I n s c r. j u r. gr. p. 30 f. H i c k s in Anc. Greek inscr. in the brit. mus. III, 2. 477 f.

Die Inschrift wurde früher auf den mithridatischen Krieg bezogen und in das Jahr 84 v. Chr. gesetzt. Zweifel an dieser Annahme äusserte zuerst E. S o n n e , de arbitris externis, welche in der Neuausgabe von H i c k s ihre Bestätigung finden. Danach stammt die Inschrift nach Schrift, Orthographie und Sprache aus dem II. Jahrh. v. Chr. Es kommt hinzu, dass Z. 75 f. sich nur gezwungen mit den Angaben der Inschrift bei L e b a s-W a d d i n g t o n, Asie min. 136 a (S. I. Gr. 253) vereinigen lassen. S o n n e dachte an die Zeit um 188 v. Chr. mit Rücksicht auf die Wirren in Klein-Asien, von denen S. I. Gr. 241 berichtet. H i c k s möchte sie auf den Aufstand des Aristonikos gegen die Römer in den Jahren 131—129 beziehen, vgl. M o m m s e n, Röm. Geschichte II⁵, 54, J u s t i n. XXXVI, 4, S t r a b o XIV, 38 p. 646. Doch sind diese Vermutungen unsicher.

Jedenfalls bezeichnet in dem Gesetze der Monat Posideon des Prytanen D e m a g o r a s den Anfang der Kriegswirren. Zu dieser Zeit war ein Volksbeschluss ergangen (Z. 80), welcher Hypothekenschuldnern, die aus ihrem

ὁ δὲ τοκιστὴς ἐλάττονος, ἐξεῖναι αὐτοῖς τιμῆσαι ὅσου ἂν δοκῇ καλῶς |
ᵃ ἔχειν — τοῦ δὲ χρέους μὴ εἶναι ἀντιτίμησιν — ἐὰν δὲ ἡ μὲν τίμησις
συνομολογῆται, τὸ δὲ | ᵃ δάνειον διαμφισβητῆται, ἢ τὸ μὲν δάνειον [συν]-
ομολογῆται, ἡ δὲ τίμησις ἀντιλέγηται, περὶ τοῦ διαμφι ᵇσβητουμένου

Besitz verdrängt waren, denselben wieder zurückgab. Die Unsicherheit der
Zustände dauerte zwei Jahre, das Jahr des Mantikrates hindurch bis in
das des Apollas hinein zum Monat Lenäon. Seit diesem Termin ist schon
einige Zeit, höchstens aber wohl ein Jahr vergangen. Denn eine so durch-
greifende Massregel bedurfte gewiss längerer Vorbereitung, andrerseits aber
durfte man nicht säumen, die erschütterten Grundbesitzverhältnisse zu ordnen.

Das Gesetz regelt dieselben in folgender Anordnung:

I. Besitzergreifungen durch die Gläubiger sind bisher unterblieben 1—74.
    a. Verträge aus der Zeit vor dem Kriege 1—64.
        1. Von Abschätzung der Grundstücke und der Schuldhöbe 1—5.
        2. Von Teilung der Grundstücke durch Schiedsrichter oder Rich-
          ter 5—23.
        3. Von Teilung durch gütliche Übereinkunft 24—32.
        4. Von zweiten Hypotheken 33—42.
        5. Von Hypothekenbürgen 43—53.
        6. Von Verträgen, die von dem Gesetze nicht betroffen werden
          54—64.
    b. Verträge aus der Kriegszeit 65—71.
    c. Verträge nach dem Kriege 71—74.
II. Besitzergreifungen durch die Gläubiger sind erfolgt 75—98.
    a. in der Zeit vor dem Kriege 75—78.
    b. in der Kriegszeit 79—98.
        1. Besitzergreifungen der Kriegszeit und Streitigkeiten über die
          Zeit der Besitzergreifung 79—85.
        2. freiwillige Abkommen dieser Zeit und Streitigkeiten über die
          Frage der Freiwilligkeit 85—88.
        3. unfreiwillige Besitzergreifung der Gläubiger und anschliessende
          Streitigkeiten 88—98.

Der Grundbesitz der Hypothekenschuldner war nach dem bestehenden
Recht, wofern sie ihren Verpflichtungen nicht nachkamen, den Gläubigern
ohne weiteres derart preisgegeben, dass diese sich ohne Rücksicht auf die
Höhe des Darlehns in den Besitz der Grundstücke setzen konnten. Es liegt
auf der Hand, dass die Kriegsnot alle oder doch fast alle Grundbesitzer zu
säumigen Schuldnern gemacht hatte, und dass die Entwertung der Grundstücke durch den Krieg zu dem Ruin aller Grundbesitzer führen musste. Man
nahm, da auch Verkauf nichts helfen konnte, seine Zuflucht zur Teilung
der verpfändeten Grundstücke, indem man ihren Wert vor dem Kriege ab-
schätzte und diesen Taxwert zu der Höhe des Darlehns in Beziehung setzte.

Dies das Prinzip, die möglichen Streitfälle im einzelnen sucht das Gesetz
in detaillierten Bestimmungen zu schlichten. Es empfiehlt und bevorzugt (Z. 24)
die gütliche Einigung. Demnächst treten öffentliche Schiedsrichter ein (Z. 88),
die ihre Entscheidung an das Gericht abzugeben haben (Z. 6).

hoch, der Kapitalist zu niedrig abgeschätzt hat, freistehen, selbst nach bestem Ermessen abzuschätzen — eine Gegenschätzung der Schuld aber ist nicht statthaft —. Sind aber die Parteien über die Schätzung einig, über das Darlehn dagegen uneins, oder sind sie über das Darlehn einig, über die Schätzung aber uneinig, so unterliegt der Streitpunkt dem Richterspruch.

Erst wenn die Parteien sich dabei nicht beruhigen, erfolgt der Spruch der Richter. Der Eingang behandelt die hypothekarischen Verpflichtungen aus der Zeit vor dem Kriege, also vor dem Prytanen Demagoras. Die Bestimmungen über die Thätigkeit der Schiedsrichter sind verloren. Kommt die Sache vor Gericht, so sind drei Fälle möglich, entweder die Parteien streiten über den früheren Wert des Grundstücks und die Höhe des Darlehns zugleich, oder nur über den Taxwert oder nur über die Höhe des Darlehns. Mit dem ersten der Fälle hebt das Gesetz an, in diesem Falle entscheiden über Taxwert sowohl wie Höhe des Darlehns — die Richter.

Z. 3. Ἀντιτίμησις Gegenschätzung, sonst gebraucht bei der Festsetzung der Strafe von dem Gegenvorschlag, den der Verurteilte gegenüber dem Strafantrage des Klägers zu machen hatte. Während nun im übrigen die Richter nur zwischen Antrag des Klägers und Gegenantrag des Beklagten zu wählen hatten (Meier, att. Pr. 181 und Lipsius, att. Pr. 216), wird hier bei Bestimmung des Grundwertes den Richtern erlaubt, nach ihrem Ermessen ohne Rücksicht auf die Anträge der Parteien zu erkennen, anders bei der Höhe des Darlehens, da giebt es keine ἀντιτίμησις der Richter, sie haben sich entweder dem Antrage des Kapitalisten oder dem des Grundbesitzers anzuschliessen. Die Interpretation Darestes S. 165 erscheint mir nicht klar: *L'évaluation (τίμησις) est faite d'après l'état et la valeur de l'immeuble avant la guerre. Les parties y procèdent elles-mêmes en présence des arbitres publics (διαιτηταί). Le résultat de leur opération est soumis aux juges, qui peuvent le modifier d'office (ἀντιτίμησις), mais seulement dans l'intérêt du créancier.* Dittenberger: *Licet debitori, cum creditor aestimavit, quanti sit ager, item aestimare, sed in summa pecuniae debitae hoc facere debitor vetatur,* bezieht auch hier ἀντιτίμησις auf eine Schätzung der Gegenpartei, also des Schuldners, indessen diese kann auch bei der Schuldsumme dem Schuldner nicht verwehrt sein, der Z. 4 erwähnte Streit über die Höhe der Summe setzt notwendig eine Gegenangabe des Schuldners voraus. Die Richter aber stehen in den beiden erwähnten Fällen den Angaben der Parteien verschieden gegenüber. Denn der Wert des Grundstücks vor dem Krieg kann zwischen den Schätzungen der beiden Parteien in der Mitte liegen, bei der Höhe des Darlehns aber handelt es sich um Thatsachen, hier kann nur entweder der Gläubiger oder der Schuldner mit seinen Angaben Recht behalten. So jetzt auch Inscr. jur. gr. 48.

Z. 5. Die εἰσαγωγεῖς werden von Dittenberger mit Recht als besondere Behörde, nicht allgemein als Gerichtsvorstände gefasst. Wunderbar ist die Bezeichnung τῷ ἐπὶ τοῦ δικαστηρίου τεταγμένῳ und ὁ δὲ ἀποδεδειγμένος ἐπὶ τοῦ δικ. Z. 15 und der Singular, während man auch die εἰσαγωγεῖς erwarten sollte.

τὴν κρίσιν εἶναι — ἃ δ' ἂν οἱ δικασταὶ κρίνωσιν[a]) ἀναγράψαντες εἰς
λεύ[κω]μα οἱ εἰσ.[b]αγωγεῖς καὶ τὰς ἐπικρίσεις τὰς τῶν διαιτητῶν ἃς ἂν
ἐπὶ τοῦ δικαστηρίου συνομολογήσωσιν παραδότω [7]σαν τοῖς ἐπὶ τοῦ κοινοῦ
πολέμου ᾑρημένοις — ὅταν δὲ παραλάβωσιν οἱ ἐπὶ τοῦ κοινοῦ πολέμου
ᾑρημέ.[8]νοι τὰς κρίσεις καὶ τὰς διαίτας κληρούτωσαν ἐκ τῶν τριάκοντα
τῶν ᾑρημένων ὑπὸ τοῦ δήμου καθ' ἑκάστην | [9] πενθήμερον ἄνδρας πέντε
διαιρέτας τῶγ κτημάτων, κληρούτωσαν δὲ καὶ τοὺς τόπους ἀναγραψά-
με| [10]νοι, οἱ δὲ λαχόντες διαιρείτωσαν καθ' οὓς ἂν ἕκαστοι τόπους λά-
χωσιν μὴ διασπῶντες μήτε τὰ τοῦ τοκιστοῦ | [11] μέρη μήτε τὰ τοῦ γεωρ-
γοῦ, ἀλλὰ τὰ μέρη τέμνοντες συνεχῆ ἀλλήλοις, καὶ ἀποδιδότωσαν τῆς
γῆς τοῖς τοκισταῖς | [12][καὶ τοῖς γεωργοῖς κα]τὰ λόγον ἑκατέροις τῶν
ἐνόντωγ χρημάτων, συλλογισάμενοι τό τε δάνεον καὶ τὴν τί|[13][μησιν,
ἀφοριζέτω]σαν[b]) δὲ ἐν τῇ διαιρέσει τῆς χώρας ὁδοὺς πρός τε τὰ ἱερὰ
καὶ πρὸς τὰ ὕδατα καὶ πρὸς τὰς ἐπαύ|[14][λια]ς καὶ πε[ρὶ[c]) τ]άφους —
ἐὰν δέ τινες διαμφισβητήσωσιν τῇ γεγενημένῃ διαιρέσει, ἐπαγγειλάτωσαν
τοῖς | [15] ἐπὶ τοῦ κοινοῦ πολέμου ᾑρημένοις καὶ τῷ ἐπὶ τοῦ δικαστηρίου
τεταγμένῳ — ὁ δὲ ἀποδεδειγμένος ἐπὶ | [16] τοῦ δικαστηρίου ἐξαγέτω ἐπὶ
τὸν τόπον, οἱ δὲ δικασταὶ ἐάν τι[d]) δοκῇ αὐτοῖς μὴ δικαίως διῃρῆσθαι
ἀνισού|[17]τωσαν κατὰ λόγον ἑκάστοις προσνέμοντες τοῦ δανείου καὶ τῆς
τιμήσεως, τοὺς δὲ γενομένους ὑπὸ τῶν | [18] διαιτητῶν[e]) ἢ τῶν δικαστῶν
μερισμοὺς ἀνενεγκά[τ]ωσαν οἱ διαιτηταί[f]) καὶ οἱ | [19] δικασταὶ ἐπὶ τοὺς
ᾑρημένους ἐπὶ τοῦ κοινοῦ πολέμου, ἀναγράψαντες τά τε ὀνό|[20]ματα

---

a) κρίνωσιν nach H. auf dem Stein, die früheren Hsg. boten eine Lücke
und füllten sie mit διαζωσιν aus. — b) Διαιρείτω]σαν W. — c) ΠΕ .. ΙΑΙΟΓΣ Η,
[Περὶ] W, πρὸς D, [τοὺς] Di. — d) Τϛ irrtümlich Di. — e) διαι(ρϛ)τῶν Inscr.
jur. gr. — f) διαι(ρϛ)ταὶ Inscr. jur. gr.

Z. 6. Dem Gerichtsverfahren ging ein schiedsrichterliches vorher, die
Parteien hatten, wenn sie sich dabei beruhigten, vor Gericht eine diesbezüg-
liche Erklärung abzugeben (Dittenberger), wodurch das Urteil rechts-
kräftig wurde.

Z. 7. Hicks meint κοινὸς πόλεμος müsse bedeuten: a war waged κοινῇ
by confederated towns vgl. Corp. Inscr. Gr. 2335 (von Tenos) καθ' ὃν
καιρὸν ἐπιγενόμενος ὁ κοινὸς πόλεμος καὶ συνεχεῖς πειρατῶν ἐπίπλα τὴν νῆσον
οὐχ ὡς ἔτυχεν συνηνάγκασαν ὑπὸ τῶν δανείων ἐπιβαρηθῆναι. Dagegen sprechen
Z. 55 τούτῳ [μὴ] εἶναι κοινὸν τὸμ πόλεμον und dem gleichbedeutend Z. 61 μὴ
εἶναι αὐτοῖς ὑπολογίζεσθαι τὸγ κοινὸμ πόλεμον vgl. 66 u. 70.

Z. 8—14. Da von den Dreissigmännern immer nur fünf zu dem Teilungs-
geschäft bestimmt werden, so folgt, dass diese Behörde ausserdem andere
grössere Aufgaben hat. Sie ist also nicht, wie Inscr. jur. gr. übersetzen
und p. 44 erklären ad hoc gewählt, vgl. die Worte ἄνδρας πέντε διαιρέτας.
Es ist darum sehr möglich, dass diese Dreissig die allgemeine Kriegsbehörde
selbst sind, welche bestimmt war, die Ausnahmeverhältnisse wieder in die

Was aber die Richter erkennen, das sollen die εἰσαγωγεῖς auf
eine Tafel schreiben, ebenso die Gutachten der Schiedsrichter, die
die Parteien vor Gericht anerkannt haben, und sollen sie der allgemeinen Kriegsbehörde übergeben.

Nachdem aber die allgemeine Kriegsbehörde die Erkenntnisse
und Schiedssprüche erhalten hat, soll sie aus den dreissig vom Volk
erwählten Männern auf je fünf Tage fünf zu Güterteilern erlosen,
desgleichen soll sie die Grundstücke aufschreiben und auslosen, und
die Erlosten sollen an den ihnen zugelosten Orten die Teilung vornehmen, ohne die Anteile des Kapitalisten oder die des Grundbesitzers zu zerreissen, sondern sollen die Stücke in sich geschlossen
abgrenzen und von dem Lande den Kapitalisten und den Grundbe-
sitzern zuteilen, einem jeden nach Verhältnis der darauf befindlichen
Gelder, indem sie Darlehn und Schätzung vergleichen, sollen aber
bei der Teilung des Grundstücks die Wege zu Heiligtümern, Wasser-
plätzen, Gebäuden und um Gräber ausscheiden.

Wenn sich Jemand bei der erfolgten Teilung nicht beruhigt,
soll er es bei der allgemeinen Kriegsbehörde und dem Vorsitzenden
des Gerichts anzeigen. Dieser soll (das Gericht) an den Platz hin-
führen, und die Richter sollen, wenn ihnen die Teilung irgend un-
gerecht erscheint, sie ausgleichen, indem sie jedem nach dem Verhältnis des Darlehns zu der Schätzung zuteilen.

Die durch die Schiedsrichter oder Richter erfolgten Teilungen
sollen die Schiedsrichter und Richter an die allgemeine Kriegsbehörde
abgeben unter Aufzeichnung der Namen und Personen und der Orte

gewöhnlichen Bahnen überzuleiten. Anderenfalls dürften wir eine nähere
Angabe über ihre Bestimmung erwarten. Der Wortlaut des Gesetzes lässt es
unklar, ob die erlosten Fünf ihre Thätigkeit kollegialisch an einem oder
einzeln an verschiedenen Orten ausüben sollen. D a r e s t e und I n s c r. j u r.
g r. 44 meinen das Letztere; mir scheinen die Worte Z. 10 καθ' οὓς ἂν
ἕκαστοι τόπους λάχωσι mehr für eine gemeinsame Thätigkeit zu sprechen.

Z. 18. Diese Schiedsrichter sind nicht die oben Z. 6 erwähnten, wie
D i t t e n b e r g e r annimmt. Von jenen ist nirgends gesagt, dass sie eine
Teilung vornehmen sollen, sondern auch ihre Entscheidungen geben an die
allgemeine Kriegsbehörde, und diese sorgt erst für die Teilung. Es können
hier keine anderen gemeint sein, als die oben mit διαιρέται bezeichneten Mitglieder der Dreissig, welche neben den Richtern allein mit der Teilung be-
traut werden, und es ist auch nicht abzusehen, warum ihre Thätigkeit nicht
sollte als die öffentlicher Schiedsrichter bezeichnet werden. Andernfalls
müsste man einen zweimaligen Irrtum des Schreibers statt διαιρετῶν annehmen, wie in I n s c r. j u r. g r. geschehen ist.

τῶν ἀνδρῶν καὶ τοὺς τόπους καὶ τοὺς ὅρους τῶμ μερισμῶν, οἱ δὲ
ἐρημέ|³¹νοι γράψαντες εἰς λευκώματα παραδότωσαν τοῖς νεωποίαις θεῖ-
ναι ἐπὶ τὸ ἔδεθλον. | ³² δότωσαν^a) δὲ καὶ τῷ ἀντιγραφεῖ τούτων ἀντί-
γραφα ἵν' ἐξῇ τῷ βουλομένῳ τῶμ πο|³³λιτῶν ἐφορᾶν τοὺς γεγενημένους
μερισμοὺς τῶν ἐγγαίων, καὶ κοινήμ μὲν διαίρεσιν | ³⁴ ταύτην εἶναι —
ἂν δέ πως ἄλλως πρὸς αὐτοὺς ὁμολογήσωσιν ὑπὲρ τῆς διαιρέσε|³⁵ως
καὶ ἀπογράψωνται πρὸς τοὺς ἐπὶ τοῦ κοινοῦ πολέμου, οὕτως αὐτοῖς
εἶναι ὡς ἂν ὁμο|³⁶λογήσωσι πρὸς ἀλλήλους, ἀντίγραφα δὲ λαμβάνειν
τὸγ γεωργὸν τῶν τοῦ τ[οκισ]|³⁷τοῦ τοῦ^b) αὐτῷ προσκοινωνοῦντος, καὶ
τὸν τοκιστὴν τῶν τοῦ γεωργοῦ τοῦ αὐτ[ῷ προσ]|³⁸κοινωνοῦντος τιμημά-
τωγ καὶ δανείων, καὶ ἐπίτροπον ὑπὲρ ὀρφανοῦ καὶ τοὺς συ[νορφα]-
³⁹νιστὰς^c) οὓς ἂν παραλαμβάνωσιν ἕκ[αστοι] · ἄλλων^d) δὲ μηθένα λαμ-
βάνειν, μηδὲ τοὺς | ⁴⁰ ἐπὶ τούτων τεταγμένους διδόναι, [μηδὲ] αὐτοὺς
λαμβάνειν, εἰ δὲ μή, ἐξώλη εἶναι | ⁴¹ καὶ αὐτὸν τὸν λαβόντα καὶ ὃς ἂν
ἐτέ[ρῳ δ]ῷ, καὶ ὑπόδικον εἶναι καὶ τὸν λαβόντα καὶ | ⁴² τὸν δόντα ὡς
ἀπειθοῦντα καὶ ἐπιβουλεύοντα τοῖς συ(μ)φέρουσι τῆς πόλεως — ὅσοι
δὲ ἐπὶ | ⁴³ τοῖς ὑπερέχουσι δεδανείκασιν, εἶναι τὴγ κομιδὴν αὐτοῖς ἐκ
τοῦ περιόντος μέρους τῷ | ⁴⁴ γεωργῷ, κἂν εἰς κἄμ πλείους ὦσι, τοῖς
πρώτοις πρώτοις καὶ τοῖς ἄλλοις ἐπεξῆς, τὸν δὲ | ⁴⁵ [μερισ]μὸν^e) εἶναι
καὶ τούτοις καθάπερ καὶ τοῖς πρώτοις δανείσασιν. εἰ δέ τινες | ⁴⁶ [ὑπο-
θέ]ντες^f) ἄλλοις κτήματα δεδανεισμένοι εἰσίμ παρ' ἑτέρων ὡς ἐπ' ἐλευ-
θέροις | ⁴⁷ [τοῖς κ]τήμασιν ἐξαπατήσαντες τοὺς ὑστέρους δανειστάς,
ἐξεῖναι τοῖς ὑστέροις | ⁴⁸ [δανεισ]ταῖς ἐξαλλάξασι τοὺς πρότερον δανειστὰς
κατὰ τὸν συλλογισμὸν τοῦ κοινοῦ^g) πο ⁴⁹[λέμου] ἔχειν τὰ κτήματα. ἐὰν

---

a) [παραδότωσαν] die Hsg. vor H. — b) Τοῦ [τοκιστοῦ] | τούτου αὐτῷ W.
— c) Die Ergänzung ist bei Di. irrtümlich nicht bez. — d) ἐκ[τὸς τού]των die
Hsg. vor H. — e) [νό]μον die Hsg. vor H. — f) Ἐγγυῶντες W. — g) Hinter
κοινοῦ ist bei Di. irrtümlich εἶναι zugesetzt.

Z. 22. Die νεωποῖαι als Vorsteher des Archivs im Tempel der Artemis
finden sich auch in anderen Inschriften von Ephesos (Dittenberger),
das Archiv ist augenscheinlich nicht öffentlich.

Z. 28. Der Plural τιμημάτωγ καὶ δανείων fällt auf, er steht wohl in Rücksicht auf den nicht seltenen Fall, dass der Kapitalist demselben Grundbesitzer
auf mehrere Grundstücke geliehen hatte. Die συ(νορφα)νισταί sind bisher unbekannt, doch ist die Ergänzung wohl richtig. Der Ausdruck οὓς ἂν προσ-
λαμβάνωσι erlaubt nicht, an einen dem Vormund ständig beigegebenen Gegen-
vormund zu denken, wofür auch der Plural συνορφανισταί neben dem Singul.
ἐπίτροπον nicht passen würde. So ist wohl darin eine Behörde zu erblicken,
die gleich dem ἄρχων in Athen die Aufsicht über das Vormundschaftswesen
führte und, wie jener bei Verpachtung des Mündelvermögens, hier bei einem
Geschäft von äusserster Verantwortlichkeit von dem Vormunde zu seiner
eigenen Sicherheit zugezogen werden konnte.

und der Teilungsgrenzen, die Behörde aber hat sie auf Tafeln zu schreiben und den Tempelvorständen zur Niederlegung im Heiligtum zu übergeben. Sie soll aber auch dem Staatsschreiber eine Abschrift davon übergeben, damit jeder Bürger die erfolgten Länderteilungen einsehen kann, und solche Teilung soll öffentlich sein.

Wenn sich aber die Parteien unter einander anderswie über die Teilung einigen und ihre Auseinandersetzung schriftlich der allgemeinen Kriegsbehörde einreichen, so soll für sie diese Übereinkunft giltig sein. Abschrift aber soll erhalten nur der Grundbesitzer von den Schätzungen und Darlehen des beteiligten Kapitalisten, und der Kapitalist von denen des beteiligten Grundbesitzers, und der Vormund für sein Mündel und die Waisenräte, die sie etwa zuziehen, von anderen aber soll niemand (Abschrift) erhalten, auch die zuständigen Behörden nicht geben noch selbst nehmen, sonst soll verflucht sein er selbst, der sie nimmt, und wer sie einem andern giebt, und Nehmer und Geber sollen als ungehorsam und das Heil der Stadt schädigend verklagbar sein.

Wer aber auf den Rest geliehen hat, der soll sich aus dem dem Grundbesitzer verbleibenden Teile befriedigen, mag es einer oder mehrere sein, die ersten zuerst und die andern der Reihe nach, es soll aber für sie die gleiche Teilungsart wie für die ersten Darleiher gelten.

Wenn aber Jemand, nachdem er Anderen Grundstücke verpfändet, von Dritten auf dieselben als auf freie geborgt hat, indem er die späteren Darleiher hinterging, so soll es den späteren Darleihern freistehen, die früheren Darleiher nach der Berechnung des Kriegsnotstandes zu befriedigen und die Grundstücke zu übernehmen.

Z. 33. Ἐπὶ τοῖς ὑπερέχουσι. Diese späteren Hypotheken, die nach dem Folgenden in Ephesos nicht selten gewesen sein müssen, scheinen allerdings dem Grundsatze zu widersprechen, dass der Pfandgläubiger dem säumigen Schuldner gegenüber sich habe in den Besitz des ganzen verpfändeten Grundstücks setzen können. Doch lassen sie sich mit demselben vereinbaren, da der spätere Pfandgläubiger durch Befriedigung des früheren seine eigenen Rechte sich erhalten konnte. Immerhin erscheint infolgedessen die ἐμβατεία des Gläubigers nur als eine Zwangsmassregel, die ihm nicht den dauernden rechtmässigen Besitz der verpfändeten Sache verlieh, wie dies auch aus Zeile 75 f. hervorgeht, wo den Gläubigern die ἐμβατεία bestätigt, aber doch ein Prozess über die παγκτησία vorbehalten wird.

Z. 35. Die gleiche Teilungsart, durch διαιρέται und Richter, wenn sie sich nicht gütlich geeinigt haben.

Z. 39. Κατὰ τὸν συλλογισμόν meint, dass f r ü h e r e r Wert des Grundstücks und Höhe des ersten Darlehns festgesetzt wurden, dann der spätere

δὲ ἐνοφείληταί τι αὐτοῖς ἔτι, εἶναι τὴγ κομιδὴν τοῖς | ⁴⁰ [δανεισ]αῖς
ἐκ τῆς ἄλλης οὐσίας τοῦ χρεῖστοῦ πάσης, τρόπῳ ᾧ ἂν δύνωνται, ἀζη-
μίοις | ⁴¹[ἀπάσῃ]ς ζημίας. ἂν δὲ καὶ ἔγγυος ᾖ, εἶναι τὴν ἐκ τοῦ ἐγγύου
κομιδὴν καθάπερ ἐκ τῶν | ⁴²[μετέ]ωρα ἐγγυωμένων — ὑπὲρ τῶν ἐγγύων
τῶν ἐγγυωμένων πρὸς | ⁴³[αὐτὰ] τὰ κτήματα — ἐὰμ μὲν ἴσῃ, ᾖ ἡ τιμὴ
τοῦ κτήματος τῷ δανείῳ πρὸς ὃ | ⁴⁴[ἂν ᾖ ἔ]γγυος, τῇ τιμήσει τῇ πρὸ
τοῦ πολέμου γεγενημένῃ, ἀπηλλάχθαι τὸν ἐγγ⁴⁵[υον τῇ]ς ἐγγύης· ἐὰν
δὲ πλέον ᾖ τὸ ὀφείλημα τῆς τιμῆς τοῦ κτήματος, τὸ πλέον ὀφεί⁴⁶[λημα ᵃ)]
τῆς] τιμῆς ὁ ἔγγυος ἀποτινέτω κατὰ λόγον, ὥσπερ οἱ ἄλλοι οἱ τὰ με-
τέωρα ἐγγυώ|⁴⁷[μενοι, ἐὰμ ᵇ)] μὴ ἐπιτετοκισμένον ᾖ εἰς πλείω χρόνον
τῆς ἐν τῇ πράξει γεγενημένης | ⁴⁸[ἐγγύης] — ἐὰν δὲ ἐπιτετοκικὼς ᾖ(ι)
ὁ δανειστὴς παρὰ τὴμ πρᾶξιν καὶ τὸν | ⁴⁹[χρόνον τὸν] ὡμολογημένον
ἐν τῇ πράξει, μὴ ἀποτίνειν τὸν ἔγγυον ᾧ πλεῖον | ⁵⁰[ᾖ ἐπιτ]ετοκ[ισ]μέ-
νον, ἐὰμ μὴ ἐπεσχηκὼς ᾖ τὴν εἰσπραξιν ὁ τοκιστὴς συμβου|⁵¹[λομένου]
τοῦ ἐγγύου. — περὶ δὲ τούτου ἂν ἀμφισβητῶσιν, κρίσιν αὐτοῖς γίνεσθαι |
⁵²ἐπὶ τοῦ ξενικοῦ δικαστηρίου, ἂμ μή τι ὑπὸ τῶν διαιτητῶν συμπ[εισ-

---

a) Ὀφει[λό]μενον τῆς] Di. — b) Ἐγγυῶ[ντας ἐὰμ] W. ἐγγυώ[μενοι ἂν] D. Di.

Gläubiger dem ersten den entsprechenden Teil des Grundstücks abtrat oder
vergütete.

Z. 40. Im Folgenden soll der trügerische Schuldner gestraft werden und
zwar dadurch, dass er von den Wohlthaten des gegenwärtigen Gesetzes ausgeschlossen wird, was hier nicht, wie unten Z. 55, durch die Formel τούτοις
μὴ εἶναι κοινὸν τὸν πόλεμον bezeichnet wird. Hier wird vielmehr das Vorgehen
im einzelnen beschrieben. Die getäuschten Gläubiger durften sich ohne Rücksicht auf die Höhe ihrer Forderung in Besitz der Grundstücke setzen und
etwaige Mehrforderungen rücksichtlos eintreiben, ohne diejenigen Strafen zu
befürchten, welche andere Gläubiger im gleichen Falle treffen würden. Auch
ein etwa vorhandener Bürge ist von den Wohlthaten des folgenden Abschnitts
ausgenommen und haftet für die gesamte Forderung, soweit sie durch den
gegenwärtigen Wert des Grundstücks nicht gedeckt ist.

Z. 43. Die Bestimmung ist klar, das Gesetz bezweckt auch dem Bürgen,
der sich neben der Hypothek verpflichtet hatte, eine Erleichterung zu gewähren, aber ich kann nicht mit Dareste, dem Dittenberger und
Inscr. jur. gr. 45 folgen, annehmen, dass nach dem sonstigen Recht, wenn
durch das verpfändete Grundstück der Gläubiger nicht voll befriedigt war,
der Bürge für die ganze Forderung haftete: *De droit commun la caution même
lorsqu'elle accompagne une hypothèque, est tenue pour le tout.* Das wäre
schreiendes Unrecht und eine ganz unbegreifliche Bevorzugung des Gläubigers. Er haftete nur für den Rest, und die Erleichterung des Gesetzes be-
steht darin, dass auch zur Berechnung seiner Verpflichtung das Grundstück
zu dem früheren, nicht zu dem gegenwärtigen Werte abgeschätzt wurde. Ist
das auch nur eine, nach dem Vorhergehenden selbstverständliche, Forderung
der Gerechtigkeit, so muss ein klares Gesetz sie doch aussprechen.

Ist aber ihre Forderung dadurch noch nicht gedeckt, so können sich die Darleiher an das gesamte übrige Vermögen des Schuldners halten, wie immer sie vermögen, sicher vor jeder Strafe. Ist aber etwa ein Bürge vorhanden, so soll er haftbar sein, so wie die Bürgen eines einfachen Darlehens.

Über Hypothekenbürgen.

Wenn der Wert des Grundstücks dem Darlehn, für das Bürgschaft gegeben ist, nach der Schätzung vor dem Kriege gleich ist, so soll der Bürge von der Bürgschaft befreit sein. Wenn aber die Schuld den Wert des Grundstücks übersteigt, so soll für den Rest der Schuld der Bürge nach Verhältnis haften, wie die Bürgen eines Darlehns, wenn nicht etwa Zins auf Zins stehen geblieben ist für längere Zeit, als (dafür) Bürgschaft in dem Vertrage festgesetzt ist.

Wenn aber der Darleiher hat Zins auf Zins stehen lassen gegen den Vertrag und über die im Vertrage festgesetzte Zeit, so hat der Bürge den weiteren Zins-auf-Zinsbetrag nicht zu zahlen, wenn nicht etwa der Darleiher die Einforderung mit Zustimmung des Bürgen unterlassen hat.

Wenn aber hierüber Streit entsteht, so erfolgt die Entscheidung bei dem Fremdengericht, wenn nicht durch die Schiedsrichter ein

Z. 46. Κατὰ λόγον: D a r e s t e: *en proportion de son engagement, c'est-à-dire sans doute, que si elle a cautionné la moitié de la dette, elle devra la moitié de la différence.* So auch D i t t e n b e r g e r. Dieser Erklärung gegenüber muss es auffallen, dass in dem ganzen Abschnitt immer von e i n e m Bürgen die Rede ist, während eine Teilverpflichtung wie die erwähnte die Zuziehung mehrerer Bürgen voraussetzt. Haftete übrigens der Hypothekenbürge nur für den durch das Grundstück selbst nicht gedeckten Rest der Forderung, so mochte auch e i n e r in den meisten Fällen genügen. Κατὰ λόγον bedeutet desshalb wohl „nach Verhältnis" und scheint darauf hinzudeuten, dass auch οἱ τὰ μετέωρα (nämlich χρήματα) ἐγγυώμενοι, die Darlehnsbürgen im Gegensatz zum Unterpfand, nach Beendigung des Krieges nur zur Erfüllung eines Teiles ihrer Verpflichtung herangezogen werden durften.

Z. 47. Die Schlussbestimmung darf nicht übersetzt werden: *pendant une période de temps plus longue que celle pour laquelle le cautionnement a été contracté.* Denn war die Zeit, für die die Bürgschaft geleistet wurde, verstrichen, so war der Bürge von selbst frei. Die positive Bestimmung Z. 49 ergiebt vielmehr die Erklärung: „auf längere Zeit, als in dem Vertrage für Z i n s a u f Z i n s Bürgschaft geleistet war".

Z. 48. Παρὰ τὴν πρᾶξιν nicht: *au delà du taux stipulé dans l'acte* (D), sondern gegen den Vertrag, in welchem der Bürge ausdrücklich gesagt hatte, dass die Zinsen nicht auf Zins stehen bleiben sollten.

Z. 52. Über das ξενικὸν δικαστήριον vgl. am Schluss.

θῶσι.ᵃ) | ⁶³τῆς δὲ δίκης ἄρχειν τὸν τοκιστήν. — εἰ δέ τις ἐπίτροπος ἐν τῇ ἐ[πιτροπῇ] | ⁵⁴λαβὼν αὐτὸς ἔχει χρήματα τῶν τοῦ ὀρφανοῦ τρόπῳ ὁτῳοῦν, τούτῳ [μὴ] | ⁵⁵εἶναι κοινὸν τὸμ πόλεμον — ὅσοι δὲ φερνὰς ὀφείλουσι θυγατρίοις ἢ [ἀ]|⁵⁶δελφαῖς ταῖς αὑτῶν μεμερικότες ἐκ τῆς πατρῴας οὐσίας, ἢ ἐπίτροποι | ⁵⁷ὑπὸ πατρὸς καταλελειμμένοι ἢ ὑπὸ δήμου ᾑρημένοι ταῖς ὀρφαναῖς | ⁵⁸ταῖς ὑπ' αὐτῶν ἐπιτροπευομέναις μὴ ἀποδεδώκασι τὰς φερνὰς ἃς οἱ | ⁵⁹πατέρες ἔταξαν, ἢ γήμαντες καὶᵇ) διαλυθέντες μὴ ἀποδεδώκα|⁶⁰σι τὰς φερνὰς οὔσας ἀποδότους κατὰ τὸν νόμον, τούτους ἀποδιδόναι | ⁶¹τὰς φερνὰς καὶ τοὺς τόκους κατὰ τὰς πράξεις καὶ μὴ εἶναι αὐτοῖς ὑπολο|⁶²γίζεσθαι τὸγ κοινὸμ πόλεμον, ἀλλὰ τὸ γενόμενον διάπτωμα ἀναπλη|⁶³ρούτωσαν εἰς τὴν φερνὴν ταῖς ὀρφαναῖς οἱ ἐπίτροποι ἐκ τοῦ ἄλλου οἴκο[υ] | ⁶⁴οὗ ἂν ἐπιτροπεύωσι. | ⁶⁵Ὅσοι δὲ ἐπὶ κτή[μ]ασιν δεδανεισμένοι εἰσὶν ἀπὸ Δημαγόρου πρυτάνεως καὶ μηνὸς Ποσιδεῶ|⁶⁶νος, τούτοις τ[ὸ]μ μὲγ κοινὸμ πόλεμον εἶναι ὥσπερ καὶ τοῖς ἄλλοις, τὰς δὲ τιμήσεις εἶναι | ⁶⁷τῶγ κτημά[τ]ων ἐν

---

a) So Di. H. συμπ[εισθῇ] W. D. — b) Hinter καὶ ist freier Raum für drei Buchstaben.

Z. 53—64. Es folgen zwei Arten von Hypotheken, welche durch die Bestimmungen des gegenwärtigen Gesetzes nicht berührt werden. Denn dass auch hier von Hypothekenschulden die Rede ist, ergiebt schon der Platz, an dem die Bestimmungen innerhalb des Gesetzes stehen. Es sind dies erstens Grundstücke, die ein Vormund für Gelder seiner Mündel verpfändet hat, und zwar ist nicht die Rede von der allgemeinen Vermögensverwaltung des Vormunds, für welche derselbe zwar mit seinem Vermögen haftete, nach attischem Rechte aber keine Hypothek zu bestellen verpflichtet war (Demosth. XXX, 7 p. 866., Dareste S. 168 und Inscr. jur. gr. sind anderer Meinung, ebenso Schulthess, Vormundschaft 127) sondern von Darlehen bestimmter Höhe, für die bestimmte Grundstücke verpfändet waren, wie dies aus dem Ausdruck λαβὼν αὐτὸς ἔχει χρήματα τῶν τοῦ ὀρφανοῦ zur Genüge erhellt. Die Worte τρόπῳ ὁτῳοῦν erinnern daran, dass diese Verpfändung auf verschiedene Arten zu stande kommen kann. Während nun anderen Schuldnern auch für Mündelgelder die Erleichterungen des Gesetzes zugestanden wurden, blieb der Vormund selbst ausgeschlossen, vermutlich weil in den schwierigen Verhandlungen die Mündel ihm gegenüber des rechtlichen Vertreters entbehrt hätten.

Sodann die Grundstücke, die für eine Mitgift hafteten, mochte dieselbe der Frau aus ihrem väterlichen Vermögen oder auf Grund der Scheidung von ihrem Gatten geschuldet werden. Für diesen Fall wird das Grundstück nach dem gegenwärtigen Werte angerechnet und der Ausfall ist aus dem väterlichen Vermögen oder von dem getrennten Gatten zu ersetzen. Grund für den Gesetzgeber war hier nicht sowohl der mangelnde Rechtsschutz der Gläubigerinnen, als die Empfindung, dass die Mitgift für das Lebensglück der Frau eine höhere Bedeutung hatte als Gewinn und Verlust an einem Darlehn für den Mann.

Vergleich zu Stande kommt, den Klageantrag aber hat der Kapitalist zu stellen.

Hat aber ein Vormund in der Vormundschaft auf irgendwelche Weise aus dem Vermögen des Mündels Geld erhalten und jetzt hinter sich, so gilt für ihn der Kriegsnotstand nicht.

Wer ferner seiner Tochter eine Mitgift schuldet oder seiner Schwester, insofern dieselbe aus dem väterlichen Vermögen zugewiesen ist, oder wer als Vormund vom Vater testamentarisch bestimmt oder vom Volke erwählt, die vom Vater ausgesetzte Mitgift nicht ausgezahlt hat, oder als geschiedener Ehegatte die Mitgift, obwohl sie gesetzlich zurückzuzahlen war, nicht zurückgezahlt hat, diese haben die Mitgift zu zahlen und Zinsen nach den Abmachungen und dürfen den Kriegsnotstand nicht geltend machen, sondern die Vormünder sollen den etwaigen Ausfall zur Mitgift den Mündeln aus dem andern Vermögen, das sie verwalten, zuschiessen.

Wer aber seit dem Prytanen Demagoras und dem Monat Posideon auf Grundstücke (Geld) entliehen hat, auf den findet zwar der Kriegsnotstand Anwendung wie auf die andern, die Schätzung der Grundstücke indessen soll für die Zeit erfolgen, wo Darlehn und

Z. 55. Φερνὰς ὀφείλουσι θυγατρίοις bezeichnet nicht mit D a r e s t e S. 171 und B a r i l l e a u, nouv. rev. hist. de droit VII p. 154 die Verpflichtung des Vaters zur Mitgift, für welche eine Hypothek nicht existieren konnte, sondern die zugesicherte, aber nicht ausgezahlte Mitgift, vgl. D e m o s t h. XLI, 5 p. 1029, C. I. A. II. 1187 (S. I. Gr. 435) u. D a r e s t e in Bull. de corr. hell. II p. 485 ff. So jetzt auch I n s c r. j u r. g r. 46. Der Zusatz μεμερικότες ἐκ τῆς πατρῴας οὐσίας meint nicht einfach *après partage de la succession paternelle*, sondern beschränkt die Verpflichtung des Bruders auf den Fall, dass die Mitgift aus dem väterlichen Vermögen stammt, während eine Mitgift, die der Bruder der Schwester aus eigenem Vermögen hypothekarisch zugesichert hatte, die Verminderung des Grundwertes durch den Krieg selbst tragen musste.

Z. 57. Ἐπίτροπα ὑπὸ πατρὸς καταλελειμμένοι ἢ ὑπὸ δήμου ᾑρημένοι. Danach kannte man in Ephesos nur die tutela testamentaria und dativa, nicht die legitima, die für Syrakus bezeugt, für Athen aber bestritten ist. Auch wird hier der tutor dativus vom Volke erwählt, nicht wie in Athen vom Archon bestellt (καθίσταται), und man wird aus dem Ausdruck folgern müssen, dass das Volk in Ephesos mehr als der Archon von Athen bei der Einsetzung des Vormunds aus dem Kreise der Verwandten herausging.

Z. 60. Der Zusatz οὔσας ἀποδότους κατὰ τὸν νόμον deutet an, dass es in der That Fälle gab, in denen der Gatte bei der Scheidung die Mitgift zurückbehalten durfte, ist also wenigstens ein indirektes Zeugnis für die Lehre S c h ö m a n n s, dass im Falle konstatierten Ehebruchs der Frau die Mitgift verwirkt war. Vgl. oben S. 77.

οἷς χρόνοις τὰ δάνεα καὶ αἱ πράξεις γεγόνασιν, ὅπως εἴ τινες κεχαρ-
μένοις | ⁶⁸ τοῖς κτήμα[σ]ιν ἢ τῶν ἐπαυλίων καθη(ι)ρημένων συνηλλάχα-
σιν, οὕτως αἱ τιμήσεις αὐτῶν | ⁶⁹ γίνωνται ὡς διακειμένοις συνήλλαξαν
τοῖς κτήμασιν — ὅσοι δὲ πρὸ Ἀπολλάδος | ⁷⁰ καὶ μηνὸς [Λ]ηναιῶνος
πράξεις πεπράγασιν ἐναντίας τῷ κοινῷ πολέμῳ, μὴ εἶναι τὰς | ⁷¹ πράξεις
κυ[ρ]ίας, ἀλλ᾽ εἶναι τοὺς ὀφείλοντας τούτοις ἐν τῷ κοινῷ πολέμῳ. —
ὅσοι δὲ ἀπὸ | ⁷² μηνὸς Λη[ν]αιῶνος καὶ Ἀπολλᾶ πράξεις πεπράγασιν
ἐπὶ τοῖς κτήμασιν, τούτοις δ᾽ εἶναι | ⁷³ τὰς πράξε[ις] κυρίας καὶ μὴ
εἶναι αὐτοῖς κοινὸν τὸμ πόλεμον, ἐπειδὴ ἐν τῷ πολέμῳ διαπι|⁷⁴στεύ-
σαντ[ες] εἰσευπόρησαν, τόκους δὲ αὐτοῖς εἶναι μὴ πλείους δωδεκάτων.
— ὑπὲρ | ⁷⁵ τῶν δανε[ιστ]ῶν τῶν ἐμβεβηκότων εἰς κτήματα. — ὅσοι
μὲμ πρὸ μηνὸς Ποσιδεῶνος | ⁷⁶ τοῦ ἐπὶ Δη[μ]αγόρου ἐμβάντες εἰς κτή-
ματα κατὰ πράξεις ἔχουσιν τὰ κτήματα καὶ νέμον|⁷⁷ται, εἶναι [αὐ]-
τοῖς κυρίας τὰς ἐμβάσεις, εἰ μή τι ἄλλο ἑκόντες πρὸς αὐτοὺς ὡμολο-
γήκασιν. περὶ | ⁷⁸ δὲ τῆς π[αγ]κτησίας ἄν τινες ἀμφισβητῶσιν, κρίσιν
αὐτοῖς εἶναι κατὰ τοὺς νόμους. | ⁷⁹ ὅσοι δὲ ἐμ[βε]βήκασιν ὕστερον μη-
νὸς Ποσιδεῶνος τοῦ ἐπὶ Δημαγόρα, νεμομένων τῶν δεδα|⁸⁰νεισμέν[ων*)]
τὰ] κτήματα κατὰ τὸ ψήφισμα καὶ κατηγμένων ὑπὸ τοῦ δήμου, τὰ

---

a) ἑα|νεισαμένων W. DL

Z. 70. Πράξεις πεπράγασιν ἐναντίας τῷ κοινῷ πολέμῳ wird von Dittenberger richtig erklärt: *pactiones fecerunt, quibus beneficia tum iam lege
concessa tollerentur.* Es bezieht sich dies voraussichtlich auf das Z. 80
erwähnte ψήφισμα, welches den Schuldnern die entrissenen Grundstücke zurückgab.

Z. 73. Dareste: *sur le motif que les prêts dont il s'agit ont été faits
pendant la guerre et ont profité à ceux qui les ont reçus.* Doch geht der Kau-
salsatz nur auf die Kapitalisten, vgl. Diod. XVI, 40, 1: Θηβαῖοι κάμνοντες
τῷ πρὸς Φωκεῖς πολέμῳ καὶ χρημάτων ἀπορούμενοι πρέσβεις ἐξέπεμψαν πρὸς τὸν
τῶν Περσῶν βασιλέα παρακαλοῦντες εἰσευπορῆσαι τῇ πόλει χρήματα.

Z. 75 ff. Die Zwangsmassregeln der Gläubiger vor Kriegsanfang behalten
ihre Giltigkeit. Besitzstreitigkeiten aus jener Zeit werden nach den Gesetzen
und, dürfen wir hinzusetzen, vor den gewöhnlichen Gerichten entschieden.
Mit andern Worten, diese Streitigkeiten werden von dem gegenwärtigen Gesetz nicht berührt. Die Worte περὶ τῆς παγκτησίας meinen einen Streit über
die Frage, ob den Gläubigern auf Grund ihrer Forderung der Vollbesitz eines
Grundstücks oder nur Anspruch auf einen Teil desselben zukommt. Vgl.
Lipsius, Bed. des griech. Rechts S. 30. Der dort vorgeschlagene Ausdruck
„Volleigentum" würde aber einen Gegensatz zu bedingtem Eigentume bilden,
also auf die Qualität, nicht auf die Quantität des Besitzes sich beziehen.

Z. 76. κατὰ πράξεις wollte Goldschmidt, Z. der Savignystiftung f.
Rechtsgesch. Rom. Abt. X, 363 verstehen: im Zwangsverfahren; dieser Sinn
ist jedoch durch die Zeilen 72 f. ausgeschlossen.

Vertrag gemacht sind, damit, wenn Jemand für verwüstete Grundstücke und zerstörte Gebäude abgeschlossen hat, die Schätzung dahin gehe, wie die Grundstücke zur Zeit des Vertrages beschaffen waren.

Wer aber vor Apollas und dem Monat Lenaion Verträge abgeschlossen hat entgegen den Notstandsbestimmungen, dem sollen die Verträge nicht giltig sein, sondern die betreffenden Schuldner sollen in dem Notstandsgesetze inbegriffen sein.

Wer aber seit dem Monat Lenaion und Apollas auf Grundstücke bezügliche Verträge abgeschlossen hat, dem sollen die Verträge giltig sein und das Notstandsgesetz sie nicht umfassen, da sie (die Gläubiger) in dem Kriege das Vertrauen behielten und Geld herbeischafften, Zinsen aber sollen sie nicht mehr haben als 8$^1/_2$%.

Über die Darleiher, die sich in Besitz der Grundstücke gesetzt haben.

Wer vor dem Monat Posideon des Demagoras auf Grund von Verträgen Grundstücke in Besitz genommen hat und besitzt und bewirtschaftet, dem soll die Besitznahme giltig sein, wenn er nicht freiwillig etwas anderes ihm (dem Schuldner) zugestanden hat. Und wenn die Parteien über den Vollbesitz streiten, so soll die Entscheidung darüber nach den Gesetzen erfolgen.

Wer aber später als im Monat Posideon des Demagoras sich in Besitz gesetzt hat, während die Schuldner nach dem Volksbeschluss die Grundstücke bewirtschafteten und vom Volke in Besitz gesetzt waren, so sollen die Grundstücke den bewirtschaftenden Schuldnern

Z. 79 f. Der Inhalt des Volksbeschlusses Z. 80, welcher den Schuldnern ihren Besitz zurückgiebt, stimmt nicht mit dem Dekret von Ephesos S. I. Gr. 253 überein, welches den thatsächlichen Besitzstand aufrecht erhält. Wäre ein zweiter Beschluss ergangen, so müsste hier die Bezeichnung eine andere sein. Da auch sonst die Beziehung auf den mithridatischen Krieg unwahrscheinlich geworden ist, so muss die Stelle aus sich selbst erklärt werden. Es werden drei Fälle unterschieden: a) Die Gläubiger sind v o r dem Posideon des Demagoras auf Grund von Verträgen eingeschritten, im Besitz verblieben und bewirtschaften die Grundstücke, die Schuldner haben von dem durch den Volksbeschluss Z. 80 verliehenen Rechte keinen Gebrauch gemacht. b) die Schuldner haben auf Grund dieses Volksbeschlusses ihren Besitz wieder übernommen und die Grundstücke wieder bewirtschaftet, sind jedoch später aufs neue von den Gläubigern daraus verdrängt worden (wahrscheinlich ἐναντίον τῷ κοινῷ πολέμῳ Z. 70). c) Die Schuldner haben ihre Grundstücke selbst aufgegeben und sich davon gemacht, die Gläubiger haben nachher (ohne eigentliche ἐμβάτευσις) die Grundstücke übernommen und bewirtschaftet.

μὲγ κτῆμα | ⁸¹ τα εἶνα[ι τῶν δα]νεισαμένων καὶ νεμομένων, τὰ δὲ δάνεια
τῶν δανειστῶν, τοῦ μερισμοῦ | ⁸² γενομένου καθάπερ καὶ τοῖς ἄλλοις
δανεισταῖς. — ἐὰν δὲ διαμφισβητήσωσιν οἱ ξανεί | ⁸³ σαντες πρὸς τοὺς
ὀφείλοντας, φάμενοι ἐμβεβηκέναι πρότερον Δημαγόρου πρυτάνεως καὶ
μη|⁸⁴νὸς Ποσιδεῶνος, κρίσιν αὐτοῖς γίνεσθαι καθάπερ καὶ τοῖς ἄλλοις
τοῖς ἐν τῷ κοινῷ πολέμῳ ἐβλαμ ⁸⁵μένοις — εἰ δέ τινες μὴ ἐμβάντων
τῶν δανειστῶν αὐτοὶ νεμόμενοι τὰ κτήματα ἑκόντες τι | ⁸⁶ συνωμολό-
γηνται πρὸς τοὺς δανειστὰς μὴ βιασθέντες, εἶναι αὐτοῖς τὰ ὡμολογη-
μένα κύρια, | ⁸⁷ ἐὰν δὲ ὁ μὲμ φῇ βεβιάσθαι ὁ δὲ μή, εἶναι αὐτοῖς κρίσιν
περὶ τούτων ἐν τῷ ξενικῷ δικαστηρίῳ, προ|⁸⁸διαιτᾶσθαι δὲ αὐτοὺς ἐπὶ
τῶν διαιτητῶν κατὰ τόνδε τὸν νόμον. — ὅσοι δὲ ἐγκαταλιπόντες τὰ |
⁸⁹ κτήματα ἀπηλλαγμένοι εἰσίν, οἱ δὲ τοκισταὶ γεγεωργήκασιν, εἶναι τὰ
κτήματα τῶν τοκιστῶν. | ⁹⁰ ἐὰν δὲ βούλωνται οἱ ὀφείλοντες ἀποδόντες
τὰ ἀνηλωμένα τοῖς τοκισταῖς καὶ τόκους ἐπὶ | ⁹¹ τέσσερας καὶ δεκά-
τους καὶ εἴ τι αὐτοῖς ἀνήλωται εἰς τὴν γῆν ἢ ἀπόλωλέ τι διὰ τὴν
γεωργίαν | ⁹² ὑπολογισθεισῶν τῶγ γεγενημένων προσόδωμ, παραλαβεῖν
τὰ κτήματα, ἐξεῖναι αὐτοῖς ἀπο|⁹³δοῦσιν ἐν ἐνιαυτῷ τῷ ἐπὶ Δανάου μετέ-
χειν αὐτοὺς τοῦ κοινοῦ πολέμου κατὰ ταὐτὰ | ⁹⁴ τοῖς ἄλλοις. — ὑπὲρ
δὲ τῶγ γεγενημένων ἀναλωμάτων καὶ τῶν ἀπολωλότων ἐν τῇ | ⁹⁵ γεωρ-
γίᾳ καὶ τῶν προσόδων τῶγ γεγενημένων ἐὰμ μέν τι πρὸς ἀλλήλους
συμφωνή|⁹⁶σωσιν ἢ συμπεισθῶσιν ὑπὸ τῶν διαιτητῶν, ταῦτ’ εἶναι, εἰ
δὲ μή, κρίσιν αὐτοῖς εἶναι ἐπὶ τοῦ | ⁹⁷ ξενικοῦ δικαστηρίου καθάπερ

Z. 81. Τοῦ μερισμοῦ κτλ. ordnet die Teilung der Grundstücke nach den
oben Z. 1—32 gegebenen Grundsätzen.

Z. 84 ist nach Z. 51, 87, 97 auf das ξενικὸν δικαστήριον mit vorhergehen-
dem schiedsrichterlichen Ausgleichsversuch zu deuten.

Z. 88 ff. behandelt den Fall, wo der Schuldner nicht verdrängt worden
ist, sondern das Grundstück aus freien Stücken aufgegeben hat, der Gläubiger
dagegen, um sein Geld zu retten, es übernommen hat.

Z. 90. Τὰ ἀνηλωμένα τοῖς τοκισταῖς ist verschieden von ἀνήλωται εἰς τὴν
γῆν. Da das ursprüngliche Darlehen nicht gemeint sein kann, — denn die
Auseinandersetzung darüber soll erfolgen κατὰ ταὐτὰ τοῖς ἄλλοις d. i. durch
Teilung — so sind Ausgaben zu verstehen, die zwar nicht für die Grundstücke geschehen, aber doch mit dem Grundbesitz verbunden sind, also vermutlich Kriegssteuern. Τῶν γεγενημένων ἀναλωμάτων Z. 94 faßt beide Arten
von Ausgaben zusammen.

Z. 93. Τῷ ἐπὶ Δανάου wird als das laufende Jahr gedeutet, s. Dittenberger not. 26. Es könnte auch das folgende sein, wenn das Gesetz am
Ende des Jahres erlassen und der Prytane des folgenden Jahres schon bestimmt war.

Z. 97. Vor das ξενικὸν δικαστήριον werden die Streitigkeiten aller derer
verwiesen, welche ἐν τῷ κοινῷ πολέμῳ εἰσίν, ausdrücklich Z. 52, 87, 97 vgl. 84,
und danach dürfen wir annehmen, daß die Z. 1 und 16 erwähnten Richter

gehören, die Darlehen aber den Gläubigern, und die Teilung erfolgen gleichwie den andern Gläubigern.

Wenn aber die Gläubiger mit den Schuldnern streiten und behaupten, sich vor dem Prytanen Demagoras und dem Monat Posideon in Besitz gesetzt zu haben, so soll ihnen die Entscheidung erfolgen, gleichwie den andern durch den Kriegsnotstand Geschädigten.

Wenn aber Jemand, ohne dass die Gläubiger sich in Besitz gesetzt, selbst in Bewirtschaftung der Grundstücke freiwillig und ohne Zwang den Gläubigern ein Zugeständnis gemacht hat, so soll die Vereinbarung für sie giltig sein; wenn aber der eine behauptet, gezwungen worden zu sein, der andere es leugnet, so soll ihnen die Entscheidung darüber vor dem Fremdengericht erfolgen, vorher aber sollen sie vor den Schiedsrichtern verhandeln nach gegenwärtigem Gesetz.

Wer aber die Grundstücke im Stich gelassen hat und davon gegangen ist, während andrerseits die Kapitalisten sie bewirtschafteten, da sollen die Grundstücke den Kapitalisten gehören. Wenn aber die Schuldner den Kapitalisten ihre Ausgaben ersetzen und Zinsen $7^{1}/_{7}$ % und, was sie etwa auf das Land aufgewandt oder durch die Bewirtschaftung verloren haben, unter Abrechnung der jenen gewordenen Einkünfte, (erstatten) und so die Grundstücke übernehmen wollen, so sollen sie, falls sie dies im Jahre des Danaos bezahlen, ganz wie die andern am Kriegsnotstande Teil haben.

Und wenn sie betreffs der erwachsenen Unkosten und der Verluste in der Bewirtschaftung und der gewordenen Einkünfte mit einander einig sind oder von den Schiedsrichtern geeinigt werden,

gleichfalls diejenigen des Fremdengerichts sind. Das erscheint mir trotz des Widerspruchs von S o n n e , de arbitris ext. p. 59 und I n s c r. j u r. g r. p. 48 unzweifelhaft, da nach Z. 5 f. die Entscheidungen dieser Richter an die allgemeine Kriegsbehörde abzugeben sind. Dass sie schlechtweg δικασταί genannt sind, ist bei den einzelnen Ausführungsbestimmungen nicht wunderbar, wenn sie in dem verlornen Anfang der Inschrift als das ξενικὸν δικαστήριον bezeichnet waren. Dieses ist ein Ausnahmegericht, denn ihm gegenüber heisst es Z. 78 κρίσιν αὐτοῖς εἶναι κατὰ τοὺς νόμους. Es entscheidet offenbar Streitigkeiten zwischen Bürgern und ist ein Gerichtshof aus Fremden, Angehörigen eines anderen Staates, gebildet, die man sich erbeten hatte, weil man bei den tiefgreifenden, weitverzweigte Interessen berührenden Streitigkeiten den heimischen Richtern nicht die genügende Unparteilichkeit zutraute. Zahlreiche Inschriften bezeugen diese Sitte, vgl. M e i e r , die Privatschiedsrichter und die öffentlichen Diäteten Athens S. 31 ff., E g g e r , traités publics p. 72 ff., S o n n e , de arbitris ext. p. 54 f., R e c h t s a l t e r t ü m e r § 14 S. 115 A. 1. Der Ausdruck ξενικὸν δικαστήριον findet sich bei P o l l. VIII,

καὶ τοῖς ἄλλοις, τῆς δὲ δίκης ἄρχειν τὸν ἐγκαταλιπόντα | [98] τὸ κτῆμα ·
εἰ δέ τινες ἐπὶ Δημαγόρου ἢ Μαντικράτους ἢ Ἀπολλάδος ἕως μηνὸς
Ποσιδεῶνο[ς . . . . .

so soll das gelten. Andernfalls soll die Entscheidung vor dem Fremdengericht erfolgen, wie den andern, den Antrag aber soll der stellen,
der das Grundstück im Stich liess.

Wenn aber Jemand unter Demagoras oder Mantikrates oder
Apollas bis zum Monat Posideon ...

62 als Appellationsinstanz gegenüber anderen Gerichten, auch in einer von
H a u v e t t e - B e s n a u l t und D u b o i s herausgegebenen Inschrift von
Mylasae Bull. de corr. hell. V (1881) S. 102 Z. 4. ἔγδικος [δὲ ὑπ]ὸ τοῦ δήμου
κατασταθεὶς κατὰ τῶν φθειράντων τὰ ξενικὰ δικαστήρια, wonach auch diese Gerichte Bestechungsversuchen unterlagen. Ferner vgl. P a u s. VII, 9, 5 und
P l u t, de amore prol. p. 493 b und den Gegensatz ἐπὶ τοῦ ἀστικοῦ δικαστηρίου Bull. corr. hell. XII (1888) 232 Z. 32 u. 49. Demgegenüber können die
ξενοδίκαι von Medeon (S. I. Gr. 294, 38), welche allerdings Angehörige des
eigenen Staates und wahrscheinlich Richter für Fremde sind, nichts beweisen.
Dagegen belehren jetzt die Urkunden von A k r a e p h i a in Corp. Inscr. Gr.
Sept. I, 4130 u. 31 (II. Jahrh.) über die näheren Umstände eines solchen ent-
lehnten Gerichts: Z. 8 ἐξα[πε]σταίλαμεν πρεσβευτὴν καὶ δικασταγ[ωγ]ὸν πρὸς
Δαρισαίους τ[ὸ]ν αἰτησάμενον τὸ δικαστήριον.
    Z. 99. Die genannten Jahre bezeichnen die Kriegszeit, ἕως μηνὸς Ποσι-
δεῶνος ist gleich dem πρὸ μηνὸς Ληναιῶνος in Z. 70. Man darf erwarten, dass
in diesem Abschnitte von Besitzergreifungen der Gläubiger nach der Kriegs-
zeit gehandelt wurde.

I. Sachregister.

II. Geographisches Register.

---

*) Der lakonische Ursprung von R o e h l, I. G. A. 68 ist wieder in Zweifel gezogen von v. W i l a m o w i t z, Z. f. d. Gymn. 1884 S. 112.

III. Griechisches Register.

IV. Verzeichnis der erklärten Stellen.

A. Schriftsteller.

Aeschines I, 16 p. 42 S. 39, A. 1.
Andoc. I, 74 p. 10 S. 19, A. 2.
Antiph. VI, 16 S. 53, A.
Aristoph. av. 1660, S. 7, A. 3.
      nub. 37 S. 132, A.
Aristot. resp. Ath. 42 S. 13, A. 3.
      53 S. 23, A.
      56 S. 14, A. 5; 16, A. 4.
Demosth. IV, 36 p. 50 S. 29, A. 3.
    XXI, 47 p. 529 S. 39, A. 1.
      60 p. 534 S. 19, A.
      174 p. 571 S. 98, A. 1.
    XXIII, 22 p. 627 S. 48, A. 3.
      53 p. 637 S. 43, A. 1.
      80 p. 646 S. 123, A. 1.
      89 p. 650 S. 39, A. 1.
    XXIV, 13 p. 704 S. 119, A. 3.
      105, p. 733 S. 54, A. 3.
    XXVII, 25 p. 821 S. 100, A. 4.
    XXIX, 44, p. 857 S. 73, A. 4.
    XXX, 7 p. 866, S. 17, A. 1.
    XXXVI, 11 p. 947, S. 62, A. 2.
      14 p. 949 S. 71, A. 3.
    XXXVII arg. p. 963 S. 86, A. 1.
      9 f. p. 969 S. 89, A. 1.
    XLII, 7 p. 1041 S. 98, A. 1.
    XLIII, 51 p. 1067 S. 63 f.
    XLVI, 14 p. 1133 S. 80, A.
      15 p. 1133 S. 18, A. 1.
      18 p. 1134 S. 9, A. 1.
    LIII, 16 p. 1251 S. 39, A. 2.
    LVII, 31 p. 1308 S. 6, A. 3.
    LIX, 17 p. 1350 S. 21, A. 2.
Hyper. Lyc. 16 S. 43.
Isaeus X, 9 p. 80 S. 79, A. 3.
    10 p. 80 S. 8, A. 6.
Lysias I, 32 S. 43, A. 5.

Lysias X, 19 S. 120, A. 4.
    XIII, 66 S. 43, A. 3.
      67 S. 143, A. 6.
    XXII, 9 f. S. 112, A.
Plat. Leg. XII, p. 954c S. 123, A. 3.

B. Inschriften.

Bull. corr. hell. XVII (1893) n. 88 S. 14, A. 4; 89, A. 3.
Corp. Inscr. Att. II, 768 f. S. 29, A. 2.
    II, 1055 Z. 29 S. 121, A. 2.
Corp. Inscr. Graec. 1756 S. 90 A. 1.
    Sept. I, 3172, 61 S. 11, A. 2.
    I, 3318 u. 3360 S. 28, A.
    I, 3376 S. 102, A. 1.
Foucart, ass. rel. n. 45 S. 113, A. 1.
Gortyn. I, 1 S. 32, A. 2.
    3 S. 32, A. 3.
    II, 16 S. 44, A. 3.
    21 S. 44, A. 5.
    V, 20 S. 68, A.
    25 S. 65, A. 4.
    IX, 43 S. 88, A. 3.
    XI, 1 S. 83, A. 1.
    C col. 2 = Mon. Ant. III n. 154 S. 60, A. 5; 94, A. 1.
Inscr. Graec. Ant. 321 A. 18 S. 8, A. 4.
Syll. Inscr. Graec. 388 Z. 77 S. 23, A.
    Z. 85 S. 30, A. 4.
    433 Z. 5 S. 75, A. 1.
    438 S. 12, A. 2.
Wescher et Foucart, inscr. rec. à Delphes 170 S. 75, A. 1.
    139 ebd.
    244 ebd.